U0453280

2020年西北师范大学优秀博士学位论文培育资助项目

"普通高中结构化翻转课堂教学模式的个案研究"

普通高中结构化翻转课堂教学模式的个案研究

景艳 著

中国社会科学出版社

图书在版编目（CIP）数据

普通高中结构化翻转课堂教学模式的个案研究／景艳著．—北京：中国社会科学出版社，2023.2
ISBN 978－7－5227－1132－4

Ⅰ.①普…　Ⅱ.①景…　Ⅲ.①课堂教学—教学模式—研究—高中　Ⅳ.①G632.421

中国版本图书馆 CIP 数据核字（2022）第 238434 号

出 版 人	赵剑英
责任编辑	周晓慧
责任校对	刘　念
责任印制	戴　宽

出　　版	中国社会科学出版社
社　　址	北京鼓楼西大街甲 158 号
邮　　编	100720
网　　址	http://www.csspw.cn
发 行 部	010－84083685
门 市 部	010－84029450
经　　销	新华书店及其他书店

印　　刷	北京明恒达印务有限公司
装　　订	廊坊市广阳区广增装订厂
版　　次	2023 年 2 月第 1 版
印　　次	2023 年 2 月第 1 次印刷

开　　本	710×1000　1/16
印　　张	22.75
插　　页	2
字　　数	375 千字
定　　价	118.00 元

凡购买中国社会科学出版社图书，如有质量问题请与本社营销中心联系调换
电话：010－84083683
版权所有　侵权必究

摘　　要

国务院办公厅发布的《关于新时代推进普通高中育人方式改革的指导意见》明确了育人方式改革的目标，在"创新教学组织管理"中提出要深化课堂教学改革。课堂教学改革的核心就是变革传统的育人方式，将学生放在教育教学的中心位置。在新时代育人方式改革的背景下，落实党的教育方针，变革传统课堂教学模式，既是教学改革的时代需求，又是课堂教学发展与变革的理论和现实需求。当前普通高中实施的是"以教为主、先教后学"的课堂教学模式，存在着指导思想的精准化不强、教学主题的明确性较弱、教学目标的指引性不足、教学程序的相对固化、教学方法的相对单调、教学内容的相对单维，以及教学评价的异化等问题，需要运用新型的课堂教学模式来有效提升课堂教学质量。因此，本书关注结构化翻转课堂教学模式，既具有丰富课堂研究理论与方法和发展课堂教学论理论体系的理论意义，还具有推动普通高中育人方式变革和提升课堂教学有效性的现实意义。

本书在文献梳理的基础上，对翻转课堂、结构化翻转课堂以及教学模式的相关研究进行梳理，确定研究对象，深入个案学校进行实地调研，以此确定了本书的主要研究问题：（1）结构化翻转课堂教学模式的理论基础？即对翻转课堂、结构化理论、结构化翻转课堂教学模式进行理论分析。（2）结构化翻转课堂教学模式的理论分析框架。（3）普通高中结构化翻转课堂教学模式个案对象的原因分析以及个案的具身分析。（4）个案学校结构化翻转课堂教学模式的实施现状和影响因素。（5）个案学校结构化翻转课堂教学模式值得借鉴的经验、存在的问题。（6）个案学校结构化翻转课堂教学模式的建构策略。

针对以上六个问题，本书利用吉登斯社会结构化理论的相关要素及其主要理念来把握课堂的结构性,同时面向课堂,运用吴康宁课堂教学社会学理论来分析并考察课堂教学的社会学模式,即从能动者角色及其行为、人际网络以及活动规范三个方面来提升课堂的系统性。其中,能动者的角色及其行为指向能动者的个体化行动,能动者的人际网络指向能动者在行动中构成的关系网络所聚合的能动共同体,而活动规范则指向能动者所面对的时空、规则和资源,由此形成了以教师、学生为能动者,以能动共同体为依托,以教学规则和资源为社会客体的主客体在时空情境中建构而成的结构二重性课堂教学模式。

本书依据李秉德的教学模式理论、吉登斯的社会结构化理论及布鲁斯·乔伊斯的教学模式理论完成整个问卷的理论建构,从而形成调查问卷。调查的目的在于一方面考察个案学校教师和学生对结构化翻转课堂教学模式的认识,另一方面相互印证教师与学生之间对于同一个问题的认识是否存在差异,以考察教师的理念是否真正在学生身上得到了落实。调查发现,受访学校的教师和学生对结构化翻转课堂教学模式的理念认可度较高,但在指导思想、教学主题、教学目标、教学设计、教学过程、教学评价等维度上均存在一定的问题。另外,采用皮尔逊相关分析验证了本书关于结构化翻转课堂教学模式的理论分析框架是可靠、合理的,可以作为调研个案学校课堂教学现状及其后续建构策略的理论依据。

在前期问卷调研的基础上,研究者三次深入银川市 S 学校进行实践调研,分别选取师生能动共同体、生生能动共同体和师师能动共同体的大量课堂案例,运用课堂实录进行 NVivo 词汇云分析,对个案学校结构化翻转课堂教学模式进行观察、访谈、深描、解释的课堂志研究,并展开基于结构化翻转课堂教学模式的分析。由此发现,个案学校结构化翻转课堂教学模式在实践中所存在的问题:(1)在指导思想和理念认识方面,存在认知与实践的不匹配、导学案对于一般性知识与特殊性知识的解决率不匹配、不能完全解决学生的兴趣和基础知识之间的矛盾,甚至会出现"两极分化"等问题。(2)在教学主题与教学目标方面,尚存在对教学模式的主题和目标界定不够清晰、结构化翻转课堂教学模式的理论与实践不一致等问题。(3)在教学程序与教学方法方面,存在教学程序的特色性不强、教学方法认识不清晰、对"教法"与"学法"的实践存在不同程度的误解等问题。(4)在教学内容与教学评价方面,存在教师层面的结构化翻转课堂教学模式的资源整合和教学评价能力不足；在学生层面，存在"以学为主"的学习能力和评价能力欠缺等问题。

  针对存在的这些问题，本书首先建构了个案学校结构化翻转课堂教学模式；其次从"以学为主"的主体、"以学为主"的客体以及"以学为主"的主客体三个方面明确了个案学校结构化翻转课堂教学模式的本质遵循，其分别对应于社会系统中的"在场可得性"、社会与知识的"历史性"以及结构化翻转课堂教学模式的"二重性"；再次分别从结构化翻转课堂教学模式的能动者角色及其行为、人际网络、活动规范三个方面提出个案学校结构化翻转课堂教学模式的组建策略；最后，形成了个案学校结构化翻转课堂教学模式的运行策略，即夯实指导思想、依循教学主题、明确教学目标、革新教学程序、变革教学方法、革新教学内容、升华教学评价，由此达到以理念引领行动、以主题带动实践、以目标推动变革、以程序助推成效、以方法彰显动力、以过程促进结构、以评价促进发展的目的。

  通过对个案学校结构化翻转课堂教学模式的理论分析、实践探索、建构策略等方面的研究，变革传统"以教为主"的教学模式为结构化翻转课堂"以学为主"的教学模式。"以学为主"的结构化翻转课堂教学模式的实践过程，其实质是以学生—教师为实践能动者，以知识为中介（生产资料），以理性为能动结果所形成的主体自身（能动者/实践者）知识库建设与学习的过程。

  关键词：普通高中；结构化理论；结构化翻转课堂教学模式；个案研究

Abstract

The "Guiding Opinions on Promoting the Reform of Educational Methods in Ordinary High Schools in the New Era" issued by the General Office of the State Council clarifies the goals of the reform of education methods, and in the "Innovative Teaching" Organization Management proposed to deepen the reform of classroom teaching. The core of classroom teaching reform is to change the traditional way of educating people and put students at the center of education and teaching. Under the background of the reform of education methods in the new era, in order to implement the party's educational policy, change the traditional classroom teaching mode, it is not only the demand of the times for teaching reform, but also the theoretical and practical demand for the development and reform of classroom teaching. The current ordinary high school is a classroom teaching mode of "teaching first, first teaching and then learning". Relative solidification, relatively monotonous teaching methods, relatively one-dimensional teaching content, and alienation of teaching evaluation require the use of new classroom teaching models to effectively improve the quality of classroom teaching. Therefore, this research focus on the structured flipped classroom teaching mode, which not only has the theoretical significance of enriching the theory and method of classroom research and developing the theoretical system of classroom teaching theory, but also has the practical significance of promoting the reform of school education methods and improving the effectiveness of classroom teaching.

On the basis of literature research, this research sort out the related researches on flipped classroom, structured flipped classroom and teaching mode, determines the research objects, and conducts field investigations in case schools, so as to determine the main problems of this research: (1) The theoretical basis of the classroom teaching model, That is, theoretical analysis of flipped classroom, structured theory, and structured flipped classroom teaching mode. (2) The theoretical analysis framework of the structured flipped classroom teaching model. (3) Reasons for choosing the case object of the structured flipped classroom teaching mode in ordinary high schools and the specific analysis of the case. (4) The implementation status and influencing factors of the structured flipped classroom teaching mode in case school. (5) The lessons learned from the structured flipped classroom teaching model of case schools, existing problems. (6) The construction strategies of the structured flipped classroom teaching mode in case school.

In response to the above six questions, this study absorb the relevant elements and main concepts of Giddens' social structuring theory to grasp the structure of the classroom. At the same time, face to the classroom, Wu Kangning's classroom teaching sociology theory is used to analyze and examine classroom teaching. It is a sociological model that improve the systematic of the classroom from three aspects: the role of the agent and its behavior, the interpersonal network, and the norm of activities. Among them, the role of the agent and its behavior point to the individual action of the agent, the interpersonal network of the agent point to the dynamic community aggregated by the relationship network formed by the agent in the action, and the activity norm point to the time, space, rules, and resources faced by the agent. As a result, a structural dual classroom teaching model is formed, which is constructed in the context of time and space, with teachers and students as the agents, the active community as the support, and the subject and object of teaching rules and resources as the social objects.

The survey research is based on Li Bingde's teaching mode theory, Giddens' social structure theory and Bruce Joyce's teaching mode theory to complete the theoretical construction of the entire questionnaire, thus forming the questionnaire. The purpose of the survey is to examine the understanding of the teachers and students of the case school on the structured flipped classroom teaching mode, and to verify each other whether there is a difference in the understanding of the same problem between teachers and students, so as to examine whether the teachers' ideas has been implemented really in the students. The survey found that the school's teachers and students have a high degree of recognition of the concept of the structured flipped classroom teaching model, but there are certain problems in the dimensions of guiding ideology, teaching themes, teaching objectives, teaching design, teaching process, and teaching evaluation. In addition, the Pearson correlation analysis also verifies that the theoretical analysis framework of the structured flipped classroom teaching model in this study is reliable and reasonable, and can be used as a theoretical basis for investigating the current situation of classroom teaching in case school and its subsequent construction strategies.

On the basis of the previous questionnaire survey, the researchers went to S High School in Yinchuan three times to conduct practical research, and selected a large number of classroom cases of teacher-student dynamic community, student-student dynamic community, and teacher-teacher dynamic community, and used classroom records to analyze NVivo vocabulary cloud, conducted a classroom graphy study of observation, interview, deep description and explanation of the structured flipped classroom teaching mode of case school, and carried out an analysis based on the structured flipped classroom teaching mode. It was found that the structured flipped classroom teaching mode of case schools was in practice. Existing problems: (1) In terms of guiding ideology and conceptual understanding, there is a mismatch between cognition and practice, the solution rate of the guidance plan for general knowledge and specific knowledge does not match, and it cannot completely solve students' interest and basic knowledge contradictions between them may even lead to issues such as "polarization". (2) In terms of teaching theme and teaching objective, there are still problems such as the lack of clear definition of the subject and objectives of the teaching model, and the inconsistency between the theory and practice of the structured flipped classroom teaching model. (3) In terms of teaching procedures and teaching methods, there are problems such as weak characteristics of teaching procedures, unclear understanding of teaching methods, and different degrees of misunderstanding of the practice of "teaching method" and "learning method". (4) In terms of teaching content and teaching evaluation, there are problems such as the lack of resource integration and teaching evaluation ability of the structured flipped classroom teaching mode at the teacher level, and the lack of "learning-oriented" learning ability and evaluation ability at the student level.

In view of the above existing problems, this research firstly constructs the structured flipped classroom teaching mode of case school, and secondly, from the subject of "learning-oriented", the object of "learning-oriented", and the subject-object of "learning-oriented" three aspects, which clarify the essential adherence of the structured flipped classroom teaching mode in case school, which correspond to the "presence availability" in the social system, the "historical nature" of society and knowledge, and the "dual nature" of the structured flipped classroom teaching mode. Thirdly, from the three aspects of the active role and behavior, interpersonal network, and activity norms of the structured flipped classroom teaching mode, the strategy of constructing the structured flipped classroom teaching mode of the case school is put forward. Finally, the operation strategy of the structured flipped classroom teaching mode of the case school is formed, that is, to consolidate the guiding ideology, follow the teaching theme, clarify the teaching objectives, innovate the teaching procedure, reform the teaching method, innovate the teaching content, and sublimate the teaching evaluation, which achieve the purpose of leading actions with idea, driving practice with theme, promoting changes with goal, boosting results with procedure, demonstrating motivation with method, promoting structures with process, and promoting development with evaluation.

Through the theoretical analysis, practical exploration, construction strategies and other aspects of the structured flipped classroom teaching mode in case school, the traditional "teaching-based" teaching mode is changed into a structured flipped classroom "learning-based" teaching mode. The practice process of the "learning-based" structured flipped classroom teaching mode is essentially based on students-teacher as the active agent of practice, knowledge as the medium (the means of production), and rationality as the active result, forming the subject itself (active practitioner/practitioner) knowledge base construction and learning process.

Key words: ordinary high school; structured theory; structured flipped classroom teaching model; case study

目　　录

绪　论 ……………………………………………………（1）
　一　研究背景 ……………………………………………（1）
　二　研究问题的提出 ……………………………………（6）
　三　文献综述 ……………………………………………（7）
　四　研究目的与意义 ……………………………………（27）
　五　研究思路与方法 ……………………………………（30）

第一章　核心概念与理论基础 …………………………（51）
　一　核心概念界定 ………………………………………（51）
　二　研究的理论基础 ……………………………………（56）

第二章　结构化翻转课堂教学模式的理论分析框架 …（79）
　一　传统课堂的教学模式分析 …………………………（79）
　二　课堂教学结构变革的必然性 ………………………（90）
　三　结构化翻转课堂教学模式分析 ……………………（93）
　四　结构化翻转课堂教学模式的理论分析框架 ………（109）

第三章　普通高中结构化翻转课堂教学模式的个案对象
**　　　　具身分析** ………………………………………（111）
　一　走进这样一所高中 …………………………………（111）
　二　教师专业的发展 ……………………………………（114）
　三　学生素养的提升 ……………………………………（115）

第四章 个案学校结构化翻转课堂教学模式的实施现状调查 ……………………………………………… (117)
  一 调查的主要问题 ……………………………………… (117)
  二 调查工具的检验 ……………………………………… (117)
  三 调查问卷的内容分析 ………………………………… (120)
  四 调查对象的确定 ……………………………………… (121)
  五 数据整理与分析 ……………………………………… (123)
  六 存在的问题 …………………………………………… (134)

第五章 个案学校结构化翻转课堂教学模式的实践探索 ………… (136)
  一 个案学校结构化翻转课堂教学模式中师生能动共同体的分析 ……………………………………………………… (137)
  二 个案学校结构化翻转课堂教学模式中生生能动共同体的分析 ……………………………………………………… (177)
  三 个案学校结构化翻转课堂教学模式中师师能动共同体的分析 ……………………………………………………… (221)
  四 小结 …………………………………………………… (267)

第六章 个案学校结构化翻转课堂教学模式的建构策略 ………… (275)
  一 个案学校结构化翻转课堂教学模式的建构 ………… (275)
  二 个案学校结构化翻转课堂教学模式的本质遵循 …… (278)
  三 个案学校结构化翻转课堂教学模式的组建策略 …… (290)
  四 个案学校结构化翻转课堂教学模式的运行策略 …… (294)

第七章 结论与反思 ……………………………………………… (313)
  一 研究的主要结论 ……………………………………… (313)
  二 研究的反思 …………………………………………… (317)

参考文献 …………………………………………………………… (318)

附录 ……………………………………………………………………（328）

    附录 A　普通高中结构化翻转课堂教学模式实施现状调查

        （教师问卷）……………………………………………（328）

    附录 B　普通高中结构化翻转课堂教学模式实施现状调查

        （学生问卷）……………………………………………（331）

    附录 C　访谈提纲 ………………………………………………（334）

    附录 D　课堂观察记录汇总 ……………………………………（338）

致　谢 …………………………………………………………………（348）

绪　　论

一　研究背景

为贯彻落实全国教育大会精神，统筹推进普通高中新课程改革和新高考综合改革，全面提高普通高中教育教学质量，2019年6月19日，国务院办公厅发布了《关于新时代推进普通高中育人方式改革的指导意见》（国办发〔2019〕29号，以下简称《指导意见》），《指导意见》在"创新教学组织管理"中提出要深化课堂教学改革，将培养学生适应终身发展和社会发展需要的正确价值观念、必备品格和关键能力作为重要的培养目标。《指导意见》明确了育人方式改革的目标：

> 到2022年，德智体美劳全面培养体系进一步完善，立德树人落实机制进一步健全。普通高中新课程新教材全面实施，适应学生全面而有个性发展的教育教学改革深入推进，选课走班教学管理机制基本完善，科学的教育评价和考试招生制度基本建立，师资和办学条件得到有效保障，普通高中多样化有特色发展的格局基本形成。[①]

深入推进适应学生全面而有个性发展的教育教学改革育人方式，适应学生、育人为本就是关注学校教育的关键主体——学生，是把学生作为教育教学工作的落脚点和重中之重，所反映的核心理念就是变革传统的育人方式，将学生看作教育教学的中心，真正聚焦于学生学习，真正关注每个

---

① 《国务院办公厅关于新时代推进普通高中育人方式改革的指导意见》，《人民教育》2019年第Z2期。

学生的发展。而学生的学习主要发生在学校的课堂这一场域之中，作为育人的主要场所，课堂教学决定了学生的全面发展，传统课堂的教学结构以教为主，为教而教，先教后学，忽视了学生的积极性和能动性，不利于学生正确价值观念、必备品格和关键能力的培育，使课堂教学在某种程度上偏离了教育教学的本质追求。习近平总书记于2021年9月27—28日在中央人才工作会议上指出，要"深入实施新时代人才强国战略，加快建设世界重要人才中心和创新高地"①。同时，习近平总书记又在2021年11月24日的中央全面深化改革委员会第二十二次会议上做了重要指示："加强党对教育工作的全面领导是办好教育的根本保证，要在中小学校建立党组织领导的校长负责制，把政治标准和政治要求贯穿办学治校、教书育人全过程各方面，坚持为党育人、为国育才，保证党的教育方针和党中央决策部署在中小学校得到贯彻落实。"② 因此，在新时代育人方式改革的背景下，落实党的教育方针，变革传统课堂教学模式，既是教学改革的时代需求，又是课堂教学发展与变革的理论和现实需求。

（一）教学改革的时代需求

当今世界相互联系，相互依存，各种变化使得复杂性、紧张不安和矛盾冲突达到了前所未有的程度。③ 一方面，国际教育形势受到影响，全球社会融合面临挑战；另一方面，在国家和国际层面，教育和培训产生了许多经济和社会效益，例如提高就业率和生产力、经济增长、全球竞争力、健康和幸福。④ 信息技术的飞速发展为知识的传播和学习的发生带来了新的可能。全球学习格局逐渐显现，教育将成为实现可持续发展的动力和建设更

---

① 中华人民共和国教育部：《深入实施新时代人才强国战略 加快建设世界重要人才中心和创新高地》，(2021-09-28)，http://www.moe.gov.cn/jyb_xwfb/s6052/moe_838/202109/t20210929_568037.html。

② 中华人民共和国教育部：《加快科技体制改革攻坚建设全国统一电力市场体系建立中小学校党组织领导的校长负责制》，(2021-11-24)，http://www.moe.gov.cn/jyb_xwfb/s6052/moe_838/202111/t20211125_582194.html。

③ 联合国教科文组织：《反思教育：向"全球共同利益"的理念转变？》，教育科学出版社2017年版，第13页。

④ Colin Power, *The Power of Education：Education for All, Development, Globalisation and UNESCO*, Heidelberg：Springer-Verlag, 2015, p.11.

美好世界的关键。信息技术使得人人可学、人人能学，处处可学、处处能学，人们获取和理解知识的方式发生了巨大的变化，同一教育信息资源完全可以供多人在线同步使用而互不影响，学校已不是教育信息资源建设的唯一主体。同时，信息技术时代对教育提出了更高的要求，教师要善于学习和乐于在教学中创新[①]、反思自己的教学策略与方法，让学生形成学会学习的理念，即教会学习者理解他们每天面临的纷繁复杂的信息，鉴别信息的来源，评估信息内容的可靠性和有效性，质疑信息的真实性和准确性，将新的知识与以往所学内容联系起来，以辨别信息的真伪。[②] 更为重要的是教会学生如何利用信息与他人建立联系。正如佐藤学所说："信息社会是信息构成人与人关系的社会。不是单纯作为信息与信息的网络中心来建构学校，而应是通过计算机网络编织人与人之间的关系、重新建构学校的公共性与共同性的教育。计算机教育的未来需要进一步探索包含信息社会的结构性变化及学校的公共使命。"[③] 这就需要我们回到学校的核心——它们声称其是帮助学生、社区和社会未来繁荣发展的一种资源，我们应扪心自问，学校教育在今天到底意味着什么？未来是未知的，未来20年的社会技术发展不会沿着可预测的轨迹平稳而不可避免地发展，它们将在不同社会行动者的抱负、斗争和妥协中混乱而不均衡地出现，我们无法决定将要展开的未来。然而，我们可以把学校建成公共空间和民主实验室，在扭转这种改变的平衡方面发挥强大的作用，有利于所有学生的可持续未来。[④]为了回应信息技术的快速发展和学生可持续发展的需要，现代课堂教学方法出现了新的形式，比如翻转课堂、微课等，需结合学生的学习特点进行传统课堂的变革，将传统的"先教后学"模式转变为"先学后教"模式，形成课堂教学范式的更替与变革。[⑤] 就如何克抗所说的："确保教育信息化

[①] 卜彩丽：《深度学习视域下翻转课堂教学理论与实践研究——以小学语文教学为例》，学位论文，陕西师范大学，2018年。

[②] 联合国教科文组织：《反思教育：向"全球共同利益"的理念转变？》，教育科学出版社2017年版，第33页。

[③] [日]佐藤学：《教育方法学》，于莉莉译，教育科学出版社2016年版，第195—196页。

[④] Keri Facer, *Learning Futures: Education, Technology and Social Change*, New York: Routledge, 2011, p. 134.

[⑤] 王鉴、王明娣：《课堂教学范式变革：从"适教课堂"到"适学课堂"》，《山西大学学报》（哲学社会科学版）2016年第2期。

取得成功的一条铁律是'改变传统课堂教学结构和构建新型课堂教学结构'。"① 总之，传统课堂教学模式有其存在的必然性，但也暴露出种种问题，其滞后性将无法顺应信息化背景下技术革新后教育的要求，因此，时代呼唤课堂教学结构的变革。

（二）课堂教学发展的理论需求

现代的"课程与教学论"学科强调，课堂研究应将课程与教学整合为一体的"课程与教学论"作为研究对象，要求教学研究者将课堂作为教学研究的"田野"，深居其中且从事理论研究，在"回归实事本身"和"扎根理论"的指导下，重建现代"课程与教学论"的新体系。② 深入做课堂研究，既因为传统教学论不研究课堂，教学理论与实践之间的"两张皮"现象，还因为教学论研究的重心正在发生转移。传统的课堂教学在价值取向上是一种"知识课堂"，它是以知识为本或知识至上的课堂，认为"教师教得好学生才能学得好"；在基本要素上，包括教师、学生、教学内容以及教学方法等，强调教师在课堂上的监控、讲授以及整个教学过程中的主导作用；在运行方式上，它表现为以教为主，先教后学，以教定学，"双边活动"变成了"单边活动"。目前，传统的"以教为中心"的课堂正在向"以学为中心"的课堂转变，这不仅适应了课堂教学变革的趋向，也顺应了学生主体性学习得以发生的内在需求。同时，课堂教学的变革带来了教学模式的创新与丰富，结构化翻转课堂教学模式应运而生，形成依赖结构化意识、思路和方法，促进学生思维不断提升，思维能力有效发展的教学。③ 结构化翻转课堂教学模式能激发学生学习的内在动机与兴趣，促进学生深度学习和思维能力的提升。在价值取向上，其基本原则是先学后教，教师是为学服务的，教是为了促使学生更好地学；在基本要素上，包括教师、学生、教学内容、教学方法、教学资源等，重点关注这些结构要素之间的整体作用和互动关系；在运行方式上，学生通过课前自主先

---

① 何克抗：《学习"教育信息化十年发展规划"——对"信息技术与教育深度融合"的解读》，《中国电化教育》2012年第12期。
② 王鉴：《课堂研究概论》，人民教育出版社2007年版，第123—124页。
③ 王力争、刘历红：《基于中学课堂变革的结构化教学实践探索》，《当代教育与文化》2018年第6期。

学、课中合作群学、课后整合复学,在教师的整体设计以及引导组织下,促进结构化翻转课堂教学模式的展开。研究整体、系统的课堂就是要将教学活动展开的全过程、教学模式的各个部分融合起来,从而形成有关教学现象和教学规律的真正的课堂教学理论,只有这样的问题才是真问题,只有这样的理论才是真理论,才能形成对实践的指引,从而更好地带动课堂的改进与发展。教学理论研究领域以及教学实践领域所共存的获得教学价值取向和参与教学价值取向[①],若能采用平等对话、优势互补的方式被契合进新课程改革之中,就必然会使教学活动更加有序和规范,同时能够更好地促进学生的全面发展。由此,个案学校结构化翻转课堂作为一种全新的教学模式,其理论建构就显得尤为重要,这就需要研究这种新型教学模式的理论基础和建构策略,从而为丰富发展课堂教学论提供理论支持。

(三) 课堂教学变革的现实需求

康德曾说:"就现在的教育来说,人并未完全达到自己存在的目的。"[②] 在新课程和新高考的背景下,课堂教学发生了巨大的变化,但还不能够满足人民对美好生活的期望,应试教育的体制造成大众心里根深蒂固的"知识点"情结,我国高中的课堂教学存在着较为突出的问题,潜藏着重重危机:教育理想的迷失、学校功能的异化、教师专业的沦丧、学生片面发展。[③] 这种危机与异化严重影响了我国普通高中教学质量的提升,不利于我国新课程改革以及学生核心素养的培育。现阶段,我国的课堂教学仍处于"以教为主"的模式下,并未将教学过程与教学活动营造成"文化实践的参与",学习者丧失了学习对象、学习伙伴和学习意义,并没有真正引发佐藤学所说的"对话性实践",缺乏共同体意识,缺乏交流与互动,无法养成良好的学习习惯和兴趣。"以学为主"的理念并未真正落实在课堂教学中,教师在理念层面并未真正理解和践行这一课堂变革的主旨,行为上也就无法践行。刘铁芳认为:"个体发展不是静态素质的发展,而是要

---

① 皮永生:《获得和参与:教学价值取向研究》,学位论文,西南大学,2016年。
② [德]康德:《教育学》,林克编,李秋零译,见李秋零主编《康德著作全集》(第9卷),中国人民大学出版社2016年版,第445页。
③ 李泽林:《高中课堂的变革与危机》,甘肃教育出版社2014年版,第195—243页。

始终立足于个体鲜活生动的创造力的培育与展现。"[1] 可见,落实学生的中心地位、实现学生本体的价值才是课堂教学的旨归和落脚点。课堂教学作为学校教育培养人的场域,并不是一个封闭、独立的空间,需要多方面因素的融通与整合。正如钟启泉所言:"学校的课堂不是单纯的物理空间,而是一个社会的、政治的、历史的、文化的空间。"[2] 在一线的实践教学当中,学校要聚焦每一节课的创生,从每一间教室、每一节课开始去进行课堂教学的变革,个案学校结构化翻转课堂教学模式的深度践行,无疑是课堂教学变革的有力抓手和有益补充,研究这种创新性的教学模式,无论是对于学生学习能力的养成与核心素养的培育,还是对于教师教学能力的提升以及学校整体的变革都是十分重要的。

二 研究问题的提出

在全球教育教学改革以及我国育人方式变革的背景下,不同的学校都在探索适合自身学校发展,适宜学生实际发展需要的教学模式,个案学校作为我国基础教育领域的众多探索者之一亦是如此。自个案学校创办至今,它不断追求创新发展,持续探索结构化翻转课堂的教学模式,在实践和理论领域都取得了一定的成效,有值得借鉴的经验,也有需要改善的问题。本书扎根个案学校展开调研,目的在于丰富结构化翻转课堂教学模式的理论,建构并提升该教学模式。由此,本书提出以下六个问题,这些问题聚焦于个案学校结构化翻转课堂教学模式的分析,同时回应当下教学模式变革的现实,关注普通高中结构化翻转课堂教学模式本身。具体的研究问题有如下几点。

1. 结构化翻转课堂教学模式的理论基础?
(1) 什么是翻转课堂?
(2) 什么是结构化理论?
(3) 什么是结构化翻转课堂?

---

[1] 刘铁芳:《追寻生命的整全:个体成人的教育哲学阐释》,高等教育出版社2017年版,第442页。

[2] 钟启泉:《课堂研究》,华东师范大学出版社2016年版,封底。

（4）什么是结构化翻转课堂教学模式？

2. 结构化翻转课堂教学模式的理论分析框架。

3. 选择普通高中结构化翻转课堂教学模式个案对象的原因分析以及个案的具身分析。

4. 个案学校结构化翻转课堂教学模式的实施现状和影响因素。

5. 个案学校结构化翻转课堂教学模式值得借鉴的经验，存在的问题。

6. 个案学校结构化翻转课堂教学模式的建构策略。

具体而言，第一个问题是基于理论层面对结构化翻转课堂教学模式进行梳理，具体包括：什么是翻转课堂？什么是结构化理论？什么是结构化翻转课堂？以及什么是结构化翻转课堂教学模式？对为什么可以用吉登斯的社会结构化理论对我们的课堂教学模式进行分析这一问题，在此也会加以具体说明。第二个问题是根据研究的理论基础，呈现结构化翻转课堂教学模式的理论分析框架，这也是应然层面的理论探索。第三个问题是说明选择普通高中结构化翻转课堂教学模式作为个案对象的原因，并进行个案对象的具身性分析。第四和第五个问题是对于第二和第三个问题的深入探究，提出个案学校结构化翻转课堂教学模式的实施现状和影响因素，以及个案学校结构化翻转课堂教学模式值得借鉴的经验，存在的问题，力求在个案研究中，运用"观察、访谈、深描、解释、案例"的课堂志研究方法，得出调查研究的结果，并从实然层面考察个案学校结构化翻转课堂教学模式的实施情况。对个案学校结构化翻转课堂教学模式的探究，可以从个案学校结构化翻转课堂教学模式实施过程中所存在的有益经验与实践问题，实施的具体效果，先学后教的体现，怎么先学，怎么后教，先学的内容，先学的效果，后教和先学的关系等方面展开。第六个问题是站在理论与实践复合的角度，在混合式研究的基础上，结合前面五个研究问题，建构个案学校结构化翻转课堂教学模式，并根据实际情况提出结构化翻转课堂教学模式的建构策略，以期该教学模式具有持续广泛的推广性。

三　文献综述

（一）关于"翻转课堂"的相关研究

2011年，"翻转课堂"受到了世界性的关注，美国著名在线教育媒体电子校园新闻网将"翻转课堂"评为年度十大教育技术事件之一;《环球邮报》发表的文章《课堂技术发展简史》将其评为"自公元前2400年至2011年影响课堂教学的重大技术变革之一";《纽约时报》科学版刊登的《科技是个性化学习的护照》提到:"翻转课堂等技术支撑下的教学新形态可能是自欧洲文艺复兴以来的教师授课模式之后的重大变革"……至此,翻转课堂教学模式成为全球范围内教育界的热点话题,国内外相关的理论研究与实践探索也逐渐丰富起来。

1. 国外翻转课堂的实践探索与理论研究

在技术变革的影响下,早期翻转课堂的教学实践与研究主要是在美国的高校中进行的。作为翻转课堂的早期雏形——同伴教学法(Peer Instruction),是20世纪90年代初由哈佛大学物理学教授埃里克·马祖尔(Eric Mazur)创立的。他认为,学生的学习过程可以分为两个阶段,即"知识传递"和"吸收内化"两个阶段,而传统的讲授式教学模式只是注重信息传递,对学生的知识理解与内化并没有太大的效果。据此,马祖尔便提出了同伴教学法,该教学法要求学生课下自学课程内容,课上则以"提问—思考—回答"等课堂互动活动为主。如果学生答对的比例低于70%,则进行同伴讨论以加深学生对知识的理解,最后教师再重申要点和难点。

1996年,迈阿密大学商学院的莫里·拉吉(Maureen J. Lage)与格兰·波兰特(Glenn J. Platt)认为,应该用差异化、个性化的教学来适应不同学生的学习风格,首次提出"翻转课堂"的设想,并将其运用于面向大二学生开设的"微观经济学原理"课程。其具体做法为,先把教材的内容转换为若干专题,并要求学生开展分专题学习。在此过程中,学生可观看相关课件或教学录像。在课堂上,学生就专题学习过程中所遇到的问题向教师提问,教师针对这些问题实施教学并展开学习指导。之后,在教师的指导下,学生用实验的方式体验、运用并验证所学知识。在实验结束后,教师为学生再度解决实验研究过程中所遇到的问题与疑惑。2000年,他们对在"微观经济学原理"课程讲授时所采用的这种教学模式进行归纳、总结,形成《翻转课堂:创建全纳学习环境的路径》,并以研究成果的形式予以发表,由此,"翻转课堂"作为一种教学模式得以首次提出。

2000年,威斯利·贝克(J. Wesley Baker)在其发表的论文《课堂翻转:使用网络课程管理工具(让教师)成为身边的指导》中,提出了"翻转课堂的模型",即教师通过网络工具和课程管理系统在线呈现教学内容,布置家庭作业;在课堂上,老师只是更多地作为指导者参与到学生的合作学习中。

2007年,杰里米·斯特雷耶在其博士学位论文《翻转课堂在学习环境中的效果:传统课堂和翻转课堂使用智能辅导系统开展学习活动的比较研究》中介绍了其所采用的教学模式,即把录制成视频的教学内容作为家庭作业布置给学生学习,课上则利用"黑板"组织学生进行项目式学习。

这些实践者与研究者均运用"翻转"的教学理念和运行方式解决了实际教学中所遇到的问题,他们虽未正式提出"翻转课堂"或"翻转教学"的教育概念,但都在翻转课堂教学模式的早期发展中做出了有益的尝试。

2007年,美国科罗拉多州落基山林地公园高中(Woodland Park High School)的化学老师乔纳森·伯格曼(Jonathan Bergmann)和亚伦·萨姆斯(Aaron Sams)发现,很多学生因为参加比赛和活动而错过了大量的课程,他们很想赶上教学进度却又没有办法。乔纳森和亚伦受一篇文章的启发,该文介绍了"某种软件(这种软件能记录PPT的内容并将其转换成视频文件传到网上)"的使用,想到"可以利用抓屏软件录制视频课程并将其放在网上来为这些学生补习功课"。在借鉴、尝试之后,这些课程受到了很多学生的关注,除了补赶学习进度的学生外,一些上过课的学生在复习功课时也会观看这些视频。在这之后,亚伦想到"只有学生卡壳了,需要我特别帮助时,才是他们真正需要我现身的时候。他们不需要我一直都留在教室里,对着他们喋喋不休地讲着课程内容,他们自己就能学习课程内容。"因此,"我们把所有的课堂讲稿都预先录制下来,学生观看视频,作为'家庭作业',然后,我们可以用整堂课的时间来帮助学生厘清他们不懂的内容",这即他们对翻转课堂教学模式的最初描述。在这些教学实践的基础上,"翻转课堂"概念被正式提出。此后,乔纳森和亚伦持续实践并推广"翻转课堂"教学模式,迅速得到全美中小学教师和学生的广泛认可,截至2012年初,已有两个国家的20多个州的30多个城市在实践领域尝试推行了翻转课堂模式,在试图总结、提升其理论内核之时,出现了一线中小学教师所面临的挑战与实际问题:其一是录制较高质量的教学视频存在难度;其二是翻转课堂的理念与实践之间的壁垒。

2009年,萨尔曼·可汗和他创办的可汗学院(一家教育性非营利组织，主要利用网络视频进行免费授课）在比尔·盖茨的关注下在全美产生了影响。可汗学院提供的大量免费、优质的教学视频降低了中小学教师实施翻转课堂的门槛，使得翻转课堂在全美广泛应用成为可能。2011年，可汗在TED上发表了著名演讲"用视频重塑教育"，他在里面谈到可汗学院在参与基础教育学校的翻转课堂实践的过程中，得到了《美国纽约时报》、电子校园新闻网和《加拿大环球邮报》的高度评价，这使"翻转课堂"迅速传播至全球，越来越多的国家开始研究"翻转课堂"并将其投入实践教学中。翻转课堂在实践应用区域得以迅速扩大，与此同时，其教学内容和教学形式也在不断拓展。可汗学院开发的学习控制系统可以有效地记录与反映学生的学习数据，教师进行实时指导的可能性加大，这种以视频为媒介的大规模开放在线课程，强调实时的互动与反馈，由此，相关研究逐步丰富，实践过程不断拓展，促进了翻转课堂的有效推进。

2014年，乔纳森和亚伦在《翻转学习：如何更好地实践翻转课堂与慕课教学》（"Flipped Learning：Gateway to Student Engagement"）中对他们之前提出的"学生在家观看视频，然后在课堂上完成传统的家庭作业"的"翻转课堂"教学模式进行了进一步思考，将其命名为"翻转学习"。他们认为，翻转学习的核心是个性化学习，强调学生在课堂上"动态的、交互的学习环境"，还需要"老师在学生运用概念和创造性地参与科目学习过程中给予个性化指导"，在这当中面临的"唯一问题"是"如何最充分地利用与学生面对面的时间"。

2. 国内翻转课堂的实践探索与理论研究

翻转课堂的理念在进入我国之后，引起了研究者的关注。在基础教育领域也产生了一些较早的实践探索，比如北京四中、重庆聚奎中学、山东省昌乐一中等。

2008年，北京四中网校成立学案导学班，开始早期的"类翻转"教学探索。在周内，网校学员在家依据辅导老师布置的作业、利用网校平台提供的学习资源进行自主学习，完成学案，记录问题；周末，学员到网校上课，和辅导老师面对面交流，解答困惑。2011年，翻转课堂的概念被传到我国，网校结合自身情况，针对网校学员，探索了"线上+线上"和"线上+线下"两种翻转教学；针对日校学生，他们和学校教师一起，探索出了"三翻二段+环节"的教学模式。在五年的实践中，他们积累了海量微课、试题、高清视频、教学参考、课件等优质教学资源,拥有了先进的网络学习平台,实施了"互联网+教育"背景下以翻转课堂为主的教学新模式。由此,该模式在全国稳步推进,并取得了长足进步。

2011年,重庆聚奎中学对美国的"家—校"翻转课堂进行了本土化改造,确定了"课前—课上"翻转课堂教学模式,并在数学、物理、化学、英语四个学科的教学中进行翻转教学实验。2013年,昌乐一中在所有学科中都尝试推行翻转课堂教学模式,并于2014年推广到全部高中学科。

3. 有关翻转课堂本质的研究

目前,教育界对翻转课堂研究实践变革与理论发展的探讨正走向深入,其中较为重要的就是对翻转课堂本质的研究,只有真正认识与理解了翻转课堂的本质才能更好地实践翻转课堂教学模式。1996年,莫里·拉吉(Maureen J. Lage)和格兰·波兰特(Glenn J. Platt)提出"翻转课堂"的设想,他们认为,"翻转课堂就是原本在课中进行的教/学活动被放在课下进行,反之亦然。"[1] 还有学者说道:"翻转课堂并非简单地用视频、在线课程等来代替教师的教学,其本质应是教师与学生之间进行深度的交流,师生的角色发生了变化,教师要由'圣人'转变成'教练',学生作为学习主体要对自己的行为负责,最关键的是在翻转课堂中每一位学生的个性化需求都能得到针对性的指导。"[2] 这说明,翻转课堂教学模式并不是舍弃传统的讲授,而是将其与建构学习、掌握学习相结合,教师的角色主要是引导者与指导者,引领学生共同走入教学情境,共同融入整个教学过程,帮助学生在课堂上学习不足时深化学习,使他们每个人都能享受个性化教学。另外,有学者将翻转课堂的本质理解为"是一种以学生为主体,以合作探究为组织形式,有助于学生获得批判性思维的学习方法"[3]。以上有代表性的国外学者的理解,对翻转课堂的本质作了简要探讨,但都从教学流程的角度来展开,各自有所侧重,并未形成全面的认识。

---

[1] M. J. Lage, G. J. Platt, M. Treglia, "Inverting the Classroom: A Gateway to Creating an Inclusive Learning Environment," *The Journal of Economic Education*, Vol. 31, No. 1, 2000, pp. 30 – 43.

[2] Jon Bergmann, Jery Ovemyer, Bret Wilie, "The Flipped Class: What It Is and What It Is Not," *The Daily Riff*, 2012.

[3] R. H. Rutherfoord, J. K. Rutherfoord, "Flipping the Classroom: Is It for You?," *AcmSigite Conference on Information Technology Education*, ACM, 2013.

我国学者对于翻转课堂本质的理解也各有侧重,有学者将翻转课堂教学模式看作"一种教学形态,即学生在课外观看教师创建的教学视频进行自主学习,课堂上与教师、同学互动交流,并且通过完成作业来巩固提升的一种教学形态"[1]。另有学者认为,翻转课堂本身"翻转的是教学结构,即把学习知识主要在课堂、内化知识主要在课外颠覆为学习知识主要在课外、内化知识主要在课堂的教学模式"[2]。在这种教学模式的影响下,学生通过课上与教师和其他同学交流学习,对知识的掌握更牢固,对知识的应用能力也得到了培养。重庆市聚奎中学将翻转课堂概括为"学生在课前通过教师分发的数字化材料（音视频、电子教材等）进行学习,回到课堂后与教师和同学互动交流,并完成练习的一种教学形态"[3]。钟启泉认为,翻转课堂的本质在于四个方面的翻转：其一是教学理念的翻转,翻转课堂可分为两种类型：一是完习得学习型；二是高阶能力学习型。其二是教学流程的翻转,即传统课堂上的教学黄金律"预习→上课→复习"被翻转成"预习→看视频→运用"。其三是教学关系的翻转,即学生是主体,教师不是主体。其四是教学效果的翻转,即传统的教师讲解只关注优才生,所谓"差生"往往是被边缘化的。[4] 这四个翻转其实是对翻转课堂特征的描述,而非其本质。王鉴基于此提出："翻转课堂的本质是回归教育活动的逻辑起点——学生的学习活动,教是条件,学是本体,教师之'教'存在的逻辑在于有利于学生之'学',学习活动是一切教育包括教学活动的真正逻辑起点。"[5]

本书认为,要站在更加综合、全面、整体的角度上把握翻转课堂的本质,翻转课堂是针对传统课堂的翻转,是对传统课堂教学模式的变革。传统课堂教学是在工业化背景下形成的,以传授知识为主要过程,以班级授课制为组织形式的教学模式,其代表性理论是赫尔巴特教育学的"三个中

---

[1] 黄发国、张福涛：《翻转课堂理论研究与实践探索》,山东友谊出版社2014年版,第11页。
[2] 金陵：《翻转课堂与微课程教学法》,北京师范大学出版社2015年版,第15—16页。
[3] 重庆市聚奎中学：《学习的革命：翻转课堂——聚奎中学的探索与实践》,西南交通大学出版社2015年版,第19页。
[4] 钟启泉：《翻转课堂的新境》,《中国教育报》2016年5月5日,https：//www.sohu.com/a/73750803_372523。
[5] 王鉴：《论翻转课堂的本质》,《高等教育研究》2016年第8期。

心"。20世纪初,以杜威为代表的进步主义教育对传统课堂教学进行了第一次翻转。21世纪以来,在信息技术背景下,在线学习与现场学习结合的混合教学对传统课堂教学进行了第二次翻转。无论是教学场所的改变,教学流程的翻转还是课堂内外知识传授方式的转变,其最终目的都是要回归教学活动的本质,即学生的学习。

4. 有关翻转课堂结构的研究

翻转课堂是包含教学媒体、教师、课程、学生要素在内的结构系统。[①]教学结构的翻转是翻转课堂最显著的表征,传统课堂与翻转课堂的结构差异主要体现在教学过程中(见表1)。[②]

表1　　　　　　　　传统课堂与翻转课堂的教学结构

教学阶段	传统课堂		翻转课堂	
	主要环节	教学活动	主要环节	教学活动
课前	自主预习	看教材、做练习等自定义预习方式	知识传递	参照导学案及学习任务单在教学平台上自主学习、交流并反馈问题
课中	知识传递	知识点讲解、不充分的小组合作	知识内化	展示交流、合作释疑、检测评价、教师点拨,解决自学中的问题
课后	知识内化	完成作业		

在传统课堂上,课前,教师通常会布置适应于教材和教学要求的学习任务,但是,此时的自主预习方向感不强,任务导向过于明显,缺乏适切的指导,甚至与教师的讲解缺失联系。从表1中可以看到,课中,在知识传递环节,学生的学习内容多是知识架构比较弱的一般陈述性知识,对于学生的思维开拓影响不大,在知识获得层次上属于低阶目标,即知道、领会、简单应用;而在课后的知识内化环节,则指向高阶目标的实现,即应用、分析、综合、评价。通常,在达成低阶目标时学生所需帮助较少,这种需求更多地体现在高阶目标的达成过程中。在传统课堂上帮助需求少的

[①] 张朝珍、束华娜:《论超越表层结构的翻转课堂》,《华东师范大学学报》(教育科学版)2015年第1期。
[②] 李永:《轻松掌握翻转课堂》,清华大学出版社2018年版,第24—25页。

环节主要是在课堂上完成的，而学生在家完成的是难度较大、需要帮助多的环节，这其实浪费了教师引导和同伴互助的宝贵资源，增加了学生进行深层认知加工的难度，致使课堂教学资源的利用并非良构，利用不到位。

翻转课堂最显著的特色是将传统课堂的教学结构进行了翻转，将直接的讲授部分翻转到课前，教师针对知识结构进行教学设计，并认真准备适合于学生发展，与教学主题密切相关的导学案和配套资源，利用在线交互教学平台，针对不同的学生发布适宜的指向性学习思路、个性化学习任务，学生以任务为导向，开展个性化的、自定步调的学习活动。当遇到困惑与问题时可以随时暂停，复看或者询问同伴，共同研讨。若解决不了的问题还可以寻求教师的帮助和指引，这就为课堂上的重要环节——知识内化，比如小组展示、互相交流打下了坚实的基础。其中，教学设计是一种求解教学问题的思维方法，教学问题可能是良构的，也可能是劣构的，因而求解的思维方法可能是理性的，也可能是创造性的。[1]

由于课前学生进行了充分的自主学习，课中学生是带着自学过程中的真实发现、反馈问题的，而非简单的被动输入者与接收者，因为学生已有体验与经历，既有的知识储备会与新的教学主题产生联结，使学生能够真正参与到课堂讨论中，因此在课中及课后的知识内化环节，学生与教师产生了互动，学生的学更加积极，教师的教更加有针对性，对于教学资源的利用也较为充分，真正产生了主客体之间的相互对话。

5. 有关翻转课堂研究的可视化分析

截至2021年11月23日，笔者以与"翻转课堂"主题相关或相近论文为检索对象，共检索到48821篇文献资料，通过可视化软件分析、讨论翻转课堂研究的知识图谱，梳理翻转课堂研究的总体趋势、主题分布的基本情况。

（1）总体趋势

由图1可知，从2011年起，我国开始出现关于"翻转课堂"研究的论文，自2014年起，有关翻转课堂的研究逐渐增多，2018年达到了新高。可见，我国对于"翻转课堂"的研究热度未减，作为当前课堂教学的一种

---

[1] 钟志贤：《面向知识时代的教学设计框架——促进学习者发展》，学位论文，华东师范大学，2004年。

教学模式依旧是学界关注的热点,也为本书的研究提供了丰富的资料支持。

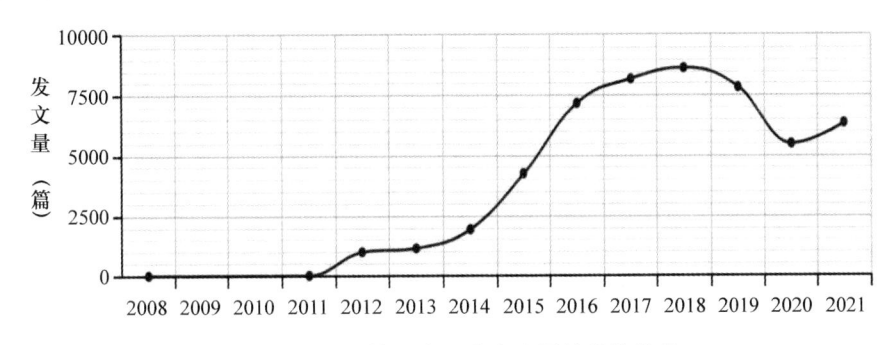

图1 关于翻转课堂研究发文量的总体趋势

（2）研究层次分布

由图2可知,翻转课堂的研究层次较多,其中,涉及"学科教育教学"的研究最多,有4139篇,占总数的78.35%;有关"应用研究"的有741篇,占总数的14.17%;有关"开发研究"的有331篇,占总数的6.32%。可见,对于"翻转课堂"的研究主要聚焦于学科教育教学之上,是学科教育教学的重要课堂教学模式。因此,本书聚焦高中的多个学科,在探索不同学科的特殊性的同时寻求其内在的共同性,以分析"结构化翻转课堂",具有研究的可行性。

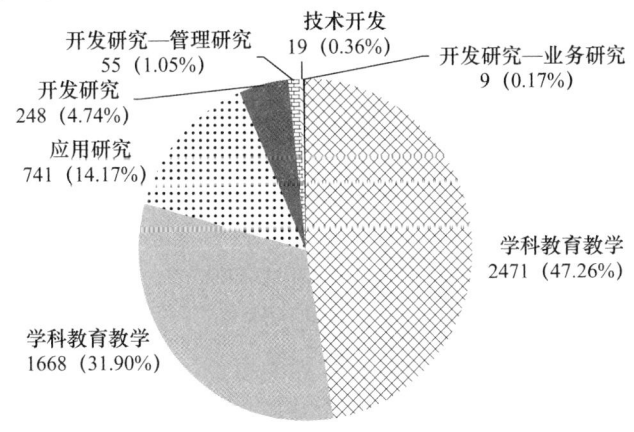

图2 翻转课堂研究层次分布

(3) 主题分布

由图3可知，在翻转课堂的研究主题方面，关于"翻转课堂"的研究聚焦于多个主题，主题有所交叉。其中，以"翻转课堂"为主题词的研究最多，有29293篇，占总数的49.69%；其次是"翻转课堂教学模式"，有5982篇，占总数的10.15%；再次是"教学中的应用"，有4743篇，占总数的8.05%；最后是"教学模式"，有3282篇，占总数的5.57%。可见，对于"翻转课堂"的研究还是聚焦于教学模式以及课堂教学模式，学界普通将其视为一种教学模式，因此，本书在"翻转课堂"的基础上分析"结构化翻转课堂教学模式"，具有理论的共识性。

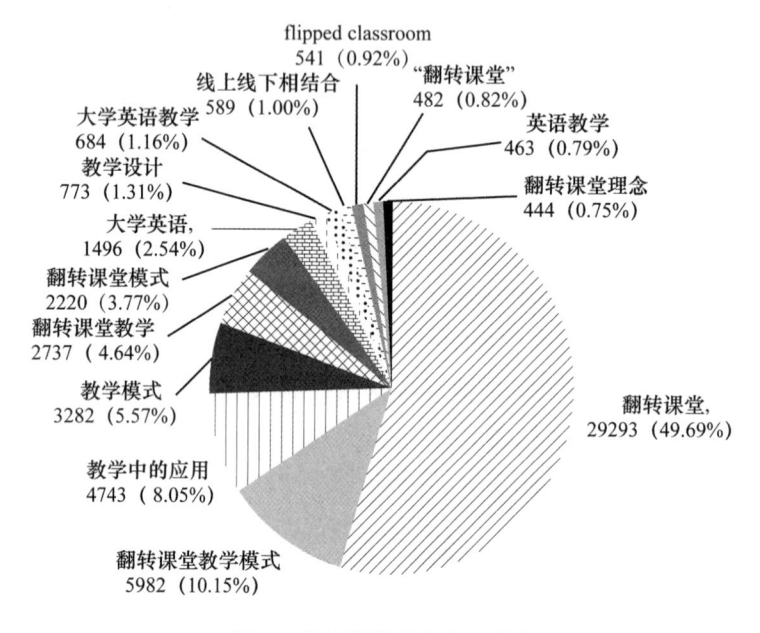

图3 翻转课堂研究主题分布

(二) 关于"结构化翻转课堂"的相关研究

1. 结构化翻转课堂的实践探索与理论研究

受新课程改革以及当前新高考形势的影响，为了探索出能为一线教师所接受并符合教育规律的教学理论，该理论应顺应当前个性化教学的背景，以提升教学质量为前提，且具有学理性、操作性并聚焦学生发展；同时，针对翻转课堂在实施过程中所遇到的问题与瓶颈，例如导学案作用发挥不足、教学视频制作要求较高等，个案学校提出了结构化翻转课堂的教学模式。"结构化"主要是由吉登斯在其社会结构化理论的相关著作中引入的概念，其目的是更好地解决结构与行动者之间的关系问题。[①] 个案学校将"结构化翻转课堂教学模式"定义为"依赖结构意识、思路和方法，促使学生思维结构不断提升，思维能力有效发展的教学"[②]。随着结构化翻转课堂教学模式在个案学校生根发芽，目前已产生了很好的教学成效。

  在个案学校创办的学术期刊上，有关结构化翻转课堂教学模式的研究越来越丰富，并逐渐渗入多个学科，例如，政治学科有《浅议"一案到底"在高中政治教学中的重要性——以〈影响消费水平的因素〉教学实践为例》；语文学科有《高中语文教学课眼设置例谈——以〈大堰河——我的保姆〉为例》《结构化教学，让语文课堂灵动高效——〈林教头风雪山神庙〉课例分析》；数学学科有《浅谈对结构化教学的初步理解及其在教学中的实施——以探索〈三角形全等的条件〉教学为例》《〈圆锥曲线的几何性质——离心率〉课堂观察记录》等；英语学科有《网络平台在开展初中英语综合实践活动课中的应用研究》，"A Short History of Western Painting"等；历史学科有《高中历史课程知识的教学体系浅议》《新课标下高中历史课堂教学的有效性探析》等；地理学科有《初中地理翻转课堂的结构化教学实践研究——以"青藏地区"一节教学为例》等。另外，还包括与"结构化翻转课堂教学模式"的实施过程密切相关的理论与实践研究，例如，《试论结构化教学——以"银川三沙源上游学校为例兼论思维课堂的实践探索"》《基于翻转课堂的结构化教学理论与实践问题探讨》《普通高中育人方式变革的实践策略》等。同时，还包括推动结构化翻转课堂教学模式发展的教研研究、教师专业成长以及学生学习的相关研究，结构化翻转课堂教学模式的深入变革与实践孕育出一系列理论研究，为普通高中育人方式的变革提供了实践案例与素材。

---

  ① ［英］安东尼·吉登斯：《社会的构成——结构化理论纲要》，李康、李猛译，中国人民大学出版社2016年版，第4—5页。
  ② 王力争、刘历红：《基于中学课堂变革的结构化教学实践探索》，《当代教育与文化》2018年第6期。

2. 有关结构化翻转课堂本质的研究

结构化翻转课堂不仅仅是教学流程的翻转，还是整体思路、知识结构、易错重难点的结构化，是学生个性化学习的有力抓手，其最终目的是促进学生思维水平的提升，为学生核心素养的培育助力。对于学校整体的变革和发展来说，"结构化的翻转课堂"是教师专业发展和教学能力提升的载体，在实施结构化翻转课堂教学模式之前，教师的教学设计能力、教学理解能力以及结构化思考力和组织力是在长期的实践过程中慢慢发展起来的；在课堂教学过程中，在对于课程内容足够把握和拿捏的基础上，其教学实施能力、教学评价能力也逐渐得到历练和提升；教师的能动性和行动力得以发挥，教师能动性包括个人兴趣以及影响力、控制力的发挥过程，前者与教师的过往经验和习性相关，指向作为主观性与认同意识的个体属性；后者指向其在学校结构和文化体系交互影响下不断做出的行为选择。[①] 具体而言，教师的能动性可以外显为教学与学习效能感、气质性乐观以及建构性参与。[②] 总之，结构化翻转课堂无论是作为教学模式本身，还是对于学生的成长和教师的发展都是具有结构影响力的。翻转课堂模式下学习的发生，具有泛在学习的特点，离开了泛在学习环境，翻转课堂的本质和概念就难以界定[③]，更为重要的是，结构化翻转课堂可以作为课堂学习共同体建构的重要路径，在课堂学习共同体中主要包括学习主体、共同愿景、课程知识、资源、学习方式、学习情境与学习效果。教师和学生在课堂运行中，通过确定学习目标、开发课程资源、创设学习环境、开展学习活动、评价学习过程效果[④]，与课程对话、与他者对话、与自己对话，由此，结构化翻转课堂促进了新型师生关系的形成，而教学关系的转变正是未来教育教学改革的趋向和追求。

[①] C. Lai, Z. Li, & Y. Gong, "Teacher Agency and Professional Learning in Cross Cultural Teaching Contests: Accounts of Chinese Teachers from International Schools in Hong Kong," *Teaching and Teacher Education*, Vol. 54, 2016, pp. 1-3.

[②] 刘胜男：《教师专业学习影响因素及其作用机制研究》，学位论文，华东师范大学，2016年。

[③] 许双成：《基于学科核心素养的高中历史翻转课堂研究》，学位论文，陕西师范大学，2018年。

[④] 王明娣：《普通高中课堂学习共同体的建构及策略研究》，学位论文，西北师范大学，2016年。

结构化翻转课堂教学模式在个案学校的发展是理论创新和实践导向的结果，而这种教学模式是对以往"翻转课堂"教学模式的改造及创新，普通高中是我国基础教育的重难点所在，在普通高中教育变革中，"结构化翻转课堂教学模式"扎实的实践运用能真正助力普通高中育人方式变革，并产生实际效应，这是从理论上理解和深化普通高中育人方式变革问题，从实践上有效推进普通高中的教育教学改革①，其本质是进行普通高中育人方式变革的探索和追寻。

3. 有关结构化翻转课堂教学结构的研究

由表2可知，结构化翻转课堂教学模式的结构包括教师、学生和教学流程、教学资源及其相互联系与作用，教的主体是教师，学的主体是学生，而前两者与教学环境和教学资源相互影响。简单来说，结构化翻转课堂经历了三次结构化：第一次结构化是学生课前的自主学习，通过看导学案、看书以及做练习进行问题导向的学习，在这里教师作用的发挥是通过自身对于课程内容的预先结构化理解，在教学设计的基础上制作导学案和整合相关资源，教师更多的是作为学生学情的把关者和反馈者；第二次结构化是课中前二十分钟左右在教师引导下的合作学习和探究学习，学生在这个过程中主动提问和思考、认真倾听并主动建构自己的理解，教师则创造教学情境、组织学生在交流对话中澄明知识，建构理解，教师主要是作为情境的创设者和引导者的角色；第三次结构化更多的是以习题来呈现，以当堂训练的方式进行，学生综合课前和课中的理解认识输出自己的学习成果，检测和质疑结构化课程内容，教师需要反馈检测结果，查摆问题、总结提炼并为下次结构化翻转课堂的教学提供先行组织内容，教师更多的是作为反馈者、评价者和促进者的角色而存在。其中，无论是在课中准备阶段，还是在课中学习阶段，导学案都能够连贯地引导学生主动参与学习过程，变被动接受为主动研习、变知识接受为知识应用，以促进学生有效掌握知识技能。② 这三次结构化过程是结构化翻转课堂的具体操作流程，是结构化翻转课堂在狭义层面的结构。当把吉登斯的社会结构化理论放置于整个人类社会发展的过程中理解结构的内涵时，我们会发现结构其实是

---

① 王鉴：《普通高中育人方式变革研究专栏主持人寄语》，《当代教育与文化》2019年第4期。
② 贺斌：《智慧教育视域中差异化教学模式研究》，学位论文，华东师范大学，2018年。

客观存在的，人类认识事物的过程是从结构到结构的结构化过程[①]，其实践意识和实践理性支配着自身的活动，从这个意义上理解，广义上的教学必定是结构化的存在，结构化翻转课堂的结构是有效的教学，它是结构化的存在。

表 2　　　　　　　　结构化翻转课堂教学模式的程序

程序	课前	课中	
	第一次结构化	第二次结构化	第三次结构化
时间	30 分钟左右	20 分钟内	25 分钟左右
流程	第一步：看导学案，审视课题，独立思考，预构先行 第二步：看书，看微课，验证预判 第三步：练习，完成导学案 第四步：自我反思与评价	第一步：调控学习状态 第二步：多形式导入 第三步：处理导学案中的典型或共性问题等 第四步：提炼，结构化	第一步：当堂练习，检测 第二步：展示，思维碰撞 第三步：点评、强调、强化 第四步：结构化
学生的学	以导学案、课本、微视频等教学资源为依据，通过自学，完成导学案，形成对所学内容的初步判断	积极思考，及时记录，认真练习；合作中主动提问或讲解；积极对话，认真倾听，主动建构，促进对知识、方法等的结构化	综合利用所学，挑战一定难度的问题，认真完成课中检测案。在组内交流和全班分享中，积极参与，敢于质疑、追问；主动内化
教师的教	问题导向，引导学生带着预构先自学；鼓励学生对自学过程进行反思。以全批全改导学案或平板反馈形式掌握学情，有针对性地设计教学方案	创设情境或引导学生预构先行；组织分享，解决典型或共性问题；追问、澄清、评测，促进理解；引导或讲解方法，提炼思想，促使形成第二次结构化	设计拓展性题目，进行变式训练，延展应用，检测成效，发现、总结规律。建议在课尾几分钟，可将下节课需要结构化的内容，如重难点等先行提出，将导入前置
应注意事件	防止导学案变成导练案；防止导学案就是知识的罗列，忽视知识的生成过程；防止出现仅批改导学案，但不提炼核心问题，不再精心设计教学活动现象	防止第二次结构化用时过多；要随时关注每一个学生的情况；加强对学生口头、文字与符号表达规范性、严谨性的训练；及时评估阶段目标达成情况，据此调整教学进程	防止缺乏当堂练习时间。建议采用大样本检测方式，促使更多的学生当堂展示

---

① 王力争、刘历红：《基于翻转课堂的结构化教学》，《上游教育研究》2019 年第 3 期。

4. 有关结构化翻转课堂研究的可视化分析

本书以与"结构化翻转课堂"主题相关或相近的论文为检索对象，共检索到14篇文献资料，通过可视化软件分析讨论结构化翻转课堂研究的知识图谱，梳理结构化翻转课堂研究的总体趋势、主题分布的基本情况。

（1）总体趋势

由图4可知，从2016年起，我国开始出现"结构化翻转课堂"的相关研究，并且逐年增多，2019年达到了高潮。但是发文总量只有18篇，可见运用结构化理论分析和解释课堂教学尚属新的研究方向，这为本书的理论建构和实践分析增加了难度，但也为本书聚焦于"结构化翻转课堂的教学模式"研究带来了挑战与信心。

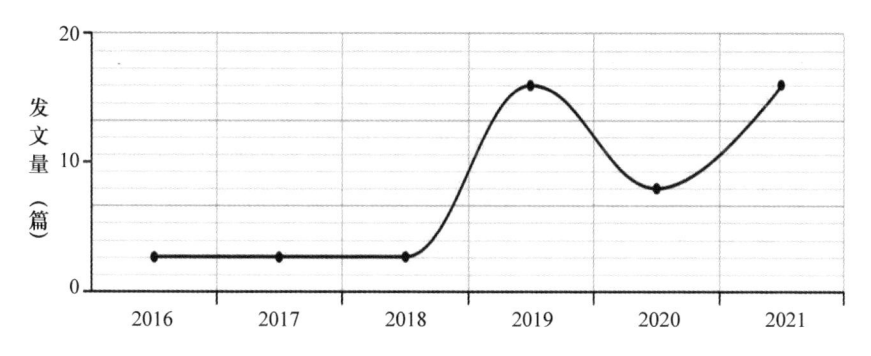

图4 关于"结构化翻转课堂"研究发文量的总体趋势

（2）主题分布

由图5可知，关于"结构化翻转课堂"的研究包含多个主题，涉及的主题有所交叉，以"翻转课堂"为主题词的研究最多，有6篇，占总数的16.67%；其次是"教学模式"，有3篇，占总数的8.33%；最后是"结构化教学"，有2篇，占总数的5.56%。可见，对于"结构化翻转课堂"的研究还是聚焦于翻转课堂以及教学模式，学界普遍将其视为一种教学模式，因此，本书将"结构化翻转课堂"理解为一种教学模式并对其进行研究，具有理论的共识性。

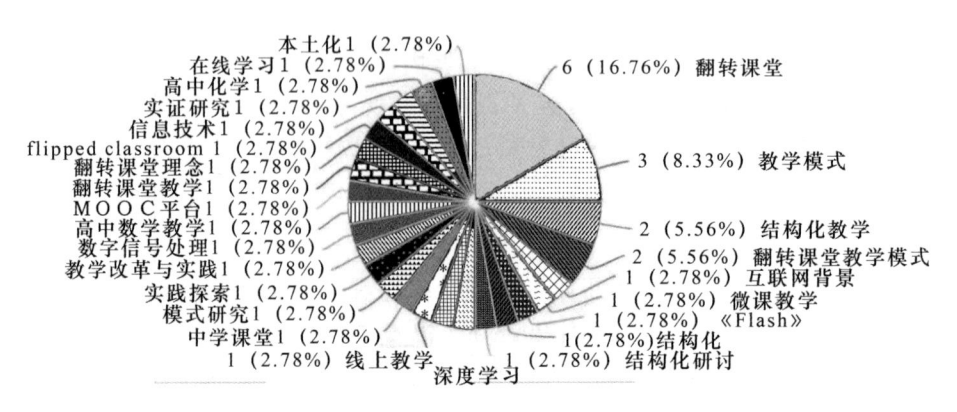

图5 结构化翻转课堂研究主题分布

(三) 关于"教学模式"的相关研究

1. 教学模式的实践探索与理论研究

在学校产生以前,教学模式主要是个别化教学,随后,班级授课制出现。19世纪前期,德国赫尔巴特创立了四阶段教学模式,即明了、联想、系统、方法。莱茵对其进行了发展,创立了预备、揭示、比较、概括、应用五阶段教学模式。在此之后,美国学者杜威的教学模式也影响到了我国教育界。但对我国教育界影响最深的还是凯洛夫的教学模式。他强调三中心,即以教师为中心、以课堂为中心、以知识为中心,并提出了五环节教学法:组织教学、复习旧课、讲授新课、巩固新课、组织作业。① 此后,关于教学模式的理论逐渐丰富起来,出现了乔伊斯和威尔等人的23种教学模式、苏联的发展式教学模式、纲要信号学教学模式等,以及西欧和日本的范例教学模式、主体教学模式和暗示教学模式等。我国则出现了五种教学模式:传递—接受教学模式、自学辅导模式、引导—发现模式、情境—陶冶模式和示范—模仿模式。② 另外还有基于20世纪80年代教学改革提出的四种典型教学模式:自学—指导模式、目标—导控模式、问题—探究模式和情—知互促模式。③

---

① 谭诚伟:《对教学模式的认识和我们的实践》,《课程·教材·教法》1994年第2期。
② 吴也显:《我国中小学教学模式试探》,《课程·教材·教法》1989年第Z1期。
③ 姚云:《八十年代国内教改中教学模式的概括研究》,《四川师范学院学报》1994年第3期。

在教学模式的特点与功能方面，李定仁和徐继存总结提出教学模式具备简约性、指向性和探索性、整体性、可模仿性以及发展性的特点，认为教学模式架起了理论和实践之间的桥梁，具有双方面功能。① 本书认为，在新时代背景下教学模式还具有信息化的特点。

在教学模式的分类、选择和运用方面，国外比较典型的是美国学者乔伊斯和威尔等人的信息加工模式、个别化教学模式、社会互动教学模式以及行为控制教学模式。② 在我国，对于教学模式的分类比较典型的有王策三提出的三类教学模式：师生系统地传授和学习书本知识、教师辅导学生在活动中自己学习以及折中于两者之间的教学模式。③ 对于教学模式的选择要考虑教学目标、教学内容的性质、学生的年龄特征和知识智力水平、教师的自身特点以及教学的物质条件等因素。同时，在运用过程中要树立正确的教学指导思想、寻求多样化的配合和变通、注意学生心理规律并充分利用现代教学媒体。④ 尤其是在"互联网+教育"的背景下，在线课程的学习环境、学习目标、学习方法、学习内容、教学评价等学习要素及其关系发生了变化。而学习要素及其关系所产生的变化进一步推动着教学主体关系的变革，从而催生出教学模式的革新。"互联网+"的实质是要对互联网技术要素中的智能要素和工艺要素实现重新解构，从而实现其关系结构的裂变与重生。⑤

2. 有关教学模式本质和结构的研究

在乔伊斯和威尔等人看来，教学模式是一种范型或计划，构成课程与课业的选择教材，提示教师教学活动的展开过程。其本质是一种学习模式，因为其终极目标是提高学生的学习能力。⑥ 在我国，有的学者将教学模式看作教学结构，"是人们为了特定的认识目的对教学活动的结构所作的类比的、简化的、假定的表达"⑦。有学者将教学模式看作有关教学程序

---

① 李定仁、徐继存：《教学论研究二十年》，人民教育出版社2001年版，第270—271页。
② [美]布鲁斯·乔伊斯、玛莎·威尔等：《教学模式》，兰英等译，中国人民大学出版社2014年版，第61—263页。
③ 王策三：《教学论稿》，人民教育出版社1985年版，第132页。
④ 李定仁、徐继存：《教学论研究二十年》，人民教育出版社2001年版，第275—279页。
⑤ 许欢：《国内高校在线课程建设理念演化研究》，学位论文，西南大学，2019年。
⑥ [美]布鲁斯·乔伊斯、玛莎·威尔等：《教学模式》，兰英等译，第5页。
⑦ 熊川武：《教学模式实质说》，《教育研究》1993年第6期。

的策略体系或者教学式样。另有学者认为，教学模式属于教学方法范畴，是多种教学方法的综合。①

在教学模式的结构方面，吴永军认为，教学模式主要由指导思想、理论依据、目标、实现条件、操作程序、主要变式以及评价构成。②李秉德与李定仁在《教学论》中提出的教学模式主要包括指导思想、主题、目标、程序、策略、内容和评价。③李如密提出教学模式是由理论基础、功能目标、实现条件和活动程序构成的。④ 2001年，在《教学论研究二十年（1979—1999）》中，李定仁与徐继存认为，教学模式是由教学思想或理论、教学目标、操作程序、师生组合、条件以及评价组成的。⑤本书所构建的教学模式理论分析框架，借鉴了李秉德、李定仁、徐继存的观点，将结构化翻转课堂教学模式具体化为指导思想、主题、目标、过程、方法、内容与评价七个方面进行数据整理与分析。

3. 有关教学模式研究的可视化分析

本书以与"教学模式"主题相关或相近的论文为检索对象，共检索到207057篇文献资料，通过可视化软件分析、讨论教学模式研究的知识图谱，梳理教学模式研究的总体趋势、主题分布的基本情况。

（1）总体趋势

由图6可知，从1983年起我国开始出现"教学模式"的相关研究，并且逐年增多，2019年达到了新高，即21622篇，关于"教学模式"的研究，预测在2021年会达到21635篇。同时，自我国2001年实施新课程改革之后，有关教学模式的研究显著增多，所以本书关于结构化翻转课堂教学模式的研究，具有一定的现实意义和价值。

（2）主题分布

由图7可知，教学模式的研究内容包含多个主题，并且涉及的主题有所交叉，以"教学模式"为主题词的研究最多，有77135篇，占总数的42.71%；其次涉及"教学中的应用"，有9367篇，占总数的5.19%；再

---

① 杨小微：《全国教学论第二届学术年会综合报道》，《教育研究》1987年第12期。
② 吴永军：《当代教学论研究的新课题——教学模式简介》，《江苏教育》1990年第6期。
③ 李秉德、李定仁：《教学论》，人民教育出版社1991年版，第256—258页。
④ 李如密：《关于教学模式若干理论问题的探讨》，《课程·教材·教法》1996年第4期。
⑤ 李定仁、徐继存：《教学论研究二十年》，人民教育出版社2001年版，第268—269页。

次是"教学模式研究",有8452篇,占总数的4.68%;最后是"翻转课堂",有7581篇,占到了4.2%。可见,对于"教学模式"的研究多聚焦于其本身的阐释,对于翻转课堂和教学改革以及课堂教学的主题词也有所涉及,学界将教学模式作为一种广泛的关注点。因此,本书将"结构化翻转课堂"理解为一种教学模式,对其进行研究,具有理论的解释性。

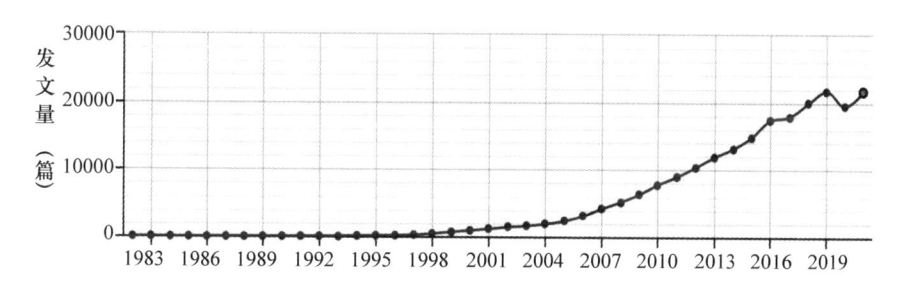

图6 教学模式研究发文量的总体趋势

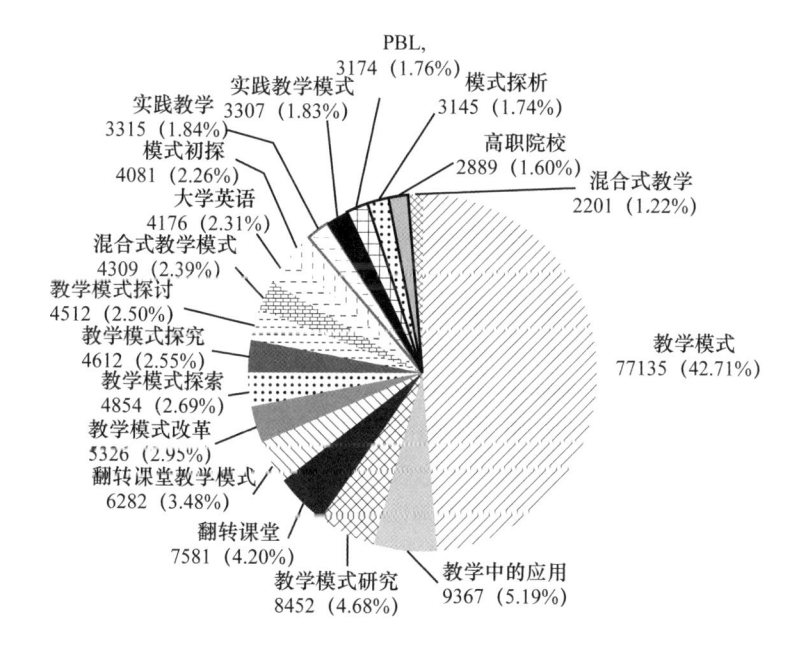

图7 教学模式研究主题分布(篇)

（四）已有研究的反思与启示

总的来说，实践生发理论，理论从研究中来。目前国内外对于翻转课堂的实践与研究多聚焦于翻转课堂教学模式的探讨及其在教学中的应用效果等方面，主题多为有关教学方式、课程设计以及教学策略，并形成了有关翻转课堂的教学流程。翻转课堂教学实践正处在不断探索中，通过文献梳理我们可以发现：

国外学者对翻转课堂的研究多关注翻转课堂运用于实践的效果分析，也有对学习资源开发以及教学案例的研究，但总体上多偏重于实证研究、信息技术研究等。国外有关翻转课堂教学模式的实践探索经验较为丰富，也形成了较为成熟的教学模型、教学方案与计划，对我国发展结构化翻转课堂教学模式有较强的借鉴作用。

我国学者对于翻转课堂的研究更多地注重理论层面的分析及其具体的实施流程，集中于翻转课堂的教学设计研究、翻转课堂在课堂教学中的应用与实践研究以及翻转课堂的技术支持研究，对于普通高中的翻转课堂教学实践研究较为稀少。另外，相对于传统课堂教学模式，学界普遍认为，翻转课堂对于学生的知识吸收、学习兴趣、能力养成有巨大的促进作用，但对于翻转课堂实践效果的实证研究相对较少，尚未形成体系。还有，我国部分地区和学校已经开始实施翻转课堂的教学实践，但由于对翻转课堂理念理解得不够深入，理论指导的深度不够，经验相对不足，产生了较多的困境与问题，并未形成规模化教学实践。尤其是对于课前、课中、课后功能失调所导致的翻转课堂负功能以及教学媒体及其运用的时间结构、价值结构、心理结构动态地适用于不同的学生个体并未展开论述。再者，已有研究多总结优秀经验与问题不足，对于翻转课堂的理论性研究较多，实证性研究较少；所提出的翻转课堂教学策略散乱并且冗杂，缺乏系统性。总体来说，我国对于翻转课堂的理论研究与实践探索还不够深入，缺乏对于翻转课堂本质的思考与认识，并未站在学生的角度设计教学，相对来说忽视了学生的主体性，拘泥于形式与流程的翻转，整体上缺乏个性化与系统性。

本书对于结构化翻转课堂教学模式的研究主要集中于个案学校，该个案学校采用结构化翻转课堂教学模式已经取得了很好的教学效果，提升了学生的学习能力，其升学率也获得了提升。教师们在课堂上进行了结构化翻转课堂的教学改革，自身既是教师，又是研究者，研究的场域就在自己的课堂当中，研究的对象就是自己的学生和结构化翻转课堂的教育教学现象，因此取得了一定的理论成果。但其成果大多是对学科教学中案例的阐释，理论的提升还不够。未来个案学校想要深化结构化翻转课堂教学模式的教学与课程改革，就需通过扎实的校本教研、教师培训和教学研究提升教师的专业能力和水平，同时促进学生思维水平的提升和核心素养的培育，更为重要的是必须深化课堂教学的改革和普通高中育人方式的变革。而这就需要理论研究者更深层次的理论介入、与一线教师通力合作，通过结构化翻转课堂的理论研究与实践研究以及深度的教育行动研究，形成更具理论性的学术成果，建构个案学校普通高中结构化翻转课堂的教学模式，并为当前教学改革中所面临的困境与问题提供合理的解决策略，这是本书努力的方向。

四 研究目的与意义

(一) 研究目的

本书在文献研究的基础上，将结构化教学、吉登斯的社会结构化理论以及吴康宁的课堂教学社会学理论等引入对课堂教学的研究中，梳理翻转课堂的历史发展脉络，明晰结构化翻转课堂教学模式的育人内涵，对结构化翻转课堂教学模式进行理论研究，得出了后续实践研究的理论分析框架。同时，研究者进入个案学校开展定量与定性相结合的混合式研究，通过问卷调查以及课堂观察、访谈、深描、解释的课堂志研究，加上实践案例资料的收集，并与一线教师共同行动，形成完整的课例资料，了解个案学校结构化翻转课堂教学模式在实践过程中的现状，探寻发展的经验，分析存在的问题，从而建构个案学校结构化翻转课堂教学模式，并提出相应的建构策略，以期为普通高中育人方式变革实践做出贡献。

(二) 研究意义

1. 理论意义

(1) 丰富课堂研究的理论与方法

课堂研究是研究者深入教学现象发生与反映教育规律的课堂场域，综合、深入地开展关于课程、教学活动、师生关系、教学方法、学习方式、教学环境等课堂研究活动的一种研究方式。① 考察课堂研究的发展历史，发现是菲利普·杰克逊最先开始系统的课堂研究的，他在其 1968 年出版的《课堂生活》中，指出师生必须应对群体、赞扬和权力。在这之后，一系列课堂研究的理论著作才逐渐出现。国外的研究主要有：2002 年，美国学者加里·鲍里奇的《有效教学方法》；2004 年，日本学者佐藤学的《学习的快乐：走向对话》及其于 2010—2014 年出版的《学校的挑战——创建学习共同体》《教师的挑战——宁静的课堂革命》《学校见闻录——学习共同体的实践》等，已经形成了相应的课堂研究理论与方法。与此同时，国内在译介国外研究成果的基础上，形成了一些理论研究成果，主要包括：1997 年，叶澜发表在《教育研究》上的《让课堂焕发出生命活力》；1999 年，吴康宁的《课堂教学社会学》，崔允漷的《课堂观察：走向专业的听评课》，柳夕浪的《课堂教学临床诊断》，王鉴的《课堂研究概论》以及《课堂观察与分析技术》等。总体来说，我国课堂研究的理论与方法正在探索中逐步发展，聚焦我国的现实，需要广大的一线教师、教研员、教学专业研究者的合作，在课堂这一发生教学现象与规律的"场域"，进行课程与教学的研究。本书正是在理论梳理的基础上，对结构化翻转课堂这一教学模式进行理论探析，从而丰富课堂研究的理论与方法，以期深化课程与教学论的研究。

（2）发展课堂教学论的理论体系

课堂教学论是在教学理论发展和教学实践改革的双重需要中应运而生的，其研究对象是课堂教学生活，遵循扎根理论、现象学理论以及人类学理论，运用行动研究、课堂志研究以及基于叙事研究的教学案例等方法，彰显实践性、理论性、时代性以及创造性的特点，在归纳、分析、综合与创造中不断形成其演绎结构。② 无论是课堂教学论的核心理念，还是课堂教学论的研究方法，都不再是书斋文献式的"闭门造车"，而是遵循"在这里"（being here）—"到那里"（going there）—"回到这里"（coming

---

① 王鉴：《课堂研究概论》，人民教育出版社 2007 年版，第 123 页。
② 王鉴：《课堂研究概论》，第 18—40 页。

home)的研究过程,研究在课程与教学中存在的实际现象与问题。本书聚焦新时代立德树人的背景,以普通高中育人方式的变革为指引,聚焦信息技术时代的变革,关照学生核心素养的培育,对普通高中结构化翻转课堂这一教学模式进行理论梳理,从结构化翻转课堂的基本内涵与理论基础、结构要素与基本特征及其要素之间互动关系出发,尝试在课堂志研究中解决建构个案学校结构化翻转课堂教学模式的理论问题,并形成相应的建构策略,从而为发展课堂教学论的理论体系提供素材。

2. 现实意义

(1) 推动学校育人方式的变革

2019年6月,国务院办公厅发布的《关于新时代推进普通高中育人方式改革的指导意见》针对新时代我国推进普通高中育人方式的改革目标、改革重点内容、条件保障等做出明确规定。具体来说,在育人目标上,普通高中应从学校整体定位、师资实际状况和生源特点出发,突出学生发展核心素养,构建新时代的育人目标;在育人内容上,课程体系应体现育人目标,应以学科为轴心,分层分类构建学校课程体系;在育人评价和条件保障上,应完善学校育人管理机制,做好诊断、监测、反馈和评估,加强考试命题技术研究等。[①]《关于新时代推进普遍高中育人方式改革的指导意见》的核心理念是普通高中育人方式要以学生为中心,关注学生的完整成长。正如徐继存所说:"未来,学校课程建设应为学生提供尽可能多的个性化学习机会并致力于促进学生的个性化发展,重点应从关注学生的'学'向关注作为一个完整的人的学生的成长转变。"[②]而课堂是推动育人方式由"教"走向"学"的落脚点,结构化翻转课堂教学模式更是要追寻学生个性化学习与主体性的回归,所以,在明确的理论分析之上进行个案学校结构化翻转课堂教学模式的实践研究,对推动普通高中育人方式变革具有一定的现实意义。

(2) 提升课堂教学的有效性

课堂教学的有效性问题是对长期以来课堂教学的低效甚至无效问题的

---

① 任学宝、王小平:《普通高中育人方式转变的立足点和创新点》,《人民教育》2018年第10期。
② 徐继存:《现实问题是学校课程建设的着眼点》,《现代教育》2018年第4期。

回应。叶澜认为，传统课堂教学的问题就在于"把丰富复杂、变动不居的课堂教学过程简括为特殊的认识活动，把它从整体的生命活动中抽象、隔离出来"。那么，如何改变这种现状，充分发挥师生的生命力，使课堂教学变得充满生机与乐趣，就成为当前我们关注的重点。叶澜倡导"让课堂焕发出生命的活力"，即要突破传统框架，从更高的层次——生命的层次，用动态生成的观念，构建新的课堂教学观。这对于教师、学生以及教学资源的运用提出了更高的要求，无论是教师教学能力与教学智慧的发挥，学生学习习惯与关键能力的养成，教学组织形式的多样与灵活，还是课堂学习共同体的建构与发展，都为课堂教学的有效性提供了有力保障。在新的时代背景下，我们的课堂教学观发生了巨大的变化，以互联网信息技术为媒介，更加注重学生核心素养的培育以及关键能力的形成，而教育的本质是思维发展，信息技术的丰富性及其对学习环境带来的影响在特定情境和文化中会促进高阶思维的发展。① 新的课堂教学观要以新的课堂教学结构为依托，更需要以新的教学模式为抓手，个案学校结构化翻转课堂教学模式重视学生结构化思维的培养，既能赢得升学率，又能在理论上讲得通，可以切实提升课堂教学的有效性，因此，本书可以从实践层面提升教学的有效性，具有重要的现实意义。

五　研究思路与方法

（一）研究思路

本书在文献研究的基础上，结合研究问题，对于普通高中结构化翻转课堂教学模式进行个案研究，通过理论结合实践开展定量与定性的混合式研究。不仅对研究结构化翻转课堂教学模式的原因，结构化翻转课堂教学模式的理论基础、基本内涵、主要特征、构成要素及各要素之间的结构关系做出了理论梳理，而且走进教学一线的课堂进行实践探索，通过对个案学校的课堂教学观察、访谈、深描、解释、案例的课堂志研究，来整理分析当前个案学校结构化翻转课堂上所存在的问题，从而提出个案学校结构

---

① 姜玉莲:《技术丰富课堂环境下高阶思维发展模型建构研究》，学位论文，东北师范大学，2017年。

化翻转课堂的建构策略，形成以"先学后教"为理念的，不同于传统以"为教而教"为理念的课堂教学的新模式。这一模式最主要的特点是"先学后教，以学为主"，以保障学生的学习权为基准，并以转变教师的教学方式以及学生学习方式为推动力。具体而言，首先，通过文献法综述了国内外关于翻转课堂、结构化翻转课堂及教学模式的概念、本质、结构要素以及结构分析，并梳理了结构化教学和吉登斯的社会结构化理论，这为本书建构进行个案学校结构化翻转课堂教学模式的理论分析框架提供了理论指导与文献支持。其次，通过问卷调查法，从整体上了解教师和学生对结构化翻转课堂教学模式的认可度以及实施现状，从中验证本书所提出的假设。再次，深入实践做课堂志研究，通过观察法和访谈法搜集并整理出有代表性的课例，进行现状分析与因素剖析，为后续推动个案学校结构化翻转课堂教学模式的建构与发展提供实践指引。最后，建构个案学校高中结构化翻转课堂的教学模式，并提出相应的建构策略。本书研究思路见图8所示。

（二）研究方法

1. 主要研究方法

本书主要采用个案研究的方法，最终收集个案学校多个结构化翻转课堂教学模式的教学实践案例，个案研究（case study）作为"系统性的质性研究调查。它在自然情景中对特定现象的事例进行深入研究，融合研究者本人和研究参与者两方面的视角，并遵循一定程序，对研究结论的效度和适用性进行检验"[①]。个案研究属于质化研究的范畴，目的在于理解和解释各种社会现象的意义，而质化研究的兴趣在于获取"他们是怎么理解他们的世界以及他们在这个世界上的体验"。[②]

个案研究旨在阐明一种具体的现象（phenomenon），它包括具体过程、事件、个体、项目或研究者感兴趣的其他事件或情景，其主要目的可能是描述性的，面对深入研究的个案提供一些解释性的洞见，试图对当事人关于某一情境的生活经验、观点和感受进行近景特写和"深描"。作为关键

[①] [美]美瑞迪斯·高尔、乔伊斯·高尔、沃尔特·博格：《教育研究方法》，徐文彬等译，北京大学出版社2016年版，第315页。
[②] [美]莎兰·B.麦瑞尔姆：《质化研究方法在教育研究中的应用：个案研究的扩展》，于泽元译，重庆大学出版社2008年版，第5页。

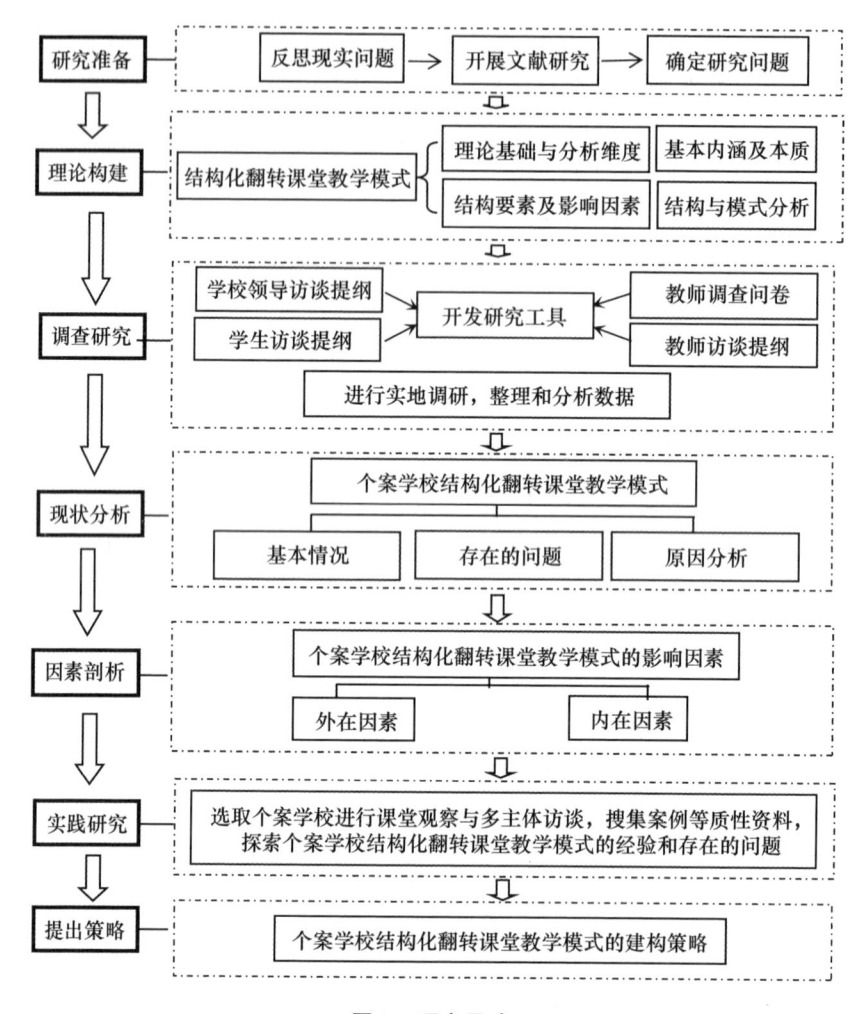

```
研究准备 → 反思现实问题 → 开展文献研究 → 确定研究问题

理论构建 → 结构化翻转课堂教学模式
  ├─ 理论基础与分析维度 ── 基本内涵及本质
  └─ 结构要素及影响因素 ── 结构与模式分析

调查研究 → 开发研究工具
  ├─ 学校领导访谈提纲
  ├─ 学生访谈提纲
  ├─ 教师调查问卷
  └─ 教师访谈提纲
  进行实地调研，整理和分析数据

现状分析 → 个案学校结构化翻转课堂教学模式
  ├─ 基本情况
  ├─ 存在的问题
  └─ 原因分析

因素剖析 → 个案学校结构化翻转课堂教学模式的影响因素
  ├─ 外在因素
  └─ 内在因素

实践研究 → 选取个案学校进行课堂观察与多主体访谈，搜集案例等质性资料，探索个案学校结构化翻转课堂教学模式的经验和存在的问题

提出策略 → 个案学校结构化翻转课堂教学模式的建构策略
```

图8 研究思路

主体——个案研究者可能只是寻求对个别案例的独特解释，或者，就像草根理论所指出的那样——个案研究有可能形成更一般的通则式理论的基础。① 在选择研究案例进行深入的探索研究之前，研究者首先必须对想要研究的现象予以厘清，一般来说，现象包括很多方面，因此，研究者必须选择研究焦点（case focus）。案例焦点代表特定现象的各个方面，资

---

① [美]艾尔·巴比：《社会研究方法》，邱泽奇译，华夏出版社2009年版，第297页。

料集中和分析将集中在这些方面。个案研究是对特定现象的持续且深入研究（in-depth study），这意味着要收集某个（或几个）被选择用来代表该现象的案例数据，这些数据主要包括口头陈述、图像实物，也可能要收集一些定量数据。个案研究旨在结合研究者的经历，达成对复杂现象的理解。换句话说，研究者必须深入个案对象，在以参与者的视角理解现象的同时，又要保留研究者自身的理性判断与价值观点。参与者对研究现象的理解，就是主位视角（emic perspective）。获取主位视角的一般做法是研究者对参与者进行非正式谈话，并观察他们在现场的自然行为。同时，研究者需要保留自己作为调查者的视角。作为局外人，他们对研究现象的观点就是所谓的客位视角（etic perspective），它有助于研究者对案例进行概念和理论分析，并帮助其他研究者了解案例研究对于知识发展的贡献。[1]

个案研究与实验、抽样调查以及历史研究法不同，它并不强求任何特定的数据收集和分析方法，但在收集资料的过程中，采用三角验证（triangulation）策略，也被称为结晶化（crystallization），是指在研究同一现象时使用多种方法收集数据，以便确认研究结果或处理不一致的研究发现。[2] "个案研究的显著特点在于：人类系统具有整体性和完整性，而非特征之间的松散结合，因此必须使用深度调查；而且，背景是独特的、不断变化的，所以，个案研究需要研究和报道独特实例中事件之间复杂的、动态的、逐步展现的相互关系，以及其中的人物关系和其他因素。"[3] 为了更好地遵循个案研究的取向，回应实践研究的具体需要，在本书中，研究者三次深入个案研究场域——宁夏回族自治区银川市 S 学校进行实践调研，采用问卷调查、课堂观察、访谈、实物收集、课堂实录等具体方法收集案例资料，以便更好地解释和分析当下个案学校结构化翻转课堂教学模式中复杂多样、动态发展的教学关系结构。

---

[1] [美] 美瑞迪斯·高尔、乔伊斯·高尔、沃尔特·博格：《教育研究方法》，徐文彬等译，北京大学出版社 2016 年版，第 316—317 页。
[2] [美] 美瑞迪斯·高尔、乔伊斯·高尔、沃尔特·博格：《教育研究方法》，徐文彬等译，第 328 页。
[3] [英] 刘易斯·科恩、劳伦斯·马尼恩、基思·莫丽森：《教育研究方法》，程亮、宋萑、沈丽萍等译，华东师范大学出版社 2015 年版，第 365 页。

2. 具体收集资料的方法

本书所采用的搜集资料的方法主要有文献法、问卷调查法、观察法、访谈法和实物收集法。

（1）文献法

文献研究法是一切人文社会科学研究最基本的方法，文献研究法是做研究的质料层的准备，是对前人研究成果的系统梳理，在此基础上寻求自己研究的起点，形成研究的问题意识。[①] 长久以来，丰富的文献资料积累了无数有关研究的事实、数据、理论、方法以及科学假设和构想，成为人类宝贵的精神财富。文献研究是站在前人的肩膀上，通过对已有的研究成果的收集、整理、归纳并形成对研究问题的科学认识，从而了解教育事实、教育现象并探究规律的研究方法。其基本步骤有三个，分别是文献搜集、摘录信息及文献分析。在文献法独立存在或担纲主要研究方法的调查研究中，这些环节均不可缺失。而在以其他调查方法为主的调查研究中，文献法一般特指前两个步骤，文献资料的分析是和所获取的其他研究资料一并进行的。

针对教育研究来说，教育文献指的是一切用各种符号形式保存下来的，对于教育研究具有一定史料价值的文献材料。其检索是利用一定的工具，通过一定的方式获得所需文献，并从文献中迅速准确地查找出所需信息的方法和过程，在这一过程中要切实遵循教育文献的历时性和创造性、扎实性和灵活性、全面性和精确性。本书所查阅的文献来源于和研究主题相关的国内外著作，以及从中国知网（CNKI）检索到的资料等，输入关键字"结构化教学""翻转课堂""教学模式"等词检索国内外发表的学术期刊论文和硕博学位论文。为保证文章的质量和研究的效度，学术期刊论文均来自于CSSCI，只有少部分来自于其他非核心刊物，但其下载与引用率较高。通过对文献的查阅和分析，本书综述了国内外关于结构化翻转课堂教学模式的研究文献，为本书建构个案学校结构化翻转课堂教学模式的理论分析框架提供了理论依据与文献支持。

（2）问卷调查法

问卷调查法作为教育科学研究收集数据资料基本的、常用的方法之

[①] 肖军：《教育研究中的文献法：争论、属性及价值》，《当代教育理论与实践》2018年第4期。

一,是研究者以一定的要求和程序编制的问卷为工具,收集数据资料的一种方法。问卷调查法的优点是:第一,不受人数限制,可以跨越地理范围,甚至在网络媒介上进行大规模的资料收集,调查的范围较广。第二,选取样本量较大,调查效率较高。第三,结果较为客观,较少受到主、被试交互作用的影响。第四,其结果可用量化的形式呈现出来。从局限性角度来说,问卷调查法存在灵活性问题、无法直面研究对象的反应以及结果的真实效度问题。

调查问卷是由封面信、标题、指导语、问题和选项、结束语五个部分构成的,其中,问题和选项是重要的主体部分,是将研究者所要了解的问题制成问题表,问题表中的问题又被称为项目,问题通常由问句或不完全的叙述句组成,而选项通常由问题的不完全答案构成。项目具体分为封闭式项目和开放式项目,以此为标准可将问卷相应地分为封闭式问卷和开放式问卷。其一,封闭式问卷又被称为结构型问卷,封闭式问卷中的项目是固定选项的问题,问题的设置和安排有一定的结构形式,每个问题都有几个相同的备选答案(如表示满意程度的五个等级:极为满意;满意;一般;不满意;极不满意),由被调查者从中选择。其二,开放式问卷又叫无结构式问卷,其特点是项目的设置和安排没有严格的结构形式,被调查者可以根据自己的意愿发表意见和观点。但无结构式问卷并非完全没有结构,只是知识结构松散或较少而已。这种类型的项目较少作为单独问卷项目使用,往往与某些结构性选项配合使用。[①]

本书从问题的内容与表述到数量与排列,都遵循了问卷设计的基本要求,并在把握问卷编制基本原则的基础上,采用封闭式问卷与开放式问卷相结合的方式,编制了"普通高中结构化翻转课堂教学模式实施现状调查(教师问卷)"与"普通高中结构化翻转课堂教学模式实施现状调查(学生问卷)",从教师和学生的角度出发,具体考察个案学校结构化翻转课堂教学模式的实施现状,具体包括个案学校结构化翻转课堂教学模式的要素、结构、影响因素、有益经验和现存问题。问卷的编制结合了翻转课堂与吉登斯社会结构化理论的有关内容,采用探索性因素分析与验证性因素分析、考察问卷的信、效度,同时从理论基础、教学主题、教学目标、教

[①] 蒋国珍、张伟远:《问卷法在现代远程教育研究中的应用》,《远程教育杂志》2004年第2期。

学设计、教学过程、教学方法与教学评价等方面详细分析其认可程度，从而得出问卷调查的结果（详见第四章）。

(3) 观察法

观察是人们通过感官或仪器，有目的、有计划地对在自然状态下，或在人为施加作用的条件下所发生的事物进行认真细致考察，发现并捕捉研究对象所提供的各种信息的认识活动和研究方法。而教育领域的观察则是把观察的目标、对象限定在教育领域，观察的目的是为研究教育活动、教育目标服务的。其作为人类认识世界的最直接的方式，具体是指研究者通过感官或借助于一定的科学仪器，在自然状态下有目的、有计划地考察和描述客观对象（如教师、学生的某种心理活动、行为表现等），从而获取事实资料的一种方法。[1] 观察更多的是一种主体之间的互动过程，教育研究中的观察不仅仅使我们"看"到了观察的对象，还促使我们对观察的对象进行"思考"和"建构"，这一点可以从教育观察法的原则中得到体现，即紧扣观察目的、坚持客观真实、保持细心准确、追求系统全面，即观察者要带着明确的观察目的，在具有计划性的活动中，借助观察仪器，对观察对象不加任何干预和控制地进行观察，研究对象还要具有一定的典型性和代表性。另外，教育观察的记录方法则包括描述记录（连续记录法、日记描述法、轶事描述法）、取样记录（时间取样、事件取样、活动取样）以及行为检核表记录。研究者深入银川市 S 学校进行实践调研，借助专门的观察方法与工具，整理和分析不同类型的课堂教学案例。本书运用了结构性观察、轶事性观察和反思性观察，并采取描述记录法和取样记录法，将 S 学校作为主要的观察对象，从横切面展开，对个案学校结构化翻转课堂教学模式做深入化、渐进式的分析和描述。就观察方法而言，其一，结构性观察内容必须遵循客观观察的原则，借助一些特殊的形式，记录下特定的信息。结构性观察内容包括等级排序、编码、观察单、核对清单、访谈、剖面图以及社会关系网图等。[2] 其二，轶事性观察就是关注情境以及谁说了什么或做了什么，而不是关注人物或对事件做解释，观察者

---

[1] 裴娣娜：《教育研究方法导论》，安徽教育出版社 1995 年版，第 183—184 页。

[2] ［美］阿瑟·J.S. 里德、韦尔娜·E. 贝格曼：《课堂观察、参与和反思》，伍新春、夏令、管琳译，教育科学出版社 2012 年版，第 32 页。

以叙事体的方式描述课堂情境中所发生的事件，遵循客观性、完整性、顺序性等原则。其三，反思性观察即对所描述的事实进行分析、评价和迁移，分析就是对所观察的事件进行更深层次的挖掘，诸如回答这类问题：为什么是这样？他们之间的关系怎样？评价就是对通过轶事性观察所描述的事实做出分析之后得到的经验、证据、原因等进行解释，评估所观察到的事件的价值及其适宜性。迁移就是通过将反思性观察的分析、评价运用于本书后续的进展和促进实践策略的建构。从记录的方法上而言，描述记录就是运用文字对所观察到的事件或研究对象的行为表现做客观、全面的描述式记载；取样记录主要是以行为作为样本的记录方法，较之描述式记录，具有更好的可控性和有效性，而且节省人力、物力，减少了记录所需的时间。观察课例的基本情况如表3所示。

表3　　　　　　　　　　研究者课堂观察实录简况

序号	时间	授课教师	班级	教学主题（教学内容）	授课类型
1	20210621	Ls	高一（7）	化学（元素周期表、元素周期律会考专题复习）	复习课
2	20210621	Lzr	高二（7）	化学（醛）	讲授新课
3	20210622	Mxj	高二（11）	化学（羧酸）	讲授新课
4	20210622	Wlz（连续两节）	高一（9）	数学（二倍角的正弦、余弦正切公式）	讲授新课
5	20210623	Zxf	高二（10）	语文（复习成语）	复习课
6	20210623	Yzz	高二（10）	数学（函数的概念及其表示）	复习课
7	20210623	Ll	高二（2）	生物（生态系统的结构）	讲授新课
8	20210623	Zzy	高一（8）	物理（机械能守恒定律）	讲授新课
9	20210623	Lxq	高一（8）	化学（仿真模拟题）	习题研讨
10	20210624	Mgt	高二（10）	历史（福利国家政策）	讲授新课
11	20210624	Qfj	高二（10）	英语（Travelling abroad—Peru）	讲授新课
12	20210624	Yzz（连续两节）	高二（10）	数学（函数的定义域、值域解析式）	习题巩固
13	20210624	Dfl	高二（11）	历史（新民主主义革命的发展及其毛泽东的创举）	复习课
14	20210625	Qfj	高二（10）	英语（Writing: A place of interest of Ningxia）	写作练习

续表

序号	时间	授课教师	班级	教学主题（教学内容）	授课类型
15	20210625	Zhx	高一（7）	物理（机械能守恒定律）	复习与练习
16	20210625	Zxf	高二（10）	语文（成语复习+学术小论文写作）	复习与练习
17	20210625	Zl	高一（11）	数学（三角恒等变换）	讲授新课
18	20210628	Zxf	高二（10）	语文（周测试卷讲解）	习题巩固
19	20210628	Yzz	高二（10）	数学（周测试卷讲解）	习题研讨
20	20210628	Zl	高一（11）	数学（周末作业讲解）	习题研讨
21	20210628	Mln	高一（9）	英语（单词学习）	讲授新课

表4　　所收集的其他典型课堂实录简况

序号	时间	授课教师	年级	教学主题（教学内容）	授课类型
1	20191206	Lhw（教研活动）	高二	化学（指示剂）	新课讲授
2	20191206	Zxc（教研活动）	高二	化学（酸碱中和滴定）	新课讲授
3	20191207	Yy（教研活动）	高三	化学（晶胞计算专题）	复习课
4	20201106	Fjh（教研活动）	高二（11）	化学（二氧化硫的氧化性、还原性、漂白性）	讲授新课
5	20201103	Smr（教研活动）	高一（1）	地理（热力环流）	讲授新课
6	20201126	Qqq	高一	物理（摩擦力做功和能量的转化）	讲授新课
7	20201201	Hb	高二	历史（历史主观题训练）	习题练习
8	20210406	Zxf	高二（10）	语文（《子路、曾皙、冉有、公西华侍坐》第二课时）	讲授新课
9	20210408	Smr	高一	地理（荒漠化的防治——以我国西北地区为例）	讲授新课
10	20210413	Gb	高二（8）	语文（辩论会：神灯利弊之我见）	研究课
11	20210419	Zxl	高一（1）	心理健康（花开应有时：青春期男女生交往专题之二）	讲授新课
12	20210420	Zy	高二（1）	语文（春秋宴从弟桃花园序）	讲授新课
13	20210422	Mln	高一	英语（How to choose relative words and preposition for attributive clauses?）	讲授新课
14	20210426	Mjg	高一（5）	信息技术（人工智能技术）	讲授新课

表5　　　　　　　案例分析中所用到的主要课堂案例简况

序号	时间	授课教师	班级	教学主题（教学内容）	授课类型	观察点
1	20210406	Zxf	高二(10)	语文（《子路、曾皙、冉有、公西华侍坐》第二课时）	讲授新课	师生能动共同体
2	20210628	Yzz	高二(10)	数学（周测试卷讲解）	习题研讨	
3	20210408	Smr	高一	地理（荒漠化的防治——以我国西北地区为例）	讲授新课	生生能动共同体
4	20210628	Zl	高一(11)	数学（周末作业讲解）	习题研讨	
5	20210621	Ls	高一(7)	化学（元素周期表、元素周期律会考专题复习）	复习课	师师能动共同体
6	20210621	Lzr	高二(7)	化学（醛）	讲授新课	
7	20210422	Mln	高一(3)	英语（How to choose relative words and preposition for attributive clauses?）	讲授新课	补充
8	20181017	Cwj	高一(10)	语文（鸿门宴）	讲授新课	
9	20210623	Lxq	高一(8)	化学（仿真模拟题）	习题研讨	
10	20210426	Mjg	高一(5)	信息技术（人工智能技术）	讲授新课	
11	相关教研活动视频（5个）					均涉及

本书在课堂观察中所运用到的主要工具包括基于信息技术的互动观察量表（ITIAS）、高中生所感知到的课堂教学方式量表、教师课堂行为观察量表等。在不同的观察点（师生能动共同体、生生能动共同体及师师能动共同体）中依据观察量表的特征与用途，遵循适宜性、针对性原则，运用观察量表对课堂教学中的实际状况进行完整化、系统化的记录、分析，并做出总结。

第一，基于信息技术的互动观察量表。

弗兰德斯互动分析系统（FIAS）作为课堂行为分析技术，是由美国学者弗兰德斯于20世纪60年代提出的。"它具有强烈的结构化、定量化研

表6　　　　　　　基于信息技术的互动分析编码系统（ITIAS）

分类	编码		表述	内容
教师语言	间接影响	1	教师接纳情感	以一种不具威胁性的方式，接纳及澄清学生的态度或情感的语气
		2	教师鼓励称赞	称赞或鼓励学生的动作或行为
		3	采用意见	澄清学生的说法；修饰或发展学生的说法；应用它解决问题；与其他同学的说法做比较并总结
		4	提问开放性的问题	以教师的意见或想法为基础，询问学生问题，并期待学生的回答
		5	提问封闭性的问题	
	直接影响	6	讲授	根据内容或步骤提供事实或见解；表达教师自己的观念，提出教师自己的解释，或引述某位权威者（并非学生）的看法
		7	指令	指示或命令学生做某件事情，此行为具有期望学生服从的功能
		8	批评	陈述的语句内容为企图改变学生的行为，从不可接受的形态转变为可接受的形态；责骂学生；说明教师为何采取这种行为；极端的自我，参照学生的语言
学生语言		9	应答（被动反应）	学生为了回应教师所讲的话，教师指定学生回答问题，或是引发学生说话，或是构建对话情境。学生自由表达想法是受到限制的
		10	对话（主动反应）	学生主动发言，表达自己的想法；引出新的话题；自由地表达自己的见解和思路，如提出具有思考性的问题，开放性的架构
		11	主动提问	主动提出问题，自由地表达自己的见解和思路
		12	分组讨论	自由地交流看法，沉寂
沉寂		13	沉默或混乱	暂时停顿，短时间的安静或混乱，以至于观察者无法了解师生之间的沟通
		14	思考问题	学生思考问题
		15	做练习	学生进行课堂练习的技术
技术		16	教师作用技术	教师运用技术来表现教学风格，阐明观点
		17	学生作用技术	学生通过技术来领会教学风格，表述观点；学生进行课堂实验
		18	技术作用学生	学生观察多媒体演示
		19	技术作用教师	教师运用技术整合信息资料，为学生进行多媒体演示

究的特点,在数十年的应用中,表现出对课堂教学细节进行分析的异乎寻常的技术性功能。"[①] 但弗兰德斯互动分析系统需要根据实际情况不断加以改进,才能更好地发挥其价值。我国学者顾小清针对弗兰德斯互动分析系统所存在的一些局限性做出改进,改进后的 FIAS 编码系统被称为基于信息技术的互动分析编码系统(Information Technology-based Interaction Analysis System,ITIAS)[②],研究证明,ITIAS 能很好地进行课堂教学的观察与评价。

本书借助 ITIAS 课堂观察工具对选取的师生能动共同体的案例进行了完整的编码记录与分析。在课堂观察中,每 3 秒钟取样一次,对每 3 秒钟的课堂语言活动按编码系统所规定的意义赋予一个编码号,作为观察记录填写进课堂观察记录表中。这样,一堂课大约记录 800—1000 个编码,它们表达了课堂上按时间顺序发生的一系列事件,每个事件占有一个小的时间片段,这些事件先后连接,形成一个时间序列,表现出课堂教学的结构、行为模式以及课堂气氛。为避免出现较大误差,研究者对课堂教学的整个过程进行了录音录像,并于随后的资料整理过程中准确核实观察记录,最终确定具体编码。将课堂记录的前后两个动作的编码连成一个"序对",把它填入矩阵中的相应位置,将计算出的相同序对的个数填入矩阵,从而建立了相应的分析矩阵(见附录 D 表)。

第二,高中生感知到的课堂教学方式量表。

高中生所感知到的课堂教学方式量表是由张丽娜和路海东编制的测量工具,该量表是在前人有关教学方式的理论与实证研究的基础上,所编制的具有良好心理测量学指标的、适合测量我国高中课堂教学方式的有效工具。[③] 该量表分为以教师为中心的教学方式和以学生为中心的教学方式两个分量表,其中,以教师为中心的教学方式由直接教学和提问两个维度构成,以学生为中心的教学方式由自主探究学习与合作学习两个维度构成。结果表

[①] 宁虹、武金红:《建立数量结构与意义理解的联系——弗兰德斯互动分析技术的改进运用》,《教育研究》2003 年第 5 期。

[②] 顾小清、王炜:《支持教师专业发展的课堂分析技术新探索》,《中国电化教育》2004 年第 7 期。

[③] 张丽娜、路海东:《高中生感知到的课堂教学方式量表的编制》,《心理与行为研究》2019 年第 6 期。

明，高中生所感知到的课堂教学方式量表具有信度、重测信度、良好的结构效度和校标关联效度，可以将其作为我国高中课堂教学方式的测量工具。根据问卷编制的理论构想和因子所包含的题目的含义，量表的第一个维度为自主探究学习，包括八个题目；第二个维度为直接教学，包括四个题目；第三个维度为合作学习，包括四个题目；第四个维度为提问，包括四个题目。该量表的计分方式为五点等级评定，五个选项分别是"非常不符合""比较不符合""一般""比较符合""非常符合"，依次记为 1 分、2 分、3 分、4 分、5 分（具体见表7）。

表7　　　　　　　　高中生所感知到的课堂教学方式量表

序号	项目	非常不符合（1分）	比较不符合（2分）	一般（3分）	比较符合（4分）	非常符合（5分）
1.	J49. 教师会鼓励和引导学生在课堂上主动思考和提问					
2.	J48. 教师会检查、批阅学生的作业完成情况					
3.	J47. 教师每堂课都会给学生布置课后作业					
4.	J46. 教师会结合现实生活创设供学生探究的问题情境					
5.	J45. 讲完新课后，教师会让学生做一些课堂练习					
6.	J50. 教师的教学方式正逐渐由讲授式教学为主向引导学生探究学习为主转变					
7.	J24. 教师会鼓励和引导学生探究不同的解题思路或一题多解					
8.	J21. 教师的教学方式正逐渐由讲授式教学为主向引导学生自主学习为主转变					
9.	J11. 教师讲课占据了一堂课的大部分时间					
10.	J8. 无论是新知识的学习还是典型例题都是以教师讲解为主					

续表

序号	项目	非常不符合(1分)	比较不符合(2分)	一般(3分)	比较符合(4分)	非常符合(5分)
11.	J17. 一些优秀教师或骨干教师也经常采用从头讲到尾的教学方式					
12.	J28. 即便有了导学案，学案上的内容也主要由教师讲解					
13.	J23. 教师将学生划分为若干个学习小组					
14.	J26. 教师为每个学习小组搭配了好中差不同成绩的学生					
15.	J38. 教师对学生的课堂展示以小组为单位进行评分和奖励					
16.	J29. 教师对每个小组的组长和组员做了明确分工					
17.	J37. 教师的课堂提问经常是可以在课本中直接找到答案的问题					
18.	J42. 如果提出的问题较难，教师很快就会给出答案					
19.	J30. 教师讲课时要求学生认真听和记，不能随便插话或提问					
20.	J44. 教师提问后并没有给学生留出足够的思考和回答的时间					
	总计					

第三，教师课堂行为观察量表。

教师专业能力是指教师以一定的专业知识和基本的专业技能为基础，在教育教学工作中形成的、顺利完成教育教学活动任务所必须具备的个性心理特征的总和。教师课堂行为观察量表是以教师专业能力的结构和思维型教学理论为依据建构的教师教学能力观察量表。[1] 思维型教学的目标是以思维为关键的核心素养，教学内容的选择要有利于学生核心素养的发展。该量表中的指标没有直接应用教师专业能力结构中教学能力的六个维

---

[1] 胡卫平：《教师教学能力评价初探》，《中国考试》2021年第10期。

度，而是从教学目标和内容、教学过程和方法两个方面整合了六个维度，加上教师基本素质，形成三个一级指标和 11 个二级指标，其中教学过程和方法的二级指标，主要采用了思维型教学的六个要素。教师课堂行为观察量表对一级指标按照"优秀""良好"和"一般"划分等级。"优秀"意味着教师的课堂教学行为均满足观察量表上的相关指标；"良好"意味着教师的课堂教学行为大部分满足观察量表上的相关指标，仅有少数指标未能达到相关的要求；"一般"意味着教师的课堂教学行为大部分不能满足观察量表上的相关指标，仅有少数指标达到相关的要求。每个评分等级对应着一个分值区间，如教学过程和方法的优秀等级对应 51—60 分，教学目标和内容的优秀等级分值在 26—30 分，教师课堂行为观察量表见表 8 所示。

（4）访谈法

访谈作为一种研究性交谈，是研究者通过口头谈话的方式，从被研究者那里收集第一手资料的研究方法。由于人文社会科学研究涉及人的理念、意义建构及其语言表达，因此，访谈在人文社会科学中是一个非常重要的研究方法。[①] 而访谈和日常谈话不同，其在资料搜集方式上更为直接，研究者可以根据研究内容的需要，预先设计好访谈提纲，用以了解调查对象对于某个问题的态度，其主要的作用有：了解受访者的所思所想，即其价值观念、情感感受和行为规范等；还可了解受访者的生活经历及其对于事件意义的理解；对研究进行一个整体、宏观的把握；为研究提供后续的指导并奠定基础；帮助建立受访者和研究者的人际网络关系；彰显受访者声音的力量，提升其话语意识的影响力。受访谈性质的影响，研究者在调查的过程中，可以根据具体情况和访谈对象的反应，有针对性地调整访谈的方式和内容，以便得到更加确切的资料，搜集研究者所希望得到的情况。访谈按结构可分为结构化访谈和非结构化访谈；按正式程度可分为正规型访谈（以接触方式分为直接访谈和间接访谈）和非正规型访谈；按访谈对象的人数可分为个别访谈与团体访谈；按访谈次数可分为一次性访谈和多次访谈。

---

① 陈向明：《质的研究方法与社会科学研究》，教育科学出版社 2000 年版，第 165 页。

表 8   教师课堂行为观察量表

一级指标	二级指标	标准	分值	等级
教学目标和内容	教学目标	突出核心素养，符合学生水平；规划完整恰当；及时调整目标；目标落实良好	30	A（优秀）：26—30分 B（良好）：21—25分 C（一般）：15—20分
	教学内容	内容选择符合目标，内容理解正确无误；突出知识形成过程；重视联系已有经验；体现学习进阶要求		
教学过程与方法	创设情境	服务教学目标，突出重点内容；基于生活实际，接近真实情境；引起积极情绪，激发内在动机；适合学生水平，引起认知冲突；体现个体差异，系统设计情境	60	A（优秀）：51—60分 B（良好）：46—50分 C（一般）：40—45分
	提出问题	问题要有目标性和适切性；问题要有思维性和挑战性；问题要有开放性和探索性；问题要有系统性和层次性；候答要有时间性和支持性；评价要有针对性和全面性		
	自主探究	发挥自主性作用；参与探究的过程；积极主动思维		
	合作交流	建立积极的相互依赖：一是创设良好的情境；二是确定共同的目标；三是保持积极的情绪；四是建立信任的关系 促进深度的思维互动：一是提出高认知问题；二是以思维互动为核心 保证良好的组织指导：一是提出规则要求；二是提供思维支架；三是及时总结评价		
	总结反思	结构合理：便于学生建构合理的学科结构 内容全面：包括知识、方法和态度；既反思探究的过程，也反思探究中的经验教训 引导恰当：基于学生反思能力，立足学生积极参与，展示学生思维过程，引导学生自主完成 针对性强：围绕教学的重点、难点和关键点；教给学生探究、总结和反思的方法；注意对易错点进行总结和反思		
	应用迁移	相关性：与所学内容相关 典型性：选择问题具有典型性和代表性 思维性：能够激发学生积极思维 引导性：引导学生自主解决问题 实践性：联系实际，突出真实问题情境 全面性：包括知识、方法和态度的应用迁移，包括迁移到本学科领域和其他学科领域		

续表

一级指标	二级指标	标准	分值	等级
教师基本素质	表达能力	语言表达：用词准确、叙述清晰，逻辑性强，语言富有感染力 书面表达：字迹工整、条理分明、书写规范，设计合理	10	A（优秀）：9—10 分 B（良好）：7—8 分 C（一般）：6 分以下
	思维能力	思维内容恰当；思维方法科学；思维品质较高		
	非言语行为	仪表端庄、举止得当、教态自然，能与学生融为一体，有很强的亲和力		
总计			分数	等级

在调研过程中，研究者按照访谈实施过程的具体要求，在研究主题的指引下制定了访谈提纲，对所调研的个案学校银川市 S 学校的校长、教师、学生进行了半结构式访谈。在此基础上，为了更加深入地探索个案学校结构化翻转课堂教学模式的实施现状，了解校长、教师和学生对这种教学模式的理念认识和实践情况，分别选取 3 名校领导、23 名教师（包含 3 位初中教师，由于对结构化翻转课堂教学模式的实践，教师们的认识和理解是同等重要的，在这里选取三位初中教师作为补充资料）、17 名学生进行深度访谈，并做好访谈记录，同时在课堂观察的基础上进一步深入分析调研对象——银川市 S 学校在建构和实施结构化翻转课堂教学模式中的优势与困难，从而为研究奠定坚实的实践基础。访谈案例的基本情况如表 9 所示，其中，教师用 JS 表示，学生用 XS 表示，校领导用 XL 表示。

（5）实物收集法

实物收集是一种有效的收集研究对象资料的方法，收集的资料包括所有与研究问题有关的内容，并对文字、图片、音像等物品进行分析，解释自己所看到的实物的意义，从中获取研究所需要的信息的一种教育科学研究方法。其实，它将实物作为质的研究资料来源的基本原理是，任何实物都是一定社会文化的产物，都是在一定情境下某些人对一定事物的看法的体现。因此，可以将这些实物收集起来，作为特定文化中特定人群所持观念的物化形式进行分析。那么，任何实物都具有"合同"的性质，即表现了社会中某些人相互之间或者人与环境之间的一种"契约"[1]。实物收集法

---

[1] 陈向明：《质的研究方法与社会科学研究》，教育科学出版社 2000 年版，第 257 页。

表9　　　　　　　　　　访谈对象情况简表

职务	资料数	对象	性别	年级	科目（备注）
教师	23	Zxf	女	高二	语文
		Gb	女	高二	语文
		Yn	女	高二	语文
		Lss	男	高二	语文
		Zy	男	高二	语文
		Zl	女	高一	数学
		Yzz	男	高二	数学
		Mln	女	高一	英语
		Qfj	女	高二	英语
		Dfl	女	高二	历史
		Mgr	男	高二	历史
		Smr	女	高一	地理
		Zhx	女	高一	物理
		Zzy	男	高一	物理
		Ls	女	高一	化学
		Mxj	男	高二	化学
		Lzr	男	高二	化学
		Cgl	女	高三	化学
		Dj	女	高三	化学
		Ll	女	高二	生物
		Zjr	女	初中	语文
		Zxm	女	初中	数学
		Yxl	男	初中	数学

续表

职务	资料数	对象	性别	年级	科目（备注）
学生	17	Hmn	女	高二	课间、晚自习访谈
		Qjd	男	高二	
		Hzt	男	高二	
		Hpt	男	高二	
		Fyh	女	高二	
		Cxt	女	高二	
		Lzx	男	高二	
		Mby	男	高二	
		Wgh & Xylj（群访）	男 & 男	高二	
		Zsq	男	高二	
		Zh	女	高二	
		Hwn	女	高二	
		Lc	女	高二	
		Cc	男	高二	
		Pxy	女	高二	
		Zsq	女	高二	
		Wzh	男	高二	
校领导	3	Wlz	男	高中数学	校长
		Llh	女	高中体育	副校长
		XHl	男	初中生物	党总支书记

表10　　　　　　　　深度访谈案例情况

对象	次数	地点	日期	时间	方式
JS-Zxf	2	办公室 教室外	20210623 20210625	28min 15min	面对面访谈 网络平台
JS-Yzz	2	办公室 教室外	20210623 20210628	26min 17min	面对面访谈 网络平台
JS-Qfj	1	办公室	20210624	21min	面对面访谈 网络平台

续表

对象	次数	地点	日期	时间	方式
JS-Mgr	1	办公室	20210624	10min 21min	面对面访谈 网络平台
JS-Mxj	1	教室 研讨室	20210622	25min	面对面访谈 网络平台
XS-Hmn	1	空教室	20210624	13min	面对面访谈
XS-Qjd	1	空教室	20210624	15min	面对面访谈
XS-Hzt	1	空教室	20210624	9min	面对面访谈
XS-Hpt	1	空教室	20210624	8.35min	面对面访谈
XS-Cxt	1	教室外走廊	20210628	9min	面对面访谈
XS-Lzx	1	教室外走廊	20210628	9.34min	面对面访谈
XS-Mby	1	教室外走廊	20210628	12min	面对面访谈
XS-Wgh&Xylj （群访）	1	图书馆	20210628	16min	面对面访谈
XL-Wlz&Llh	1	校长办公室	20191024	54.52min	面对面访谈
XL-Llh	1	校长办公室	20191025	35.43min	面对面访谈

的具体作用体现在如下方面：第一，以质的研究的资料形式存在，可以扩大我们的意识范围，丰富研究手段和分析视角。第二，可以提供有关被研究者言行的情境背景知识。第三，在一定情况下，比语言更具有说服力，可以表达一些语言无法表达的思想情感。第四，从研究可靠性上讲，可以与其他研究数据进行相互补充和相互验证。

实物资料按正式程度可以分为正式官方类、非正式个人类、照片及其他类，其中，正式官方类通常包括由政府部门颁发的证件和文件、官方统计资料、报纸杂志、历史文献等，如身份证、结婚证、报纸杂志等。非正式个人类则通常包括研究对象个人记录材料，如教案、日志、来往信件等。照片也可以分为个人的和官方的，通常是简洁地展示"真实"的方法，需要配合文字进行说明。另外，实物资料按表现形式分类，包括语言文字资料、作品资料、音像资料、测量观察资料等。其实，实物收集要求对所收集到的资料进行解释、假设与分析。在此过程中，需要考察实物资料本身的倾向性，即考虑产生的资料会受到研究者本身所奉行的人生观、价值观、性格特点、心理状态、身心发展水平等因素的影响，同时要审视研究者自己的"倾向性"，面对同样的实物资料，研究目的、个人思维方式、人生观、价值观和背景知识等存在差异的不同研究者，可能会做出不完全相同的分析和阐述。在此基础上，需要运用专业视角和专业知识最终完成对实物资料的合理分析。

　　本书结合研究问题，遵循实物收集法的基本要求和原则，在实物收集过程中，不断追问实物收集的目的、使用的主体、使用的范围、使用的结果等问题，并结合收集实物资料的标准，反思相关问题，从而回溯理论框架，回应研究问题。具体而言，研究者在调查实践过程中，收集个案学校有关结构化翻转课堂教学模式的实物性资料，主要包括教师的教学活动设计、教学过程反思、教研活动记录等，学生的导学案、课堂学习资料、练习资料等，还包括一些存储的学校文件、与教学相关的实物资料等，以此对观察和访谈的研究方法予以补充，从而积累个案学校结构化翻转课堂教学模式实施过程中的实践案例资料，提升本书在实践探索研究过程中的丰富性和说服力。

第一章　核心概念与理论基础

一　核心概念界定

（一）翻转课堂

"翻转"一词，源于英文"Flipped"或"Inverted"，"Flipped"在《新牛津英汉双解大词典》中作这样的解释："Turn over or cause to turn over with a sudden sharp movement." 其意思为翻转，使翻转。"Inverted"在《新牛津英汉双解大词典》中被解释为："Put upside down or in the opposite position, order, or arrangement." 其意为使反向，使倒转，使倒置，使颠倒。[1] 在汉语中，《说文解字》对"翻转"的解释是"翻，飞也。从羽，番声"，"转，运也。从车，专声"[2]。所以，翻转就是翻来转去，翻过来，或改变的意思，即将原来的事或物转变为新的样态，或是将原来的事或物颠倒过来。可见，翻转总是有意指对象的。所谓翻转课堂就是将原来的课堂样态倒过来而形成一种全新的课堂样态，也就是对传统课堂"范式"的革命。[3]

翻转课堂（Flipped Classroom）被称为翻转学习、易位课堂、颠倒教室等，是在20世纪末兴起于美国，21世纪初取得实质性进展的一种教学模式。[4] 最初，美国经济学家莫里·拉吉（Maureen J. Lage）和格兰·波兰特（Glenn J. Platt）等人于1996年提出"翻转课堂"的设想，他们认为，"翻

---

[1] 《新牛津英汉双解大词典》，上海外语教育出版社2007年版，第804、1100页。
[2] 许慎：《说文解字》，徐铉等校，上海古籍出版社2007年版，第168、722页。
[3] 王鉴：《论翻转课堂的本质》，《高等教育研究》2016年第8期。
[4] 王坦、吉标：《"翻转课堂"模式的理性审思》，《课程·教材·教法》2016年第6期。

转课堂就是原本在课中进行的教/学活动放在课下进行，反之亦然。"① 随后，2007 年，乔纳森·伯格曼（Jonathan Bergmann）和亚伦·萨姆斯（Aaron Sams）率先开始进行有关翻转课堂的教学实验，他们认为："翻转课堂更多的是一种思维方式：将课堂注意力从老师转移到学生和学习上。"② 国外学者关于翻转课堂的定义为我国学者的研究和实践奠定了基础。

我国学者张金磊等人认为："翻转课堂也称颠倒课堂，通过对知识传授和知识内化的颠倒安排，改变了传统教学中的师生角色并对课堂时间的使用进行了重新规划，实现了对传统教学模式的革新。"③ 钟晓流等人认为，翻转课堂是"学生在课前利用教学视频等学习材料进行自学，上课时由教师组织学生通过小组协作学习等方式展开课堂教学，促进教学绩效最大化的一种新型教学模式。"④

曾明星等人将翻转课堂看作"知识传授与知识内化的颠倒，翻转了传统课堂的教学结构，即学生课前在家里通过观看教学视频学习新知识，在课堂上做作业、交流、讨论、做项目或实验的一种教学形态"⑤。容梅等人认为："翻转课堂是一种适合于有甘愿被占用课余时间的主动学习态度、具备基本自学能力与可观看在线视频的自学设备的学生的学与教模型。"⑥ 王鉴则认为：

> 广义的翻转课堂是指通过调整课堂内外的教学关系，将学习的决定权从教师转移给学生。学生在课后完成自主学习，教师则采用讲授法和协作法来满足学生的需要并促成他们的个性化学习。狭义的翻转

---

① M. J. Lage, G. J. Platt, M. Treglia, "Inverting the Classroom: A Gateway to Creating an Inclusive Learning Environment," *The Journal of Economic Education*, Vol. 31, No. 1, 2000, pp. 30–43.
② ［美］乔纳森·伯格曼、亚伦·萨姆斯：《翻转课堂与慕课教学：一场正在到来的教育变革》，宋伟等译，中国青年出版社 2015 年版，第 27 页。
③ 张金磊、王颖、张宝辉：《翻转课堂教学模式研究》，《远程教育杂志》2012 年第 4 期。
④ 钟晓流、宋述强、焦丽珍：《信息化环境中基于翻转课堂理念的教学设计研究》，《开放教育研究》2013 年第 1 期。
⑤ 曾明星、周清平、蔡国民、王晓波、陈生萍、黄云、董坚峰：《基于 MOOC 的翻转课堂教学模式研究》，《中国电化教育》2015 年第 4 期。
⑥ 容梅、彭雪红：《翻转课堂的历史、现状及实践策略探析》，《中国电化教育》2015 年第 7 期。

课堂则主要指在现代信息技术背景下，学生在课前通过网络平台学习教师提供的视频，课堂中开展讨论与解决问题的教学方式。①

由此来看，我国学者对于翻转课堂内涵的界定均将学生作为主体，强调在信息化背景下教学视频的作用，还对课堂教学进行了课前、课中、课后的划分，同时注重课堂学习共同体的建构。更为关键的是，我国学者多将翻转课堂视为一种"教学模式"，是对于传统课堂教学的翻转，其内部结构也受到了关注，但对于内部结构的具体分析还不是特别清晰。

本书借鉴王鉴对于翻转课堂的定义和理解，因为将翻转课堂分为广义和狭义两种，更符合结构化翻转课堂教学模式的特性，无论是广义上从教学变革层面的理解，还是狭义上基于具体教学方式运用层面的理解，都为后续研究提供了较好的理解维度。

（二）结构化翻转课堂

对于"结构"和"结构化"做出明确解释，是理解结构化翻转课堂教学模式的前提。《辞海》对于"结构"的解释是：系统内部各要素之间的相互联系、相互作用的方式，是系统组织、有序化的重要标志。结构既是系统存在的方式，又是系统的基本属性，是系统具有整体性、层次性和功能性的基础和前提。② 而"化"是动词，指"使变成、使成为"，用在名词或形容词之后，表示转变某种性质或状态。结构化是支配结构或转换的条件，结构化的目的是更好地解决结构与行动者之间的关系问题。行动者和结构的构成过程体现出二重性，对于循环往复组织起来的实践而言，系统的结构特征既是实践的中介又是它的结果。③ 结构化是人的成长和发展中贯穿始终的存在，学习者的学习不单单是学习知识的过程，更是在学习过程中习得技能，学会学习，尤其是培养其具有结构化、系统化思考的能力，形成开放、包容及其与周围客体的融通、调适的结构化思维意识。

结构主义教学理论是由美国心理学家布鲁纳提出的，其教学思想论述

---

① 王鉴：《论翻转课堂的本质》，《高等教育研究》2016年第8期。
② 《辞海》，上海辞书出版社1990年版，第1918页。
③ ［英］安东尼·吉登斯：《社会的构成——结构化理论纲要》，李康、李猛译，中国人民大学出版社2016年版，第28页。

的主要问题是："教些什么？何时教？如何教？"[①] 这奠定了结构化翻转课堂教学模式的基础。在他看来，"学习的结构就是认识事物是怎样相互关联的。"由此他提出了教学结构的相关原则，包括：（1）任何学科知识都是具有结构的，教学必须探明达到最优理解的知识结构化问题，以使学生掌握学科知识的结构；（2）教学程序的结构会影响学生获得知识和发展能力，教师要设计与选择最优的教学程序。[②] 对知识的结构化框架，有学者将其分为层次、结构、异构以及线索四个方面[③]，是理解知识结构的维度之一。最早将"结构化"引入各个学科研究的是北京师范大学心理学家冯忠良，他提出"教学应该首先确定以构建学生心理结构为中心"的观点。[④] 1994—1998年，华东师范大学教授叶澜提出"灵活性结构"的观点，主张"在课堂教学过程中，教师应把握学科知识的内在逻辑，组成由简单到复杂的结构链，使教学认知线由点状积累并逐步复杂化"[⑤]。2009年，郭元祥提出深度学习要把握知识的内在结构，从而实现教学的发展价值。[⑥] 由此可以发现，结构化翻转课堂教学模式可以从宏观和微观两个层面加以理解，宏观层面关注的是教学流程的结构化；微观层面聚焦的是课程知识及其内在逻辑的结构化。

翻转课堂的教学流程有很多种形式，结构化翻转课堂是个案学校在借鉴中外"翻转课堂"教学模式的基础上，结合本校学生的学习需求以及整体发展理念，由教学论专家提炼而形成的原生性概念。作为一种有效的教学模式，由结构化的相关概念发展深化而来，该模式从宏观上分为课前先学和课中群学两个阶段，从微观上对教学进行三次结构化设计，其中，课前先学是学生自主学习新知识阶段，对应第一次结构化的实施；课中群学包括合作探究、巩固与评价等流程，对应于第二次和第三次结构化的实施。[⑦] 其实，第一次结构化为后两次结构化奠定了先学的基础，第二次和

---

① [美] J. S. 布鲁纳：《教育过程》，邵瑞珍译，文化教育出版社1982年版，第8页。
② 蓝天：《布鲁纳的认知结构教学理论》，http：//blog.sina.com.cn/s/blog5230a42e0100cjes，html. 2009 - 03 - 05/2019 - 02 - 08。
③ 王晓东：《基于Ontology知识库系统建模与应用研究》，学位论文，华东师范大学，2003年。
④ 冯忠良：《结构化与定向化教学心理学原理》，北京师范大学出版社1998年版，第21页。
⑤ 叶澜：《重建课堂教学过程观》，《教育研究》2002年第10期。
⑥ 郭元祥：《知识的性质、结构与深度教学》，《课程·教材·教法》2009年第11期。
⑦ 丁瑞：《初中地理翻转课堂的结构化教学实践研究》，《当代教育与文化》2019年第5期。

第三次结构化是对第一次结构化的深化与提炼。结构化翻转课堂的教学结构要素是在"时间上连续不断、空间上紧密关联、性质上相互交融的统合整体"①，其最终都是为了学生个性化学习的需要，彰显出"以学生为本"的办学理念。

总的来说，结构化翻转课堂教学模式是立足于社会结构化理论以及课堂教学社会学理论，将教学活动中的人与事、人与物有机统整起来，既关注教师和学生作为能动者在教学过程中的价值和作用，又把这种能动性置于教学活动系统中，看到教学文化、教学制度、教学规则、教学资源等客观体系的制约作用，所形成的以师生为能动者，以能动共同体为依托，以教学规则和资源为社会客体的主客体在时空情境中建构而来的"结构二重性"课堂教学模式。它是在翻转课堂教学模式的基础上，结合个案学校学生的学习需求和"以学为主，先学后教"理念，由教学论专家提炼而形成的原生性概念。

（三）教学模式

教学模式不仅在理论上具有内在的逻辑性，而且对于实践中的课堂教学具有重要的指导作用。1972年，美国学者布鲁斯·乔伊斯（Bruce Joyce）和玛莎·威尔（Marsha Weil）等人最先将教学模式引入教学论领域，他们认为，教学模式"就是学习模式，是构成课程和课业、选择教材、提示教师活动的一种范型或计划"②。受此影响，1990年，学者保罗·D. 埃金等人在《课堂教学策略》中指出：教学模式是为完成特定的教学目标而设计的、具有规定性的教学策略。③同年，我国学者顾明远在《教育大词典》中提到："教学模式是一种实现教学任务而相对稳定的教学活动结构，其就是一种教学结构。"④ 2001年，信息化教学模式研究专家钟志贤提出："教学模式是指对理想教学活动的理论构造，是描述教与学活动

---

① 钟志贤：《教学设计中的连续统思维》，《电化教育研究》2005年第4期。
② ［美］布鲁斯·乔伊斯、玛莎·威尔等：《教学模式》，兰英等译，中国人民大学出版社2014年版，第5页。
③ ［美］保罗·D. 埃金等：《课堂教学策略》，王维诚等译，教育科学出版社1990年版，第11页。
④ 顾明远：《教育大词典》，上海教育出版社1990年版，第180页。

结构或过程中各要素之间稳定关系的简约化形式。"① 无论是布鲁斯·乔伊斯等人的教学计划说，保罗·D. 埃金等人的教学目标说，顾明远的教学结构说，还是钟志贤的教学形式说，都未能解释教学模式的本质属性。在李定仁和徐继存看来，教学模式是现代教学论中的一个特定的科学概念，其意指"在一定教学思想或教学理论的指导下所形成的关于教学的理想意图及其实施方案"②。

本书综合上述对教学模式的理解，认为教学模式不仅包括指导性的理论基础、明确的目标设定、精确的主题内容、适当的教学方法及精准有效的教学评价，还包括较为稳定的结构＋程序。从静态审视教学模式，观照的是结构；从动态审视教学模式，看到的是程序，两者的关系可以理解为：在不同的结构中有不同的要素，将其放到动态中理解即为环节，以不同方式呈现的环节就构成不同的程序。

二 研究的理论基础

（一）结构化教学

20 世纪 50 年代末期开始的国际化课程改革运动，其目标是"以专门学术领域的基本结构为核心开发学科课程，实现作为客体的'学科结构'与作为主体的'认知结构'在课程中的统一"③。与此同时，经验主义课程范式与学科主义课程范式逐渐融合，学生掌握知识的方式不再只是被动地接受，而是在教师的指导下发现知识，探究式教学、发现法、合作学习等教学模式开始深入课堂教学之中。

20 世纪 60 年代，美国教育家布鲁纳提出了结构主义教学理论，继承并发展了皮亚杰"结构"主义学派的基本观点，认为任何一门学科都有一个基本结构，即具有其内在的规律性。不论教何种学科，都必须使学生理解并掌握该学科的基本结构，这一学科基本结构指的是各门学科的基本概念、原理和规律。由此，在教学理念方面，他强调发展学生智力、重视逻

---

① 钟志贤：《新型教学模式新在何处》（上），《电化教育研究》2001 年第 3 期。
② 李定仁、徐继存：《教学论研究二十年》，人民教育出版社 2001 年版，第 282—286 页。
③ 傅敏：《论学校课程范式及其转型》，《教育研究》2005 年第 7 期。

辑思维和独立获得知识的能力；在教学原则方面，他提出了动机原则、结构原则、程序原则和指导结果反馈四条原则；在课程内容方面，他提出结构课程论，主张为学生设计和安排知识结构与最佳学习经验，通过螺旋式课程让学生掌握科学知识的基本概念与基本原则；在教学方法上，他倡导发现学习法，让学生自己成为结构和规律的发现者。① 其思想既注重学生知识的理解，又注重对于学生能力的培养，具有重要的教学意义。

1994—1998 年，叶澜在"新基础教育"以及"生命·实践教学论"的创建过程中，对结构化教学也有论述，她提出了"灵活性结构"的课堂教学观点："基础教育就是把全人类形成的一些知识、用学科的方式传递给学生，然后学生的知识结构、思维能力，以及对知识的热爱、兴趣、研究、深入、好奇都在里面。"② 她提倡教师在教学设计中要把握学科的内在逻辑，组成由简单到复杂的结构链。

2002 年，何克抗在 E-learning 与高校教学的深化改革研究中，将教学结构定义为是"在一定的教育思想、教学理论和学习理论指导下的、在某种环境中展开的教学活动进程的稳定结构形式"。③ 他将"教学结构"看作稳定性形式，揭示了教学结构的特征。

2009 年，郭元祥在论述教学的相关问题时提到："无论是认识论立场中的知识，还是教育学立场中的知识，都有其内在结构。深度教学基于把握知识的内在结构，体现知识依存性，彰显知识与主体发展的意义关系，有效实现教学的发展价值。"④ 由此，他提出深度教学要实施"4R"教学，即赋予教学丰富性、回归性、关联性和严密性。

2016 年，张广君也提出了新时代背景下"'互联网+教学'不只是教学的网络化与数字化，而是基于教学生成本质和育人目标，将互联网思维、环境与技术等创新成果与教学思维、教学各要素、教学关系、教学结构与过程互相渗透、深度融合与双向超越"⑤。

---

① ［美］J. S. 布鲁纳：《教育过程》，邵瑞珍译，文化教育出版社 1982 年版，第 36—49 页。
② 叶澜：《基础教育应当首先面对具体的个人生命成长》，（2019 - 09 - 16），https://page.om.qq.com/page/OWSfd_ _ YCsLlK19d3Qcm5GxA0.
③ 何克抗：《E-learning 与高校教学的深化改革》（上），《中国电化教育》2002 年第 2 期。
④ 郭元祥：《知识的性质、结构与深度教学》，《课程·教材·教法》2009 年第 11 期。
⑤ 张广君：《"互联网+教学"的融合与超越》，《教育研究》2016 年第 6 期。

2018年，王力争和刘历红作为一线教师、学校改革的领导者和学者，在个案学校课堂教学改革的过程中，提出结构化教学"就是依赖结构意识、思路和方法，促使学生思维结构不断提升，思维能力有效发展的教学"[1]。

总之，有关结构化教学的相关论述为个案学校结构化翻转课堂教学模式的理论研究和实践探索提供了基本的理念指导和方法论指引，在后续的研究过程中，笔者将其作为研究的重要理论基础，深入梳理和理解结构化教学的有关理论，把握其思想性，借鉴其理论的关键要素与内在本质。

（二）吉登斯的社会结构化理论

理论基础是现代教学理论得以产生的土壤和催化剂，是教学理论流派多元共存的内在依据，是教学论适应实践需要改革发展的生长点和外部推动力[2]。对结构化翻转课堂教学模式来说，它所依照和遵循的是结构主义方法论取向下的结构化理论。该理论由英国社会学家安东尼·吉登斯（Anthony Giddens）提出，吉登斯在社会学领域的成就主要是通过对以涂尔干、韦伯等为代表的经典社会学家思想的反思，对以结构主义、功能主义和解释社会学为代表的现代社会学研究方法的反思，由此，20世纪70年代中期至80年代中期，吉登斯对社会学研究方法进行系统重建，形成了结构化理论，该理论主要体现在其《社会的构成——结构化理论纲要》一书中。吉登斯的结构化理论，发展了索绪尔、列维—斯特劳斯及帕森斯等人的结构主义方法理论，重点关注人作为能动者的能动作用及其对社会制度的理解。

1. 社会结构化理论的渊源

（1）索绪尔的"结构语言学理论"

费尔迪南·德·索绪尔是20世纪十分著名、影响深远的语言学家之一，作为现代语言学创始人，为语言学的后续研究在理论方面奠定了新的基础，由其手稿和材料整理而成的著作《普通语言学教程》在世界范围内产生了深远的影响。其理论体系建立在西方哲学中的"在场"与"不在

---

[1] 王力争、刘历红：《基于中学课堂变革的结构化教学实践探索》，《当代教育与文化》2018年第6期。

[2] 裴娣娜：《现代教学论基础》，人民教育出版社2015年版，第77页。

场"的关系视角上，两者分别对应于现实世界和虚拟世界，其理论内容大致包含五个部分：语言（language）和言语（speech）的区分；符码的任意性特征；差异观念；由能指和所指的关联所形成的符码构成；共时性和历时性的分离。①

在索绪尔有关语言的系统研究中所涉及的一个理论问题是：语言研究的对象不是给定的而是建构的。他认为："所采用的观点创造了研究对象。"② 在他看来，语言是一种特殊的符号系统，语言的特点是由语音和意义之间的关系构成的，两者之间的关系网就是结构。而人类的言语行为包含个人和社会两个方面，将其放在共时性和历时性的时间维度中，就产生了二重性，从而提出要把语言和言语进行区分。对于语言功能的发挥，则要借助语言符号系统，在索绪尔的理论中，"语言系统中存在着由要素—符号—系统组成的网络关系，这些关系集中表现为时间上的组合关系和空间上的联想关系，两种关系构成了语言的结构，而且决定着语言功能"③。这就是说，语言系统实现其功能的过程，就是人们在使用语言的过程中对意义进行选择的过程，索绪尔的语言与符号靠意义联结，吉登斯把这种分析方法运用到个人与客观社会的结构二重性分析中，因此，索绪尔的结构语言学理论是吉登斯结构化理论的源头和起点。

（2）列维—斯特劳斯的"结构人类学"

列维—斯特劳斯是现代人类学之父，其人类学研究大致涉及两个领域，分别是作为材料来源的英美经验主义功能学派，以及作为理论依据的实证—唯理主义结构学派。在这两个领域中，列维—斯特劳斯更多地把目光和研究的焦点放在了文化人类学领域，形成了一系列代表性著作，如《忧郁的热带》《野性的思维》《神话与意义》等，研究的具体内容主要包括原始社群中的社会结构、神话结构、思维结构和历史结构等。④

---

① ［英］安东尼·吉登斯：《社会理论的核心问题》，郭忠华、徐法寅译，上海译文出版社2015年版，第10、73页。
② F. de Saussure, *Course in General Linguistics*, Foreign Language Teaching and Researching Press, 2001, p. 8.
③ F. de Saussure, *Course in General Linguistics*, Foreign Language Teaching and Researching Press, 2001, p. 126.
④ ［法］克洛德·列维—斯特劳斯：《野性的思维》，李幼蒸译，商务印书馆1997年版，第5页。

列维—斯特劳斯吸收了涂尔干"社会学康德主义"的观点,在总结已有人类学研究成果的基础上,形成了以结构主义语言学为研究基点的结构人类学的方法论,将其运用到人类学、哲学、历史学等方面的研究中,由此使人类学的研究方法得以丰富和发展。在他最具代表性的著作《结构人类学》中,他对结构人类学的方法论进行了系统而全面的阐释和论述,聚焦于亲属关系、图腾以及神话与仪式三方面的内容。其中,神话与仪式是他最关心的命题,神话具有内在结构,而结构则是诸多关系的集合,神话并非虚无,而是对世界的秩序、人的发展,甚至人类科学进步的观照。他说:"人类科学的主题是人,关于人,我们所感兴趣的内容并不是由科学决定的,而是源自于并将总是源自于彻底的哲学层面上的选择。"[①] 在他看来,结构主义人类学的方法论能够在纷繁复杂的事物中寻求和发现内在的统一和一致性,正如他所说:"结构主义的方法就是对'不变性的追求,就是对表面差异中的不变因素的探求。'"[②] 但是,列维—斯特劳斯并未对"结构"和"系统"的概念进行区分,对于话语意识和实践意识等一些概念的理解和内在关系尚有待厘清,而这为吉登斯的结构化理论提供了理论支点。

(3) 帕森斯的"普通行动理论"

塔尔科特·帕森斯是美国著名社会学家,功能主义流派的代表人物。他在其学术生涯中一直试图从社会结构及其功能的角度解释社会行为,在西方社会学界颇有影响,其代表作有《社会行动的结构》(1937)、《社会系统》(1951)、《现代社会的结构与过程》(1965)等。

帕森斯的学术思想深受马克斯·韦伯(Max Weber)和涂尔干(E. Durkheim)两位社会学家的影响。帕森斯的社会结构分析方法来源于其对韦伯思想的批判与继承:"要想考察任何有意义的人类行动的根本成分,首先应从'目的'和'手段'这两个范畴入手。"[③] 同时,帕森斯也承认他的"行动"概念就狭义而言,是"涂尔干式"的。[④] 由此,帕森斯提出

[①] [法] 克洛德·列维—斯特劳斯:《结构人类学》,张祖建译,中国人民大学出版社2006年版,第17页。

[②] [法] 克洛德·列维—斯特劳斯:《结构人类学》,张祖建译,第12页。

[③] [美] 塔尔科特·帕森斯:《社会行动的结构》,张明德、夏遇南、彭刚译,南京译林出版社2012年版,第7页。

[④] [美] 塔尔科特·帕森斯:《社会行动的结构》,张明德、夏遇南、彭刚译,第19页。

了"社会行动"理论,其实质是作为一种从事实出发、观察、推理、验证再回到事实的经验科学理论,其特征是将事实与理论及实践紧密联系在一起。他将经济视为一个社会次级体系的做法被应用到对于政治进行理论分析,将两者间的对立进行融合,并在方法普遍化的现实基础上构成了对"整合的"与"模式—分析的"研究的理论起点。帕森斯强调整合后的社会—文化体系理论,并且认为其"功能"是在结构—功能理论体系的框架内为动力问题及其与文化模式之间关系的问题分析提供了一个参照系[①],而这个参照系是指"社会行动的结构"[②]。由此确立了他的一套概念体系——"系统概念",系统理论强调社会秩序的自我维持和均衡,突出对系统各部分之间关系的分析,认为"系统指的就是关系网络"。在吉登斯看来,帕森斯始终把唯意志论与对"秩序问题"的解决联系在一起,把"秩序问题"理解为如何协调具有潜在破坏性的个人意志,倡导对行动进行描述,但缺乏将意图与理由的概念与行动概念联系在一起。并且,帕森斯没有给作为社会实践构成因素的社会行动者所具有的认知能力留出余地,而这正是吉登斯社会理论关注的核心。

2. 吉登斯的结构化理论

英国社会学家安东尼·吉登斯是当代社会学领域中有卓越贡献的学者之一。他通过对各相关学派思想的批判性总结和创造性论述,表明自己对以结构主义及功能主义和解释社会学为代表的现代社会学研究方法的反思,并对社会学研究方法进行了重建,这就是其著名的社会结构化理论。该理论建立在结构二重性基础上,探讨了社会结构和个人能动性两者之间的关系。该理论主要探讨了两个方面的问题:其一是社会内部结构的运行机制,其二是提出社会变迁的一种思维方式,在他看来,无论是社会运行机制还是社会变迁机制,都是人类发挥主观能动性的结果。

结构化理论中的"结构"指向的是社会再生产过程中反复涉及的规则与资源。[③] 在社会研究中,"结构"则指使社会系统中的时空"束集"

---

① [美]塔尔科特·帕森斯:《社会行动的结构》,张明德、夏遇南、彭刚译,南京译林出版社2012年版,第9页。
② [美]塔尔科特·帕森斯:《社会行动的结构》,张明德、夏遇南、彭刚译,第10页。
③ [英]安东尼·吉登斯:《社会的构成——结构化理论纲要》,李康、李猛译,中国人民大学出版社2016年版,第18页。

(binding) 在一起的那些结构化特性。正是这些特性,使得在千差万别的时空跨度中存在着相当类似的社会实践,并赋予它们以"系统性"的形式。① 而在社会实践循环往复的安排过程中根深蒂固的因素,便是人类行动者认知能力所特有的反思性特征。吉登斯关注了人的行为具有主观性和反思性、认知能力和语言的角色至关重要以及经验主义哲学在自然科学中的地位正不断削弱三组核心问题及其相互关系。②

吉登斯的社会结构化理论,主要关注人的能动作用与社会制度的理解③,结构二重性就是人的能动性和社会规则的相互作用和关系,具体体现在人的能动性创造和生成了社会规则上,社会规则本身也限制了能动者的能动作用。人的能动性的发挥和作用在吉登斯的结构化理论当中,将其理解为"能动者","能动者"是结构化理论的第一个核心概念,"能动者"是行使权力和造成某种效果的人,其作用可以通过两个方面来考察:一是能动者的分层模式,另一个是能动者的话语意识与实践意识。能动者的分层模式更多的是指一种互动关系,主要发生在行动的反思性监控、行动的理性化以及行动的动机激发过程三者之间。这种能动性的发挥渗透在能动者个体的行动流中,从动机的激发过程到行动理性化,再到行动的反思性监控。

结构化理论的第二个核心概念是制度。吉登斯认为,社会生活中的制度是在总体中时空延伸程度最大的那些实践活动,即社会实践的实施及再生产活动中运用的技术或可加以一般化的程序。制度具有规范性和结构性,前者是指当从"社会客体"的角度理解社会系统时,强调重点就转移到了某种合法性秩序所具有的普遍影响上,这种合法性秩序作为社会行为的某种总体限定物或"规划制定者"而存在,在规范方面取得了一致。在这种视角下,人们看不到社会系统的规范性要素其实只是一些依赖于情境的权益性(contingent)主张,只有通过在日常接触的具体情境中有效地调

---

① [英]安东尼·吉登斯:《社会的构成——结构化理论纲要》,李康、李猛译,中国人民大学出版社 2016 年版,第 16 页。
② [英]安东尼·吉登斯:《社会的构成——结构化理论纲要》,李康、李猛译,第 9 页。
③ 赵荷花:《人知融生互动——论课程知识观的应然走向》,《河北师范大学学报》(教育科学版)2012 年第 6 期。

动各种制约，才能得到维持，并受到重视。而规范性的制约体现了支配的结构性不平等，那些名义上隶属于规范性制约的关系其实也是五花八门的，不只是表现出人们想象中规范所引发的那些承诺。① 后者是指使社会系统中的时空"束集"（bingding）在一起的那些结构化特性，正是这些特性，使得千差万别的时空跨度中存在着相当类似的社会实践，并赋予它们"系统性"的形式。② 另外，在考察社会关系时，也要考虑到横向的组合向度（syntagmatic dimension）和纵向的聚合度（paradigmatic dimension）；前者是社会关系在时空里的模式化，包含着处于具体情境中的实践的再生产；后者是不断重复体现在这种时间再生产中的"结构化方式"的虚拟秩序（virtual order）。③

吉登斯的社会结构化理论既对人的能动性创造进行了解释，也对人的能动性创造并生成社会规则的社会制度做出阐释，社会规则本身也限制了能动者的能动作用。此理论对于结构化翻转课堂教学模式的建构具有重要的价值和意义，结构化翻转课堂在实践中落地生根和付诸行动就需要以此为据，建构结构化翻转课堂的二重性。结构化翻转课堂的二重性具体包括：一是从生命角度出发彰显人的能动性和主体性；二是从课堂的角度出发凸显课堂本质的结构性和规范性。因而，结构化翻转课堂的二重性就是人的能动性和课堂的结构性、规范性的相互作用关系。具体来说，对吉登斯的社会结构化理论进行理解，还需要关注以下问题。

（1）结构主义

这一主义的核心思想认为，人类历史不应被看作一种进化，而应被看作一个连续变动的过程。人在其中不再是历史性的世界，象征性事物在其中不再是特定的世界；结果显示为一个记号世界。在这方面，对语言内容的兴趣让位于对它的句法和语义方面的兴趣。④ 整体而言，结构主义认为，语言学及其相关概念，不但可以用于阐明语言学相关问题，还可以用于阐释哲学、文学和社会科学的问题，以及与科学理论有关的问题。并且当且

---

① ［英］安东尼·吉登斯：《社会的构成——结构化理论纲要》，李康、李猛译，中国人民大学出版社2016年版，第28页。
② ［英］安东尼·吉登斯：《社会的构成——结构化理论纲要》，李康、李猛译，第16页。
③ ［英］安东尼·吉登斯：《社会的构成——结构化理论纲要》，李康、李猛译，第15页。
④ ［比］J. M. 布洛克曼：《结构主义》，李幼蒸译，商务印书馆1982年版，第12页。

仅当遵照这种思想方式，才能让这些问题得到彻底解决。①

第一，结构。

德国学者在《人文科学的逻辑》中曾指出"结构概念"（Strukturbegriffe）②是逻辑学者借用艺术学的概念而独立展开的一种工作。他指出结构起源于艺术学、音乐等历史缘起，但不同于其原本的场域使用着、存在着。在美国人类学家克鲁勃那里，结构概念就曾占据中心地位，但他又批评了这种万金油式的使用方式及普及性。例如，将结构看作一种关系的组合，其中的部分、成分之间的相互依赖，是以它们对全体、整体的关系为特征的。列维—斯特劳斯认为，这里的结构不只是企图发现现象的秩序，而是想办法对这个现实进行复制、重造和为它建立一个模式。每种科学理论与观点，都包含着一定的内容，也被一定的逻辑组织所决定，一旦逻辑前提和共同成分是成立且有效的，那么就相当于这些现象拥有了一个统一的共同尺度，这就使得"系统""结构"概念成为可运用的了。这就带出了结构的思维困难：结构概念，要么根本没有意义，要么就是在它的意义里已经有一个结构存在。在这个意思上，结构概念类似于秩序概念，那这个结构或者秩序概念是普遍且正确的吗？J. M. 布洛克曼在其《结构主义》一书中，列举了结构主义中结构概念的两种方法：功能方法和假设—演绎的方法及其混用的矛盾，也详细介绍了实际生活中有关结构概念运用的三个特点：多义性、语境关联性和渗透性。③而这两种方法与三个特点直接导致了列维—斯特劳斯所强调的结构本身也必须被构成。吉登斯的社会结构化理论中的"结构"，指社会再生产过程中反复涉及的规则与资源：社会系统的制度化特性具有结构性特征，即各种关系已经在时空向度上稳定下来，在此可以抽象化地将"结构"理解为规则的两种性质，即规范性要素（Normative elements）和表意性符码（codes of signification）。因此，"资源"指权威性资源（authoritative resources）和配置性资源（Callocative resources）两种类型，前者是能动者对人类行动者活动的协调，后者则是对物质产品或物质世界的控制。以下两点对于开展具体的研究工作尤其有

---

① ［比］J. M. 布洛克曼：《结构主义》，李幼蒸译，第13页。

② ［德］恩斯特·卡西尔：《人文科学的逻辑》，关子尹译，上海译文出版社2013年版，第62页。

③ ［比］J. M. 布洛克曼：《结构主义》，李幼蒸译，商务印书馆1982年版，第17—22页。

用：一是考察作为结构性关系之"转换关键"（transformation points）的各种实践是如何在日常惯例中相互交织在一起的；二是考察制度化实践由哪些类型的方式连接起来的。

第二，结构主义。

因为结构主义作为一种活动，就是建立在实践和识悟基础上的，而不是基于一种真正的方法学理论。对事实的读解并不仅限于从一切要件的组合中读出事实，读解这件事本身必须借助理论模式来展开，而模式不仅有助于理论的建构，也是理解现实结构的门径。从这个意义上而言，这将促使结构主义分析的第三种方法进入人们的视野——实践中的结构主义（一种相对主义的实践）。当然，吉登斯在其《社会的构成——结构化理论纲要》一书中明确提出社会科学研究的思路，虽然他认为这一思路稍微有些模糊但并无妨碍，并且体现了他对结构化理论的方法论意涵的看法。[①]

吉登斯从关于社会科学研究的方法入手，区别了主体主义、客体主义及功能主义，从研究方法的不可行到多种方法的产生，奠定了他自己的方法学理论。吉登斯本人也承认他从五花八门的源泉里汲取想法这一事实，因为在有的人看来，这种做法表现出一种令人无法接受的折中主义，但他并不觉得这样的异议有何力量。[②] 方法论意涵是指由结构这个既是方法又是特点所形成的理论体系，由结构这种方法形成了结构的理论体系。结构必然要找到它的对应项，在吉登斯看来，"主体的不在场"中的主体指的就是结构，而在结构的动态分析过程中，结构就等同于"实践意识"概念。在吉登斯那里，结构概念被赋予了主体的地位并且隐藏在社会行为的背后发挥着作用。这一看法实际上与哲学家让·吕克—南希在《拜物教的两个秘密》中对拜物教及物神分析的实质一样，都在找寻背后的那个它。无独有偶，德国哲学家朱利安·尼达—霍姆林在其《理性与责任——实践理性的两个基本概念》中的实践理性概念与吉登斯的实践意识概念有一定的相似性，都强调实践的出发层，其区别在于吉登斯从实践本身出发，找到了结构等同于实践意识，偏向于客观性、物质存在性，而朱利安·尼

[①] ［英］安东尼·吉登斯：《社会的构成——结构化理论纲要》，李康、李猛译，中国人民大学出版社2016年版，第1页。

[②] ［英］安东尼·吉登斯：《社会的构成——结构化理论纲要》，李康、李猛译，第10页。

达—霍姆林则从理性出发找到了实践，偏向于主观性中的客观性、结构性中的存在状态。其中，尤以"醉酒"为例分析说明两种结构主义的不同。

第三，社会理论。

吉登斯认为，社会理论的内涵包括各门社会科学所共同关注的那些论题。[①] 这些论题的宗旨是探讨人的行动与行动中自我的性质，研究应该如何从概念上理解互动及其与制度的关系，努力把握社会研究的实践内涵。但同时，社会学只是社会科学的一个分支，只关注发达的或者说现代的社会，这种解释旨在表明知识上有分工的区分，但不担保能建立一门更具普遍性的社会理论的"社会学理论"。

(2) 结构与结构化

可以肯定的是，在绝大多数社会研究者眼里，"结构"是指社会关系或社会现象的某种"模式化"（patterning）。主体和社会客体对象的二元论与这种观念有着紧密的联系：这里的"结构"似乎"外在于"人的行动，成了不依赖其他力量而构成的主体的自由创造所遭受制约的来源。而在结构主义和后结构主义的逻辑体系当中，结构的特性并不是在场的某种模式化，而是在场与不在场的相互交织。乍一看，这两种结构观似乎互不相干，但它们实际上都牵涉到社会结构化过程中的一些代表性、重要性特征。在结构化理论中，吉登斯强调通过认识到"结构"与"系统"概念之间所存在的差异来把握这些特征。在考察社会关系时，要考虑到横向的组合向度（syntagmatic dimension）和纵向的聚合向度（paradigmatic dimension）。对于结构究竟指的是在某一固定范围内一系列可以允许的转换的生成框架（matrix），还是指左右这一生成框架的转换规则这一问题，在结构主义的思想体系中并不明确。

因此，在社会研究中的"结构"指的是使社会系统中的时空"束集"（binding）在一起的那些结构化特征，正是这些特征，使得在千差万别的时空跨度中存在着相当类似的社会实践，并赋予它们"系统性"的形式。结构是转换性关系的某种"虚拟秩序"，是说社会系统作为被再生产出来的社会实践，并不具有什么"结构"，只不过体现着"结构性特征"

---

① [英] 安东尼·吉登斯：《社会的构成——结构化理论纲要》，李康、李猛译，中国人民大学出版社2016年版，第5页。

（structural properties）而已。同时，作为时空在场的结构只是具体落实于这类实践，并作为记忆痕迹，导引着具有认知能力的人类行动者的行为。吉登斯把在社会总体再生产中所包含的最根深蒂固的结构性特征称为结构性原则（structural principles），至于在这些总体中时空延伸程度大的那些实践活动，则被称为制度（institutions）。

第一，实践意识。

吉登斯认为，人作为能动者或行动者，在行事时有能力理解他们之所为，这正是他们之所为的内在特征所在。在具体情境中，人的社会活动始终伴随着人类行动者的反思能力并作用于日常行为流中。这种反思主要发生在话语层。吉登斯的核心概念——实践意识这时候就登场了（practical consciousness），其指向行动者在社会生活的具体情境中，无须明言就知道如何进行的那些意识[①]，在这种理解中，实际上指代的是行动者对自己的所作所为及其缘由的知晓能力的大小，亦即所具有的认知能力。对于被纳入实践意识中的那些意识而言，行动者并不需要给出直接的话语层表达。实践意识是吉登斯所强调的主题之一，要想了解它的内涵，就必须把它与意识，即话语意识（discursive consciousness）和无意识（unconsciousness）区分开来。吉登斯在讲到实践意识时，又提起了另一个很重要的概念——例行化。在他看来，例行化概念是结构化理论的核心概念之一。

第二，例行化概念。

惯例（routine），这里指依照习惯而为的任何事情，是日常生活中的一项基本要素。这个词所概括的主要是社会生活经由时空延展所具有的例行化特征。各种实践活动日复一日地重复进行，这种单调与重复，正是社会生活循环往复的特征的实质性根基。[②] 其作为社会活动结构化了的特征，经由结构二重性，持续不断地从建构它们的那些资源中再生产出来。

在吉登斯看来，某种信任或者本体性安全（ontological security）的感觉主要由社会生活日常活动中的某些心理机制维系着，这些机制的关键正是例行化。惯例主要体现在实践意识层面，其将蓄势待发的无意识成分和

[①] [英] 安东尼·吉登斯：《社会的构成——结构化理论纲要》，李康、李猛译，中国人民大学出版社2016年版，第11页。

[②] [英] 安东尼·吉登斯：《社会的构成——结构化理论纲要》，李康、李猛译，第11页。

行动者对行动的反思性监控（reflexive monitoring of action）分离开来。

第三，行动者与能动作用。

行动的理性化有显现与未显现的晦涩之分，但是共同构成了舒茨所说的"知识库存"或吉登斯所讲的"共同知识"。吉登斯把行动的反思性监控和理性化与行动的动机激发过程分离开来，并举例说明"什么叫作无意之间做了某事"。在吉登斯的分析步骤中，先区分什么是有意的，什么是无意的，即什么是无意为之事与所为之事的意外后果。在这里，他举了一个例子：一个人回到家并开了灯。如果有小偷在家中，小偷会被发现。小偷逃跑被警察抓住。这是不是开灯的人故意为之？按照吉登斯的分析，完全可以认为，开灯是无意之事，小偷被抓是所为之事的意外后果。假定，如果这里没有贼呢？这里的意外后果并不在他开灯所设想效果之内，因为贼不是他行为考虑的后果范围，但是他家却是小偷的行动范围。但是吉登斯忘了，这件事情对回家开灯人的共同知识来说，如果没有遇见过偷盗之事，小偷当然不在他的共同知识范围之内；但是小偷已经有了共同知识，大抵还是知道偷盗杀人是不对的，大抵知道或早或晚都会被警察抓住。吉登斯在这里的分析未免有失偏颇，只忘了共同知识对于回家之人的构成性，却忘了小偷的共同知识也构成了整个社会的"共同知识"。

吉登斯关于屋主回家开灯致使小偷被抓的案例是有启示意义的。在实际教学过程中，对于不同的行动者而言，他们有着不同的"共同知识"的作用范围在背后反思性地监控着他们，所以教师的主导性作用的发挥要因地制宜，了解教师的作用范围或者反思性监控的能力强弱；对于被教的学生而言，他们虽然是输入者，但其本身又带有社会历史传承的其他知识所构成的"共同知识"，这一部分知识对教师的主导地位也起到了辅助修正的作用。由此，可以从图1-1中发现吉登斯社会结构化的作用过程。

本书运用吉登斯的社会结构化理论主要解决以下五个问题：一是对翻转课堂、结构化理论、结构化翻转课堂、结构化翻转课堂教学模式进行理论分析，并阐释将吉登斯社会结构化理论运用于课堂分析的契合性；二是在理论分析的基础上，基于传统课堂与翻转课堂教学模式的构成要素、内在运行机制及其结构的矛盾分析，形成本书中个案学校结构化翻转课堂教学模式的理论分析框架；三是运用调查研究法，分析个案学校结构化翻转课堂教学模式的实施现状和影响因素；四是在实践研究中，探索当前个案

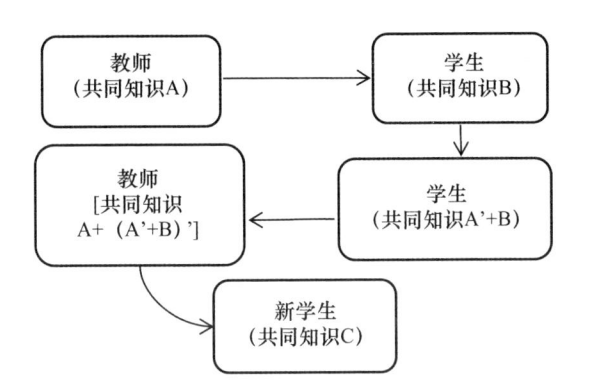

图 1-1 吉登斯社会结构化的作用过程

学校结构化翻转课堂教学模式在实施过程中的有益经验与存在的问题；五是建构个案学校结构化翻转课堂教学模式，并提出发展个案学校结构化翻转课堂教学模式的建构策略。吉登斯的社会结构化理论强调变革，其作用首先在于传统课堂教学模式与结构化翻转课堂教学模式的结构分析，为个案学校结构化翻转课堂教学模式的建构提供理论支持；其次，结构化翻转课堂教学模式的内部结构，不是固守不变的，而是处于逐步完善的结构化过程中的；最后，社会结构化理论更强调个体能动性的发挥及其与教学资源和规则的相互作用，从而形成系统性的结构化翻转课堂教学模式。

(三) 课堂教学社会学理论

课堂并不是置身于社会之外，而是生存于社会之中的。它首先是一个正式的"社会活动场"，然后才是一个"教育活动场"。作为一个特殊的社会，课堂上存在的是"课堂社会"，这是一个概念，也是一个视角。[1]"课堂教学社会学"是指将社会学作为研究课堂教学的视角所形成的一个专门研究领域，由此构建的一个专门的理论体系。本书将其作为重要的理论基础，以期从深层剖析课堂的社会学与教育学的双重特性及其内部的结构体系，这也是对吴康宁所提出的"必须对课堂教学进行社会学研究"[2]的课堂教学研究取向的积极实践。

---

[1] 吴康宁：《课堂教学社会学》，南京师范大学出版社 1999 年版，第 2—3 页。
[2] 吴康宁：《课堂教学社会学》，第 4 页。

其实，任何研究的发展都是从无到有，从鲜有人提及到形成专门的研究领域，课堂教学社会学研究亦是如此。最早开始对课堂教学社会学进行专门研究的是美国教育社会学家沃勒（W. W. Waller），在他看来，"学校里发生的重要的事情是由个性的相互作用产生的。儿童和教师不是无实体的智能，不是指令机器和学习机器，而是在复杂社会的相互联系的迷宫中捆绑在一起的整个人类。学校是一个社会世界，因为人类生活在其中"[①]。根据这一价值原点，沃勒运用社会学观点，并从教师、家长、其他参与者的角度对学校中社会交往的全图景进行了详尽的描述，描述和理解学校也是一种社会行为发生和社会关系融合的主渠道。他提倡在某些情况下，运用文化人类学的方式来描述和理解社会行为，这些都对后续课堂教学社会学的研究者产生了理论观念、研究方法、研究维度等多方面的影响。

从20世纪50年代开始，课堂教学的社会学研究进入了迅速发展时期。这一时期的研究以美国学者为典型代表，聚焦于课堂教学的群体和社会过程的研究，产生了一些以"结构"为主线的研究成果。其中，《教学群体动力学》关注课堂教学中的社会群体及其社会过程的"结构"[②]，《教师行为分析》运用"结构化"的方法对课堂教学中群体互动的行为进行系统分析。[③] 到了20世纪70年代，课堂教学的社会学研究进入一个新的阶段，这一阶段的研究以英国为典型，聚焦于课堂教学展开的全过程的定性分析，继而揭示课堂教学内部的社会学关系及其与外部世界的联系。正如这一阶段的代表性学者迈克尔·杨在《知识与控制：教育社会学新探》中所说："这本书的主要目的是为教育中的社会学研究开辟一些可供选择的，并且希望是富有成果的方向。教育社会学的主要焦点变成了对教育机构中知识的社会组织的调查，将控制问题、知识的组织及其相互关系作为其核心关注点。"[④]

---

① W. Waller, *The Sociology of Teaching*, New York: John Wiley & Sons Inc., 1965, p. 1.
② N. B. Henry (ed.), *The Dynamics of Instructional Groups: Sociopsychological Aspects of Teaching and Learning*, Montana: Literary Licensing, LLC, 1960, pp. 1–398.
③ N. A. Flanders, *Analyzing Teaching Behavior*, Massachusetts: Addision Wesley Publishing Company, 1970, pp. 1–448.
④ M. F. D. Young, *Knowledge and Control: New Directions for the Sociology of Education*, London: Collier-Macmillan Publishers, 1971, pp. 2–3.

外国学界关于课堂教学的社会学研究成果为我国学者提供了一定的理论资料，在此基础上我国学界也展开了丰富的相关研究。我国的第一个课堂教学社会学模式建立于20世纪80年代后期，1989年，《南京师大学报》（社会科学版）刊发了相关的研究，题为"建立集体性教学模式的尝试"。在此基础上，吴康宁带领的课题组成员正式开始对课堂教学进行系统的社会学研究，并产生了许多代表性的成果，形成了一定的理论体系。其中，吴康宁在《课堂教学的社会学研究管窥》中，重点论述了课堂教学的社会学研究的价值。[①] 吴永军等人在《课堂教学中的社会因素》中指出："课堂教学是一种社会活动体系，它涉及多种人际关系和人的行为，蕴含着多种社会性质。课堂教学中的社会因素主要有社会组织、社会互动方式和师生认同。"[②] 吴康宁等人在《教师课堂角色类型研究》中，将教师角色的言语行为作为窗口对教师的课堂角色进行了实证研究，并划分了一些角色类型。[③] 吴康宁等人在《教学的社会学模式初探》中，根据教学社会系统中教师的领导力大小和学生力大小将现有的教学社会学模式分为九种，并从教学的社会学模式的三要素（角色及其行为、人际网络、活动规范）方面详细分析了各种模式。[④] 吴康宁等人在《课堂教学的社会学研究》中对于课堂教学的社会学层面进行了专门化、系统化的论述，并提出："为了使每一个学生在课堂中都能取得真正的成功，都能在高效率、高质量地学习与掌握课程知识与技能的同时，还顺畅地获得个体社会化发展，探索课堂教学改革的社会学途径、优化课堂教学社会系统，已成为我国课堂教学实践的紧迫课题！"[⑤] 由此，吴康宁等学者真正建立起了我国课堂教学的社会学研究体系，也丰富了课堂教学研究的理论。

在课堂教学社会学研究中，最具代表性和体系化的是吴康宁等著的《课堂教学社会学》，该书包含课堂教学的社会学研究概述、课堂教学的

[①] 吴康宁：《课堂教学的社会学研究管窥》，《教育研究》1997年第2期。
[②] 吴永军、吴康宁、程晓樵：《课堂教学中的社会因素》，《南京师大学报》（社会科学版）1993年第2期。
[③] 吴康宁、程晓樵、吴永军、刘云杉：《教师课堂角色类型研究》，《教育研究与实验》1994年第4期。
[④] 吴康宁、程晓樵、吴永军等：《教学的社会学模式初探》，《教育研究》1995年第7期。
[⑤] 吴康宁、程晓樵、吴永军、刘云杉：《课堂教学的社会学研究》，《教育研究》1997年第2期。

社会学基础、课堂教学中的社会角色、课堂教学中的社会文化、课堂教学中的社会行为、课堂教学中的社会过程、课堂教学的社会学模式以及课堂教学功能的社会学分析八个方面的主要内容。其实，课堂教学中的社会角色、社会文化、社会行为及社会过程这四个部分是对课堂教学社会学系统的各个方面所进行的具体分析，课堂教学的社会学模式是对以上四部分内容的总结概括和综合考察，这就是课堂教学社会学理论的内部结构关系。本书关注的正是课堂教学的内部结构及其运行过程，故将课堂教学社会学理论作为重点借鉴的理论依据。从理论基础之间的关系上讲，课堂教学社会学理论与吉登斯的社会结构化理论有着内部的契合性；从教学模式的实践范式上看，课堂教学的社会学模式又是教学模式的重要组成部分。正因如此，课堂教学社会学理论可以为教学案例的分析提供理论框架，并有效提升理论基础之间的融通性，为促进实践教学研究提供系统性、结构性支撑。

1. 课堂教学社会学模式的内涵

"课堂教学的社会学模式"这一概念是随着"课堂教学模式"研究的逐步展开而出现的，国内学者自20世纪80年代末90年代初在其论著中开始使用这一概念。

（1）杨小微关于课堂教学的社会学模式的理解

杨小微在《中小学教学模式》中根据民主主义教育理论，在遵循民主主义的本质与力量，承认并容许每个人不同的信息网及其信仰、信念和价值观的基础上提出："既然儿童不是生活在真空，那么建立教育理论就不得不强调社会背景的重要性。这种社会学理论重视的是教学过程中，学生各自的信息处理方式和具有特定框架的每个学生彼此影响地进行学习。"[①]而这种促使学生形成自己思想和行为框架的社会学模式在杨小微看来，可以分为两类：一类指向社会改造或改善，重在发展学生批判性智力；另一类指向人际情绪反应，重在社会性人格的分析、评价和使之完善。无论是哪一种分类或分支，其本质都遵循了"动力来自团体"这一社会学取向。杨小微作为我国较早对课堂教学的社会学模式进行专门说明的学者，为这一理论的发展提供了理论积淀。

---

① 杨小微：《中小学教学模式》，湖北教育出版社1990年版，第95—96页。

（2）吴也显关于课堂教学的社会学模式的理解

吴也显对于教学模式的分类大致有两种依据：一种是基于"功能分类"，另一种是基于"结构分类"，无论是哪种分类都各有其侧重点，而更多的则是将"功能"与"结构"相结合所形成的分类，在他看来，很多教学模式并非由教师的经验直接升华为理论，而是来源于对基础学科中相关理论的直接运用。因此，他将主导教学模式分为哲学模式、心理学模式、社会学模式、管理学模式以及从教育学角度分类的模式。从它们的相互关系来说，各种教学模式的生长点其实是实际的课堂教学的活动过程，对当下的研究者来说，更为重要的是认识到各种教学模式的内核，任何教学模式都并不完美，需要实践与理论的不断升华与总结。

吴也显在其主编的《教学论新编》中也有对课堂教学社会学的论述，课堂教学的社会学模式实际上是"通过分析影响教学活动的社会因素和社会环境，来探讨提高教学效率的社会学途径，教学过程理论的社会学模式就是通过研究课堂教学中的各种社会因素或直接运用一般社会过程和团体动力学的理论构筑而成的教学方式方法体系"[1]。无论是教学模式的分类，还是对课堂教学的社会学模式的界定，都为吴康宁的课堂教学社会学理论提供了理论上的储备，也为课堂教学论的发展提供了指引。

（3）吴康宁关于课堂教学的社会学模式的理解

吴康宁对"课堂教学模式"与"课堂教学的社会学模式"之间的关系进行了深入的分析。课堂教学活动受制于哲学层面、心理学层面、社会学层面、管理学层面以及工艺学层面，任何一种课堂教学活动都是以上因素多重作用的结果，要想考察课堂教学活动，就要对于多重因素的作用做出深入把握。实际上，"严格意义上的'课堂教学模式'应尽可能涵盖对于课堂教学这一教育实践活动的整体设计与全方位把握，应能体现出各种层面上的基本'格局'与'套路'"[2]。当审视已有的"课堂教学模式"时，我们会发现它们多半只是"层面模式"或"局部模式"，譬如哲学模式、心理学模式、管理学模式、工艺学模式等，而非关于课堂教学的"整体模式"。为了改善对于课堂教学的"整体模式"和"层面模式"混用的现

---

[1] 吴也显：《教学论新编》，教育科学出版社1991年版，第173页。
[2] 吴康宁：《课堂教学社会学》，南京师范大学出版社1999年版，第237页。

象，我们需要明确两者之间是"局部"与"全部""层面"与"整体"的关系。"课堂教学模式"是涵盖课堂教学活动之全部系统的模式，是"全方位模式""整体模式"，而课堂教学的社会学模式则是课堂教学活动之"社会系统"的模式，是"局部模式""层面模式"。亦即说，"当我们将课堂教学活动视为一种特殊的社会活动，当我们撇开这一活动的具体内容，而将视线集中于课堂中由教师和学生这两种特殊社会角色所构成的特殊社会网络时，我们所看到的便是课堂教学的社会学层面，这一层面的运行所呈现的基本格局及所遵循的基本套路，便是我们所说的课堂教学的社会学模式。"

2. 课堂教学社会学模式的构成

正如吴康宁所言："社会学模式并非只为某些课堂教学活动所专有，它其实是任何课堂教学（整体）模式都含有的'社会学成分'。"[①] 对这一属性的概括离不开其他学者的相关研究，由此，课堂教学的社会学理论得以发展。作为对体系化课堂教学社会学理论的高度概括和总结，课堂教学的社会学模式得以产生，其内部由三大内容构成，分别是角色及其行为，人际网络，活动规范。

（1）角色及其行为

课堂教学的社会学模式的"角色和行为"主要反映课堂教学群体中的个体状况。在课堂教学这一社会环境中，多个个体构成一个群体，而群体内部的每个个体有着各自的个性、信念和价值观等，群体中的每个人也相应地扮演着一定的角色，承担着相应的责任。在社会赋予个体的责任与个体实际扮演的角色之间存在着一定的疏离关系，因此，本书将教师和学生实际上所"扮演的角色"及其行为作为第一个考察的内容，并作为后续研究分析框架中的构成要素，与吉登斯社会结构化理论的能动者相对应。

（2）人际网络

课堂教学的社会学模式的"人际网络"主要反映由若干角色行为者组成的课堂教学群体中的交往状况。教师和学生是课堂教学的社会学构成主体，其作为个体在与其他主体相互交往和对话的过程中，必然会形成不同的构成形式：其一是教师个体和学生个体之间的交往；其二是教师个体和学生群体

[①] 吴康宁：《课堂教学社会学》，南京师范大学出版社1999年版，第238页。

之间的交往；其三是学生个体和学生个体之间的交往；其四是学生个体与学生群体之间的交往；其五是教师个体和教师个体之间的交往；其六是教师群体和教师群体之间的交往。这既涉及课堂教学的社会群体中的主体，又涉及课堂教学中社会活动的开启者。本书将教师、学生在课堂教学社会学群体因相互作用而形成的"人际网络"作为第二个考察内容，并将其作为后续分析框架中的重要因素，与吉登斯社会结构化理论的能动共同体相对应，其本身兼具主体性存在与客体化存在的双重本质。

（3）活动规范

课堂教学的社会学模式的"活动规范"既是角色及其行为和人际网络的产物，又是维持这两者之状况的保障。作为彰显课堂教学社会系统的特征，"活动规范"深刻地影响着课堂教学中"社会过程"的展开，它主要指向课堂教学的社会学过程中相关的规范、监督规范的主体及规范本身的弹性度等。本书运用课堂教学社会学模式中的"活动规范"作为第三个考察内容，将其与吉登斯社会结构化理论的规则和资源等相对应，作为分析框架的重要组成。

3. 课堂教学社会学模式的运行过程

课堂教学社会学模式中的"角色及其行为""人际网络"与"活动规范"是一个有机联系、内部相合的统一体，社会主体的角色及其行为在发挥作用的同时，形成了一定的"人际网络"，在这一社会过程中课堂教学主体还遵循、依照并作用于一定的活动规范。其内部的作用关系与系统的结构性需要在综合考量和分析课堂教学社会学理论中的其他内容——课堂教学中的社会角色、社会文化、社会行为及其社会过程后，才能运用到实践案例的分析中。

教师和学生是课堂教学中的关键主体，鉴于教师和学生在社会身份、制度资源、文化资本等方面具有不同作用，其各自的角色就显得尤为重要。吴康宁以课堂教学的主体为一个维度，以角色是否为既有的课堂教学体制所认可作为另一个维度，形成了课堂教学中的角色分类。在教师方面，分为教师正式角色和教师非正式角色；在学生方面，分为学生正式角色和学生非正式角色。

具体而言，课堂教学中教师正式角色主要有学习动机的激发者、学习资源的指导者、教学过程的组织者、课堂行为与学习效果的评价者等；教师非正式角色主要有教育知识的分配者、学生交往的控制者、课堂气氛的营造者、标签的张贴者等。学生正式角色包括既定课程的学习者、课堂活动的参与者、课堂（群体）规范的遵守者等；学生非正式角色包括主体地位的谋求者、展示机会的竞争者、肯定评价的寻求者、同伴与教师行为的制约者等。[①] 当然，课堂教学中的师生角色并非单一、静态、固化的，需要将其放置在具体的情境和场域中进行考察，从而体现不同课堂教学的真实社会情境与课堂教学主体之间的相互作用和影响。

（1）课堂教学中的社会文化结构

课堂教学中的文化结构指的是课堂教学中的文化构成及其相互之间的有机联系。吴康宁对课堂教学中的文化结构的阐释超越了以主体为划分依据的方式，形成了观照课堂文化内在特性的构成方式。基于文化自身的价值取向，将课堂文化分为规范文化和非规范文化；基于文化的相对"社会地位"，将课堂文化分为主动文化和受抑文化；基于课堂文化的知识特性，将课堂文化分为学术性文化和日常性文化。[②]

具体而言，第一，从文化自身的价值取向上分为规范文化和非规范文化，课堂文化中的规范文化体现为社会明确规定的和未明确规定的文化内容和行为符号，既包括国家规定的政策文件，又包括符合社会期待但未被明文规定的内容。非规范文化则指向课堂教学文化中外在于社会价值取向的部分，既包括与社会文化并不完全抵触的内容，也包含不是社会文化价值取向的内容。若加入课堂教学主体后，就会形成教师的社会明确规定的规范文化与教师的社会未明确规定的规范文化、学生的社会明确规定的规范文化与学生的社会未明确规定的规范文化等八种类型。第二，从文化的相对"社会地位"上分为主动文化和受抑文化，这是从课堂文化的主导作用的发挥方面而言的，加入课堂教学主体后，就会形成八类课堂文化的地位类型：教师规范文化主动型与教师规范文化受抑型、教师非规范文化主动型与教师非规范文化受抑型、学生规范文化主动型与学生规范文化受抑型、学生非规范文化主动型与学生非规范文化受抑型。第三，从课堂文化的知识特性上分为学术性文化和日常性文化，这是从知识结构、价值规范

[①] 吴康宁：《课堂教学社会学》，南京师范大学出版社 1999 年版，第 65—114 页。

[②] 吴康宁：《课堂教学社会学》，第 117—156 页。

是否系统、连贯和科学方面而言的，在实际的课堂教学中，这种课堂文化通常彰显为课堂语言，前者的结构性更强，注重学术性；后者的结构性较弱，多采用通俗易懂的日常用语。

(2) 课堂教学中的社会行为结构

课堂教学是丰富多彩的，课堂教学主体也具有多种行为，课堂教学中的社会行为是指师生之间、生生之间在课堂教学中所发生的交互行为。而对于这个问题最为重要的是弄清行为的社会属性，据此，课堂教学中的社会行为可分为三大类，即控制与服从，对抗与磋商，竞争与合作。[①]

具体而言，第一，课堂教学中的控制与服从针对其主体而言，可以分为教师的显性控制和教师的隐性控制、学生对教师权威的服从与对学校规章制度和课堂规范的服从。本书将尝试赋予其新的理解，对于控制的主体是教师，与服从的主体是学生所形成的对应关系，提出学生也具有一定的控制作用，此部分内容会在后续分析中与吉登斯的社会结构化理论结合起来进行阐释。第二，课堂教学中的对抗与磋商针对其主体而言，可分为教师发出的对抗与磋商、学生发出的对抗与磋商，每种行为所产生的原因和后续的改善策略各有不同。第三，课堂教学中的竞争与合作针对其主体而言，主要指学生之间的竞争、学生之间的合作以及师生之间的合作，其中，学生之间的竞争又大致包括回答中的竞争、小组之间的竞争及考试中的竞争。此外，本书认为，课堂教学中的竞争与合作还包括教师之间的竞争与合作。

(3) 课堂教学中的社会过程

课堂教学本身是一个动态的社会过程，其中，自我与他人的交互作用是这一系统中的主要因素。吴康宁将课堂教学中的社会过程分为课堂教学中的人际互动过程、课堂教学中的规范形成过程及课堂教学中的知识控制过程。[②]

具体而言，第一，课堂教学中的人际互动过程指的是课堂教学中发生在教师与学生之间的互动过程。参与课堂教学的主体有教师个体、学生个体及学生群体。将这三种主体两两组合可以形成多种互动类型，如教师个

[①] 吴康宁：《课堂教学社会学》，南京师范大学出版社1999年版，第157—193页。
[②] 吴康宁：《课堂教学社会学》，第195—229页。

体与学生群体的互动，教师个体与学生个体的互动，学生个体与学生个体的互动，学生个体与学生群体的互动，学生群体与学生群体的互动。将其进行归类，一种是教师与学生之间的互动，另一种是学生与学生之间的互动。第二，课堂教学中的规范形成过程根据参与主体可大致分为以下四类：教师规范性规范的形成过程与教师非规范性规范的形成过程、学生规范性规范的形成过程与学生非规范性规范的形成过程。第三，课堂教学中的知识控制过程根据参与主体可大致分为以下四类：教师的知识分配过程与教师的知识标定过程、学生的知识分配过程与学生的知识标定过程。其中，教师对知识的标定过程主要是通过对学生的期待而实现的，学生对知识的标定过程主要是通过对自我的期待和需求而实现的，这种标定其实就是一种分类、标签化，是在对知识分配的基础上实现的。

第二章 结构化翻转课堂教学模式的理论分析框架

一 传统课堂的教学模式分析

课堂教学中有课前、课中、课后及近期与远期多个时间界点,是多重时间要素的复杂组合;容纳了个体、群体、全体,是共性与个性的统一;课堂教学是教师、学生、教材、环境等各种因子交互作用的场域,是条件变量、效果变量、控制变量等多维变量的集合。[①] 因此,对于课堂发展历史、课堂形态与课堂结构的分析要综合考察多种主体、多重因素与多维变量及其相互作用关系。本书借鉴吉登斯的社会结构化理论,对传统课堂的教学结构进行分析,其中重点关注能动者、能动共同体以及相关主体与资源和规则之间的结构二重性关系。

传统课堂与"传统教育"相伴而生,"传统教育"源于杜威对赫尔巴特等教育家的教育学说的批判,基于对斯宾塞的教育是成人生活的准备说,黑格尔和福禄倍尔的教育是开展儿童先天理性的学说,洛克的教育是训练心智的学说,赫尔巴特的教育是教师按照心理的统觉过程向儿童提供教材以形成他们的观念的学说,以及福禄倍尔与赫尔巴特少数弟子们关于教育是复演人类文化的学说的批判[②],论证了教育即生活、生长和经验改造的理论的合理性,从而阐述了新的教育理论。杜威将其教育理论看作"现代教育",他认为,这种教育能保证人类前进而不倒退,能造福而不摧

---

① 朱德全、李鹏:《课堂教学有效性论纲》,《教育研究》2015年第10期。
② [美]约翰·杜威:《民主主义与教育》,王承绪译,人民教育出版社1990年版,第16—17页。

残儿童,是教育的"上乘"。①

杜威认为,以赫尔巴特为代表的教育理论是"传统教育""旧教育"。杜威在其《学校与社会》中首次提出"传统教育"的概念,在谈到传统教育的特点时,他是这样表述的:"为了说清楚旧教育的几个主要特点,我也许说得夸张些:消极地对待儿童,机械地使儿童集合在一起,课程和教学法的划一。概括地说,重心是在儿童以外。重心在教师,在教科书以及在你所喜欢的任何地方和一切地方,唯独不在儿童自己的直接的本能和活动。"② 正如德国著名教育家赫尔曼·诺尔所说:"教育学学派在其下几代中渐渐变得僵化起来,失掉其缔造者所具有的强烈冲动,埋没在技术和纯粹的陈规俗套之中,这就是教育学学派的命运,而赫尔巴特也是这样经历过来的。恰恰在我们探讨教育学新问题的情况时必须研究他。"③ 因此,根植于传统教育中的传统课堂,其产生与发展、教学的内在结构及其弊端值得展开分析。

(一)传统课堂的时代背景

传统教育理论伴随着工业化社会背景下的班级授课制得以产生并发展,工业革命所引发的工业化大生产对英国的政治、经济乃至整个欧洲都产生了极为深远的影响。实际上,传统课堂理论源于夸美纽斯,形成于赫尔巴特,发展于凯洛夫教育学。

首先,夸美纽斯最早对班级授课制从理论上进行了阐述。他坚信教育的力量,推崇学校教育应该是普遍的。他认为:"我们要敢于应许一种'大教学论',就是一种把一切事物教给一切人们的全部艺术。"④ 这种"大教学论"是基于教的准确把握之上的准结果艺术,是使人感到愉快的艺术,是使人获得真实的知识、高尚的情谊和最深刻的虔信的艺术,还是人们愿意用先验的方式去证明的艺术。正如他所说:"知识、德行与虔信

---

① [美]约翰·杜威:《民主主义与教育》,王承绪译,人民教育出版社1990年版,第16页。
② [美]约翰·杜威:《学校与社会·明日之学校》,赵祥麟、任钟印、吴志宏译,人民教育出版社2005年版,第40页。
③ [德]赫尔曼·诺尔:《不朽的赫尔巴特》,[德]赫尔巴特:《普通教育学讲授纲要》,李其龙译,人民教育出版社2015年版,第169页。
④ [捷]夸美纽斯:《大教学论》,傅任敢译,教育科学出版社2014年版,第1页。

的种子是天生在我们身上的，但实际的知识、德行与虔信应该从祈祷，从教育，从行动中去取得。"① 这就是说，只有在受过恰当的教育后，人才能成为一个人。他告诫世人："我们应该集中我们的精力，一生一世，在学校里面，并且借助学校做到：（1）通过科学与艺术的研究来培植我们的才能；（2）学会语文；（3）形成诚笃的德行；（4）虔诚地崇拜上帝。"② 那么，如何更好地借助学校的力量呢？夸美纽斯强调了教学方法和教学过程的重要性，教学方法包括科学教学法、艺术教学法、语文教学法、道德教育的方法与灌输虔信的方法。另外，还包括一定的教学组织形式——班级授课制，根据学生年龄特点和知识水平，将其分成不同的班级；每个班级拥有一个专用教室；每个班级有一位教师，他面对全班所有学生进行教学。而这奠基于夸美纽斯对"秩序"的重视，就像夸美纽斯本人所说的："真正维系我们这个世界的结构以至它的细枝末节的原则不是别的，只是秩序而已。而教学艺术只需要把时间、科目以及方法巧妙地加以安排。"为了班级授课制的顺利开展，夸美纽斯还论述了相应的教学原则，如教与学的便易性原则、教与学的彻底性原则、教学的简明性以及迅速性原则。夸美纽斯的教育理论作为传统课堂的重要论述，为班级授课制的后续论述奠定了理论基础。

其次，赫尔巴特学派对班级授课制的完善和基本定型发挥了重要的作用。在工业革命的影响下，德国在思想、文化、经济等方面也发生了巨大的变革，当时古典主义哲学兴盛，其中所蕴含的革命的内容，譬如自由、平等、人权等思想开始显现。因此，在民主主义教育家裴斯泰洛齐思想和英国工业革命的双重影响下，赫尔巴特主义在德国应运而生。赫尔巴特认为，教育学的基础是哲学与心理学，教育的目的是培养道德性格的力量，这主要体现在内心自由的观念、完善的观念、仁慈的观念、正义的观念和公平的观念这五个道德观念上。他把实现这种教育目的的手段分为三种，即管理、教育性教学和训育。③ 赫尔巴特认为，真正教育的措施应该关注学生的多方面兴趣，他说："兴趣来源于使人感兴趣的事物与活动。多方

---

① ［捷］夸美纽斯：《大教学论》，傅任敢译，教育科学出版社2014年版，第22页。
② ［捷］夸美纽斯：《大教学论》，傅任敢译，第36页。
③ ［德］赫尔巴特：《普通教育学》，李其龙译，人民教育出版社2015年版，第13页。

面的兴趣产生于这些事物与活动的富源之中。创造这种富源,并把它恰如其分地奉献给儿童乃是教学的任务。这种教学将使儿童把从经验与交际开始的初步活动继续下去,并使之得到充实。"[1] 赫尔巴特将学生的兴趣分为思辨的兴趣、经验的兴趣、同情的兴趣、审美的兴趣、宗教的兴趣和社会的兴趣。据此,教学过程也要遵循兴趣的四个阶段,即注意、期望、要求和行动。在此基础上,教学的四阶段理论得以产生,分别对应于兴趣的四个阶段,分别是清楚、联合、系统、方法。其中,教学主体的各种专心活动是循环进行的,它们之间相互转化,并过渡到审思,审思又变为新的专心,这一循环活动贯穿于教学过程的四个阶段之中。第一,"清楚"(明了)是指教师消除混乱,将这一切逐一地作为许多不同的专心活动的对象,从而明确专心活动。对应于教学过程中,主要指教师向学生传授新教材,分析新观念。第二,"联合"(联想)是指从一种专心活动进展到另一个专心活动,从而将各种观念联合起来。对应于教学过程中,通过师生对话将新旧观念联系起来,激发学生的创造性思维。第三,"系统"是指一种丰富的审思活动所产生的最好的次序。对应于教学过程中,在教师指导下寻找结论和规则。第四,"方法"是指审思活动的进一步发展。这指的是在教学过程中,学生通过练习将所学知识运用于新的场合。当然,教学的阶段并非固化的,可以根据具体情境加以适切地运用,最终的教学结果指向学生的"心灵的充实"。赫尔巴特的教育理论是对裴斯泰洛齐教育理论的发展,赫尔巴特研究裴氏并未充分探讨的从直观到观念,再从观念到思维的过渡如何阶段化的问题。后来在其学生齐勒尔、赖因等学者的努力下,赫尔巴特主义的教育理论得到丰富和发展,并对之后乃至当今的课堂教学都产生着不可或缺的影响。

最后,苏联教育学家凯洛夫使班级授课制成为一个完整的体系。凯洛夫认为:"教育学是社会科学。"[2] 在他看来,作为青年一代的教育、教养和教学的科学之教育学也是社会科学,它和历史的不断变化着的物质是有关的,并且它只有根据对教育历史发展之研究,才能寻得若干一般的规律,也只有认识和应用这些规律,才能在现阶段更正确和更有效地实现教

---

[1] [德] 赫尔巴特:《普通教育学》,李其龙译,人民教育出版社2015年版,第40页。
[2] [苏] 凯洛夫:《教育学》,沈颖、南致善等译,人民教育出版社1950年版,第26页。

育的任务。第一，在论述教育学性质和任务的基础上，他将"教学"定义为教师在学生自觉、主动地参与之中，以知识、技能以及熟练的技巧体系去武装学生的一个过程，而"教学法"则是在教育学中论述教学理论的部门。第二，在估计学生掌握的过程与科学认知过程的共同性，以及教学过程的特质时，他提出了教学的环节：（1）授予学生并使他们知觉具体的东西，在此基础上形成学生的表象。（2）认清（理解）所学习的客体中的相同点与相异点、本质的和表面的、主要的和次要的地方，认清原因及其结果、相互作用关系及其他联系。（3）形成学生的概念。使他们认识定律、定理、规则、主导思想、规范及其他概括。（4）使学生牢固地掌握事实与概括的工作。（5）养成和加强成熟的技能、熟练的技巧。（6）以实践来检验知识，将知识应用于各种创造性课业之中，这些环节内部并没有显著的界限。第三，凯洛夫对教学原则展开了具体论述，在教学进程中，教师是刺激学生的内在力量，注意学生的年龄特征，随着年龄的增加而提高学生的独立性，并逐渐按照学生的发育阶段来进行引导，并具体阐述了直观性原则、学生自觉性与积极性原则、巩固性原则、系统性和连贯性原则、教学的通俗性与可接受性原则。第四，他详细说明了班级授课制度的概念，即在教室连续上课方式下构成的学校教学工作，这种确定不移的教育工作的组织体系包括学生的编级，教材的分配，各种课业的轮流进行，上课时间的规定，各种教学方法一定的配合顺序等。在划分课的类型的基础上，他具体说明了传授新知识的课的结构：（1）告知功课的题目和指示题目的意义；（2）说明讲述题目的计划；（3）按照拟订计划，顺序地叙述题目；（4）按照拟订计划的每一项目，总结和牢记基本原理；（5）回答学生的各个问题，并指示如何用独立作业的方法去扩展、深入和牢记本题的知识；（6）指定家庭作业。凯洛夫对于教育理论的论述较为全面，其《教育学》也被称为世界上第一部马克思主义的教育学著作，对我国的课堂教学有着广泛的影响。

（二）传统课堂的要素分析

传统课堂适应当时社会的时代背景，伴随着班级授课制逐渐形成并得以发展。简单来说，传统课堂包含四个方面的基本要素：教师、学生、教学内容以及教学方法。其一，传统课堂是教师主导的课堂，注重"师道尊严""为人师表""传道、授业、解惑",强调教师在课堂上的监控、讲授以及整个教学过程中的主导作用。教师的角色是课堂教学的主宰,是讲台上的圣人,是知识的代言人,是绝对的权威;学生角色是知识灌输的对象和外部刺激的被动接受者,是被动的聆听者,其主要任务是听讲,把教师所讲的知识"储存"起来,学生的学习方式以死记硬背、机械训练为主。课堂教学的具体表现为:一是以教为中心,学围绕教转。在教学关系上教主导学,表现为教师讲学生听、教师问学生答、教师写学生誊抄,教师输出学生输入。在这样的课堂上,以"单边活动"为主要形式,教代替了学。二是以教定学,先教后学。"教师教得好学生才能学得好"这种观念根深蒂固,它源于我国封建教育中的师法和家法,学生只能跟着教师学,缺乏自主学习的能力和意识。[①] 正如巴西教育家保罗·弗莱雷所言:"仔细分析一下校内或校外任何层次的师生关系,我们就会发现,这种关系的基本特征就是讲解。这一关系包括讲解主体(教师)和耐心倾听的客体(学生)。在讲解过程中,其内容,无论是价值观念还是从现实中获得的经验,往往都会变得死气沉沉,毫无生气可言。"[②] 这样看来,传统课堂上的师生关系是一种垂直关系,而非平行关系,其结构性原则是"以教为主""重教轻学"。

其二,传统课堂的教学内容往往单一地以教材为中心,强调书本知识的学习(即间接经验的获取)能促进学生认知的发展。但对学生的全面发展而言,如果没有一定的直接经验,就难以理解和掌握间接经验,所以不能忽视直接经验的作用。传统课堂教学对于直接经验并不会予以足够重视,忽视其价值,导致在课堂教学活动过程中,教师教学就等同于教书,学生学习就等同于读书。这取决于工业化大生产条件下所采取的人才培养模式,注重规模化的人才输出,在课堂教学中注重学生知识和技能的培养,教师面对学生所传授的是同样的信息内容,学生学习的主要是学科理论知识,虽然对于掌握方法有所强调,但这些方法在本质上都是为获得知识服务的。教材理念影响着教学观,教师关注的主要是教材,教师花大量

[①] 余文森:《试析传统课堂教学的特征及弊端》,《教育研究》2001 年第 5 期。
[②] [巴西]保罗·弗莱雷:《被压迫者的教育学》,顾建新、赵友华、何曙荣译,徐辉审校,华东师范大学出版社 2014 年版,第 35 页。

时间对重难点内容加以解释，要求学生固定的、毫无差别地练习并掌握这些知识点，对一些文科知识则死记硬背，对一些理科问题则采用"题海战术"、机械训练成为最有效的方式。传统的课堂教学还是一种同质化的教学，即教师对课堂上的全部学生施以无差别教学，从教学内容到教学方法，再到教学组织形式皆是如此。虽然预期的教学效果是实现所有学生进益与高效培养[1]，但现实结果并非如此。

其三，课堂教学是学校教育的基本组织形式。在传统课堂上，课桌是相对固定的，一切安排都是为了在既定时间内尽力管理更多的学生，将他们看成单个人的集合体，看成是被动的存在。正如杜威所描述的："一排排难看的课桌按几何顺序摆着挤在一起，以便尽可能没有活动的余地，课桌几乎全都是一样大小，桌面刚好放得下书籍、铅笔和纸，外加一张讲桌，几把椅子，光秃秃的墙，可能有几张图画，凭这些我们就能重新构成仅仅能在这种地方进行的教育活动。"[2] 在传统教学里，学生活动的余地极少，学生能用以从事建造、创造和积极探究的工场、实验室、材料、工具甚至必要的空间是较为缺乏的。除了传统的课堂环境外，在传统课堂的组织形式上，常常是个人化的，学生之间产生联系的时间和机会较少，而学生在课堂上是有显著个人特点的人，传统课堂在同样的教学情境中，采用同样的教学方法，依循固定的教学原则，按照划一的教学内容，学生需要做到"静听"，在这种情况下，耳朵和书本构成了同样适于一切人的媒介，不需要学生拥有适应不同情况的能力。但就教育的本质来说，教育是社会生活的过程，而不是生活的预备。其实，作为学生生长生活的地方，课堂应该具有更深层的价值意蕴和结构系统。

总之，以夸美纽斯、赫尔巴特和凯洛夫为代表的传统教育学思想形成了专门的知识观、课程观、教学观、师生观和评价观，围绕"三个中心"即教师中心、教材中心、课堂中心来组织和开展教学活动。传统课堂的教学模式可以被概括为"以教为主、先教后学"，而评价的主要维度是学生的知识掌握情况，强调对于学生的排名和等级划分，培养学生的方向是升

---

[1] 李怡明、李森：《论课堂教学结构异质化变革》，《课程·教材·教法》2014年第6期。
[2] ［美］约翰·杜威：《学校与社会·明日之学校》，赵祥麟、任钟印、吴志宏译，人民教育出版社2005年版，第39页。

学就业，这种课堂教学模式是由其背后的社会背景、经济发展状况、文化环境以及考试评价体系决定的，对于学生的能力和个性缺乏足够的观照。

（三）传统课堂的结构分析

吉登斯的社会结构化理论不仅关注能动者的主体地位和社会结构的客体地位，还重点关注行动与结构之间相互作用的二重性关系。行动是指能动者的能动作用，而结构指向社会再生产过程中反复涉及的规则和资源所形成的结构二重性理论。聚焦到传统课堂上，我们可从以下三个方面分析其结构。

第一，教学的能动者涉及教师能动者和学生能动者，一方面，教师作为教的能动者，在教的过程中会贯穿其反思性实践，体现为一定的话语层次，在话语意识层面，即知其所为，又知其所以为，知其所然，又知其所以然的那种意识，这种话语意识决定了教师对于教的行为的监控与反思；在实践意识层面，即教师在教学中无须言明就知道如何进行的那些意识，这种实践意识决定了教师在日常教学中惯性化的行为；在教师的无意识层面，即教师日常教学过程中难以察觉到的意识，而将无意识和实践意识隔离开来的就是"惯例"，亦是在习惯作用下进行的行为，是日常教学活动中的重要内容。另一方面，学生作为学的能动者，在传统课堂上常体现为被动的能动性。除了受到传统的"以教为主"的影响外，还受到传统文化当中潜移默化的不去挑战权威的思想的影响。当然，学生作为被动的能动者，在教师的强制要求之下会发挥被动的能动性。在实践意识层面，学生是课堂教学中的教学对象，是客体性的存在，需要在教师的安排下，在极为有限的时空内有限度地进行学习活动，学习的内容是既定的教材内容及相关信息，学习的形式是单一讲授式下的听讲和作业，学习的实践活动常常是被动的。在话语意识层面，由于传统课堂的教学组织形式较为单一，学生常囿于自己的座位范围内，在教师的监督和约制下开展学习活动，因为学生获取资源的形式和渠道是相对单一的，其学习的对象——知识内容也是完全陌生的，因此知识的权威是教师，做"好好听老师讲课的好学生"是对于学生的根本性要求，长此以往，学生习惯于惯例化的教学模式，他们不敢提问，也不会提问，他们的学习较依赖于教师，这种情况下的话语意识也是被动的。

第二，吉登斯社会结构化理论中的关键概念"结构"，指向的是教学的规则和资源。其一，规则更多的是指对规则的法则化理解，即在教学活动中运用的技术或可加以一般化的程序，具体包括"规范性要素"和"表意性符码"，此两者交叉存在于权威性资源与配置性资源之中。课堂教学结构中的规则是指课堂教学原则、教学阶段以及教学方法。（1）在夸美纽斯、赫尔巴特和凯洛夫的教育理论中，教学原则都是非常重要的组成内容，教学原则其实是依据一定的理论为指导而具体提出的。传统的课堂教学原则包括直观性原则、理论联系实际原则、个别指导原则等，其中还包括赫尔巴特的"教育性教学"原则。教学原则是既定的，但并非固化的，需要教师发挥能动作用，根据情境适切运用。（2）教学阶段指向教学的具体展开过程，规定了教学过程的一般化程序，如赫尔巴特的四段教学法、杜威的五段教学法和凯洛夫的教学五个环节等。赫尔巴特的四段教学法包括明了、联想、系统和方法；杜威的五步教学法包括情境、问题、假设、推论、验证；凯洛夫的教学五个环节包括组织教学、复习旧课、讲授新课、巩固新课（或知识、练习）、布置作业。传统课堂教学阶段就是在凯洛夫教学阶段理论的基础上形成的，包括备课、导入、复习旧课、讲授新课、扩展运用、巩固练习、布置作业、反馈评价，这种教学阶段的运用持续存在于传统课堂甚至现在的某些课堂教学中，具有一定的稳定性。（3）教学方法是课堂教学活动展开的具体抓手，基于传统课堂的教学目的、教学原则与教学阶段，在班级授课制的环境当中主要运用的是讲授法，同时还有谈话法和讨论法等。

其二，规则与资源有着密切的联系，资源分为配置性资源和权威性资源，两者的作用对象不同。前者指向对课堂教学中的实在性客体进行控制的能力或各种形式的转换能力，具体包括教科书、教学环境与教学条件等其他物质资源。后者指向对课堂教学中的主体作为行动者所产生的控制能力和各种转换能力，具体包括教师对于自身教学活动以及学生学习活动所产生的协调作用，即师生关系和教学关系。具体来说，（1）传统课堂中的配置性资源是在教育行政部门的统一规定下形成的教材和其他教辅材料，作为传统课堂的唯一教学内容，教材是教学过程中的主要学习资源，教师的教学设计、活动组织与反馈评价都是以教材内容为唯一标准，学生的知识体系也是以教材为唯一框架，由此形成了"教材中心"的现象。（2）传统课堂中的权威性资源是教师作为课堂教学的权威和主要控制源，所形成的是"教师中心"的师生关系和"以教为主"的教学关系，这也是由配置型资源的单一性和教学文化的传统所带来的，学生依赖于教师的教，双方形成的是一种垂直性的教师上教、学生下随的教学关系。地位和角色的不对等，权利和资源控制关系的不对等，造就了传统课堂的失衡关系。

第三，传统课堂是"以教为主"的，教师作为传统课堂的能动者主体，学生作为传统课堂的主体化客体性存在，课堂规则和资源则作为传统课堂的实在化客体性存在，在能动主体的例行化活动中开展，并控制着日复一日的教学实践活动，由此形成了教师能动者个体和学生、教学规则与资源之间主客体相互作用的二重性关系，这种二重性关系是简单化的，无论是在能动者主体的单一性、主客体关系的单元性，还是从学生的最终发展过程上说都是简单化的。传统课堂教学模式遵循"先教后学，以教为主"的原则，形成了"以教师为中心""以教材为中心""以课堂为中心"的教学结构（见图2-1）。

（四）传统课堂的弊端

传统课堂的师生关系是"以教师为中心"，这种关系的基本组成方法是讲解。就像保罗·弗莱雷所言："方法是意识在行动中体现出来的外在形式，它表现了意识的基本特征——目的性（intentionality）。"[1] 该种方法以讲解的形式串联起讲解的主体和客体，即教师能动者和学生能动者，其目的是培养适应规模化的人，对于学生的培养是整体划一的，缺乏个性的关注和主观性、能动性的激发。在课堂上讲解的内容，不管是高深的价值理念还是直接的现实经验，课堂教学都呈现出死气沉沉、缺乏生机的景象，对于生命的关照尚属缺失。就如同夸美纽斯所说的："教师的嘴就是知识的源泉，知识的溪流源源不断地从教师的嘴里流出来，学生就要像水槽一样地接受知识的注入。"学生就像一个容器，越是温顺听话，就越是学得好；教师要是灌输得好，就是好老师，而人类文明的发展是需要不断探究才能实现的，这种教师决定课堂教学走向和师生关系构建的讲解，不

---

[1] ［巴西］保罗·弗莱雷：《被压迫者的教育学》，顾建新、赵友华、何曙荣译，徐辉审校，华东师范大学出版社2014年版，第30页。

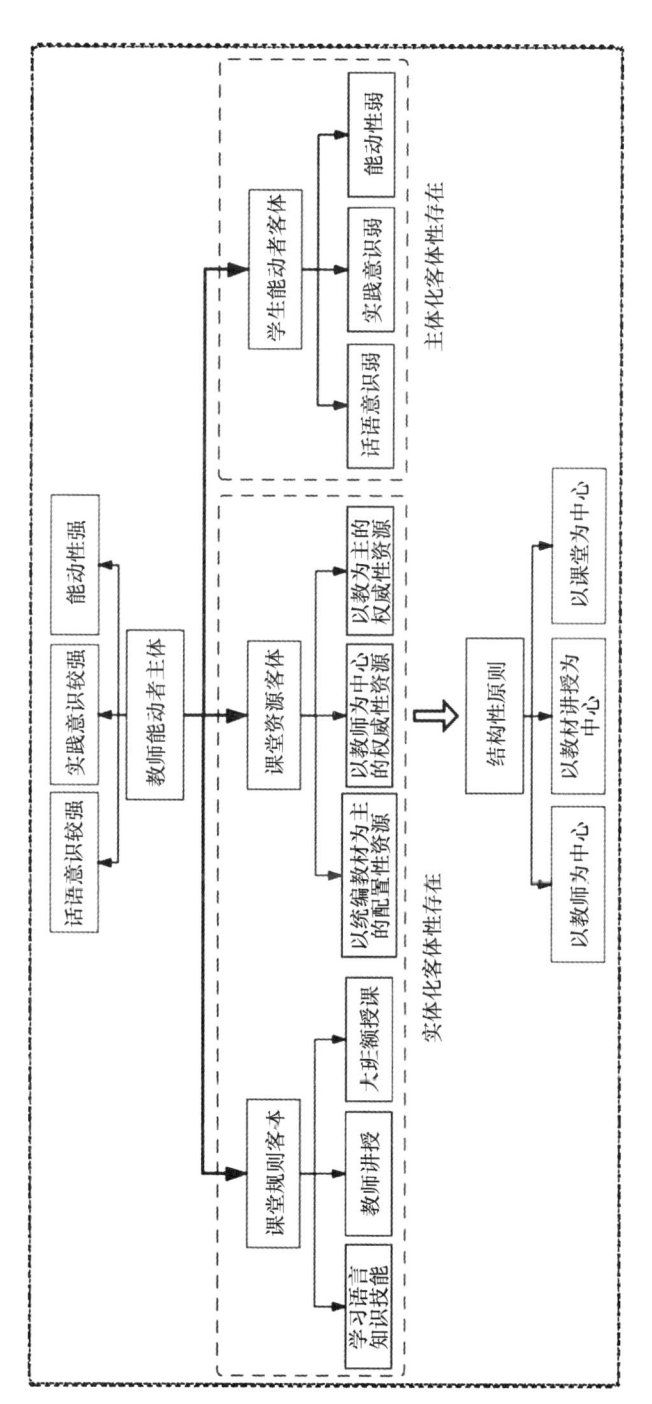

图 2-1 传统课堂的教学结构

利于培养学生的创造性，也无助于学生探究精神的培育。

保罗·弗莱雷在《被压迫者的教育学》中详细叙述了传统课堂的教学景象：教师教，学生被教；教师无所不知，学生一无所知；教师思考，学生被考虑；教师讲，学生温顺地听；教师制定纪律，学生遵守纪律；教师做出选择并强加于学生，学生唯命是从；教师做出行动，学生则幻想通过教师的行动而行动；教师选择学习内容，学生适应学习内容；教师将自己作为学生自由的对立面而建立的专业权威与知识权威混为一谈；教师是学习过程的主体，而学生纯粹只是客体。这种课堂教学过程无疑会加深学生的被动性，影响他们对于世界的完整理解，学生的地位和作用不仅仅局限于知识的接受者上，更是课堂教学的能动者主体，需要真正发挥自己的行动力，融入课堂教学结构，改变自己的例行化行为，作用于课堂教学生命力的生发，并促进自我意识的发展。

从行动与反思的关系上说，两者是相互依存、密切联系的结构要素，不论是行动被剥离了反思，还是反思被剥离了行动，此两者的存在都不再真实有效，由此导致文化形式和思想形式的不真实性，而这种新的结构形式又会使其行动和反思彼此疏离。正如皮尔·福特所言："真正的人道主义在于允许我们对完善人性的意识的出现，作为一种条件和作为一种义务，作为一种境况和作为一种项目。"[①] 因此，变革传统的课堂教学，可以从正确把握教与学的关系、丰富课堂环境、阐明科目的内在逻辑等方面出发，其目的在于使师生能动者在不断行动和反思中，构建形成一个多元化的价值观体系，从而实现自己与其他人一起追求自由的实践，并达成对于现实的改变，而这需要适应时代发展与主体需求的课堂教学模式来发挥积极作用。

二 课堂教学结构变革的必然性

（一）学生新知识建构的多维性

联合国教科文组织发布的最新报告提出："当前教育模式亟须变革，新的教育社会契约需要我们以不同的方式思考学习，以及学生、教师、知

---

① Pierre Furter, *Educaçãoe Vida*, 1966, p.165.

识和世界之间的关系。包括继承优秀教育传统，革新教育教学模式，强调生态、跨文化和跨学科学习，支持学生获取和生产知识，同时培养他们批判和应用知识的能力……"① 基于世界范围内学生学会学习的教育导向，学生在新高考、新课程、新教材的背景下，高中教育阶段的各个方面都发生了深远的变革，学生在身体和心理方面，都具有新特点和新需要，因而学生的知识建构具有多维性，无论是知识的广度还是知识的深度，抑或是知识建构的能力和水平，还有学生学习的方式和方法，以及学生学习所面对的对象都是多样化、多维度的。课程结构从分科知识到跨学科融合，学生获取知识从灌输式走向建构式、解决式、探究式、创生式等，学生不只是在课堂上学习，还应该在实践当中活动，做"生活的小达人"，加强课内外的结合和有机联系，加强理论与实践的联结，促进知识学习和技能学习相融合。而这就需要变革传统的课堂教学结构，建构适应学生发展需要的课堂教学范式，结构化翻转课堂教学模式是基于课堂教学发展的基本脉络，依照课堂教学的价值旨归，遵循课堂教学内部的结构性和关系性，真正关注学生知识建构特色，回应时代变革需求的新型教学模式。

（二）新资源环境发展的多元性

当前智能技术快速发展，预示着第四次工业革命即将到来，而这预示着我们的教育要向个性化、柔性化发展，充分彰显学生的个性，激发学生的能动性。新的资源环境是多元化的，教学活动的开展需要教育信息资源做辅助，而信息资源直接影响着学生的学习状况和效果。回顾过去，以印刷术和传统视听媒介为代表的信息资源具有单向传播性和独占性，只能在限定范围内供有限学习者使用的家乡教学模式已经远远不能满足时代的要求了。当今，学生面对的既有实体性的资源，还有多元化、立体化的资源，包括各种新形态的个性化电子资源、教学服务资源以及实践活动资源等，在网络情况良好的情况下，同一信息资源可以实现多人同步共享。在新型网络媒介环境下，用户可以通过网络获取资源，还可以及时反馈和上传、添加资源，其角色得以丰富，既是资源的获取者，又是资源的建设

---

① 联合国教科文组织：《共同重新构想我们的未来：一种新的教育社会契约》（2021 - 11 - 10），https：//baijiahao. baidu. com/s? id =1716091804551997136&wfr = spider&for = pc。

者。由此，在不同的学习场域，学生可以随时随地进行在线学习，学校成为运动场、音乐厅等重要社交空间和社交媒介，为学生提供了足够丰富的资源供给，带给学生多元化的资源选择。因此，课堂教学的变革显得尤其必需，这不仅涉及师生主体能动作用发挥的时空，还涉及资源条件下的结构平衡，更为重要的是影响着学生学习的主体地位的回归。同时，教育技术关涉技术，也依靠技术，但它关注的核心问题始终应该是教育问题，它必须按照"教育的逻辑"考量"技术"[1]。

（三）新教材内容结构的契合性

教育是唤醒灵魂的存在，教材则是重要的媒介。正如雅斯贝尔斯所言：

> 所谓教育，不过是人对人的主体间灵肉交流活动（尤其是老一代对年轻一代），包括知识内容的传授、生命内涵的领悟、意志行为的规范，通过文化传递功能，将文化遗产教给年轻一代，使他们自由地生成，并启迪其自由天性。因此教育的原则，是通过现存世界的全部文化导向人的灵魂觉醒之本原和根基，而不是导向由原初派生出来的东西和平庸的知识（当然，作为教育基础的能力、语言、记忆内容除外）。[2]

新教材内容具有鲜明的方向性、高度的开放性、超前的引领性以及强力的创新性，彰显了以学生为主体、以内容为依托、以发展为目的的特色，在分立与综合、理论与实践、传承与创新上都有着强大的内生力。教材作为课程育人的有机组成，与全面培养人紧密关联，在立德树人的时代背景下，我们的教育面临着五育融合、整体育人的价值取向和实践诉求，因此，要回归教育的初心，要回归课堂教学的本体价值，要回溯新教材的本质追求，运用新教材培育身心健康、拥有积极人格，成为强调核心素养

---

[1] 安富海：《教育技术：应该按照"教育的逻辑"考量"技术"》，《电化教育研究》2020年第9期。

[2] ［德］卡尔·雅斯贝尔斯：《什么是教育》，童可依译，生活·读书·新知三联书店2021年版，第3—4页。

的新教材下的新人，这种教材观是"大教育观"的深刻体现。当然，新教材还体现了教育内容良好的时空耦合，无论是在教材的单元设计还是组合机制及其逻辑关系上都是一种进阶的发展过程，在这背后还蕴含着深厚的文化价值，增强与学生思维结构发展的适切性。因此，新教材的内容架构要贯穿课堂教学的全过程，处理好各种价值选择间的关系，这就需要建立课堂教学改革的保障机制，促进课堂教学的结构变革。

三 结构化翻转课堂教学模式分析

(一) 翻转课堂的发展与不足

1. 翻转课堂的发展

这是一个由互联网技术革新主导的信息技术革命的时代，这个时代关照人的生命价值。在新时代，学习主体的需求与大量的网络信息资源相对接，移动互联网、大数据、云计算、智能化与现代制造业联结得更为紧密，学习者分享着互联网带来的海量信息、资源与知识。与互联网技术的迅速发展相呼应，学校中的课程形态、教学模式、学习方式也正在发生变化，慕课、翻转课堂已成为中小学课程、教学、学习方式改革转型的新形态。[①]

"翻转课堂"（Flipping Classroom，或译作"颠倒课堂"）近年来成为全球教育界关注的热点，其起源应归功于美国科罗拉多州落基山林地公园高中的两位化学教师——乔纳森·伯格曼（Jon Bergmann）和亚伦·萨姆斯（Aaron Sams）。"翻转课堂"使传统的"课堂上听教师讲解，课后回家做作业"的教学模式发生了"颠倒"或"翻转"——变成"课前在家里听看教师的视频讲解，课堂上在教师指导下做作业（或实验）、互动交流"。在教学论视角下，"翻转课堂"在教学流程上实现了"先学后教"，这是互联网环境、信息技术发展到一定阶段的必然产物。从可操作角度分析，"翻转课堂"是"先学后教"理念的教育技术化，让"先学后教"能够被"技术化、物化"，使其执行性得到极大提高。"翻转课堂"基于人

---

① 蔡宝来、张诗雅、杨伊：《慕课与翻转课堂：概念、基本特征及设计策略》，《教育研究》2015年第11期。

机交互组织课堂教学，能充分考虑人、机关系，让信息技术不仅在一定程度上代替教师完成较复杂、烦琐的工作，而且能实现与学生的个性化互动，从而减轻教师的教学工作负担。如人机交互模式还能对学习结果进行及时反馈，为学习者提供了即时互动的氛围，营造"在场"的学习心理。因此，人机融合是信息技术和课堂深度融合的关键。[①]

基于人机互动情境的"翻转课堂"强调以整体的视角整合课内与课外的学习资源，设计课内与课外的学习活动。而要实现这些，教师就必须基于知识的形成过程和学生学习时行为与思维的推进过程，对教学进行整体关照、动态预设。此外，基于人机互动的"翻转课堂"不是信息技术在课堂教学中的简单应用，而是强调信息技术应用过程中的智能性特点。在课堂教学中，信息技术应用的智能性特点主要体现在其自动性、针对性、反馈性上。随着信息技术应用水平的不断提高，基于人机交互的"翻转课堂"能够逐步体现出智能性特点，其作用主要体现在两个层面，即认知训练与在线诊断，这些都体现了翻转课堂教学模式的实际效用。

2. 翻转课堂的不足

任何新事物总有一个发展变化的过程，当然，也会存在一些不足，翻转课堂亦是如此。我们在看到它给课堂教学变革带来发展性的同时，也要正视运用过程中所出现的问题与不足，从而更好地提升课堂教学论的实践。

第一，在翻转课堂的理论基础和研究对象方面，缺乏高度自洽的理论主题的支撑，理论基础相对单一地集中于教育学中的学习理论上，缺乏在丰富的理论建构及理论基础之上结构完整的实践研究。另外，研究对象多聚焦于大学生，缺乏对于高中生群体的关注，以高中为研究对象展开翻转课堂的研究较少。在以翻转课堂为研究内容的已有文献当中，较多运用到的理论基础或研究视角包括建构主义、人本主义、社会文化、自主学习、合作学习、深度学习、核心素养、符号学、扎根理论、结构主义理论等。具体来说，（1）基于建构主义的理论视角，研究较多地聚焦于学科教育教学，以及少量的信息化手段应用以及开发研究。比如，在英语词汇教学、

[①] 汪存友：《试论信息技术与高校课堂教学的深度融合》，《山西师大学报》（社会科学版）2016年第5期。

翻译课程与英语写作当中运用翻转课堂的,有《建构主义理论视域下的高中英语词汇翻转课堂》(倪晓星,2021)、《基于建构主义理论的本科生翻译课程的翻转课堂》(马晶新,2021)、《建构主义理论下的大学外语翻转课堂研究》(石青环、王红霞、黄亮,2021)等。(2)基于人本主义的理论角度,研究多聚焦于高校、高职院校的教学模式优化、教学效率提升等,比如,《人本主义理论下的翻转课堂教学》(叶莹颖,2015)、《人本主义建构视角下高职英语课堂教学模式的优化——以高职英语"翻转课堂"教学为例》(李可,2019)、《基于人本主义视角的高校线上翻转课堂有效性探究——以财务报表分析课程为例》(葛菁、曹瑞翔、殷珊珊,2021)等。(3)基于社会文化的角度,研究方向聚焦于英语专业、视频制作等,如硕士学位论文《社会文化理论视阈下英语专业翻转课堂小组互动模式研究》(张文宁,2019)、《基于社会文化理论视角的大学英语翻转课堂教学模式下学习者能动性研究》(姜文凯,2021),还有一些相关的期刊论文,如《翻转课堂中教学视屏的制作:社会文化活动理论视角》(尚艳慧,2015)、《从社会文化理论视角探析翻转课堂》(李小聪,2019)、《社会文化视角下大学英语翻转课堂教学模式探究》(郝倩,2018)等。(4)基于自主学习和合作学习的角度,研究多聚焦于大学生主体,少量关注初高中学生主体和研究生主体,如《基于翻转课堂的大学英语自主学习模式研究》(吕婷婷,2016)、《基于翻转课堂的大学英语自主学习观念研究》(葛瑞峰,2016)、《合作学习观念与实施策略的分化——基于翻转课堂的个案研究》(缪静、汪琼,2018)、《翻转课堂与小组合作学习带给物理实验教学的新活力——以"力的分解"为例》(刘玲,2016)等,还包括一些硕士学位论文,如《翻转课堂对城市初中生英语自主学习能力影响的实证研究》(程亚星,2016)、《高中翻转课堂自主学习现状调查及培养策略研究——以华师一附中为例》(苏莹,2015)、《基于合作学习的初中〈信息技术〉课程翻转课堂教学模式应用研究》(路遥,2017)。(5)基于深度学习、核心素养角度的研究成果相对较多,研究取向多为基本理论阐释,研究主体多涉及大学生和研究生,少量研究聚焦于小学生、初中生,如《翻转课堂:从"时序重构"走向"深度学习"》(安富海,2018)、《迈向深度学习落实核心素养——初中数学"翻转课堂"的实践与思考》(丰雷,2019)、《深度学习,翻转课堂瞄向核心素养——读马莉莉的地理翻转课堂案例有感》（金陵，2016）、《基于深度学习的翻转课堂教学模式实践》（张国荣，2016）等，还包括一些博士学位论文，如《深度学习视域下翻转课堂教学理论与实践研究——以小学语文教学为例》（卜彩丽，2018）。（6）基于符号互动论的角度，研究的内容聚焦于简单的理论分析，主体所涉及的是大学生教育，如《符号互动论视角下的"翻转课堂"成功要素探析》（王立新、傅崇岗，2014）、《符号互动论视域下"翻转课堂"的应用——以大学英语听力教学为例》（李倩、宋涛、彭静，2019）等。（7）基于扎根理论的角度，研究所涉及的主体主要为大学生，如《基于扎根理论的本科生翻转课堂参与意向度分析》（苏林，2018）、《基于扎根理论的高校翻转课堂师生互动影响因素研究》（高巍、周嘉腾、曹雪，2021）等。（8）基于结构主义理论研究视角的有1篇文章，题目为"翻转课堂因何'翻而不转'——基于结构主义理论的释疑"（朱文辉，2021），该文主要借鉴瑞士著名语言学家索绪尔（F. Saussure）在19世纪创立的方法论，经过维特根斯坦（L. J. Wittgenstein）、乔姆斯基（A. N. Chomsky）等人的扬弃与发展所形成的观察社会和分析语言的结构主义理论，朱文辉所采用的是结构主义中对于表层结构（surface structure）和深层结构（deep structure）的分层。其中，表层结构是指"说话者能够意识到并且可以用语言表达出来的意思"，深层结构表征是指"没有显示出来甚至根本就显示不出来的语言所表达的意思，特别是说话者的信念、规条和价值观等"。其研究认为："把握翻转课堂的深层结构，对于更加透彻地翻转传统教学、构建现代教育科学研究教学范式有极为重要的理论价值和现实意义。"[①]

第二，在翻转课堂的教学目标和教学设计方面，缺乏对于教学目标和教学设计的结构化、系统化考量。另外，研究多集中于个别学科、个别学段，缺少对翻转课堂教学目标与设计的丰富性、多样化描述。（1）在翻转课堂的教学目标方面，已有研究多关注于教学目标的浅层设计、分类、目标达成度、内容的分布及对课堂秩序的影响等，聚焦于地理、化学、体育等学科方面，其主体多涉及大学生和研究生，比如，《项目式翻转课堂教学过程设计与实施——以地理教学论"地理教学目标设计"教学为例》

[①] 朱文辉：《翻转课堂因何"翻而不转"——基于结构主义理论的释疑》，《教育科学研究》2021年第7期。

（户清丽、陈宁，2019）、《结合定制化教学目标微信平台支持下的翻转课堂在缓冲溶液教学中的运用》（李德慧、刘芳馨、杨晶，2020）、《翻转课堂的内容分布模式：基于布鲁姆教学目标分类》（张传萍，2015），还包括一些硕士学位论文，如《翻转课堂教学在高校篮球公体课中教学目标完成情况的实验研究》（徐峰，2019）。（2）在教学设计方面，研究多关注信息化环境下翻转课堂中的教学设计该如何开展，初中数学与物理教学设计，高中、高职、大学的英语教学设计，如《信息化环境中基于翻转课堂理念的教学设计研究》（钟晓流、宋述强、焦丽珍，2013）、《高校微课"趋同进化"教学设计促进翻转课堂教学策略研究》（郭绍青、杨滨，2014）、《基于SPOC的翻转课堂教学设计模式在开放大学中的应用研究》（王朋娇、段婷婷、蔡宇南、曾祥民，2015）、《普通高校工商管理专业"翻转课堂"教学设计研究》（张晓梅、王妍妍、马增林，2014），还包括一些硕士学位论文，如《基于混合学习的翻转课堂教学设计与应用研究》（陈怡，2014）、《翻转课堂教学模式下的高中地理教学设计研究》（方慧霞，2014）等。

第三，在翻转课堂的教学方法和教学过程方面，对于信息化技术条件下单一方法的运用研究得较多，在教学方法的应用、改革与探索上也有相应的研究，多集中于个别学段、个别学科的教学过程，但在教学方法与教学过程的深度融合方面研究得较少，关于教学方法在教学过程中所发挥作用的深度解释和课例分析尚缺乏，关于教学方法的运用效果的考察也需要进一步提升。（1）在翻转课堂的教学方法方面，研究多聚焦于信息化手段和翻转课堂融合与改革，在研究对象上多关注初中语文、高职院校以及大学英语本科教学，如《微课程与翻转课堂相结合的教学方法创新应用》（张武威、曾天山、黄宇星，2014）、《基于翻转课堂的应用型本科实验教学方法研究》（吴峰、朱锡芳、邹全、相入喜，2015）、《基于翻转课堂理念的初中信息技术微课教学方法探讨》（赵欣，2018），关注当下教育问题的《COVID-19疫情下基于线上直播的翻转课堂教学方法研究》（鲁晔，2020）等，还包括一些硕士学位论文，如《促进大学生高阶思维发展的翻转课堂教学方法研究——以Access数据库基础及应用教程为例》（谭荣姣，2016）等。（2）在翻转课堂的教学过程方面，对基本的内涵廓清、价值探索有基本的观照，对微课为主的教学视频及其资源有所涉及，研究对象聚焦于高中化学、历史、高校的英语与体育教学等方面，如《在高中化学教学过程中对翻转课堂的理性认识》（赵丽娜、张耀丹、王秀艳，2016）、《高中历史教学过程中翻转课堂模式的尝试与思考》（王冬梅，2019）、《翻转课堂中师生在高校公共体育教学过程中地位研究》（于鹏，2017），还有硕士学位论文，如《信息技术支持下的"翻转课堂"教学过程特征分析》（明娟，2014）。

第四，在翻转课堂的教学评价方面，聚焦于评价指标体系的构建及应用研究，也有在教学过程中的形成性评价和终结性评价的内容，但大量的研究还是以翻转课堂和教学评价本身为主题，缺少对于教学评价的结构化关注，未将教学评价放在整个教学的过程中予以深度把握。例如，《翻转课堂教学评价体系研究》（李成严、高峻、唐远新、陈德运，2015）、《慕课与翻转课堂混合式立体化教学评价体系的构建及应用效果分析》（孙翔、冯庆革、黄华存、唐艳葵、梁艳，2018），还有硕士学位论文，如《翻转课堂教学评价指标体系构建及应用之个案研究》（李一楠，2017）、《初中历史翻转课堂中的教学评价探究》（肖维，2017）等。

其实，翻转课堂在实践当中也存在一些问题，譬如，（1）在翻转课堂的理论基础方面，对于翻转课堂的本质性认识不够，翻转课堂的方法可能是多种多样的，但是各种方法的共同点为何？其本质为何？这些都需要理清。另外，翻转课堂的运用需要一定的理论做支撑，进行具体的实践教学案例的分析，以此改进实际的课堂教学行为，丰盈课堂教学的生命性，从而构建更加科学的课堂教学论体系。（2）在翻转课堂的教学目标与教学设计上，从教师的角度来说，翻转课堂在某种程度上会增加教师的工作量，无论是制作导学案、准备教学资料，还是设计教学活动、落实教学目标等，对于教师的教学设计能力都提出了更高的要求，在教学目标的设定上，翻转课堂过度注重预设目标的达成，将教学目标的作用固化、静态化，未与学生的思维发展和生命成长联系起来，教师的教学设计能否在后续的课堂教学活动中得到落实和体现，这些都是需要格外注意的。从学生的角度来说，信息化手段在运用过程中"度"的把握是个需要斟酌的问题，学生的课前自主学习与传统学习的真正变革机制尚未体现出来，学生在课前学习中的目标该如何得到个性化的体现，或者说，学生的学习在质和量的统一协调上存在一定的问题。（3）在翻转课堂的教学方法和教学过程上，教师的作用发挥得过多，学生的学习主动性未得到真正激发，学生在课前通过任务学到的内容是否有效未得到检验，课前学习的成果在教学过程中没有得到完全的巩固和深化，教学方法的使用具有单一性、单向性。另外，教师和学生的关系在翻转课堂上没有得到真正改善，课中的问答环节、互动环节的有效性存疑，有效地开展课堂上的合作学习还是许多老师心中的理念盲区，任务式导向的意味还十分明显。而且不同学科具有不同的特色，开展翻转课堂的适切性有待考量，教学的效果也就无从保障，不同教师对于翻转课堂的感受和理念不一致，在课堂教学实施过程中无法深入地进行内容的引导与共享。还有教师在设计教学活动时，如何与课前的导学案产生内部关联，具有逻辑的一致性还没有得到理论的关注。尤其重要的是如何更好地培养学生的结构化思维、良好的学习习惯、质疑的能力、浓厚的学习兴趣，这些在翻转课堂上尚未得到具体体现。（4）在翻转课堂的教学评价方面，测定学生的发展状况和学习成果运用的是一定的评价指标体系，而评价体系是有侧重的，对学生全面发展的关注不足，学生的学习习惯、态度、水平是否得到科学有效提升，学生和老师的生命发展性在翻转课堂上没有得到很好关照，如何将信息技术手段的运用、师生关系的变革、教师和学生的教学能动性发挥出来，促进整体的教学结构的变革，仍然是翻转课堂发展中需要关注的热点问题。另外，学生在课后的巩固练习还采用布置作业的方法，形式比较单一，家长如何在有效的范围内促进学生学习，翻转课堂的实践转化率还存在问题。

正如柏拉图所说："教育的基本原理在于，使人们在孩提时代就建立起良好的思维体系。教育无须强迫，也不能强迫，更无法强迫。任何填鸭式的教育方式只会让人们头脑空空、一无所获。只有在早期教育中融入寓教于乐的成分，我们才能更快地发现孩子的兴趣所在。"[1] 无论在学生发展的哪个时期，教育的力量都足够强大，翻转课堂作为有效的教学模式，其改革和创新还需要在新的时代背景和新的教育政策下，运用一定的理论基础进行深度的变革，从师生主体能动性，彰显师生主体的生命性，促进师生及其与客观世界相互作用的角度进行创造性变革和提升。

---

[1] ［古希腊］柏拉图：《理想国》，郭斌、张竹明译，商务印书馆2020年版。

(二) 结构化翻转课堂教学模式的时代背景

结构化翻转课堂教学模式是随着对课堂的两次翻转而产生和发展的。第一次翻转是对传统教育的革新，第二次翻转是对更美好教育的追求。

1. 第一次翻转课堂

课堂的第一次翻转是在现代工业文明的背景下，美国的进步主义教育运动所带来的对传统教育的一次彻底变革。美国的进步主义教育运动源于以杜威为代表的进步主义教育对赫尔巴特为代表的传统教育的反对，进步主义教育以帕克、帕克赫斯特、华虚朋、杜威等为主要代表人物，进步主义教育运动的先进性由随后的8年研究所证实，其对教育带来的改变在泰勒原理中也有所体现。

帕克作为美国进步主义教育运动最早的提倡者，提出了"昆西教学法"。"昆西教学法"源于帕克的教学革新试验，他针对传统教育的形式主义倾向，吸取了裴斯泰洛齐、福禄倍尔等教育家的某些观点，提出了一条基本原则："教育要使学校适应儿童，而不是使儿童适应学校。"他的具体改革措施包括：（1）教学过程以儿童为中心，为学生安排各种活动；（2）注重计算、测量、绘画、手工劳动等课程以及各门学科的相互联系；（3）用报纸、杂志和活页读物代替教科书；（4）强调理解，反对机械背诵，重视户外观察和实验室教学。这些举措对当时的教育产生了真正的积极影响，掀起了"昆西运动"，是进步主义运动的开端。

帕克赫斯特发明了"道尔顿制"。起初，帕克赫斯特从埃德加·斯威夫特所著的《心灵的形成》（*Mind in the Making*）中汲取了"教育实验室"的概念。在两年后发展成较为系统的"教育实验室"构想，随后，华盛顿塔科马（Tacoma）的爱迪生学校（Edison School）第一次将"教育实验室"的主张付诸实践。在随后的几年里，教育实验室计划取得了一定的成效。帕克赫斯特在当蒙台梭利的助手期间，得到了理论与实践的双重提升，在此基础上，帕克赫斯特吸纳了蒙台梭利教育方法的合理部分，在完善之后将"教育实验室计划"应用于中小学，取得很大的成功。1918年，因得到威斯康星大学博士奥谢的鼓励和儿童教养院的资助，帕克赫斯特的实验室计划在威斯康星州的道尔顿中学得以推行，并因此得名"道尔顿计划"。而后，这项实验在马萨诸塞州的道尔顿中学被更名为"道尔顿制"。

她于1920年在纽约创立的私立儿童学校，展开对1—8年级的150名学生试行实验室计划，后来改名为"道尔顿制中学"，将其本人称作"道尔顿学校之母"。帕克赫斯特的"道尔顿制"在实践中实现了对传统课堂的翻转。学校作为社会中的"实验室"，学生自己就是"实验者"，具体来说，通过了解学生的兴趣和需要，制定多样化的目标，在个别跟进（指导）的同时，进行评价和反馈。学生可以在自己的节奏当中自由地学习，从中形成与他人交流以及共同相处的能力。

华虚朋则提出了"文纳特卡制"，从1919年起，在伊利诺伊州文纳特卡镇公立学校进行实验。文纳特卡制对于传统教学的许多方面进行了彻底的翻转，在目标设定方面，提出给儿童以优美快乐的生活；充分发展儿童的个性，个人的社会化；养成儿童普遍必需的知识和技能。对于课程的安排，华虚朋认为，学校的功课应该适应儿童的个别差异，把课程分为儿童将来生活必需的知识和技能以及创造的参与社会的活动两部分。前者是学科课程，主要安排在上午进行，要求每个儿童达到熟练的程度；后者是"活动课程"，主要安排在下午进行，要求发展儿童创造性才能并培养社会意识和团队协作精神。在教学程序上，（1）展开阅读，学生自学教材；（2）做练习，进行练习测验；（3）核对答案，依据"自正材料"进行自我订正；（4）测验，教师给予正式测验，正式测验的目的在于指出错误。儿童在学完前一个教材单元后，就自动进入下一个教材单元的学习，彼此不受牵制。

杜威作为进步主义教育的重要影响人物，他的实用主义教育思想内涵丰富，其教学论更是其中重要的组成部分。他的理论对传统课堂教学的翻转体现在很多方面。譬如教学原则，杜威在批判传统学校教育的基础上，发现最初的和保持最牢固的知识是有关如何做（how to do）的知识，由此提出了"做中学"。在杜威看来，教学过程应该是"做"的过程，对于儿童"做"的愿望要给予特别的重视。有关教学过程，杜威从好的教学必须能唤起儿童的思维出发，得出"思维五步法"，而这一思维过程并非固定，由此提出"教学五步"：一是教师给儿童提供一个与现在的社会生活经验相联系的情境；二是使儿童有准备地应付在情境中产生的问题；三是使儿童产生解决问题的思考和假设；四是儿童自己对解决问题的假设加以整理和排列；五是儿童通过应用来检验这些假设。虽然连其本人都认为这很难实现，但在某种程度上是对于传统课堂教学模式较彻底的革新和翻转。

克伯屈师承杜威，提倡"设计教学法"，这一方法既是对杜威"做中学"原则的具体化，又是对翻转课堂结构的积极探索和实践。实际上，设计教学法并非克伯屈的首创，他只是创立者之一，这种教学方法最先于1908年在美国马萨诸塞州的农业教育中被使用，1914年，各州中学的理科教学也相继采用这一方法。1918年，此法在更广的范围内被使用，当时主张和宣传设计教学法的有好几个人，克伯屈只是其中之一。克伯屈说："'设计教学'既不是我的发明，也不是我首次把它引入教育领域。事实上，我甚至不知道人们究竟使用了多长时间。"[①] 克伯屈对于"设计教学法"的创新和发展体现在其《教学方法原理》一书中，"设计教学法"本身的创新性价值在于对传统课堂的翻转，其主要包括：（1）一个有待解决的实际问题；（2）有目的有意义的单元活动；（3）由学生负责计划和实行；（4）一种有始有终、可以增长经验的活动，使学生通过设计获得主要的发展和良好的生长。正如克伯屈在该书中所提到的："……把设计法理解为以有目的的方式对待儿童，以便激发儿童身上最好的东西，然后尽可能放手让他们自己管理自己。"[②] 无论是学生的自主学习，还是头脑并用，都体现了进步主义教育运动的基本遵循，设计教学法是克伯屈对进步主义教育运动的一大贡献，也是人类教育史上的重要篇章。

20世纪60年代以后，随着教育心理学及信息技术的广泛应用，美国中小学在倡导学习方法变革时，也出现了发现教学法（布鲁纳）、掌握学习法（布鲁姆）、有意义学习法（罗杰斯）等，由此，自主学习、合作学习、探究学习、实践性学习、网络在线学习等很多教学理念得到了广泛重视，对我国产生了巨大的影响。

美国的进步主义教育是以杜威为代表的学者的课堂教学思想，主要关注学生主体地位的回归，倡导学生主动学习、自由获取经验、在学习和活动中达成"做中学"，这是发现儿童的教学理论，这是对于传统课堂的第一次翻转。

[①] ［美］威廉·H. 克伯屈：《教学方法原理——教育漫谈》，王建新译，杨爱程、黄学浦校，人民教育出版社1991年版，第330页。

[②] ［美］威廉·H. 克伯屈：《教学方法原理——教育漫谈》，王建新译，杨爱程、黄学浦校，第304页。

2. 第二次翻转课堂

21世纪以来，随着信息技术的变革，我国进入"互联网+"新时代，在新时代背景下，课堂教学也发生了新的变化，信息技术作为一种新的要素，为推动课堂教学的结构变革和生态革新带来新的可能，也迎来了对于传统课堂的第二次翻转，这次翻转同时发现了信息技术与学生，是对教学本质的回归。

2000年，美国的莫里·拉吉（Maureen Lage）、格兰·波兰特（Glenn Platt）和迈克尔·特雷利亚（Michael Treglia）在其论文"Inverting the Classroom: A Gateway to Create an Inclusive Learning Environment"中介绍了他们在美国迈阿密大学教授《经济学入门》时所采用的"翻转教学"模式及所取得的成绩，但并未提出"翻转课堂"的这一词语。[1] 2000年，J. Wesley Baker 发表了论文 "'The Classroom Flip': Using Web Course Management Tools to Become the Guide by the Side"[2]。

2004年，美国的基金公司分析员萨尔曼·可汗（Salman Khan）为指导亲戚的小孩学习数学，通过应用涂鸦工具制作的视频课件获得巨大成功，这一教学方式得到微软比尔·盖茨的投资，随后视频类教学模式这一视频内容扩展到不同学科，"可汗学院"（Khan Academy）由此成立。[3] 2011年视频类教学模式开始在全球大热，引起全球教育界的关注与争论。萨尔曼·可汗在总结翻转课堂时曾说：一个人，2300多段免费视频课程、5400万学生……凭借简单的教具、一款普通软件，颠覆了美国在线教育。

2007年，美国科罗拉多州林地公园（Woodland Park）学校的化学老师乔纳森·伯格曼（Jonathan Bergmann）和亚伦·萨姆斯（Aaron Sams）开始使用视频软件录制PPT并附上讲解声音，将他们录制的视频上传到网络上，以此为缺席的学生补课，创造了"翻转课堂模式"（Flipped Class

---

[1] Maureen Lage, Glenn Platt, Michael Treglia, "Inverting the Classroom: A Gateway to Creating an Inclusive Learning Environment," *The Journal of Economic Education*, Vol. 31, No. 1, 2000, pp. 30–43.

[2] J. Wesley Baker, "The 'Classroom Flip': Using Web Course Management Tools to Become the Guide by the Side," *Selected Papers from the 11th International Conference on College Teaching and Learning*, 2000, pp. 9–17. Available at: http://works.bepress.com/j_wesley_baker/21/.

[3] Clive Thompson, "How Khan Academy Is Changing the Rules of Education," *Wired Magazine*, 2011.

Model）。不久后，他们就进行了更具开创性的尝试——逐渐以学生在家看视频、听讲解为基础，在课堂上，老师主要进行问题辅导，或者对做实验过程中有困难的学生提供帮助，并推动这个模式在美国中小学教育中使用，后产生了广泛影响。在我国国内也有过类似的教学方法，典型的案例有1998年山东的杜郎口中学所尝试的杜郎口教学模式，但在这些教学模式中，学生并不使用微视频和在线做题，而使用导学案、课本和习题册。

由此，翻转课堂借助于微视频的使用，改变了传统课堂的固化流程以及教学阶段，真正将学生学习的主动性和主体性凸显了出来。本书的结构化翻转课堂教学模式，就是在总结和反思翻转课堂已有教学实践的经验和不足的基础上形成的。这里的"结构化"并非简单地与"非结构化"相对立的存在，而是基于对"翻转课堂"的充分考察，借鉴吉登斯的社会结构化理论，纳入对于课堂这一小社会的分析，在"大教育观"下所形成的结构化翻转课堂教学模式，这里的"结构化翻转课堂"既包含了"大教育观"的理念，又包含了所运用的理论基础，是具有更宽视域、更深层次、更多维关涉的教学模式。

（三）结构化翻转课堂教学模式的结构分析

本书的理论基础是吉登斯的社会结构化理论，吉登斯认为："人们（或让我们直接用'人类'这个词）创造历史，但不是在他们自己选定的条件下创造。"[①] 结构化理论是能动者通过行动作用于客体的表现形式，而它在形成后又以一定的规则和资源来作用和影响能动者能动性的发挥，由此奠定了社会结构的二重性。聚焦到教育教学活动中，课堂本身就是一个小社会，结构化翻转课堂作为一种新型的教学模式，是对吉登斯结构化理论内在要素的深刻把握，更是对课堂这个特殊的小社会的深切考察。因此，我们不但要吸收结构化理论的要素和理念来把握课堂的结构性，还要面向课堂，运用吴康宁课堂教学社会学的框架来分析、考察课堂教学模式，即从能动者角色和行为、能动者的人际网络及活动规范三

[①] ［英］吉登斯：《社会的构成——结构化理论纲要》，李康、李猛译，中国人民大学出版社2016年版，第6页。

方面来提升课堂的系统性。其中，能动者的角色和行为指向能动者的个体化行动，能动者的人际网络指向能动者在行动中构成的关系网络所聚合的能动共同体，而活动规范则指向能动者所面对的时空、规则和资源，由此，在吉登斯结构化理论基础之上，形成了以师生为能动者，以能动共同体为依托，以教学规则和资源为社会客体的主客体在时空情境中建构而来的结构二重性课堂教学模式。

1. 结构化翻转课堂教学模式中的能动者角色及其行为

在结构化理论中，吉登斯认为，人的独特性体现在知道自己的行动是在做什么，以及为何要这样做，也就是说，人类作为行动者，其行为遵循了一定的理性化的原则，以此维持和延续着每天的行动，这就是行动的理性化。行动的理性化指的是人的行动本身具有意图性，即能动者知道自己该做什么，并对行为持有反思性的监控，但无意识的存在也会使得能动者受到来自无法察觉的内部动机的强制力作用。能动者在实践意识和话语意识的共同作用下，才能更好地走向能动作用的发挥，走向持续行动之流。那么，在结构化翻转课堂教学模式中，师生是最关键的能动者，他们作为能动者个体的角色和行为就具有举足轻重的作用。

结构化翻转课堂教学模式中能动者的角色及其行为反映着师生能动者个体的状况，指的是结构化翻转课堂教学模式中教师和学生实际上"扮演的角色"及其行为。从教师能动者的角度来说，首先，教师的角色是实践教学能动者，教师的专业性是其开展教学实践的重要保障，而教师专业性是由专业知识、专业能力以及专业素养构成的。教师在反思性监控自身教学实践、进行理性化反思的同时，还拥有丰富的话语意识和实践意识，这是其行为发生及行动的来源和动机。其次，教师的角色是实践研究能动者，正如斯腾豪斯于1975年提出的"教师成为研究者"，学校教育改进的主要意义是课程研究和开发应该属于教师。[①] 教师成为实践研究能动者源于以下原因：教学实践的展开有赖于教师的教学研究，教师是教学实践和教学研究的中心，教师的专业成长离不开对于教学实践的研究，新时代背

[①] Lawrence Stenhouse, *An Introduction to Curriculum and Development*, London: Heinemann, 1975, p. 142.

景为教师成为实践研究者提供了可能性和必要条件。最后，教师的角色还应是教学管理能动者，教师处在学校管理体制之中，同时还处于对课堂和学生进行管理的权力主体地位。教师在发挥实践教学和实践研究能动者角色的同时，还对课堂教学中的规则和资源具有能动作用，在此形成的制度和规范又会反作用于教师能动者，因此，对教师管理能动角色和行为作用的发挥也应予以观照。

结构化翻转课堂教学模式中的学生作为另一方能动者，是学习活动的主体。学生所扮演的角色和行为包括以下三个部分：第一，学生是自主学习能动者。在新的时代背景下，学生核心素养的培育成为时代命题，学生作为自主学习能动者，可以通过多种方式自主获取海量信息资讯，学生不再是被动接受者，而成为具有主体意识、创新性思维、较强学习能力和良好学习习惯的新型学习者。第二，学生是自我监督能动者。学生是具有独立思考和独立判断能力的个体，在学习的过程中能对自我行动进行良好的监督和管理，而这是建立在对于学习目标的清晰化、学习资源的丰富化、学习任务的明确化、学习方法的多维化、学习评价的及时化基础之上的。第三，学生是教师发展促进者。学生不仅是自主学习活动的实践能动者，自主学习监控能动者，也是教师成长与发展的促进者。正是因为结构化翻转课堂为学生的自主学习提供了更丰富的条件和更多样的可能性，学生对于自主学习的体验和获得感会有更大的需求，学生的自主学习在达到一定程度后，更需要教师能动者发挥引导的作用，起到教师作为实践能动者的价值，这也彰显了学生发挥促进者角色的重要性。

2. 结构化翻转课堂教学模式中的人际网络

吉登斯对于权力和支配之间的关系也有着自己的理解，在他看来，在结构性原则之中，结构具有约制和赋权的能力，两者共同形成了行动—权力—结构（action-power-structure）的关系表达，而行动者的行动是变动不居的，具有一定的流动性和变换性，这是由于行动者，即作为社会再生产主体的人是一种情境依随性的动物，因此，人的每个行动或者实践，都是依赖于另一个行动和实践而发生改变的。与此同时，人还是具有认知能力的社会行动者，这种认知能力（knowledge ability）是在社会互动中得以体现的，从集体的层面考察，权力还具有"集体性的属性"①。这就是说，能动者的行动是处在一定的权力关系及其所形成的人际网络之中的，个体的行动都随着人际网络中的另一个体的实践而发生改变，由此，能动共同体在关系聚合中得以形成。

结构化翻转课堂教学模式中的人际网络反映着由若干角色行为者组成的课堂教学群体中的交往状况②，指向师生作为行动主体在彼此的相互影响和作用中所形成的对话、合作的互动关系，而这实际上是一种关系性的实践，由关系性实践建构而成的人际网络即师生课堂学习共同体。师生课堂学习共同体所构成的课堂就是一种人际网络，他们之间的关系是能动者回归时的参照系③，也就是帕森斯所说的"社会行动的结构"。在人际网络中，关系性实践是能动者个体和其他能动者之间的相互理解与共同体验，而这里就涉及一系列的问题：师生能动者个体是如何被体验的？师生能动者主体和师生能动者客体的关系是通过什么方式构成的？他者被体验为能动者客体的同时，自身的能动作用是如何发挥的，等等。在这里，我们把师生在结构化翻转课堂教学模式中的人际网络分为以下几个维度：师生能动共同体关系、生生能动共同体关系以及师师能动共同体关系。

首先，师生能动共同体由学生和教师组成，其中学生是学习活动的能动者，教师是教的活动的能动者与学生学习活动的助学者，师生能动共同体以师生的生命实践为价值追求，以师生的生命成长和意识表达为内在动机，以师生能动共同体的人际网络为运行载体，以师生能动共同体的视域融合和关系养成为发展手段，最终达成教师的专业成长与学生的全面发展。其次，生生能动共同体指的是由学生内部密切的友好关系组成的生生学习关系网络，作为有认知能力和独立人格的学生在共同学习目标的指引下，以彼此尊重为前提，以合作探究为方法，以融洽的对话氛围为依托，为达到更好的学习而存在，从而构建一个休戚与共的生

---

① 赵旭东：《结构与再生产——吉登斯的社会理论》，中国人民大学出版社2017年版，第87页。
② 吴康宁：《课堂教学社会学》，南京师范大学出版社1999年版，第239页。
③ [加]马克斯·范梅南：《实践现象学——现象学研究与写作中意义给予的方法》，尹垠、蒋开君译，教育科学出版社2018年版，第389页。

生能动共同体。最后，师师能动共同体是教师专业成长的主要形式，师师能动共同体指向教师能动者的关系性实践，是以学生发展和教师成长为目标，以有效的教学理念为理论基础，以研究及合作为主要手段，以开放包容的环境为主要载体，以理论工作者和教师的联动为发展取向，以教师权利义务的明晰为保障，以此来丰富和提升师师能动者的人际网络构建。

3. 结构化翻转课堂教学模式中的活动规范

在结构化理论中，结构不仅具有约束性，还具有能动性。社会理论就是研究操纵这两者社会系统的组织存在的条件。行动者的行动处在一个连续体中[①]，过去的行动是对未来行动的奠基，结构和行动二者缺一不可。结构是由规则和资源构成的，结构的转化依靠的就是规则和资源，而这也是活动规范的主要内容。

结构化翻转课堂教学模式中的活动规范既是能动者角色及其行为和人际网络行动的结构，还是维持这两者状况的保障。这就是说，活动规范不仅是个体的角色发挥、行为发生以及能动共同体行动的产物，而且指向他们开展行动的保障性条件。作为师生能动者的个体和师生能动共同体都是在一定时空情境中，对于规则和资源开展的连续行动。具体而言，结构化教学模式中活动规范的第一个方面，就是师生能动者个体及能动共同体所处的时空情境。这是由行动的性质所决定的，教师和学生是在一定的场景中开展活动和实践的，这种场景抑或是面对面，抑或是超越了面授的其他形式的互动，面对面的师生互动强调互动的即时性，而信息技术背景下的时空不在场，弥补了无法面对面而导致空间不在场的时间距离。结构化教学模式中活动规范的第二个方面，就是教学活动中的规则，教学规则是结构化翻转课堂教学模式中社会客体实体性存在的第一客体，它包括教学原则、教学组织过程和教学方法等。[②] 其中，教学原则是根据教育教学目的、反映教学规律而制定的指导教学工作的基本

[①] 赵旭东：《结构与再生产——吉登斯的社会理论》，中国人民大学出版社2017年版，第87页。

[②] 王鉴、王文丽：《结构化理论视角下的课堂教学变革研究》，《山西大学学报》（哲学社会科学版）2019年第3期。

准则；教学组织是教师和学生按一定要求组合起来进行活动的结构；教学方法则包含了一定的目的和任务，教师教学生学，教学手段、方式、办法，活动等共同要素。① 当然，这些教学规则多为一般化的程序，具有构成性和管制性，比如"以学为主，先学后教"就是一种典型的结构化教学模式的规则。结构化翻转课堂教学模式中活动规范的第三个方面就是教学资源，它是社会客体实体性存在的第二客体，主要由两方面组成：其一，教学资源中的配置性资源是指对以翻转课堂为典型代表的物质资源予以利用的能力；其二，教学资源中的权威性资源指向教师和学生作为能动者在能动共同体中产生控制的转换能力。②

在当今学习型社会时空情境下，教学规则和教学资源的取向和关注点转向了"学生发展""深度学习""核心素养"以及"信息技术"等关键词，依据时代热点考察教学规则和资源也成为当前的重要命题。

四 结构化翻转课堂教学模式的理论分析框架

结构化翻转课堂教学模式吸收吉登斯社会结构化理论的相关要素和主要理念来把握课堂的结构性，同时面向课堂，运用吴康宁的课堂教学社会学理论来分析并考察课堂教学的社会学模式，即从能动者角色和行为、能动者的人际网络及活动规范三方面来提升课堂的系统性。其中，能动者的角色及其行为指向能动者的个体化行动，能动者的人际网络指向能动者在行动中构成的关系网络所聚合的能动共同体，而活动规范则指向能动者所面对的时空、规则和资源。由此，在吉登斯结构化理论基础之上，形成了以教师、学生为能动者，以能动共同体为依托，以教学规则和资源为社会客体的主客体在时空情境中建构而来的结构二重性课堂教学模式，该教学模式的理论分析框架如图2-2所示。

---

① 王明娣、景艳：《我国教学方法研究七十年回顾与展望》，《当代教育与文化》2019年第1期。

② 景艳、王鉴：《结构化课堂教学的模式及其建构策略》，《当代教育与文化》2021年第4期。

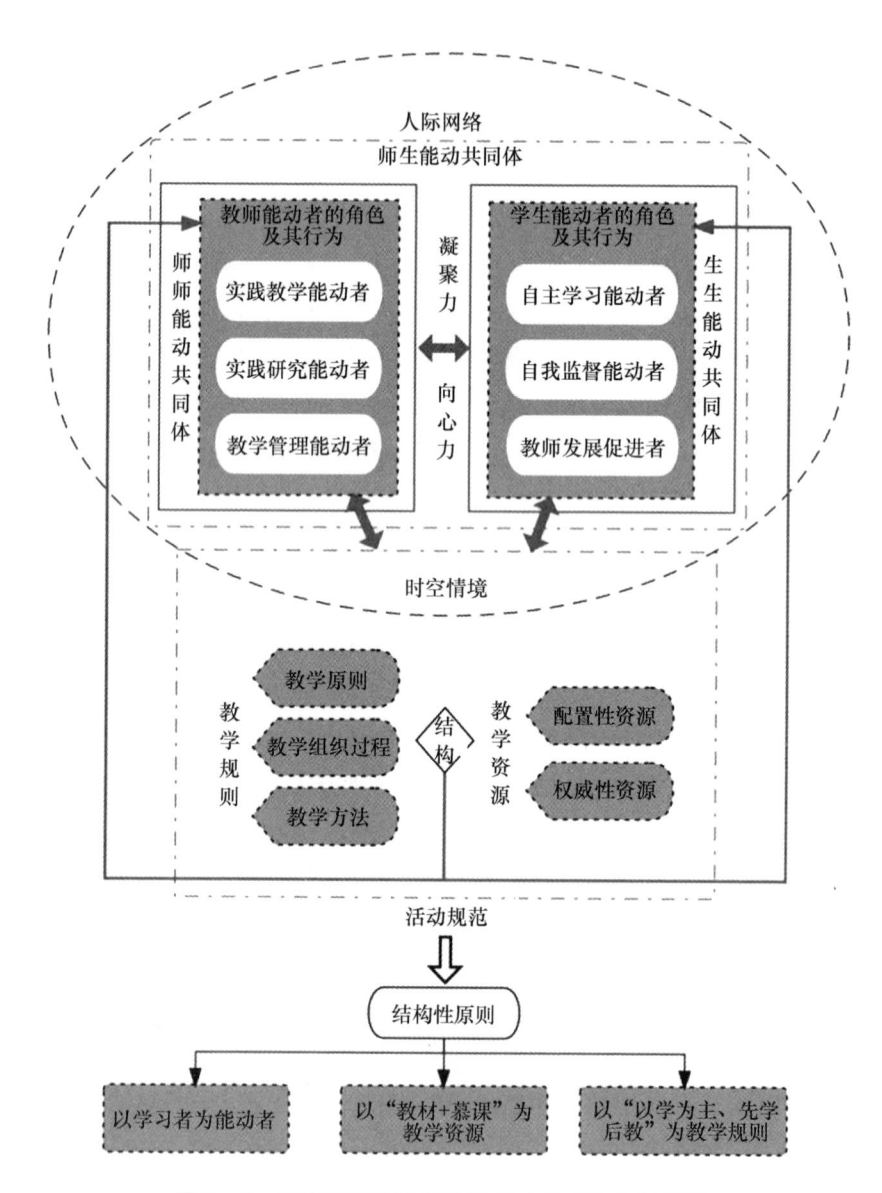

图 2-2　结构化翻转课堂教学模式的理论分析框架

第三章　普通高中结构化翻转课堂教学模式的个案对象具身分析

个案研究追求在一个完整的社会情境中考察个案对象，它的重点在于了解现有时空情境下复杂的关系以及行动者的参照架构，考察此研究个案要呈现的是什么，从而更好地探讨现象的过程、意义的诠释和理解的追求。本书为回应"个案学校结构化翻转课堂教学模式如何"与"个案学校结构化翻转课堂教学模式为何"的问题，选择个案研究作为主要研究方法，在研究对象的确定上更是充分考虑了个案对象的适切性、典型性与综合性，在深入个案学校展开实践调研和持续的追踪研究之前，对普通高中结构化翻转课堂教学模式的个案对象进行具身分析是非常必要的。

一　走进这样一所高中

（一）学校面貌

S学校位于宁夏银川市，处在巍巍贺兰山下，潇潇典农河旁，占地面积200多亩，大致分为教学区、生活区与运动区，宽阔的校园内矗立着几栋砖红色楼宇，显得稳重大气。进校门面对的就是学校图书馆，左、右两侧分别为高中部和初中部的教学楼、实验楼以及办公楼，左侧还有一个供师生进行体育锻炼的操场，图书馆的后面便是供师生食宿的公寓和食堂。整个校园宽敞明亮，充满着积极向上的氛围，彰显了S学校的"环境启育，人文与自然融合"的建筑风格，突显了"环境启育，人文与自然融合"的面貌和理念。

S学校的设施设备非常全面，均按照区级规范化学校标准配备，包括高规格的图书馆（含阅览室、电子阅览室）、操场和体育馆（含练琴房、舞蹈排练厅、乒乓球训练室、健身房、表演训练室等)、专业楼(含劳技教室、专用美术教室、创客空间等)各类配套设施,还配以先进的信息网络、实验室和体育运动系统,充分满足了素质教育全面发展的需要,促进了育人方式的变革。

走进S学校的办公楼和教学楼,墙壁上贴满了S学校发展历程、教学模式的理念与实践等影像材料、文本内容,比如创办历程、教育模式的发展过程、办学的阶段性成果、教师队伍建设、课堂教学建议、特色学校活动、校刊成果等。其中,在办公楼入口正对面的墙上展示的是顾明远先生走进S学校的场景图,作为国家教育咨询委员、北京师范大学终身教授的顾明远先生于2016年10月便走进了这所学校进行考察指导,他为S学校题字:"拔节而生,力争上游",并对S学校的发展做了高度评价。顾先生当时说道:"中国的教育的确需要像王校长这样有教育思想和教育情怀的有志之士革故创新。"另外,还有许多专家、学者也曾多次走进S学校,为其发展助力,其中,教育部"长江学者"特聘教授王鉴也为S学校题字:"反躬自省,拔节而生;相观而善,力争上游。"这些都为个案学校积极创建并发展结构化翻转课堂教学模式提供了源源不断的动力和生命力。

图3-1 S学校面貌图(Ⅰ)

图 3-2　S 学校面貌图（Ⅱ）

（二）发展愿景

伴随着育人方式变革的时代背景，S 学校努力追求创新发展，高位求进，为实现"西部一流，全国知名，素质教育学校典范"的发展目标，它提出"反躬自省，拔节而生；相观而善，力争上游"的校训。S 学校的校长更是秉持抱诚守真的决心，力做质朴的教育，正如这位校长在 2021—2022 年开学典礼上对同学们的寄语："从人的成长角度来看，反躬自省、相观而善是措施和方法，拔节而生、力争上游是精神状态和奋斗结果。"自 2016 年建校至今，正是在这样的愿景下，S 学校的校长带领全校师生不断求索，积极建构结构化翻转课堂教学模式，努力建设学术型学校。

在发展愿景的指引下，S 学校提出了《S 校行为指南》（上五条）以及《S 校课堂教学建议》（下五条），从思想和行动双维度展开教育教学改革。S 学校希望学生们在经过三年的努力后，形成学会学习的结构化思维意识与能力、基本的审美能力，以及积极参与一项体育项目以及具备基本的劳动能力。S学校期待教师们一切从学生的健康成长出发，关注学生的需求，以学生体验为基础，以自身为榜样，在润物细无声中达成教育目的。S学校希望建构形成一种对话合作基础上的严而有格，爱而不纵，亦师亦友的师生关系。

二 教师专业的发展

（一）教师队伍结构优

学校的发展离不开每一位教师的躬耕奉献，S学校的教师们师德高尚、责任心强、甘于奉献、富有改革创新精神。其中，任课教师有196人，学历结构合理，教学队伍整齐。S学校的教师队伍具有两个特色。其一是高学历人才多，具有博士学历的有2人（校长和副校长），具有硕士学历的有45人；其二是高层次专家多，"塞上英才""塞上名师""特级教师"、各级骨干教师共34人。

教师队伍的建设可以促进教师间同侪互助，改善课堂教学效果，提升学生学习能力，由此形成了S学校的重要理论与实践成果：一是高质量教研工作室多，有仙人掌名师工作室、年轻教师成长共同体等；二是具有高质量教学研究成果，校刊《S校教育研究》作为结构化翻转课堂教学模式的结晶发挥着重要的作用。

（二）教师专业发展强

S学校促进本校教师高质量发展，以建设学术型学校建设为抓手，推行结构化翻转课堂教学模式，引导教师们成为研究型教师，打造学术型教师团队，生发出课堂教学研究的系列成果。

在结构化翻转课堂教学模式的建构与发展过程中，S学校建构了各年级教学研究团队加各学科教学研究团队的结构化教师共同体，通过学期内＋学期外、校内＋校外、同侪＋联动的方法促进本校教师的专业发展。例如，第一，在学期内以校内同侪的形式开展了名师骨干高级教师结构化翻转课堂教学模式推进活动、青年教师结构化教学片段大赛、教育＋互联网应用十佳教学能手选拔活动、特色教学与各类评比活动（全员录课、全员公开课、全覆盖听课）等；第二，学期内以一线教师与高校理论研究者联动的形式，开展了学术型学校建设特色活动——名师进上游系列活动，以及 TOP 校本教研培训等；第三，学期末在校外开展了英国、荷兰、丹麦、芬兰等海外研修活动，北京、宁波、云南等地研修活动。

由此，S 学校实现了教师们专业和素养的有效提升，从学生学习方面来说，教师们开始投身结构化翻转课堂教学模式的建构中，善于运用结构化翻转课堂教学模式的理念，关注学生的学习，改善教学方法，革新教学评价思维。从教师专业发展方面来说，教师们开始关注自己的结构化翻转课堂实践，运用行动研究、叙事研究、案例研究等方法，研究课堂变革，并将其转化为研究成果，发表多篇结构化翻转课堂教学模式的研究论文，开展多项自治区级、校级课题研究。另外，教师们参加教研学习活动的积极性明显提高。从师生关系方面来说，教师们借助结构化翻转课堂教学模式重构了教学关系，积极营造"以学定教"的新型教学关系。

三 学生素养的提升

（一）学生素养品质好

在 S 学校发展结构化翻转课堂教学模式的过程中，教师秉持"以学定教，先学后教，以学为主"的理念，运用精准助学方式，促进 S 学校每一个学生的成长和发展。具体而言，学生的学习和生活习惯有所改变，学生的思维更加灵活，综合实践能力得到提升，其核心素养得以落实，形成了合作学习的能力，具有积极的向心力，具备强烈的归属感和成就感，养成了自主学习和主动学习的自信心。

学生学习素养和品质的逐渐提升离不开结构化翻转课堂教学模式的具体实践和理论研究，无论是思维发展，还是输出能力的养成，都离不开学习课、活动课、TOP 训练以及综合实践活动课的全面培育作用，而这些都是这一教学模式对于学生的积极影响。

（二）考试升学成效好

S 学校实行高标准、小班化教学，学生在结构化翻转课堂教学模式之中发展素养品格的同时，学习成绩得以提高，学校的升学率也稳步提高。

2016年，S学校在创办之时，也一度存在招生难的问题，学校起初的生源可以用择优性不强、整体较弱来形容，学生的学业水平相对较低，但S学校从未放弃任何一名学生，坚持以"每一位学生都是重点生"的理念来实践变革学校教育教学质量。

现今的S学校已经发生了极大的变化，2019年，参加高考人数为359人（不含艺体生），本一上线205人，上线率为57.1%；本科上线339人，上线率为94.4%。其中，理科考生254人，本一上线160人，上线率为62.99%；本科上线239人，上线率为94.1%。文科考生105人，本一上线45人，上线率为42.9%；本科上线100人，上线率为95.2%。到2020年，参加高考的人数为363人（不含艺体生），本一上线214人，上线率为59%；本科上线349人，上线率为96.1%。其中，理科考生254人，本一上线167人，上线率为65.7%。文科考生109人，本一上线47人，上线率为43.1%。从整体来讲，每个学生的学业成绩相较中考进校时在全自治区的排名都有大幅提升，这也反映了普通高中结构化翻转课堂教学模式的有益成效。

总之，S学校作为普通高中结构化翻转课堂教学模式个案对象是具有适切性的，在后续的探索与建构过程中结构化翻转课堂教学模式逐步得以优化，并赋予其价值性、典型性和可推广性。

第四章　个案学校结构化翻转课堂教学模式的实施现状调查

一　调查的主要问题

在新时代背景下，我国育人方式正在发生变革，不同的学校都在探索适合自身学校发展，适宜学生实际发展需要的教学模式，个案学校作为我国基础教育领域众多探索者之一亦是如此。自个案学校创办至今，它不断追求创新发展，持续探索结构化翻转课堂教学模式，在实践和理论领域都取得了一定成效，有值得借鉴的经验，也有值得改善的问题。笔者扎根于该个案学校展开调研，目的在于丰富结构化翻转课堂教学模式的理论，建构并优化该教学模式。由此，本书提出了调查研究的主要问题：个案学校结构化翻转课堂教学模式的实施现状和影响因素有哪些？

研究的目的是建构并提升个案学校的结构化翻转课堂教学模式，对于个案学校的调查研究便是研究过程中的重要环节，在前期理论分析的基础上，制定理论分析框架，说明个案对象的特殊性与可推广性。在此基础上明确了调查研究的工具和分析维度，在数据收集与分析的基础上，整理并分析个案学校结构化翻转课堂教学模式的实施现状和影响因素，包括存在的问题和有益的经验，从而为后续个案学校结构化翻转课堂教学模式的建构提出针对性建议。

二　调查工具的检验

本书采用的调查工具是"普通高中结构化翻转课堂教学模式实施现状调查（教师问卷）"和"普通高中结构化翻转课堂教学模式实施现状调查

(学生问卷)",教师问卷和学生问卷主要是依据李秉德的教学模式理论、吉登斯的社会结构化理论建构的。问卷调查的主要目的是了解教师和学生对个案学校结构化翻转课堂教学模式实施现状的认识和理解,教师问卷和学生问卷的维度基本一致,题项设置是相互对应的,希望在考察教师与学生双方的理念和认识的同时,两者可以相互印证,从而对个案学校结构化翻转课堂有一个基本的认识和把握。

为检验问卷的有效性,以保证问卷本身的信度和效度。首先,根据研究的理论基础和课堂观察实际来确定问卷的维度,然后,由专家进行表面效度的检验。研究者征求了导师和个别专家的建议,对问卷内容进行了定性分析,对个别题项的表述、措辞及顺序进行了调整。同时,研究者与多位一线教师对题项所表达的意思和涵盖的范围进行了多次探讨,对多余题目予以删除、精简,最终,问卷基本达到了专家效度要求。统计学上一般通过以下三个指标衡量效度:(1) KMO 是 Kaiser-Meyer Olkin 的取样适当性量数(其值介于 0—1),当 KMO 值愈大(愈接近 1)时,表示变量间的共同因素越多,变量间的净相关越低,越适合进行因素分析。根据学者 Kaiser(1974)的观点,如果 KMO 值小于 0.5,就不宜进行因素分析,进行因素分析的普遍准则至少在 0.6 以上。(2) Bartlett's 球形检验的结果需要达到统计学上的显著性水平,此时便可拒绝虚无假设,即拒绝净相关矩阵不是单元矩阵的假设,接受净相关矩阵是单元矩阵的假设,代表总体的相关矩阵间有共通因素存在,因而适合进行因素分析。(3) 因素负荷量反映了题项变量与各共同因素的关联强度,因素负荷量的值在 0.4 以上均可接受,在 0.7 以上为非常理想。其次,本书采用 Cronbach'α 系数对问卷的内部一致性进行测量,这一指标也是目前在调查研究中最为常用的信度指标,Cronbach'α 系数达到 0.7 即为可接受水平,达到 0.7—0.8 则为良好,达到 0.9 及以上则为非常理想。研究者在 2020 年 4 月在某普通高中学校进行了预调查,共发放教师问卷 100 份,学生问卷 500 份,将调查数据输入 SPSS 软件进行统计分析。结果,教师问卷和学生问卷的 Cronbach'α 系数分别为 0.9 和 0.95(见表 4-1 和表 4-2)。最后,在正式调查中,教师问卷和学生问卷的 Cronbach'α 系数分别为 0.94 和 0.95。对教师问卷和学生问卷各维度进行相关分析发现,无论是教师问卷还是学生问卷各维度之间均存在显著正相关。以上结果表明,本书所使用的"普通高中结构化翻转课堂教学模式实施现状调查"的教师问卷和学生问卷均具有良好的信、效度，可以证实问题的有效性。

表4-1　　　　　　　　教师问卷预调查总体信度分析

Cronbach's Alpha	项数
0.90	35

表4-2　　　　　　　　学生问卷预调查总体信度分析

Cronbach's Alpha	项数
0.95	35

表4-3　　普通高中结构化翻转课堂教学模式实施现状调查（教师问卷）

	1	2	3	4	5	6	7
理论基础	1						
教学主题	.58**	1					
教学目标	.29**	.21**	1				
教学设计	.50**	.57**	.30**	1			
教学过程	.50**	.51**	.44**	.71**	1		
教学方法	.49**	.53**	.32**	.59**	.68**	1	
教学评价	.65**	.53**	.42**	.57**	.70**	.60**	1

说明：** 表示 P<0.01，*** 表示 P<0.001。下表同。

表4-4　　普通高中结构化翻转课堂教学模式实施现状调查（学生问卷）

	1	2	3	4	5	6	7
理论基础	1						
教学主题	.70**	1					
教学目标	.65**	.53**	1				
教学设计	.76**	.69**	.62**	1			
教学过程	.72**	.68**	.56**	.81**	1		
教学方法	.72**	.63**	.55**	.75**	.78**	1	
教学评价	.72**	.61**	.66**	.71**	.70**	.70**	1

三　调查问卷的内容分析

（一）教师问卷的内容分析

教师问卷由两部分构成，分别是基本情况了解及教师对结构化翻转课堂教学模式的认识。其中第1—9题用于了解教师所在的学校、性别、任教科目、任教年级、年龄、教龄、是否担任班主任、学历和职称等基本信息。第10—15题考察教师对课堂教学改革的信心、教师认为结构化翻转课堂教学模式的难易程度、好教师的品质、教师评价应该包含的内容、影响教师专业发展的因素、影响结构化翻转课堂教学模式发展的最重要因素等问题。第16—50题考察教师对结构化翻转课堂教学模式的认识，此部分的每个题项均采用李克特五级评分量表加以呈现，要求调查对象在"非常赞同""赞同""一般""不赞同"和"非常不赞同"之中做出选择，选项依次记为1分、2分、3分、4分、5分，得分越低，代表教师们对结构化翻转课堂教学模式的认识越深刻、越正确。其中，第25题、33题、40题和第42题为反向计分题。教师对结构化翻转课堂教学模式的认识包括五个维度，具体而言，第16—20题为教师对结构化翻转课堂教学模式指导思想的认识；第21—25题考察结构化翻转课堂教学模式的教学主题；第26—30题对应结构化翻转课堂教学模式的教学目标维度；第31—35题对应结构化翻转课堂教学模式的教学设计维度；第36—40题对应结构化翻转课堂教学模式的教学过程维度；第41—45题对应教学方法维度；第46—50题对应教学评价维度。最后是一个开放性问题，询问教师自己在课堂教学中还存在哪些问题及其对学校的教学改革还有哪些建议。

（二）学生问卷的内容分析

结构化翻转课堂教学模式是师生能动性作用积极发挥，与结构相互影响和作用，从而在一定的规范影响下形成相对稳定的人际网络的过程。因此，研究者同时对学生所体验到的结构化翻转课堂教学模式进行了问卷调查，期望与教师问卷相互印证，增强资料的真实性、有效性。学生问卷包括学生基本情况了解和学生对结构化翻转课堂教学模式的认识两部分。具体而言,学生问卷第一部分的第1—5题用于了解学生的学校所在地、性别、就读年级、是否担任班干部以及文理分科等信息。第6—10题分别询问了学生乐学的主要因素、学生眼中一个好老师的品质(以重要程度排序)、学生认为老师评价学生的主要指标、最喜欢的学科及最不喜欢的学科等。第二部分则是对个案学校学生结构化翻转课堂教学模式实施现状的调查,这一部分的计分方式与教师问卷相同,同样采用李克特五级评分量表加以呈现。具体而言,第11—15题对应结构化翻转课堂教学模式的指导思想;第16—20题对应结构化翻转课堂教学模式的教学主题;第21—25题对应结构化翻转课堂教学模式的教学目标;第26—30题对应结构化翻转课堂教学模式的教学设计;第31—35题对应结构化翻转课堂教学模式的教学过程;第35—40题为结构化翻转课堂教学模式的教学方法部分;第41—45题对应结构化翻转课堂教学模式的教学评价。其中第20题、28题、35题和第37题为反向计分题。最后设置了一个开放性问题,询问学生在课堂学习中还存在哪些问题以及对学校教学改革的看法。

四 调查对象的确定

为更好地了解个案学校教师和学生对结构化翻转课堂教学模式实施现状的认识与理解,本书所选择的调研对象是银川市S学校,这所学校是一所高标准、小班化(班额36人)、寄宿制普通学校。但在其校长的带领下,该学校在学术型学校建设中,积极变革课堂教学模式,在教研过程中开展扎实的日常教研活动,并与高校进行US合作,不断尝试教学改革,以变革教师的教和学生的学为突破口,经过多年的改革与发展取得了优异的成果。研究者多次深入所选样本学校,并对样本学校的教师和学生按照年级分层,在每层进行随机抽样,本书采用问卷星在线发放与收集问卷,最终收集到教师问卷100份,学生问卷1144份(调查对象的基本信息见表4-5)。

表 4-5　　样本教师基本信息描述统计

统计项目	类别	人数（人）	百分比（%）
性别	男	48	48.0
	女	52	52.0
任教科目	语文	15	15.0
	数学	8	8.0
	英语	17	17.0
	其他	60	60.0
任教年级	高一	30	30.0
	高二	37	37.0
	高三	33	33.0
年龄	20—25 岁	4	4.0
	26—30 岁	39	39.0
	31—40 岁	36	36.0
	41—50 岁	16	16.0
	50 岁以上	5	5.0
教龄	5 年以内	38	38.0
	6—10 年	30	30.0
	11—15 年	10	10.0
	16—20 年	10	10.0
	20 年以上	12	12.0
目前是否担任班主任工作	是	27	27.0
	否	73	73.0
学历	本科	66	66.0
	硕士研究生	33	33.0
	博士研究生	1	1.0
职称	一级	66	66.0
	二级	23	23.0
	副高级	10	10.0
	正高级	1	1.0

表4-6　　　　　　　　　　样本学生基本信息

统计项目	类别	人数（人）	百分比（%）
所在地	省会城市	605	52.9
	地级城市	70	6.1
	县区	457	39.9
	乡镇	12	1.0
性别	男	568	49.7
	女	576	50.3
年级	高一	396	34.6
	高二	385	33.7
	高三	363	31.7

五　数据整理与分析

（一）教师问卷的数据分析

1. 教师问卷的具体项目分析

表4-7　　　　　　　教师问卷各项目得分单样本 t 检验

项目	t	df	平均差异
I16	-19.75***	99	-1.44
I17	-12.29***	99	-1.06
I18	-18.19***	99	-1.25
I19	-24.47***	99	-1.45
I20	20.71***	99	-1.37
I21	-24.91***	99	-1.48
I22	-24.22***	99	-1.43
I23	-20.97***	99	-1.34
I24	-21.44***	99	-1.33
25*	-0.76	99	-0.10

续表

项目	t	df	平均差异
I26	-23.79***	99	-1.39
I27	-15.84***	99	-1.23
I28	-12.63***	99	-1.13
I29	-12.57***	99	-1.12
I30	-11.53***	99	-1.06
I31	-17.63***	99	-1.28
I32	-27.18***	99	-1.52
33*	-3.51***	99	-0.50
I34	-21.12***	99	-1.36
I35	-16.97***	99	-1.22
I36	-7.71***	99	-0.76
I37	-20.63***	99	-1.36
I38	-20.25***	99	-1.37
I39	-21.12***	99	-1.36
40*	-2.97**	99	-0.38
I41	-22.02***	99	-1.33
42*	1.19	99	0.14
I43	-21.37***	99	-1.32
I44	-18.51***	99	-1.23
I45	-25.50***	99	-1.47
I46	-19.67***	99	-1.29
I47	-17.36***	99	-1.23
I48	-18.19***	99	-1.25
I49	-19.49***	99	-1.33
I50	-24.34***	99	-1.44

说明：*表示 $P<0.1$，**表示 $P<0.01$，***表示 $P<0.001$。

表4-8 教师对结构化翻转课堂教学模式不同项目的认可度与现状描述统计

项目内容	题项	非常赞同	赞同	一般	不赞同	非常不赞同
指导思想	16	56.0	34.0	8.0	2.0	
	17	35.0	41.0	19.0	5.0	
	18	39.0	47.0	14.0		
	19	50.0	45.0	5.0		
	20	46.0	46.0	7.0	1.0	
教学主题	21	53.0	42.0	5.0		
	22	48.0	47.0	5.0		
	23	42.0	51.0	6.0	1.0	
	24	41.0	51.0	8.0		
	25*	14.0	34.0	16.0	20.0	16.0
教学目标	26	44.0	51.0	5.0		
	27	41.0	44.0	12.0	3.0	
	28	38.0	45.0	10.0	6.0	1.0
	29	37.0	46.0	10.0	6.0	1.0
	30	35.0	45.0	12.0	7.0	1.0
教学设计	31	44.0	40.0	16.0		
	32	55.0	42.0	3.0		
	33*	29.0	36.0	6.0	14.0	15.0
	34	44.0	49.0	6.0	1.0	
	35	38.0	47.0	14.0	1.0	
教学过程	36	29.0	27.0	36.0	7.0	1.0
	37	46.0	44.0	10.0		
	38	48.0	41.0	11.0		
	39	45.0	46.0	9.0		
	40*	18.0	41.0	14.0	15.0	12.0

续表

项目内容	题项	非常赞同	赞同	一般	不赞同	非常不赞同
教学方法	41	40.0	53.0	7.0		
	42*	7.0	26.0	29.0	22.0	16.0
	43	40.0	52.0	8.0		
	44	36.0	51.0	13.0		
	45	51.0	45.0	4.0		
教学评价	46	39.0	52.0	8.0	1.0	
	47	38.0	48.0	13.0	1.0	
	48	39.0	47.0	14.0		
	49	44.0	46.0	9.0	1.0	
	50	49.0	46.0	5.0		

说明：*表示 $P<0.1$。

由表4-7可知，除项目25和项目42之外，教师在结构化翻转课堂教学模式各题项上的得分均显著低于组中值3。由表4-8可知，教师在所有题项中选择"非常赞同"与"赞同"的比例均高于"不赞同"和"非常不赞同"。以上结果共同表明，对于教师问卷中的各维度，大多数教师基本持支持或肯定态度，具体分析如下：

对于结构化翻转课堂教学模式的指导思想，有90%的教师认为，他们遵循了以学为主的教学理念；有76%的教师认为，结构化翻转课堂教学模式符合本校实际；有86%的教师认为，在实际教学中会主动借鉴结构化翻转课堂教学模式的有关理论内容；有95%的教师认为，在教学过程中会遵循学生学习的身心发展特点。与此同时，有92%的教师认为，在教学过程中通常会注重对学生核心素养的培养。

在结构化翻转课堂教学模式的教学主题方面，有95%的教师认为，他们在教学设计中会紧扣教学内容主题；有95%的教师认为，在教学设计中会把握教学内容的结构；有93%的教师认为，他们的教学主题与课程标准切合；有92%的教师认为，他们将教学主题贯穿于整个课程教学过程之中。以上结果表明，大多数教师确实采用了与课程目标相一致的教学主题，并且围绕这一核心主题展开教学设计。

在结构化翻转课堂教学模式的教学目标方面，有95%的样本教师在教学过程中会关注教学目标，并且有超过85%的教师认为教学目标决定课程内容的选择，有83%的教师认为教学目标同样会影响教学方法的运用，有83%的教师认为教学目标会影响教学过程的实施，有80%的教师认为教学目标会影响教学评价的开展。由此可见，教师普遍认为，教学目标指引着教学内容的选择、教学方法的使用，同时也影响着教学评价。

在结构化翻转课堂教学模式的教学设计方面，主要包括对导学案进行结构化设计，在教学设计中关照学生的学情、关注教材的重难点、体现教学方法，而且在教学设计中会蕴含评价理念，对于这类题目，样本教师选择"非常赞同"和"赞同"人数较多，超过"一般""不赞同"以及"非常不赞同"的人数的总和。这表明，教学设计和重难点的体现获得了样本教师的足够重视。

在结构化翻转课堂教学模式的教学过程方面，有56%的教师认为，导学案在教学过程中发挥着重要作用，有36%的教师对此持中立态度。而对于在教学过程中引导学生进行深入理解、注重学生结构化思维能力的培养，以及积极组织学生进行合作探究学习等内容，教师普遍持认可态度，这体现了教师在教学过程中对办学理念和教学理念的深切把握和深入贯彻，体现了以学为主、先学后教的理念。

对于结构化翻转课堂教学模式的教学方法，有93%的教师认为，在教学过程中会积极调动学生的能动性；有92%的教师认为，在教学过程中会积极利用多种教学资源；96%的教师认为，整个教学过程是师生联动的过程。这表明教师在上课过程中会综合运用多种资源，不断调动学生的积极性，从而达到结构化翻转课堂教学的目的和学生发展的取向。

在结构化翻转课堂教学模式的教学评价方面，有91%的教师认为在教学过程中会对学生的表现进行针对性的评价，有86%教师会鼓励学生进行相互评价，有86%的教师认为教学改革能提升学生的学习能力，有90%的教师认为学校的教学改革可以促进教师专业发展，而且，大多数教师认为自己所在的学校正在积极进行学术型学校的建设。

2. 教师问卷在基本人口学信息上的差异检验

（1）不同性别的样本教师在结构化翻转课堂教学模式问卷上得分的差异检验

由表4-5可知，样本教师中男性有48名，女性教师有52名，在以性别为自变量，以样本教师在结构化翻转课堂教学模式问卷上的得分为因变量，进行独立样本 t 检验分析时发现，样本教师在理论基础 t（1，98）= 0.54，p = 0.59、教学主题 t（1，98）= 1.94，p = 0.06、教学目标 t（1，98）= -0.02，p = 0.98、教学设计 t（1，98）= 1.81，p = 0.07、教学过程 t（1，98）= 1.01，p = 0.32、教学方法 t（1，98）= 0.46，p = 0.65 和教学评价 t（1，98）= 0.61，p = 0.54 维度上均不存在性别差异。

（2）不同年级教师在结构化翻转课堂教学模式问卷上得分的差异检验

由表 4-5 可知，样本教师任教于高一、高二和高三年级。以教师任教年级为自变量，问卷各维度得分为因变量进行单因素方差分析，发现不同年级样本教师在教学目标 F（2，97）= 0.62、p = 0.54，教学设计 F（2，97）= 0.70、p = 0.50，教学过程（2，97）= 2.30、p = 0.11，教学方法 F（2，97）= 0.81、p = 0.45 和教学评价 F（2，97）= 2.09、p = 0.13 上均不存在显著差异。但在指导思想 F（2，97）= 5.67、p = 0.005，教学主题 F（2，97）= 5.04、p = 0.008 上存在显著差异。具体而言，高一教师在指导思想这一维度上的得分显著高于高三教师。对于教学主题而言，高一教师的得分显著高于高二和高三教师。

（3）是否担任班主任在教师结构化翻转课堂教学模式问卷上的得分差异检验

由表 4-5 可知，样本教师中 27 人担任班主任，73 人未担任班主任。以样本教师在问卷上的得分为因变量，以是否担任班主任为自变量，采用独立样本 t 检验分析发现，是否担任班主任在样本教师问卷各维度上的得分并没有显著差异，这表明该因素并不能导致教师在结构化翻转课堂教学模式的理论认识和实施等各个层面上的差异。

3. 按年龄和教龄对教师结构化翻转课堂教学模式问卷的回归分析

控制了性别、任教科目、任教年级、是否担任班主任、学历和职称因素，以年龄和教龄为自变量，对教师结构化翻转课堂教学模式问卷各维度进行回归分析。结果发现，年龄与教龄均不能显著预测教师问卷各维度的得分。这表明年龄与教龄并不能影响教师对结构化翻转课堂教学模式的认识和实施。

(二) 学生问卷数据分析

1. 学生问卷具体项目分析

表 4-9　　　　　　　　学生问卷各项目得分单样本 t 检验

项目	t	df	平均差异
S11	-40.09***	1143	-1.02
S12	-51.84***	1143	-1.19
S13	-45.74***	1143	-1.03
S14	-36.51***	1143	-0.89
S15	-46.72***	1143	-1.06
S16	-49.04***	1143	-1.04
S17	-43.18***	1143	-0.96
S18	-35.28***	1143	-0.87
S19	-37.92***	1143	-0.88
20*	-8.40***	1143	-0.25
S21	-38.29***	1143	-0.89
S22	-41.02***	1143	-0.91
S23	-46.54***	1143	-1.05
S24	-33.98***	1143	-0.85
S25	-19.10***	1143	-0.52
S26	-46.62***	1143	-1.05
S27	-58.89***	1143	-1.19
28*	-11.33***	1143	-0.36
S29	-49.10***	1143	-1.01
S30	-34.55***	1143	-0.84
S31	-33.73***	1143	-0.86
S32	-53.96***	1143	-1.09
S33	-35.39***	1143	-0.83
S34	-44.07***	1143	-0.96

续表

项目	t	df	平均差异
35*	-13.04***	1143	-0.38
S36	-45.23***	1143	-0.99
37*	-24.48***	1143	-0.75
S38	-45.89***	1143	-0.99
S39	-37.43***	1143	-0.93
S40	-60.57***	1143	-1.20
S41	-37.72***	1143	-0.91
S42	-25.80***	1143	-0.69
S43	-39.61***	1143	-0.94
S44	-41.84***	1143	-0.99
S45	-44.68***	1143	-1.08

说明：*表示 $P<0.1$，*** 表示 $P<0.001$。

表4-10　学生对结构化翻转课堂教学模式不同项目的认可度与现状描述统计

项目内容	题项	非常赞同	赞同	一般	不赞同	非常不赞同
指导思想	11	30.2	46.8	19.2	2.1	1.7
	12	37.3	47.1	13.5	1.2	.9
	13	26.7	52.7	18.4	1.3	.9
	14	23.8	46.4	26.0	2.8	1.0
	15	28.2	52.5	16.9	1.5	.9
教学主题	16	25.4	54.8	18.6	.7	.5
	17	23.9	50.5	23.8	1.5	.3
	18	20.7	51.8	22.2	4.0	1.3
	19	19.3	54.3	22.6	2.7	1.1
	20*	9.8	31.6	36.2	18.4	4.0
教学目标	21	20.8	51.7	23.8	3.0	.7
	22	20.1	54.8	22.3	2.0	.8
	23	27.3	54.6	15.2	1.9	1.0
	24	19.7	53.1	21.0	4.7	1.5
	25	11.9	42.4	33.8	9.2	2.7

续表

项目内容	题项	非常赞同	赞同	一般	不赞同	非常不赞同
教学设计	26	26.9	55.5	14.9	1.5	1.2
	27	32.3	56.4	10.1	.6	.6
	28*	15.3	34.0	24.0	24.7	2.0
	29	21.7	59.8	16.9	1.0	.6
	30	18.5	54.2	22.2	3.3	1.8
教学过程	31	21.9	49.1	23.9	3.1	2.0
	32	25.4	60.5	12.7	.6	.8
	33	19.1	48.4	29.3	2.3	.9
	34	22.1	53.6	22.7	1.1	.5
	35*	11.2	37.1	32.3	17.0	2.4
教学方法	36	22.1	58.7	16.6	1.5	1.1
	37*	25.0	42.2	17.9	12.6	2.3
	38	22.2	57.6	17.9	1.5	.8
	39	24.3	50.2	21.1	2.8	1.6
	40	32.2	57.3	9.2	.9	.4
教学评价	41	21.9	52.1	21.9	2.8	1.3
	42	16.3	47.6	26.7	7.3	2.1
	43	22.6	53.1	21.1	1.6	1.6
	44	24.7	55.2	16.4	2.0	1.7
	45	30.7	51.0	15.3	1.3	1.7

说明：*表示 $P<0.1$。

由表4-9可知，样本学生在结构化翻转课堂教学模式各题项上的得分均显著低于组中值3。结合表4-10可知，学生在所有项目中选择"非常赞同"与"赞同"的比例均高于"不赞同"和"非常不赞同"。以上结果共同表明，对于学生问卷中的各维度大多数学生基本持支持或肯定态度，具体分析如下：

对于结构化翻转课堂教学模式的指导思想，有77%的学生认为学校的教学理念是以学生为中心的，有84.4%的学生认为学校的教学理念具有结构化翻转课堂的特色，有79.4%的学生认为教师的教学理念富有理论深度；有70.2%的学生认为教师的教学符合自身的兴趣和特点，有80.7%的学生认为教师在教学过程中会关注学生素养的提升。上述结果表明，学生认为教师具有结构化的教学理念，并且注重学生素养的提升，这意味着教师的教学理念在教学过程中得到了落实，切实使学生体会到了结构化理论在课堂教学中的应用。

就结构化翻转课堂教学模式的教学主题而言，有80.2%的学生认为他们的学习过程中有明确的主题和侧重点，有74.4%的学生认为他们学习的内容之间有清晰的结构性和层次性，有72.5%的学生认为学习主题是在教师的指引下得以明确的，有73.6%的学生认为教学主题指引着学习的整个过程。在教学主题是学生关注的重心这一选项上，有31.6%的人持一般态度，但就该维度的整体得分而言，学生对教师的教学主题有一个积极明确的认识，这一点与教师明确的学习主题的结果相一致。

就结构化翻转课堂教学模式的教学目标而言，有72.5%的学生认为教师对他们的学习提出了清晰的目标要求，有74.9%的学生认为他们知道在学习过程中哪些内容是重难点，有81.9%的学生认为教师在教学过程中会运用多种教学方法和手段，有72.8%的学生认为教师的教学目标会影响他们的学习过程，有54.3的学生认为教学目标会影响教师对他们的评价。对于这一问题的回答，有33.8%的学生持一般态度，也就是说，存在近三分之一的样本学生对教学目标与教师对自身评价的关系认识不明确。需要注意的是，尽管对项目25的回答有接近一半的学生持中立或否定态度，但也可以看出教师的教学目标在学生身上的落实情况。

就结构化翻转课堂教学模式的教学设计而言，有82.4%的学生认为教师的导学案具有一定的逻辑结构，有88.7%的学生认为教师在教学过程中会关注自己的学习情况，有49.3%的学生认为在学习过程中会针对自己的疑难点进行交流，有81.5%的学生认为教师在教学过程中会体现他们的教学方法设计，有72.7%的学生认为教师会客观地对学生进行评价。以上结果与教师的教学设计理念基本一致，即教师认为自己正按照结构化的理念进行教学设计，而这种教学设计的层次感也确实在学生身上得到了体现。另外，学生对于疑难问题或困惑之处进行交流这一题项与其他相比，比例较低，这可能跟学习环境的创设、能动者主体的能动性等因素相关。

教学过程是实施课堂教学的主要部分。在结构化翻转课堂教学模式的教学过程方面,有71%的学生认为导学案对自己的学习起着非常重要的作用,有85.9%的学生认为教师会引导学生对于疑难问题进行深入理解,有67.5%的学生认为在学习过程中形成了结构化思考的能力,有75.7%的学生认为自己在课堂上会积极和大家进行合作探究,有48.3%的学生认为教师在教学过程中教学方法较为单一。这一点与教师的回答不尽相同,在教师看来,自己综合运用了多种教学方式灵活设计教学,但在学生看来并没有体现出教学方法的多样性,这可能跟教学过程中教学方法的落实有关。

在结构化翻转课堂教学模式的教学方法方面,有80.8%的学生认为教师在教学中会调动学生的积极性,有67.2%的学生认为他们所在的班级有清晰的规则和秩序,有79.8%的学生认为教师会运用多样化的教学资源,有74.5%的学生认为他们所在的班级人际关系非常融洽,有89.5%的学生认为整个教学过程是师生相互作用的结果。

就结构化翻转课堂教学模式的教学评价而言,有74%的学生认为教师会对他们的学习状况做出针对性的评价,有63.9%的学生认为课堂上会有学生之间的相互评价,有75.7%的学生认为学校的教学理念能提升他们的学习能力,有79.9%的学生认为他们所在学校的教师会积极改善他们的教学能力,有81.7%的学生认为学校的教学理念会发展得越来越好。

2. 学生问卷在基本人口学信息上的差异检验

由表4-6可知,来自省会城市、地级城市、县区和乡镇的样本学生分别为605人、70人、457人和12人。由于乡镇人数过少,因此不纳入分析。以学生来源地为自变量,以学生问卷各维度得分为因变量进行单因素方差分析,结果发现,样本学生在感知到的理论基础 $F(2, 1129) = 0.90$、$p=0.41$,教学主题 $F(2, 1129) -0.04$、$p-0.96$,教学设计 $F(2, 1129) =1.06$、$p=0.35$,教学过程 $F(2, 1129) -0.52$、$p-0.59$,教学方法 $F(2, 1129) =0.06$、$p=0.94$ 和教学评价 $F(2, 1129) =1.37$、$p=0.25$ 上均没有显著差异。但在教学目标维度上存在着显著差异 $F(2, 1129) =5.31$、$p=0.005$。具体而言,省会城市学生在教学目标上的得分低于县区学生。

由表4-6可知,样本学生中包括568名男生和576名女生,以性别为自变量,以样本学生在学生问卷各维度上的得分为因变量进行独立样本 t

检验。结果发现，在理论基础 t（1，1142）= -0.73、p=0.47，教学主题 t（1，1142）=1.78、p=0.08，教学设计 t（1，1142）=0.97、p=0.33，教学过程 t（1，1688）= -1.00、p=0.32，教学方法 t（1，1142）= 0.08、p=0.93 和教学评价维度 t（1，1142）= -1.02、p=0.31，男生和女生之间并不存在显著差异。但在教学目标维度，男生的得分显著低于女生 t（1，1142）= -2.55、p=0.01。

由表 4-6 可知，样本学生来自高一、高二和高三年级，以年级为自变量，以样本学生在问卷各维度上的得分作为因变量，进行单因素方差分析。结果发现，不同年级的学生在教学目标 F（2，1141）= 2.03、p=0.13，教学设计 F（2，1141）=1.45、p=0.23，教学过程 F（2，1141）=1.01、p=0.36，教学方法 F（2，1141）= 0.51、p=0.60 和教学评价 F（2，1141）= 1.31、p=0.27 上均不存在显著差异。但在理论基础 F（2，1141）=4.10、p=0.017 和教学主题 F（2，1141）=6.07、p=0.002 上存在显著差异。经事后比较发现，对于感知到的理论基础和教学主题，高二学生的得分显著高于高一和高三学生。

六 存在的问题

本章采用"普通高中结构化翻转课堂教学模式调查问卷（教师问卷）"和"普通高中结构化翻转课堂教学模式调查问卷（学生问卷）"分别对样本教师和学生在结构化翻转课堂教学模式的指导思想、教学主题、教学目标、教学设计、教学过程、教学方法和教学评价七个维度进行了问卷调查，问卷具有良好信、效度。一方面考察教师和学生对结构化翻转课堂教学模式的认识，另一方面相互印证对同一个问题教师与学生之间的认识是否存在差异，以考察教师的理念是否真正在学生身上得到了落实。调查结果表明：（1）在指导思想方面，教师具有以学生为中心的教学理念，同时借鉴结构化翻转课堂教学模式的理念，在遵循学生身心发展特点的基础上注重学生核心素养的培育。学生也切实体会到了教师以学生为中心，以关注学生兴趣为抓手，在教学理念的指导下开展教学活动。（2）在教学主题方面，教师将教学主题与课程标准相结合，在教学设计中把握课程内容的结构性，并将教学主题贯穿于教学过程之中。正是由于教师具有明确的教学主题，使学生也感受到了学习活动中主题的明确性和内容的层次感。（3）在教学目标方面，教师普遍认为他们在教学过程中会关注教学目标，并且认为教学目标会决定课程内容，从而进一步影响教学过程的实施与教学评价的开展。对于这一点，学生也体会到学习过程中教师所提出的清晰的目标要求，并从中区分出学习内容的重、难点。但对于教师所认为的教学目标影响课程评价这一点，在学生看来，教师并不会根据教学目标对学生主体进行评价。（4）在教学设计方面，教师认为教学设计是对导学案进行结构化的设计，并且会在教学设计中关照学生的学情，突出重难点。这一点在学生看来也是如此，学生普遍认为，教师的导学案具有一定的逻辑结构，在教学过程中也会关注学生的学习情况，同时会促进学生对重难点内容进行深度交流。（5）在教学过程方面，教师认为，他们会在教学过程中引导学生对学习内容进行深入理解，培养学生的结构化思维能力，并在教学过程中积极组织学生开展合作、探究、体验学习，这些回答与学生的情况基本一致。但对于教师认为使用了多种教学方法的回答，在学生看来并非如此，因为有53.3%的学生认为教师的教学方法单一。（6）在教学方法方面，教师表示在教学过程中会积极调动学生的能动性，灵活调动各种教学资源实现教学过程中的师生联动，这也有助于推动班级人际关系建设。在学生看来，他们也切实体会到了课堂上教师对学生积极性的调动，感受到了多样化的教学资源在课堂教学中的运用，并且学生也认为，整个教学是一个师生积极互动的过程。这表明在教学方法层面师生之间达到了高度的统一。（7）在教学评价方面，在课程的评价上，教师通常认为他们会对学生的表现进行针对性评价，同时也鼓励学生互相评价。这一点在学生看来确实如此。除了课堂教学层面的评价之外，无论是教师还是学生都对学校发展层面的评价具有很高的认可度，不论是教师还是学生都认为，学校的教学改革可以提升学生的学习能力、促进教师专业发展能力的提高。

第五章　个案学校结构化翻转课堂教学模式的实践探索

马克斯·范梅南说过：

> 研究—质疑—形成理论的行为就是使我们与世界密切联系的有目的的行为，可以使自己更好地成为世界的一部分，甚至融入这个世界之中。在研究过程中我们探索构成这个世界的奥秘，使这个世界成为我们的世界，进入我们的心中。因此，研究就是一种关注的行为：我们想知道什么是生存最基本的东西，关注就是关心我们所爱的人，与之分享我们的一切，我们渴望真正了解我们所爱的人。如果我们的爱足够强烈，那么我们也将敢于直面生活中的许多未知。[①]

对于普通高中的课堂教学变革、课程教学改革，我们更要遵循这样的研究脉络与本质，到"高中的课堂，看看其教学的面貌"[②]，以此达成对所关心的学生和教师发展状况的了解，从而实现育人方式的变革。

在本研究中，研究者三次深入宁夏回族自治区银川市 S 学校进行实践调研，收集到了由研究者本人录制的 21 节课，以及其他教师录制或分享的大量课堂实录视频。在经过一段时间的观察、访谈和具体考察后，根据课程情况和研究需要，研究者用专门的观察方法与工具，整理和分析不同类型的课堂教学案例，重点对三节必修课、三节复习或练习课、两节教研

[①] [加] 马克斯·范梅南:《生活体验研究——人文科学视野中的教育学》，宋广文等译，李树英校，教育科学出版社2003年版，第7页。

[②] [日] 佐藤学:《学校见闻录——学习共同体的实践》，钟启泉译，华东师范大学出版社2014年版，第38页。

活动听评课，以及其他教学活动实录，进行深入阐释与分析。在研究过程中借助 NVivo 质性分析软件和一些具体的课堂分析方法，可以有效考察案例的真实性和还原性。基于师生能动共同体、生生能动共同体、师师能动共同体不同维度的课例观察与反思，根据本书所建构的个案学校结构化翻转课堂教学模式的理论框架，笔者分析了当前个案学校结构化翻转课堂教学模式的实施现状与发展状况，尽量翔实、真实地回应本书所要解决的问题。具体问题包括：如果没有很好地运用结构化翻转课堂的教学模式，那么受到了哪些阻碍？若已经实施结构化翻转课堂教学模式，那么有哪些可以借鉴的有益经验？对后续提升结构化翻转课堂教学模式的成效有哪些切实可行的策略？个案学校结构化翻转课堂教学模式持续发展的基本遵循和运行机制为何？由此形成一个完整的研究闭环，收到以实践反哺理论，以理论促进实践变革的效应。

一 个案学校结构化翻转课堂教学模式中师生能动共同体的分析

（一）师生能动共同体的案例

1. 案例1：语文《子路、曾皙、冉有、公西华侍坐》第二课时

观察科目/主题：语文必修/《子路、曾皙、冉有、公西华侍坐》第二课时

观察班级：高二（10）班

观察时长：50分钟

观察要素：师生互动

观察目的：观察教师与学生之间的个体化、群体化互动对话的过程

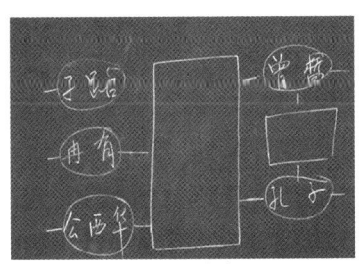

(a) 板书内容　　　　　(b) 多媒体课件

图 5-1

【课前】全体学生分组坐好,每组有4—6人不等。同时,教师呈现多媒体课件,并在黑板上准备好板书。

【课中】

全体学生:老师好(全体起立)。

教师Zxf:同学们好,请坐。(教师面带笑容导入教学活动)记得咱们去年寒假时要求大家读过《论语》,也要求大家背过一些。我想今天先检测一下同学们还有多少印象?我们先来做一个小游戏——《论语》接龙。(游戏的规则就是每个人一句,句与句之间可以没有必然的联系,咱们今天从这边同学开始,教师用手指向靠近教室门口的第一位同学)

图5-2 多媒体课件(论语接龙)

学生1:子曰:巧言令色,鲜矣仁。

学生2:子曰:学而不思则罔,思而不学则殆。

学生3:子曰:弟子入则孝,出则弟,谨而信,泛爱众,而亲仁。行有余力,则以学文。

学生4:子曰:君子求诸己,小人求……(学生停顿,可能记不清了)

教师Zxf:君子求诸己,小人求诸人。(老师同学提醒)

学生5:子曰:道不同,不相为谋。

学生6:子曰:逝者如斯夫,不舍昼夜。

学生7:子曰:温故而知新,可以为师矣。

学生8:子曰:不患人之不己知,患不知人也。

学生9:子曰:知之者不如好之者,好之者不如乐之者。

教师Zxf:这个好,声音多洪亮!(表扬该学生声音洪亮,希望下面的

同学向他学习）

学生10：子曰：父母在，不远游，游必有方。

学生11：子曰：默而识（zhì）之，学而不厌，诲人不倦，何有于我哉？

学生12：子曰：不在其位，不谋其政。

学生13：子曰：习相近，性相远。

学生14：子曰：据于道，依于仁，游于艺……（学生停顿）

教师Zxf：注意，是志于道，据于德，依于仁，游于艺。

学生15：子曰：仁远乎哉？我欲仁，斯仁至矣。

……

教师Zxf：好，你可以想想。（提示下一位同学再回想一下）

学生29：子在川上曰：逝者如斯夫！不舍昼夜。

教师Zxf：嗯，下一位同学。

学生30：君子成人之美，不成人之恶；小人反是。

（每个学生轮流接龙，整个过程持续约2分40秒）

教师Zxf：好的，给自己鼓鼓掌。（老师鼓励大家，全班鼓掌）那接着这个游戏请大家谈一谈你对于孔子的认识？以及《论语》这本书有什么特点？咱们请每个小组左上角的同学概括一下。来，第一组，你印象中的孔子是什么人？《论语》是一本怎样的书？

第一组A同学：他是一位德行很高的老师……（停顿）

教师Zxf：（点头表示肯定，并继续引导学生）是，德行很高的老师，然后呢？

第一组A同学：《论语》以学生问一句，孔子答一句为主要形式。

教师Zxf：以问答的形式呈现。嗯，好，第二组的同学？

第二组A同学：孔子一般说出来的话都非常有学问，很有哲理性，让人一听感觉醍醐灌顶。（学生重复说，有点卡壳，惹得全班同学笑了）

第三组A同学：孔子比较重视礼乐，他提倡以礼治国。

教师Zxf：嗯，礼乐，以礼治国，那第一组的这位同学你觉得呢？

（因为同学们都在谈论自己对于孔子的看法，所以，老师请每个小组右下角的同学继续谈论对《论语》的看法）

第一组B同学：我觉得孔子是静观万物，笑而不语。

教师Zxf：嗯，静观万物，笑而不语，有点仙风道骨啊！

第二组B同学：孔子为人比较宽厚，有长者之风。

教师Zxf：说得很好，宽厚、长者之风。

第三组B同学：孔子身高两米二二，长相比较奇特。

教师Zxf：嗯，身高两米二二，头顶凹陷，你说得比较奇特，能换一个通俗点的词语来表达吗？

第三组B同学：就是身材魁梧，他还很有力气，能轻松举起成人，是德智体美劳全面发展的一个人。（此处有同学笑了）

教师Zxf：德智体美劳全面发展、文武双全。当然，你这个印象肯定不是来自这三十六句话，可能更多的是你之前自己读到的。大家都谈了孔子在自己心中的印象。那你们觉得《论语》是一本什么样的书呢？咱们请每个组右上角的同学谈一谈。

第一组D同学：就是读《论语》能从简单的话语中体会到很多很深的道理。

教师Zxf：嗯，话简单，道理深。（教师总结该同学的发言）

第二组D同学：《论语》记录了孔子与学生的对话，对话虽少，但是道理很深刻，而且这些道理就存在于我们生活中的一件件小事中。

教师Zxf：嗯，好书，总之是一本好书。

第三组D同学：就是既能修身养性，又能读到治国平天下的内容。

教师Zxf：嗯，能修身养性，而治国平天下是《论语》的内容。你呢？

第一组C同学：在《论语》当中，上至后人，下至弟子，包揽万物。

教师Zxf：是孔子写的吗？

第一组C同学：不是，是后人整理的，多是孔子的语录。

教师Zxf：这个后人具体指什么人呢？（继续引导学生）

全体同学：孔子的弟子。

教师Zxf：对，孔子的弟子，以及再传弟子。（与学生一起说）

第二组C同学：孔子是比较接近"仁"的人。

教师Zxf：你说的是"人"，还是"仁"？（板书）

许多同学：都有。

教师Zxf：就是说人的事，比较接地气，不那么玄妙。

第四组C同学：短短几句话就可以说出很深的道理，《论语》用循循善诱的手段，引导学生。

教师 Zxf：孔子用循循善诱的手段引导学生，这是孔子的特点，但不是《论语》这本书的特点，刚才有三位同学说的内容是重复的，重复的内容是很简单的，但是道理深、耐人咀嚼，看来大家英雄所见略同，也可能因为这部书真有这个特点。无论如何，刚才大家背的句子都是比较短的，格言警句式的孔子语录，除了这种单个的孔子语录呢，还有对话形式，它可以是两人对话，也可以是多人对话。大家都说《论语》中的语句都比较简短，大家还没见过长的呢，今天我们一起来学习《论语》当中最长的一篇——《子路、曾皙、冉有、公西华侍坐》章。（教师开始引出新内容）这是一个对话体，我们要想理解孔子，理解《论语》，就需要了解孔子所处的年代，Zzn 同学，把上面这段话给大家读一下。

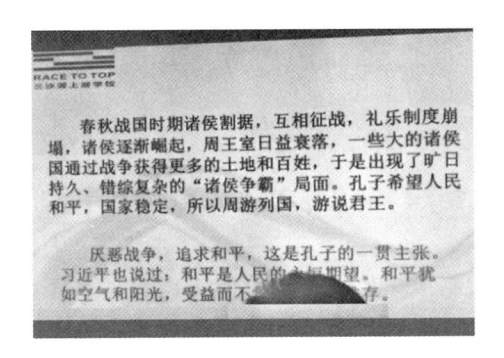

图 5-3　多媒体课件（时代背景）

教师 Zxf：好，请坐，这当中有个因果关系：其一，孔子生活在怎样的年代，孔子有了怎样的一个愿望，说到厌恶战争，追求和平，是孔子毕生的一个主张。同时，当下习近平总书记也说过："和平是人类的永恒期望，和平就像空气和阳光，受益而不觉，失之则难存。"下面我们就进入《子路、曾皙、冉有、公西华侍坐》这一内容的学习。我们都知道《论语》是记录孔子及其弟子言行的书，它没有标题，那么我们《论语》中的标题是怎么来的？就拿咱们这篇课文来说，你们看这个标题有什么特点？（教师发问，并提问 Xxt 同学）

学生 Xxt：所有标题都是那篇文章第一句话的前两个字。

教师 Zxf：都是第一句话的前两个字吗？那这一篇的标题好像有点问

题，咱们今天学的这篇，它的标题就不是前两个字。（引导学生）

学生Xxt：是第一句话。

教师Zxf：也就是说，把第一个词或者第一句话作为标题，这样的标题对于理解文章是没有什么太大意义的，那我们现在就给它换一个标题，现在来熟悉文章，同学们阅读文章，捕捉一下他们谈话的中心和话题，据此给它重新拟一个标题。我们请一个组的同学，来，Yy，你们组的六个人来为大家分角色朗读一下课文。

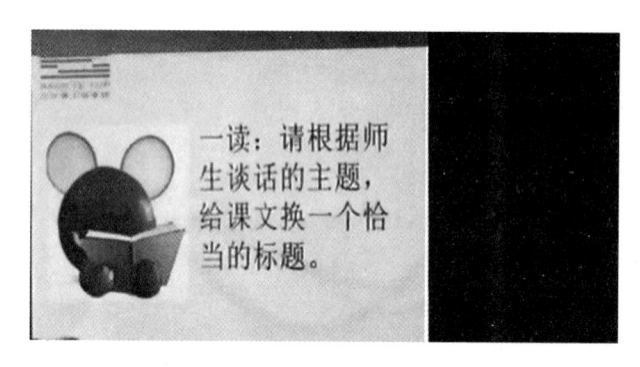

图5-4　多媒体课件（标题拟定）及教师书写"比及"板书

（读完之后，教师指着黑板引导学生"比及"二字的读音）

全体学生：比（bì）及（jí）。

教师Zxf：为什么读（bì）？（学生小声发言）

教师Zxf：因为"比"在这里是等到的意思，没有比较的意思，还有"铿尔"，是形容涩的声音。大家读完之后，找一找他们谈话的主题，据此，你们给这篇文章重新拟一个标题，你们要拟什么呢？可以简单沟通一下，什么样的标题能符合"标题是文章的眼睛"这样一个要求？

（教师走下讲台，重复问题，并引导学生展开思考与讨论，观察学生讨论的情况，并加入一些小组的讨论，询问情况）

教师Zxf：好的，我看同学们都有了自己的想法，咱们先请Zsy同学来说一下你们的想法，并解释为什么？

学生Zsy：我们决定把标题换成"各言其志"，因为我们觉得整篇文章都是在讲如果他们被人了解，他们将会怎样实现自己的理想。

教师 Zxf：嗯，好，请坐。各言其志，这是他们组的标题，你们的呢？

学生 Lyf：我们觉得可以用不惑之尔，则可以哉？（教师问为什么）因为通过这一句话，子路、冉有和公西华就开始说自己的想法。

教师 Zxf：那你们是想以一个引子作为标题，意思是有了这句话，才有了后文的内容。这是你们的观点，你们的呢？（该学生坐下，老师继续提问另外一组学生）

学生 Cxt：可以通过孔子的主张，这篇文章里的"为国以礼"，作为标题。

教师 Zxf："为国以礼"是一个主旨类的标题，请坐。那你们组的呢？

学生 Hp：我们以"侍坐言志"为主题，因为他们几个人是在平常闲聊的时候表达自己的志向的。

教师 Zxf：嗯，侍坐言志，那核心词是哪个？（教师继续引导）

许多学生：言志，就是谈了一下志向。（教师表示赞同）

(a) 话题结构　　　　　　(b) 孔子重志

图 5-5　多媒体课件

教师 Zxf：通过刚才的环节，就会发现你们对标题的要求，要么是引子、话题，要么是主旨，这些都是你们拟标题该有的标准，那我们就拿最简单地来说，可以把它叫作"言志"，这是文中的原话，大家伙在谈什么？在谈理想，当然还有一定的情节，就是为什么谈起理想了？（有学生说是因为老师问了）对，是因为老师问了，你们要怎么样呢？"问志"，然后，学生们自然要"言志"，然后，孔子还"评志"了。（教师通过问答引导学生，并在 PPT 上显示从"问志"到"言志"，再到"评志"的脉络）那关于志向这个问题，孔子是特别重视的，咱们都知道《论语》当中提出了一个特别重要的概念——"君子","君子"的标志是什么?孔子有说,请大家读一下这两段话。

教师Zxf:这里的"志于道,据于德,依于仁,游于艺"表明,孔子把理想、志向放在君子标准的第一位,他强调君子要有大的志向、大的理想,还强调立志要早,说他15岁就立志于学习了,因为较早地立志学习,才有了后来持续性地成长,这是孔子对志的要求。那到底孔子的弟子们都有怎样的志向呢?我们来再现一下对话的形式,咱们请Xx组的五个同学把孔子及其弟子对话的场景用原文读出来,大家可以思考这四个人的志向。

(Xx小组在朗读中,其他学生都在思考)

图5-6 小组朗读

教师Zxf:嗯,非常好,请坐。在昨天的第一课时,我们一起翻译了原文,到底理解得怎么样?这些弟子们的志向,用现代汉语如何表达呢?咱们再请另一个小组合作一下,来一个现代文版的"言志"。请Gqy小组。

(Gqy小组用现代文分角色朗读孔子与弟子的对话部分)

教师Zxf:嗯,请坐。咱们这个小组的同学有点拘谨,这里面的"侍坐"是陪长者闲聊,是比较轻松自如的。但是咱们同学呢,因为站起来了,把那个侍坐的意思就给破坏了,那种随意而谈的效果没有表现出来。翻译这篇文章其实是有点难度的,刚才Wsy同学有一处卡住了,"夫子哂之","哂"是什么意思?

全班回答:笑。

教师 Zxf：嗯，你可以把它翻译成微笑的意思，孔子微笑了一下。接下来咱们讨论一下这篇文章的主要内容。第一，看一下文中四人的志向有何异同？你怎么评价他们的志向？第二，孔子对这四人的志向分别持什么态度？为何孔子只对曾皙的志向明确表达了赞成呢？第三，这个过程中展现了这五个人怎样的形象特征？时间5分钟，大家开始，拿出一个最佳的讨论效果来。

（全体同学开始以小组的形式展开讨论，教师观察每个小组的讨论情况。讨论持续了5分钟，在倒数1分钟时，教师提醒学生选好小组的代表准备发言）

图 5-7　小组合作探究

教师 Zxf：好，时间到，我们先来看第一个问题，文中四人的志向有何异同？你们怎么评价他的志向？我们随便请一个小组吧？Sty，你们小组出一个代表。

Sty 小组学生代表：子路强调以武力治国，他觉得如果在军事上达到一定强度，就可以把国家治理好，他的志向就是达成一个军事实力强大的国家。冉有则认为，比较小的国家更好治理，他可以用两三年的时间把一个小国家变得富有起来。在国家的礼乐方面，他觉得自己达不到这个水平，希望别人来治理，也是有一些谦虚吧。从公西华的话里可以看出，他是个谦虚的人，但从后面孔子对他的评价来看，觉得他是假装谦虚，实际上他并不是一个谦虚的人。这三个人都想参与国家治理，而曾皙的想法是以人为本，以民为本，他对国家治理的态度跟孔子相同，他坚持如果人民过上富足的生活，这个国家也会变好。

教师 Zxf：好，她有两点说得特别好，说子路希望国家强大起来，军事上强大，因为他选择的国家是千乘之国，排除内忧外患，治理三年就可以让老百姓知道，且知方也，方是啥？（许多学生回应说是道）联系我们当下习近平总书记所提倡的——人民有信仰，国家有力量，民族有希望，这是一种什么梦？（学生回应说强国梦）对，强国梦，好，请坐。对冉有的志向，她也说得很好，就是让老百姓富足起来，要解决菜篮子工程，让老百姓都能奔小康，我们现在才完全脱了贫，对吧？那他的目标是富民，让百姓富足起来。她后面说得有点含混，我们再请其他同学来补充一下公西华的志向，Qjd？

学生 Qjd：公西华的志向我觉得就是想要参政（教师提醒：他没有方式去参政，原文怎么说的？）嗯，他想要以礼治国，通过宗庙祭祀的工作，或是诸侯会盟然后去做司仪，（教师提醒：他这好像不是简单的司仪吧？）就是去……

学生 Zzj：做外交官。（教师表示赞同）

教师 Zxf：Zzj 说得比较好，外交官。（学生 Qjd 说："对，是外交官。"）你觉得他的志向怎么样？

学生 Qjd：他的志向比较清晰，也比较远大。（教师认同，并示意学生坐下）

教师 Zxf：远大，好，他是要去做外交官，需要礼治。那刚才这两位同学也说了，公西华和子路的志愿都是从政，要治国，经世济民，而曾皙的志向有点不大一样，他的志向是？（有学生回应说游山玩水）在于娱情山水，去春游，游玩去。那他这个志向是不是难登大雅之堂呢？你怎么看待曾皙这样的志向？（教师在 PPT 上以表格的形式加以总结）我们把他那句话再来读一遍。

全班学生："暮春者，春服既成，冠者五六人，童子六七人，浴乎沂，风乎舞雩，咏而归。"

教师Zxf：这是怎样的一种志向？Lzx，你怎么看待他这种志向呢？

学生Lzx：就是享受生活。

教师Zxf：享受生活！好，请坐。Zzn？

学生Zzn：是一种闲适、安贫乐道。Zzj？

学生Zzj：大概就是休养生息的意思，能够与人民打成一片。（其他学生小声讨论，教师纠正：这叫与民同乐）

教师Zxf：好，请坐，那这里有不同的解读吧，大家也都涉及了，他可能是逃避现实，就像刚才Lzx所说的。还有一个，是我们要注意当时孔子所处的时代背景，我们现在说春游，太简单不过了，哪天天气暖和，便会聚集朋友们一起去，可是在那个战乱的年代，这样一个春游的景象似乎成了一种理想。那接着我们来看一下孔子对他们的理想持什么样的态度？是如何评价的呢？Yy？

学生Yy：他对子路，在原文中是"孔子哂之"，他觉得子路说的话不谦让，他讲究的是治国用礼，所以他笑了子路；冉有的话，原文中说的是"安见方六七十，如五六十而非邦也者？"孔子觉得冉有过于谦虚，（教师引导：这句话就是说，怎能见得这不是干的国家大事呢？孔子其实认为冉有的理想也是治国大策，所以对他的这个还是赞同和认可的）对公西华则说"宗庙会同，非诸侯而何？赤也为之小，孰能为之大？"他认为公西华过于谦虚。

教师Zxf：他只是想做一个小外交官，孔子认为有点太谦虚，有点大材小用了，请坐。很明显他对曾皙的观点是直接评价的，就是？

学生：吾与点也！

教师Zxf：刚才我们谈到孔子，他的主张是一种儒家积极入世的思想，他为何在此处唯独表达赞同曾皙呢？（学生们思考）请同学们举手回答。

学生Zsy：因为我觉得曾皙的理想就是太平盛世，曾皙本身就是人民中的一员，在这里他说自己去春游，我觉得其实是一种理想化的表现手法。春游是一种象征，当他能去春游的时候，大家就都可以去春游了，说明那时候天下已经太平了，礼乐制度也已经恢复。孔子的理想世界就是大家都安贫乐道，处在太平盛世，所以，孔子比较赞同曾皙的观点。

教师Zxf：你认为这里其实透露的是孔子的理想，孔子也希望有一个太平盛世，所以咱们一起来看孔子的理想为何？来，请一位同学读一下这段话。那大家认同哪种解释？

学生们：第二种。

教师Zxf：为什么？你来说说。

第一排的学生：因为第二句更符合孔子的想法，是一种没有战争战乱，百姓安居乐业的场景。

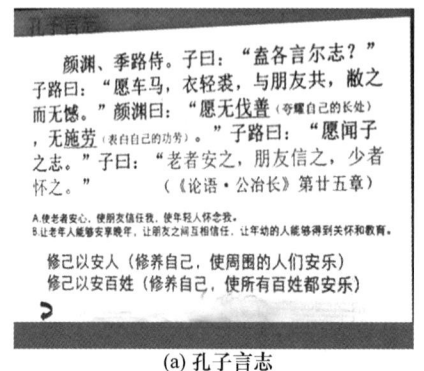

(a) 孔子言志　　　　　　　　(b) 孔子求志

图5-8　多媒体课件

教师Zxf：好，请坐。显然呢，第一种解释更多的是一种自我修养，这个想法有点像谁的？（学生们说是颜渊）颜渊。第二种解释更多地指向惠民、经世济民，要给老百姓做点什么，这是两种解释法，不分对错，就看你赞同哪一个。当然，在另外的场合，他也表达过这样的想法。历史上流传着半部《论语》治天下的说法，这句话好像告诉我们《论语》是一个权谋之术，实际上你要通读《论语》，你会发现它是教我们怎么做人，做好了自己，国家自然就治理好了，所以他把修己放在第一位，那孔子的理想就是仁道通行天下。

教师Zxf：当然，你要说他安贫乐道，也有相关片段，大家一起读一下这段话。

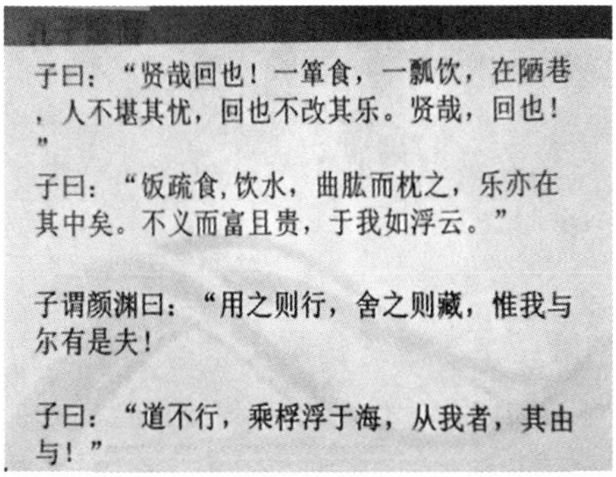

第五章 个案学校结构化翻转课堂教学模式的实践探索 / 149

> 子曰:"贤哉回也!一箪食,一瓢饮,在陋巷,人不堪其忧,回也不改其乐。贤哉,回也!"
>
> 子曰:"饭疏食,饮水,曲肱而枕之,乐亦在其中矣。不义而富且贵,于我如浮云。"
>
> 子谓颜渊曰:"用之则行,舍之则藏,惟我与尔有是夫!"
>
> 子曰:"道不行,乘桴浮于海,从我者,其由与!"

孔子感慨

图 5-9 多媒体课件

教师 Zxf:所以,从本质上讲,孔子并不是一个追求高官厚禄的人,他追求的是一种安贫乐道的生活,他 55 岁开始周游列国,去游说,14 年没有一个国家完全接受他的理念,当他的理想处处受挫的时候,难免会有些牢骚,比如说这两句,大家读一下。(全班朗读)

教师 Zxf:所以,他也有刹那间退隐的想法,他说"用之则行,舍之则藏",他也想"道不行,乘桴浮于海",但他最终没有这样做。从这点上说,他也有过消极避世的念头,他一直向往安贫乐道的生活,他也向往太平盛世的大同社会,对这一点,曾皙的理想都可以契合。好,咱们最后一个问题,在对话当中,这五个人表现了什么样的性格特征?Adl?

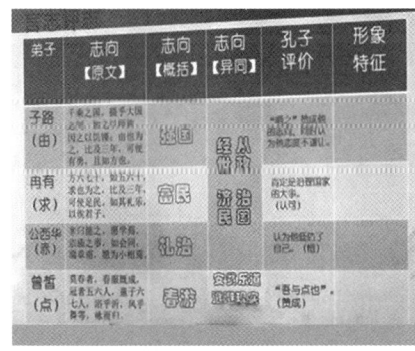

(a) 言志评志 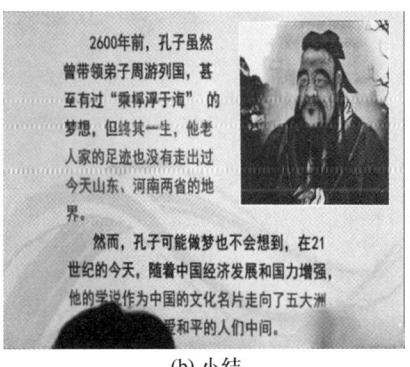   (b) 小结

图 5-10 多媒体课件

学生 Adl：子路比较轻率、鲁莽。冉有比较谦虚。公西华更加谦虚。曾皙比较务实。

教师 Zxf：嗯，比较务实，洒脱从容。那孔子是什么样的老师呢？

全班学生回答：因材施教。

教师 Zxf：所以，言由心生，用个性化语言去塑造人，有时候一两句话就够了。好，咱们看一下，这是这篇文章的一个结构特点。

教师 Zxf：有一点咱们要知道，孔子周游列国，甚至有过"乘桴浮于海"的理想，但终其一生并没有达成。可是，孔子做梦也没有想到，在 21 世纪的今天，他的学说产生了如此深远的影响，走进了全世界热爱和平的人们中间，理想还是要有的，万一实现了呢？一辈子实现不了，子又生孙，孙又生子，子子孙孙，无穷尽也，总会有实现的一天。来，咱们读一下这首诗。

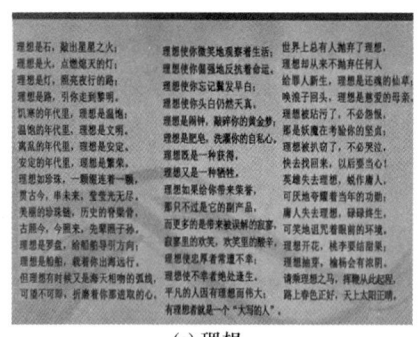

(a) 理想　　　　(b) 板书内容

图 5-11　多媒体课件

教师 Zxf：好，下课。

全体同学：起立，老师再见。

【课后】教研活动；学生复习。

2. 案例2：数学周测卷讲解

观察科目/主题：数学复习/周测卷讲解

观察班级：高二（10）班

观察时长：45分钟

观察要素：师生互动

观察目的：观察教师Yzz与学生之间个体化、群体化互动对话的过程
【课前】教师Yzz发给学生批阅过的周测卷，打开多媒体投影。

图5-12 课前准备

【课中】

教师Yzz：周测卷、听课手册、课堂练习本！（课堂上规则的内化；教师巡视，并查看学生的课堂教学资源准备情况）

教师Yzz：来，上课。（班长：起立）

全体学生：老师好。

教师Yzz：大家好，请坐。第一点，我先简单说一下批咱们的周测卷的感想。总体来说，这次周测卷做得特别不好，选择填空加起来总共60分，班里边能达到40分以上的人寥寥无几，甚至有人八个选择题只对了三个，而且，选择题中的第一题很多人做错了。其次，还有一而再再而三强调过的，比如说填空题的第一题"定义域是R，求M范围？"这样的问题，咱们最近做得应该不少了，可是仍然有答错的，常态化的题目出问题的很多。第二点，总和大家说，但凡碰到这种求参数范围的问题，在一个地方一定要特别细心，到底取不取等号？比如说填空第10题，正确结果是哪一个？（学生回应：$-\frac{1}{2}$到1)，这里写上的人很多，可是在开和闭上就出了很多问题。另外，包括第11题也是$[0,4)$，0是闭的，4是开的，要么都给写成闭的，要么都给写成开的，五花八门，做题的时候不能采取大概差不多的态度，一定要在细节上把握住。最后得出参数范围。我是不是每次都让大家这么做，要注意，来个判断真假，发现p是真的，q是假

的，这个地方要注意什么，就是这个$\frac{1}{x+1}<0$，这是咱们的命题 q，你解决原不等式得到的结果应该是 X<-1，-q 应该是≥-1。可是，如果你先写-q，实则你没写对，因为如果写-q 的话，你就会写成$\frac{1}{x+1}≥0$，你以为你写对了，实则不对，因为命题 q 本身已经包含了 x 不能等于-1，那 q 里面既然包含了 x 不能等于-1，-q 里面 x 就能等于-1。可是，如果你解这个不等式，分母上肯定是不能为零的，你仍然会把-1 挖掉的，但是有些同学将不等式等价于 X+1≥0，它的分母还能等于 0 呢，虽然最后得到的结果是对的，可这里的负值明显是错误的。

咱们第一节课就来改正周测卷里的所有错误。我先给大家时间，在四人小组内，把简单的做错了的，以及疏忽的错误先改过来，对个别问题我们一会儿再做交流，现在开始。（学生以小组的形式，展开交流）按次序往下走，先解决选择题，十分钟，大家用十分钟时间讨论选择题。（在学生讨论的同时，教师巡视各小组的交流情况）小组四个人如果找不出产生错误的原因，可举手示意，我来帮你们找。（讨论在持续进行中，教师查看各个组的交流进展情况，并提出讨论的具体规则要求）大家要统一顺序，把问题解决彻底，不要有模糊的地方。

图 5-13　学生讨论交流

教师 Yzz：（轻轻拍手示意学生结束讨论，整个过程大致持续了 10 分钟）大家讨论得差不多了，来，转身，抬头。我挑两个，咱们一块儿来说一下，哪两个？猜我挑哪两个？看咱们能否达成共识。

学生们：第三题和第八题。

教师Yzz：嗯，这点共识可以达到。一块儿先来看第三题，这个问题呢，我把之前写的两句话给大家再写一次，A是B的充分不必要条件，以及A的充分不必要条件是B，这两句话表达的意思一样吗？

学生：不一样。

教师Yzz：你确定不一样，对不对？第一句话是谁推谁？

学生：A推B。

教师Yzz：A推B，B不能推A对不对，那第二句话呢？

学生：B推A。

教师Yzz：因为它说的是A的充分不必要条件是B，说明B是A的充分不必要条件，推的是？

学生：B推A。

教师Yzz：到了第三题就要细心留意了，因为它说P的必要条件是？也就是说，选项是命题P的必要条件，既然选项是命题P的必要条件，说明命题P跟选项之间是谁跟谁的关系？

学生：P推选项。

教师Yzz：对，P推选项，从咱们给大家通俗解释的大小范围来说，命题P应该是小范围还是大范围？

学生：小范围。

教师Yzz：选项应该是大范围还是小范围？

学生：大范围。

教师Yzz：那这个二次不等式应该好解对不对，解完的结果应该是$0 < x < 1$，现在看四个选项，哪个选项比这个范围还大，且能把这个范围包含在内？

学生：?B。

教师Yzz：选项A不是必要条件，是充要条件，既然人家只问必要条件，那只要是必要条件，就说明充分性不成立，充分性如果成立，人家就不会在这里说必要条件了。再来看一下第八题，这个问题呢，咱们也遇到过，用画图的方式来理解一下这个意思吧。比如说，$g(x)$的图像是这样的，$f(x)$的图像是这个样子的，那么你告诉我，对于这两个函数，听清楚，来，抬头，注意听（提出要求和规则）。这时候，在$g(x)$上的哪个

点能比 $f(x)$ 的所有函数值都小吗？

个别学生：不存在。

教师 Yzz：我再重复一次我说的话哦，你能否在 $g(x)$ 上找到一个点，使得那个点比 $f(x)$ 上面所有的对应值都小？有还是没有？

学生：没有。

教师 Yzz：那 $g(x)$ 如果变成这个样子，这时候你在 $g(x)$ 上能否找到一个点，使得那个点比 $f(x)$ 上面所有点的对应值都低？

学生：能。

教师 Yzz：这么一来，在第八题当中，它现在说的是，存在一个 x_2 使 $g(x_2)$ 比任意一个 x_1 所对应的 $f(x_1)$ 的值要小，实则呢，是比较 $f(x)$ 跟 $g(x)$ 的最小值，我只要让 $g(x)$ 的最小值比 $f(x)$ 的最小值小，那么我一定能在 $g(x)$ 上找到一个点，使得它比 $f(x)$ 上面的所有点都低，所以这个问题最终就转换成了 $g(x)$ 的最小值小于等于 $f(x)$ 的最小值，那不就是变成了这两个函数的最小值问题吗？但凡是这种题，往往会转换成最值问题，那么在这个题当中，我们把它转换成了两个函数的最小值问题，那么，既然要求最小值，x_1 是在 0 到 3 的范围内，那么 x_1 的平方在 0 到 9，再加个 1，意味着 $1 \leqslant x_1^2 + 1 \leqslant 10$，所以 $\ln 1 \leqslant f(x_1) \leqslant \ln 10$，$\ln 1$ 等于 0，$f(x_1)$ 的最小值是多少？

图 5-14　教师讲解

学生：0。

教师 Yzz：同样，再来求 $g(x)$ 的最小值，与 $\dfrac{1}{2}$ 相比是增还是减？

学生：减。

教师 Yzz：说明 x 等于几的时候最小？

学生：等于 2 的时候。

教师 Yzz：x 等于 2 的话，变成了？

学生：$\frac{1}{4}$。

教师 Yzz：意味着 $g(x)$ 的最小值等于 $\frac{1}{4} - m$，那么按照刚才咱们说的，我们就让 $\frac{1}{4} - m$ 比 0 还要小，能不能等于 0？

学生：能。

教师 Yzz：可以啊？所以就得到一个 $\frac{1}{4} - m \leqslant 0$，m 大于 $\frac{1}{4}$，给你们一两分钟，把我刚刚说的这两道题再看一下，有疑惑的同学再问一下，咱们就进入填空题。

（学生们进行自主理解，并内化讲解的内容，持续三分钟）

教师 Yzz：尤其是对第八题如何转换成最小值问题一定要理解，我把第八题稍做变换来检验一下。如果第八题前面这些都不变，我把后面的变成 $f(x_1) \leqslant g(x_2)$，你们都考虑一下，此时应该转换成 $f(x)$ 和 $g(x)$ 之间的最什么值的关系？不要着急下结论，脑袋里面一定要先想好。（提醒学生们认真思考）仍然是存在 x_2，使得 $g(x_2)$ 大于等于任意一个 x_1 对应的 $f(x_1)$。来，Zwt，这个问题最终转换成了 f 和 g 最什么值之间的什么关系？

学生 Zwt：最小值。

教师 Yzz：谁的最小值？它的最小值，让它的最小值比它的最小值大？Mby？

学生 Mby：我想的是 $g(x_2)$ 的最小值大于等于 $f(x_1)$ 的最小值。

教师 Yzz：按照你的表述，我来画个图像。比如说，这个是 $g(x)$ 的图像，这个地方应该是它的最低点，这个是 $f(x)$ 的图像，这是它的最低点。（在多媒体白板上画图展示）按照你现在说的，现在 $g(x)$ 的最小值是不是比 $f(x)$ 的最小值要大，那现在你来看看，能不能找到一个 x_2 对应的值比 x_1 的值大，是比所有的值都大？

图 5-15 师生对话

学生 Mby：存在性问题。

教师 Yzz：存在性问题，这个 x_2 的是存在，x_1 的是任意。

学生 Mby：$g(x_2)$ 的最小值大于等于 $f(x_1)$ 的最大值。

教师 Yzz：你请坐。Hmn，你来说，你的意思是怎么转化？

同学 Hmn：最大值小于最大值。

教师 Yzz：谁的最大值？

同学 Hmn：$f(x_1)$ 的最大值。

教师 Yzz：意思是 $g(x)$ 的最大值比 $f(x)$ 的最大值大对吗？

同学 Hmn：嗯。

教师 Yzz：好，你的意思是 $g(x)$ 的图像是这样的，$f(x)$ 的图像是这个样子的，那这个时候呢，$g(x)$ 的最大值比 $f(x)$ 的最大值要大。这样的话，来，Hmn 先坐，大家一块儿想，此时，我能不能在 $g(x)$ 上找一个点，使得这个点比 $f(x)$ 的所有值都要大？

学生们：有的。

教师 Yzz：所以呢，Hmn 刚刚说得对不对？

学生们：对。

教师 Yzz：对的，此时这么一换的话，就转换成了求 $g(x)$ 和 $f(x)$ 各自的最大值，而且要让 $g(x)$ 的最大值比 $f(x)$ 的最大值大，当然，也可以有什么关系？

学生们：等号。

教师 Yzz：等号关系。这个问题看来还得继续，咱不往下走都行，我继续再变，（教师对于问题的巩固进行持续性讲解）我变成了谁？任意一个 x_1 属于某某区间 A，任意一个 x_2 属于某某区间 B，然后让 $f(x_1)$ 小于等于 $g(x_2)$，看清楚，这下两个都是任意的，应该是两个最什么值之间的什么关系？

学生们：它的最大值。

教师 Yzz：前者的最大值比后者的最小值还要小。（学生异口同声地回答教师的问题）

教师 Yzz：Ok，那稍微再变一下，如果把中间这个地方变成是大于等于号呢？（有学生说：要让左边的最小值比右边的最大值还要大）要让它的最小值比后者的最大值还要大。好，你看，我每次是不是也要像这样画图，用类似这样的图像慢慢去想，慢慢去分析（引导学生学会思考的方式）。好，既然这样的话，第八题可以暂时告一小段落。再给大家 5 分钟，继续咱们的填空题，四个填空题。四个填空题里边很多很多的错误都是细节问题，所以你一定要把你的错误原因挖掘出来。（对学习目标的要求，加上学习交流的时间规定）

（学生讨论，教师根据讨论情况对个别组进行指导和解释。持续时间 6 分钟）

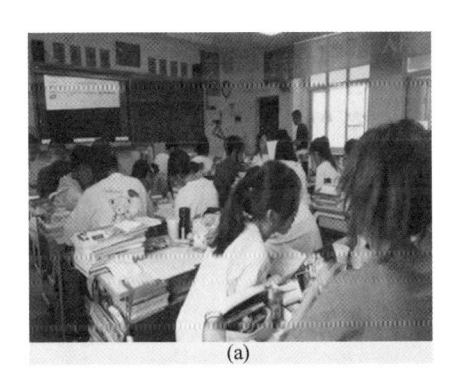

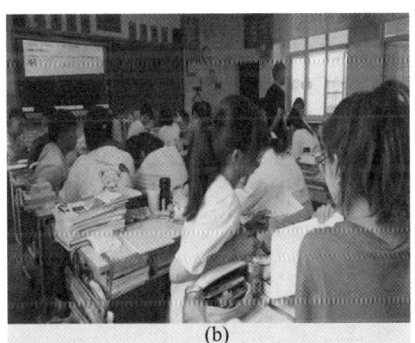

图 5-16　学生讨论交流

教师 Yzz：来，停下，你们猜猜我最想说的是哪一道题？

学生们：第 12 题。

教师 Yzz：从这点上看，咱们还是十分一致的，咱们现在一块儿把第

12 题说一下。在说第 12 题之前,我仍然想让大家回忆一个问题,就是我当时给大家举了个例子,我让大家求解一下 $y = x^2 + 2x + \frac{1}{3}$ 这个函数的值域,当时用到了哪些名词?

学生们:想起来了,换元。

教师 Yzz:换元,还有呢?

同学:复合。

教师 Yzz:很好,我当时提到的名词就是换元、复合,这个函数是由 $y = \frac{1}{t}$ 和 $t = x^2 + 2x + 3$ 两个式子复合而成的一个复合函数,那么你要想得出 y 的取值范围,肯定要先得出 t 的范围。而为了得出 t 的范围,不就是要求这个二次函数的值域吗?在整个问题中,有一个什么样的重要思想在里边呢?就是你把不熟悉的问题、较为复杂的问题,全部要往什么问题上转化?往很简单的、熟悉的问题上转化!哪些是咱们熟悉的?二次函数、反比例函数,相对来说咱们要熟悉很多呀,对不对?(引导学生思考学习的思维方式和方法)那到了这个第 12 题,同样地,这个函数现在本身既不是二次函数也不是一次函数,也不是反比例函数,更不是指数对数幂,对吗?

学生们:对。

教师 Yzz:所以你现在要想办法把它转化,如何转化?——换元,你要换的话,令这个里边谁等于 t?(学生们回应)令整个 $\sqrt{1-x} = t$,每次换完元后,还要向大家强调,别忘了这个 t 是要大于等于 0 的,两边一平方,1 - x 就等于 t^2。这么一来,对原函数的式子我们就可以写成 $y = 2 - 2t^2 + 4t$,这是不是一个二次函数?而且此时的 t 已经知道它是大于等于 0 的,就是求这个二次函数在 0 到正无穷的值域。

学生:对。

教师 Yzz:如何求,画个抛物线图,开口应该是向下,二次项系数为负,而且对称轴等于 1,比如画成这个样子,这不就是最高点吗!0 到正无穷上对应的图像就是这一部分,没有最低点,只有最高点,意味着值域就是从负无穷到这个点,即(1,4)点,所以最后就是(-∞,+4)。除了刚刚的第 12 题,四个填空题里还有哪个要解释?

有些学生：暂时没问题了。

个别学生：第 10 题。

教师 Yzz：来，让我看看第 10 题。你要说到这儿的话，我还真有的说。命题 p 是命题 q 的必要条件，先来判断——命题 p 和命题 q 的范围谁是小范围，谁是大范围？

学生们：p 是小范围。

教师 Yzz：行，那我再过渡一下，谁推谁？（引导学生思考）

学生：q 推 p。

教师 Yzz：是不是应该是 q 推 p，所以谁是小范围？

学生们：q 是小范围，p 是大范围。

教师 Yzz：在这种情况下，现在 q 是小范围，p 是大范围，这么一来，我之前在讲这个问题的时候还给大家强调过一个你一定要注意的细节？

学生 Hmn：空集。（一个人回答！）

教师 Yzz：很好。但凡你碰到一个不确定集合是一个确定集合的子集的时候，一定要注意那个不确定集合的空集情况，好在这个题里边，命题 q 不可能是空，因为 a^2+1 始终要比 2a 大，至少两个应相等，所以说，命题 q 不可能为空，这样一来，这个题就简单一些了，你只需要画个数轴，命题 P 不是从这个 –1 到 2，–1 这个地方是实心的，2 这个地方是空心的，命题 q 呢，是从 2a 到 a^2+1，既然 q 是小范围，那这个 2a 要比上边这个 –1 怎么样？能不能等于？

学生们：比 –1 大，可以等于。

教师 Yzz：这个 2a 可以等于 –1，也就是说，2a 大于等于 –1，那 a^2+1 呢？

学生们：小于号。

教师 Yzz：小于号。同样要考虑细节，我这个 a^2+1 能不能等于 2？

学生们：不能。

教师 Yzz：为什么不能呢？如果 a^2+1 等于 2，你不是说它是小范围，它是大范围吗。结果，你这里边有 2，这里边没 2，这不就矛盾了吗，所以最后得出的结果应该是 2a 大于等于 –1，而 a^2+1 应该是小于 2，解不等式得出最后的范围，$[-\frac{1}{2} \leq a < 1)$，前闭后开。Lcy，要注意啊！（提醒

学生注意思路)

下课铃声响!

教师 Yzz：好，我们休息吧，下节课继续看下面的问题。

【课后】有个别学生找其他同学讲解深化问题。

（二）师生能动共同体课堂实录的 NVivo 词汇云分析

随着方法论的发展，软件更加注重对于方法的服务，NVivo 是一款质性分析（Qualitative Analysis）软件，NVivo 在数据分析过程中为研究者提供了更加高效的研究媒介，可以有效地组织和分析丰富的信息，其主要功能有：（1）处理文献内容、访谈文稿、课堂教学音视频文本、图片、问卷、网页内容、社交媒体信息等。（2）迅速检索所有数据，自动识别纷杂数据中的关键词和主题；提供可能的分析思路和方向。（3）自动对数据进行初步分析和快捷整理。（4）链接关联性内容，找到材料中的规律。有学者将 NVivo 的便捷之处总结为三点：搜索，查询，可视化搜索。笔者认为，在质性分析当中提供一些可视化、量化的研究结果是具有真实说明性的，因此，本书借助 NVivo 三大便捷之一的查询功能，尝试对案例中的材料进行词频分析，从而得出 NVivo 词汇云查询结果。

本书将"搜索范围"设定为"选定项"，因为这里只需要查找指定的音频、视频文件和文本文件，"选定项"为师生能动共同体的课堂案例。默认"显示字词"为 1000 个，将"分组"设定为"完全匹配"，为了全面显示案例文本的情况，这里不设定"停用词列表"。点击"运行查询"按钮后，出现如图 5-17 所示的词汇云结果，词汇云中字号越大，说明该词项出现次数越多。其中，"学生"出现了 156 次，占所有词项总数的 2.84%；次数呈现于第二位的是"教师"（老师），出现了 156 次（17 次），占所有词项总数的 2.66%（0.31%）；"同学"占据第四位，出现了 69 次，占所有词项总数的 1.26%；"组"和"小组"的概念分别出现了 32 次和 22 次，分别占所有词项总数的 0.58% 和 0.4%；"讨论"出现了 24 次，占所有词项总数的 0.44%；"多媒体"出现了 15 次，占所有词项总数的 0.27%；"表达"出现了 8 次，占所有词项总数的 0.15%。由此可见，"学生"是个案学校结构化翻转课堂教学模式中的高频词汇，词频呈现次数最多，可见，在个案学校结构化翻转课堂教学模式中对学生地位的凸显，彰显了"以学生为主"的理念。在学生主体性发挥的同时，教师同样是重要的能动主体，对于结构化翻转课堂教学模式具有重要的价值和地位。

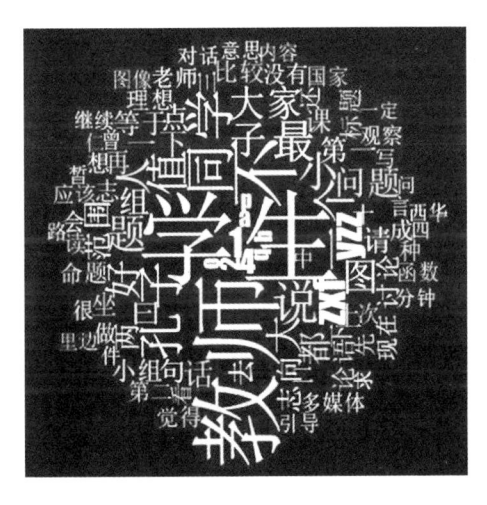

图 5-17 师生能动共同体案例的词汇云

（三）师生能动共同体的结构性课堂观察与分析

为了更加真实地反映个案学校结构化翻转课堂教学模式的原貌和图景，运用客观、科学的课堂观察技术进行教学过程的整全性分析是极为重要的。本书借助 ITIAS 课堂观察量表对个案学校结构化翻转课堂教学模式中师生能动共同体的课堂教学进行跟踪研究，并在课堂观察基础上重点对案例1——Zxf老师的语文课《子路、曾皙、冉有、公西华侍坐》第二课时，以及案例2——Yzz老师的数学课（周测卷讲解）展开矩阵图的分析。

矩阵图中的一些单元代表了教师某种特定的互动行为。其中，A、B、C、D四个区域表示相应列值的总和，可以计算得出师生言语互动的数量及其比例关系。矩阵对角线上的各个单元格的数据，表示某种行为连续出现的时间超过3秒，即教师和学生在持续地做某事——"稳态格"（详见附录D）。

6—6稳态格内的数字代表了连续讲授的时间，9—9稳态格内的数字表示学生与教师的积极互动，13—13稳态格表示这段时间内课堂上发生的是一些无意义的语言。另外，讨论对话为12—12稳态格，表示这段时间内课堂上以生生互动为主。由此，我们对这两节课的分析矩阵中所显示的数据做出分析，得到如下发现。①

表 5-1　　　　　　　　　　稳态格频次

案例稳态格	1	2
6—6	176（18%）	251（28%）
9—9	325（33%）	17（1.9%）
13—13	7（0.7%）	15（1.6%）
12—12	118（12%）	371（41%）

由上可知，所观察并重点分析的这两节课连续讲授的次数（6—6 稳态格）分别为 176 次、251 次，表示在这两节课中教师连续讲授的时间占到了 18% 和 28%。9—9 稳态格当中学生与教师积极互动的次数分别为 325 次和 17 次，这表明案例 1 中教师与学生之间的积极互动较多，占到了 33%，案例 2 中学生与教师的积极互动占 1.9%，这取决于该节课的性质——复习课。另外，13—13 稳态格表示混乱或沉寂，即一些无意义的语言或行为在这两个案例中分别为 7 次、15 次，这当中一些自主学习和课堂讨论也被记录到这一行为点上，总体来说，分别占到了 0.7% 和 1.6%。另外，案例 1 和案例 2 中分组讨论的情况比较多，分别出现了 118 次、371 次，这两个重点分析案例分别作为常态课和复习课的代表，呈现出较多的课堂讨论行为，各占 12% 和 41%，彰显了该校以学生学习为中心的教学理念。

研究者对矩阵分析图中 A、B、C、F、G、H、I、J、K 各区域的数量值也做了统计，得到如下结果：

A、B、C 三个区域表示相应列值的总和，F、G、H、I、J、K 区域表示矩阵中相应值的总和。由表 5-2 可知，区域 A 和区域 B 反映的是教师的言语互动行为，其中，区域 A 表示间接影响，案例 1 中出现了 145 次，占总次数的 15%；案例 2 中出现了 80 次，占总次数的 9%。区域 B 表示直

---

① 王鉴、李泽林：《课堂观察与分析技术》，甘肃教育出版社 2014 年版，第 224—229 页。

接影响，案例1中出现了254次，占总次数的26%；案例2中出现了337次，占总次数的37%。另外，学生的言语互动行为反映在区域C中，在案例1中出现了545次，占总次数的56%；在案例2中出现了449次，占总次数的49%。由此可见，在案例1和案例2中，学生的言语互动行为多于教师的间接或直接言语互动行为，充分发挥了学生作为结构化翻转课堂教学模式的内核，即"以学为主"。同时，在教师的言语互动行为中直接影响相较间接影响更多，这表示在个案学校的结构化翻转课堂教学模式中，教师充分地发挥了引导学生学的角色与作用，并且在课堂上能对课前学生自主学习的内容进行结构化拓展、深化和讲解，凸显了"先学后教"的理念。对后续建构和优化该模式而言，更应该在直接影响和间接影响之间寻求平衡，充分把握间接影响对提高学生学习效率的价值，同时正确看待教师讲解、直接引导等直接教学所具有的价值。

表5-2　　　　　　　　　　两区域稳态格频次

案例区域	1	2
A	145（15%）	80（9%）
B	254（26%）	337（37%）
C	545（56%）	449（49%）
F	10（1%）	6（1%）
G	17（2%）	24（3%）
H	38（4%）	8（1%）
I	10（1%）	13（1%）
J	45（5%）	45（5%）
K	457（47%）	389（43%）

F区域中的九个单元格，表示教师的积极行为，反映了师生之间良好的互动情境，该区域在两个案例中出现的次数分别为10次、6次，均占到总值的1%，这种融洽连续的表扬和详细阐述学生的观点对促进结构化翻转课堂教学模式中的师生互动非常重要。G区域的四个单元格反映了教师直接指导、给予评价或者自我辩解，在这两个案例中出现的次数分别为17

次、24次，分别占2%、3%，这表明在结构化翻转课堂教学模式中教师对学生的直接引导和实时评价时有体现。H区域和I区域反映的分别是在那一刻，教师开始说话，而学生停止说话，前者以间接方式，后者以直接方式，其中H区域在案例1和案例2中，分别出现了38次和8次，分别占4%和1%；I区域在案例1和案例2中，分别出现10次和13次，均占到1%，这表明在结构化翻转课堂教学模式中教师在学生语言之后，运用直接、间接的方式来影响学生，而案例1作为常态课，教师采用间接影响方式较多，符合课程的性质。J区域反映的是师生之间的对话与问答，尤其是一问一答，在这两个案例中均出现了45次，占5%，这表明在这两个案例中师生之间的一问一答时有出现，师生之间围绕共同的教学主题展开讨论和课堂对话，是结构化翻转课堂教学模式的重要组成部分。K区域反映的是学生之间的持续交流，在案例1中出现了457次，占47%，在案例2中出现了389次，占43%，这表明在这两个案例中学生之间的对话互动相对较多，针对课堂实录的具体情况而言，这种生生对话多以同伴学习、小组学习、全班交流的形式出现。同时，通过对K区域和C区域的数据对比，可以发现，C区域数值很高，K区域的数值在其中占据很大的比重，这表明学生之间的持续对话并非简单的短暂回应，而是学生之间持续、高效的对话和互动行为，这凸显了个案学校在结构化翻转课堂教学模式的实践过程中对于教学主旨和理念的深刻把握。

（四）基于结构化翻转课堂教学模式的分析

以系统的、结构化的思维，将结构化翻转课堂视为一个具有稳定架构的教学模式，依据吴康宁的课堂教学社会学理论，个案学校的结构化翻转课堂教学模式其实是由师生能动者角色及其行为、师生能动者构建的人际网络与师生能动共同体的活动规范构成的。作为课堂教学的社会学层面，这一层面的运行所呈现的基本格局即遵循的基本套路，其实质是课堂教学的社会学模式，而这一教学模式是关注能动者及其构建的网络人际关系的体系化存在的。

1. 师生能动者角色及其行为

教师和学生是结构化翻转课堂教学模式中最基本的构成，是课堂社会中涵盖最广、最为常见的角色构成，将其放置在师生能动共同体这一人际环境中，教师和学生的角色以及角色丛有着独特的意味。若从"角色"分析的重点来看，可根据角色的功用将其与课堂教学的任务完成与否相关联，将课堂教学中的角色分为正向角色、负向角色和零功能角色；根据角色扮演者意识到角色与否，可将角色分为显性角色和隐性角色。以此两维度为经纬，将结构化翻转课堂教学模式中的角色分为正功能角色、负功能角色和非功能角色。正功能角色包括正向显性角色和正向隐性角色；负功能角色包括负向显性角色与负向隐性角色；非功能角色包括显性零功能角色与隐性零功能角色，后者在实践中不存在。从课堂角色的正式化、制度化与否上，可将课堂角色分为正式角色与非正式角色，前者指为完成课堂任务而明确规定的角色，角色的承担者自身和他人都比较明确地意识到其在课堂教学中的职责与权利。后者则指课堂教学参与者自觉或不自觉地扮演的无明确规定的角色，若以角色扮演者的社会身份为一维，以角色为既有的课堂教学体制所认可为另一维，可以具体划分结构化翻转课堂教学模式中教师的正式角色与非正式角色，学生的正式角色与非正式角色。

在案例1中，教师Zxf将教学主题设定在"理想"上，根据这一主题展开整节课的教学环节。在教学的导入环节，就把课堂的主动权交给学生，以"论语接龙"这一游戏的方式引导学生回忆先前的知识储备，产生知识联结，从而更好地进入接下来的教学环节。接着，教师围绕"你自己对于孔子的认识？以及《论语》这本书有什么特点"这两个问题，让学生对孔子为人为学有一个基本的感知，同时对《论语》有一个基本的感受。让学生为教学内容拟订相应标题的教学环节，更是充分信任学生，让学生以小组合作的形式展开交流，根据文章内容自定标题。这一过程其实是教师作为学生学习动机的激发者以及学习过程的组织者而存在的。在"以学定教"理念的指引下，教师一切教学活动的设计都紧紧围绕学生的学习情况展开。学生的学习动机得到了激发，愿意思考，讨论交流，从而形成对《子路、曾皙、冉有、公西华侍坐》中人物不同个性品格的认识和理解，形成整篇文章的结构性总结，提炼出"问志"—"言志"—"评志"的文章总脉络，在教学过程中教师还会升华教学内容，提到习近平总书记的相关治国理政思想，引导学生形成自己的价值观和人生理想，最终以学生共同朗读《理想》来结束本节课的教学。本节课的教学方法和教学组织形式比较丰富，无论是引导学生进行自主思考以及两轮合作探究学习，还是对于文章的朗读，都指向发展学生语文学科的核心素养，也体现了个案学校"以学为主"的结构化翻转课堂教学模式的理念，学生作为课程的学习者、课堂活动的参与者以及主体地位的谋求者，在不断朗读、交流和思考中发挥着能动性作用。这一点在课后的教研活动中也有体现，Zxf 老师在说课环节说道：

大家好，我们先来回顾一下语文学科核心素养的内涵及其启示，不管什么样的文本，它都有这么四个方面：一是语言的建构和运用；二是思维发展与提升；三是审美、鉴赏与创造；四是文化传承与理解。我们依据这样的内涵确定了本课的教学目标。在语言的建构和运用方面，主要是整理、积累这些词汇与句式。在思维发展与提升方面，我们做的是梳理文脉，对比辨析，联想推理，培养结构化思维。在审美、鉴赏与创造方面，主要是评价孔子师生的理想境界，感悟理想对于人们的重要意义。在文化传承与理解方面，主要是理解孔子以礼治国的政治主张，传承儒家修己爱人的思想。这节课的主线就是"理想"，孔子及其弟子的理想，还有每个我的理想，理想在生命当中起什么作用？这是这节课的结构化内容。在结构化思维方面，第一个关注结构，形成以基本概念为核心的知识结构体系，因为这节课的字词比较难，在理解上有一定的难度，本来我还想着上节课已经翻译过了，在这节课上学生们用现代文朗读应该比较容易，但是学生站起来朗读还是有点磕巴（分析学情）。第二个就是关注思维，训练具有语文学科特色的思维方式，语文说来就是语境的事，字不离句，句不离段，段不离篇，内容放在课文当中怎么体现呢？就是通过读，通过悟，通过讨论，通过代表发言，这是一个课堂的操作方式。第三个就是专注过程，创设有利于学生主体主动建构的学习氛围，这也是这节课有点不太理想的方面，前松后紧，因为我不想一个劲儿地把我想的教给学生，还要看学生的状态，我可能对学生的要求有点高了，我还想着，换标题以及让他们归纳谈话的主题应该是很简单的一件事情，在巡视和在学生沟通过程中，发现他们有点不得要领，所以这里设计的是 5 分钟，实际上用了不止 5 分钟（应该关注学生的学习过程）。第四个就是图表，当然是把零散的东西做一个归拢，用图示、思维导图，用图表的方式把它们整合起来。这里我想践行的理念是"以学定教"，学生们对于传统经典了解得还是不够，我就根据他们理解的程度，后面相应地做了一些调整，以践行"以学定教"。在教学过程中，第一，设计的重点要突出，要做合理、有效取舍，在这节课上，我针对的教学主题主要是"理想"，我就把这几个人的性格特征舍掉了，其实，我舍的还是不够彻底，导致有点分散，时间还不够。第二，坚持输出导向，在这节课上我设计了一些活动，比如论语接龙游戏，都是为了调动他们的记忆积累，让他们讨论，让学生去读，去体验，我是想尽力地落实输出导向，给学生展示的机会。但让学生展示的话，时间就不好把控，所以可能就会出现今天这堂课前松后紧的情况。第三，让结构化翻转课堂教学模式的理念落地，要有一个清晰的思维线，前面的大框架是他们在谈什么，有什么样的过程，我将其总结成问志—言志—评志这么一个过程，然后把握他们是什么样的志向，怎么评，为什么这么评？随后迁移到自己身上，理想在每个人身上都是如何体现的？所以从文本到生活，从理解到创造，从生命到传承是一个美好的愿望。第四，我想说的是教无定法，但是学有方法，希望大家能够毫无戒备地批评指正，好，谢谢！

Zxf 老师在说课环节对教学过程中所存在的不足进行了反思，他总结了两点：一是教学时间与学生学习情况之间的矛盾问题，想要更好地实施结构化翻转课堂教学模式，引导学生输出自己的想法是需要一定时间的，而这受到教学主题、教学内容及教学方法的多重影响。二是教学主题的落实问题，Zxf 老师试图在教学过程中落实"以学为主"的理念，但是对于教学内容的取舍既要考虑到学生的学习情况，也要考虑到教学主题的完整性问题，相关的教学资源和教学环节要围绕教学主题做取舍，而这对教师的教学设计来说是个考验。

在案例 2 中，教师 Yzz 将周测卷作为主要的教学内容，在"以学为主"理念的指引下，采用合作探究的教学方法，共同解决周测卷中所存在的问题。在教学过程中，Yzz 老师先对基础的知识点通过一道题进行预先讲解，接着引导学生以小组为单位，对简单的、容易疏忽的问题展开讨论，将个别题目留到讨论之后，由教师进行讲解。对于学生的讨论过程，Yzz 老师提出了相关的学习目标和要求，即以解决问题为导向，先从选择题开始，针对有问题的地方进行交流讨论。如果小组内部出现无法解决的问题可以与老师共同解决。学生在讨论环节，互相讲解疑难点，共同破解知识性难题，一些基础性的问题在学生的互相讨论中基本得到解决。教师对于学生的学习情况预先了解，在学生讨论结束后，针对全班学生存在问题较多的地方进行深入讲解。在讲解过程中，教师并不是简单地呈现答案，而是重在对学习内容当中的知识结构和重难点进行逻辑上的梳理，举一反三，改变题目的相关数据，或运用变式进行拓展讲解。学生在这一过程中有问题可以随时提问，对于教师讲解的具体问题，学生也会主动回应与思考。整个周测卷在这里是作为学生先学的资源，对于这一部分内容的学习，教师发挥了学生的能动性，激发了学生的求知欲、探索欲和学习兴趣，从简单的问题逐渐过渡到具有挑战性的问题，形成结构化思维。在这其中，教师其实是作为规则的制定者、学习资源的提供者和学生学习的引导者，以讨论学习内容—教师深化讲解—学生巩固练习为循环展开的教学过程的，通过学习，学生并非简单地作答题目，而是对相关问题链和同类题型进行把握和理解，学生更多的是作为学习的能动者、合作学习的参与者、教师讲解的反馈者。

对于教师和学生在师生能动共同体中的角色与行为，笔者对 S 学校的教师和学生进行了深入访谈，他们对此有自己的认识与理解。在教师访谈方面，语文教师 Zxf 认为：

在我们学校的结构化翻转课堂教学模式中，教师不再是知识的讲授者，不是课堂的主角，而是学生学习的引导者，是课堂教学的组织者，是学习活动的参与者。在课堂呈现上，教师有主持人的担当；在学习过程中，老师是伙伴角色。

语文教师 Zjr 对教师和学生角色的理解具有多重意涵，她说：

我想从三个方面说。其一，教师是学生学习的策划者、组织者、参加者、引导者、启发者、观察者、评判者……教师的教是为了学，从授之以鱼转化为授之以渔。其二，教师从讲师变为导师。"讲"强调的是讲解、教导、指示、传授、传承。而"导"强调的是引发、引导、指导、开发、培育，还强调双方平等，对学生充分尊重。在引导、指导的过程中，就可能产生真正的交流。对话，进而产生质疑、探究、求真。其三，教师由原来的讲授者变成了支持者与协助者，就是由原来的硬性知识传授者变成了个性化教学的辅助者，教师由不管学生进度变成了全方面关注学生学习动态的监管者。

数学老师 Wfj 说道："主要体现了学生的主体地位，老师只是一个组织者。"英语教师 Qfj 认为："我们老师更多的是作为一个组织者和引导者，为学生保驾护航。"化学教师 Dj 认为："教师的角色从内容的呈现者转变为学习的陪伴者。教师与学生的关系更为亲密，构建了良好的师生关系和师生交流平台。"在化学教师 Dk 看来："师者传道授业解惑是教师的本来角色，需要与学生区分。但与此同时也是学生的朋友，要走入学生的心里，才能有亲师信师的结果。"

在学生访谈方面，学生 Hmn 认为："在预习的时候，我的地位是老师，老师的地位是学生。在讲的时候，比如在纠正错误的时候，他的身份肯定还是老师，我的角色是学生。"

在她看来，结构化翻转课堂教学模式中的师生角色和行为关系是有翻转的，也强调了学生是学习活动的主人，但其表述可能存在一定的误差。正如《师说》所言："师不必贤于弟子，弟子不必不如师。"正所谓三人行，必有我师焉，这位学生的理解存在其合理性，但是对于教师地位的尊重以及角色的认知尚不成熟，可以在与教师交往的学习过程中再去感受，再去体会。学生 Qjd 则说道：

个人想法，如果说把这个导学案比作地图的话，我就像是一个冒险家，实际上我们在面对知识海洋的时候是茫然无措的，但是导学案会给我提供一个非常有代表性的、非常权威的这么一张地图，让我知道要往哪走，才不至于偏离方向。我作为冒险家和探索的主体，老师更像是我的这个方向标、指南针、灯塔，老师更像是我们的导游，告诉你应该往哪儿走，可以往哪些方向走。老师和导学案，我觉得是一个相辅相成的关系，导学案更可以促进我们自主学习，老师会把我们引领到一个正确的方向。

学生 Cxt 则认为："老师更像是辅助我们的角色，我感觉学校的理念就是让我们先自己思考,然后老师会给我们深化问题。"学生 Lzx 认为:"我们的学习还是主要靠我们自己,老师其实就相当于一个引导,我感觉老师就是引导学生走向这个正确的方向,以不至于走歪。"

总而言之,在结构化翻转课堂教学模式中,教师和学生的角色及其行为有其现实价值和丰富的意涵,这都是由教师和学生作为能动者主体的行为与结构之间的相互作用关系,在螺旋式的相互建构和相互作用中丰富和发展而来的。教师是学生学习的引导者、协助者、陪伴者,课堂教学的组织者和评价者,学习活动的参与者与设计者等,学生则是学习活动中的主体,是知识和文化的探索者,是自我体验的经历者,是教师专业发展的促进者。其实,教师和学生的角色及其行为在结构化翻转课堂教学模式中要走向深度理解、深度阐释、深度转变,就必须理解教师和学生的角色结构,阐释教师和学生的角色行为,转变教师和学生的主观角色和常规角色,在具体的情境中彰显角色的特性,把握教师和学生的角色及其行为的全面性,走向深度的系统性变革。

2. 师生能动者的人际网络

结构化翻转课堂教学模式作为一个有机的系统性结构,其重要的组成部分就是人际互动。人际互动作为一个动态过程深刻地影响着结构化翻转课堂教学模式的生机与活力,而结构化翻转课堂教学模式自身就是一种动态的社会过程。经由这一过程,学校方能达成其教育目标,促进学生的全面发展,培育学生的核心素养,完成人的培养目标,实现其社会化和社会选择的功能。师生能动者之间的交往互动是结构化翻转课堂教学模式中的主要人际互动类型,占据着教学活动的大部分时间,教学内容和课程知识的设计与实施大都围绕师生能动共同体展开。而人际交往所构成的人际网络既是教师和学生在发挥能动性时,与规则和资源相互作用所建构的关系性存在,也是影响和作用于结构的主体性存在。其实,许多学者提出了有关师生能动者交互作用的理论模式,比如小群体沟通模式、社会交互作用模式、信息反馈模式等。(1)小群体沟通模式由李威特等人通过实验研究提出,该模式将沟通的形式分为五种——全通道式、链式、Y 式、环式、轮式,不同的形式中成员之间的交往活跃度、心理满意度、组织领导的明显度都是有差别的。(2)社会交互作用模式,主要是由贝尔斯和弗兰德斯总结提出的,贝尔斯将群体成员面对面交互作用总结为一张列表,任何一种交互行为都可以归类于这张互动行为分析列表中,具体考察教师与学生之间的人际网络关系。弗兰德斯将教师和学生的互动行为分成10类,大致包括教师的行为、学生的行为及课堂上的沉默或混乱等,可依据这一课堂行为观察量表,考察课堂教学的结构。在新的时代条件下也出现了ITIAS基于信息技术的课堂观察量表、基于深度学习的课堂人际互动观察量表,都是社会交互作用模式的考察依据。(3)信息反馈模式,是由蓝克尔提出的,强调影响教师和学生双方互动行为的决定因素,并根据信息反馈原理,将教师课堂行为的决定因素与学生课堂行为的决定因素联系起来,构建了一个"信息反馈圈",据此说明师生的互动关系,作为对师生间相互依赖的人际网络关系的最佳说明,即教师和学生参照系一方面受到本人自身的作用,另一方面则是本人与对方相互作用后所获得的信息反馈。

在案例1中,教师Zxf与学生的课堂互动遵循了一定的人际互动逻辑。最开始的"论语接龙"环节,是一种链式的互动交往,教师引起师生交往活动,由一位学生连接起下一位学生,可以说关注到了每一位学生。然后到"对于孔子的认识,以及《论语》这本书有什么特点"的课堂导入环节,师生之间的持续问答,教师充分引导着学生,这是一种轮状式的互动交往,教师居于课堂互动的中心,这种方式有利于教学环节的层层深入,但是无法满足所有学生的心理需要。接着,到了本节课正式的教学环节,教师引导学生了解孔子所处的年代,并提到了习近平总书记所说的"和平是人类的永恒期望,和平就像空气和阳光,受益而不觉,失之则难存"。这也奠定了本节课的基调,升华了本节课的教育内容,体现了本节课的育人价值,调动了学生学习的积极性。在第一个课堂探究环节中,Zxf老师层层递进地带动学生去自拟标题,包括对后面文章结构的总结,围绕着"问志"—"言志"—"评志",论及了侍坐者四人的人生志向及其人格特点的不同之处,通过一系列教师提问和学生应答,在轮状式的互动交往中完成整体的内容梳理。最后,教师让学生从古文的学习中回到现实的生活世界里,而这是由孔子学说的价值引出的,并带领学生共读《理想》,共同体会人生的真正价值。正如Zxf老师在本节课最后所说:

有一点咱们要知道,孔子周游列国,甚至有过"乘桴浮于海"的理想，但终其一生并没有达成。可是，孔子做梦也没有想到，在21世纪的今天，他的学说产生了如此深远的影响，走进了全世界热爱和平的人们中间，理想还是要有的，万一实现了呢？一辈子实现不了，子又生孙，孙又生子，子子孙孙，无穷尽也，总会有实现的一天。

笔者认为，这是本节课育人价值的生动体现，是核心素养的真正落实。正如同Zxf老师在教研活动中所说，本节课希望贯彻落实结构化翻转课堂教学模式的理念——"以学定教，先学后教"，将课堂还给学生，围绕教学主题，实现了教师和学生在师生能动共同体的"信息反馈圈"中，相互依赖，相互成就。

在案例2中，Yzz老师从对学生学习成果的评价入手，引发学生对于问题的求知欲和对难点易错点的挑战欲，整节课基本上是以学生自学—教师总讲—学生合作—教师深化的循环过程展开的，从社会交互作用的模式来分析，教师语言并没有完全充斥在整节课中，师生能动共同体内部的沟通是问题解决式的，是高效精进的。整体来讲，教师语言的发生是为了调节学生在学习活动中的"不适"，因此是有效的，而学生语言的比例超过了教师的语言，这一过程实现了贝尔斯所说的教师及时地进行反馈指导，可以顺利起到"沟通""评价"和"控制"的功能。Yzz老师的语言魅力和教学智慧生成积极的回馈和反应，有助于良好课堂氛围和人际网络环境的建构，对学生的学习态度和效果产生了积极的影响。

案例是真实课堂的展现，为我们展现了个案学校结构化翻转课堂教学模式中师生能动者共同体的人际网络图景，而对于教师和学生的理念和行为的把握，还需要通过访谈予以考察，当研究者问及"您的课堂中师生关系如何？您是如何看待贵校结构化翻转课堂教学模式"时，Zxf老师回应道：

先学后教，已是我日常教学的常态。一切有效的学习都是从自主学习开始的，没有学生的自主思考，就没有"不悱不启""不愤不发"的教学契机。没有结构化，就没有高效的教学效果。这也促进了学生和我之间的良好关系和交流环境。

Zjr 老师认为：

我觉得师生之间的关系是在平等对话中构建的，理科会经常采用导学案的形式，进行结构化课程安排，文科也大胆地整合教学资源，提高课程效率。（结构化翻转课堂教学模式）在大胆的尝试中，其效果会逐渐凸显出来。

在 Qfj 老师看来：

师生关系的建构是一个比较漫长的过程，我认为主要有以下几点：扎实的专业功底会获得学生的信任和崇拜；对学生的爱能让学生学会爱，包括教学和生活方面的关心，让孩子有绝对的信任和安全感，亦师亦友，但要把握好这个度。在我看来，只有师生之间的关系良性化，才能构建有趣的课堂活动，而有趣的课堂活动可以让教学目的落地。

Wfj 老师认为："师生是搭档，相处融洽才能互相成就。"

学生对于个案学校结构化翻转课堂教学模式中的人际网络也有自己的理解，比如在谈到"你们班的课堂氛围还挺活跃的，你觉得这是什么原因"时，学生 Hmn 说道：

这跟老师的教学有关系，我喜欢上他的数学课，因为 Y 老师平时跟我们关系比较融洽，而且他讲课的方式比较轻松，所以我们习惯了，也就会比较活跃一些。我是我们班的班长，平时在遇到问题时老师都会积极地帮助我们解决。

而对于"你和老师、同学们之间的关系是怎样的"这一问题，Qjd 同学回应说：

这个我觉得是要分场景的。在课堂上的话，我们更像是主人，老师更像是观众兼评论员，根据我们的情况，他进行评论，然后对我们的解答进行补充修订。在课下的生活中，老师会关照我们，跟我们更像是父亲和孩子的关系,他对我们是特别好的。

Cxt同学则认为:"跟老师有那种比较亲近的关系,我就敢在课堂上表达自己。再就是我们班的氛围,让我感觉很融洽。"

总之,在结构化翻转课堂教学模式中,师生能动者的人际网络是依托于师生能动者双方的相互关系和相互依存程度的,良好的课堂氛围有赖于良好的人际网络关系,而人际网络关系的形成会对课堂教学的推进产生积极影响,更为重要的是会影响学生的学习态度及其对班级的依存感,有利于形成以班级为单位的"命运共同体"。而良好的师生能动者人际网络的构建需要教师和学生能动者的行动,即在互相信任的基础上,朝着共同的发展方向和共同愿景,借助丰富的教学内容,形成良好的权威性资源。

3. 师生能动共同体的活动规范

结构化翻转课堂教学模式中师生能动共同体的活动规范主要从两个方面来说,其一是结构化翻转课堂教学模式中的规范性文化,其二是结构化翻转课堂教学模式中的规范形成过程。(1)在结构化翻转课堂教学模式的规范性文化方面,社会作为一个整体系统,物质层、制度层与文化层构成了这一整体系统中的诸多子系统,因此,文化是诸种文化群像的观念集合,这种观念集合在一定程度上能使物质的和物化了的因素经由其渗透而富有意义与价值的属性。正因如此,文化赋予一切事物以意义,它不仅指向物,而且指向人本身。在这个意义上,文化既有对整体社会系统的依赖性,又含有自身的独立性与创造性。社会学的文化类型是文化当中最为重要的部分,分为规范性文化、符号性文化与价值性文化,分别指涉制度层、表象层和观念属性层。[1] 其中,规范性文化为课堂教学社会提供了观念基础,其实质是制度性的观念文化,将个人与社会的行为和能动作用框制在社会矩阵中,培养教师和学生对能动共同体的自发依赖与遵从,完成观念、意识的整合,从而实现整体的目标。(2)在结构化翻转课堂教学模式中的规范形成过程中,具体分为制度性规范的形成过程和非制度性规范的形成过程,前者是通过角色期望和角色学习形成的;后者则受到学生同

---

[1] 吴康宁:《课堂教学社会学》,南京师范大学出版社1999年版,第50页。

辈群体和教师的影响,其中,学生的角色学习过程经历着认识规范—认同规范—自觉维护规范的过程。

在个案学校结构化翻转课堂教学模式的案例1中,在一开始的"论语接龙"环节,教师和学生很有默契地交替接答,使得课堂教学井然有序,教学内容本身的价值使其自身成为课外的资源内容,得益于教师的预先布置,也得益于教师对学生学情的基本把握,这样才有了学生之前学习的深度和广度。教师Zxf对于学生的学习小组是有明确的组内界定的,这也成为师生能动者对话的前提和依据,成为大家的共识。比如小组内左上方的学生(案例中以学生A为代表)、右下角的学生(案例中以学生C为代表)来回答问题。而组内在分工协调上也具有一定的过往学习经历的印记,教师在请学生朗读的三次活动中,在角色的分配上并不存在时间的占用,这也是活动规范习得的表现。另外,当教师每每进行课外延展和新时代中国特色社会主义思想内容的提升时,学生总能应和老师,随着老师的引导去思考和表达,这也得益于师生能动共同体内部的观念与意识的整合。

案例2也能体现活动规范的影响和作用。Yzz老师对于学生的学情有着非常细致和深刻的把握,在共同解决问题的确定环节,教师和学生之前有着共同的默契和感知。从角色期待的角度来说,教师对于学生的学习要求和目标,在课堂教学的全过程中都有所体现,这些学生对此也是深有感知的;学生对于教师的需求,教师也能准确地知晓,这是活动规范中制度规范的第一个环节。从角色学习的角度来说,显性方面体现在上课伊始,Yzz老师要求学生准备好课程学习资料和相关资源,他提到:"周测卷、听课手册、课堂练习本!"笔者在观察中也在笔记上标注道:"课堂中规则的内化;教师巡视,并查看学生的课堂教学资源准备情况。"隐性的方面体现在教学环节的衔接上,如教师先讲解关键内容,学生进行合作讨论,一切都进行得游刃有余,环环相扣,从中能深刻体会到学生自主学习和合作学习的良好学习习惯和学习态度,以及与老师及时沟通的、积极的课堂氛围。

针对个案学校结构化翻转课堂教学模式中的活动规范,研究者访谈了教师和学生。如Lxj老师谈道:

在我的课堂当中，反馈这块儿，形式非常多样，经常都在反馈，如作业质量、共性问题梳理等。我认为，反馈是在助力学习成就更棒的自己，与学生表达自我并不冲突，而学生也愿意表达和交流。

Wfj 老师说道："通过活动，师生关系更加和谐。活动也是很有秩序，尤其是小组合作，学生已有明确的分工，体现了活动的规范性。"Lxz 老师认为："与学生亦师亦友，爱而不纵，严而有爱。"Dj 老师觉得：

在课堂上积极观察学生的表现，课前针对学生导学案中出现的问题进行记录，在课堂上及时解决。如果是个性化问题，会单独进行辅导。课堂氛围要积极活跃，为学生搭建良好的交流平台。

有学生对这一问题也表达了自己的看法，Hmn 同学认为："如果是不会的，我们就会直接说出来，因为毕竟课上的时间很重要，所以不会的就要抓紧问。"Qjd 同学觉得：

我可以自觉地运用一些容易简单的内容去解决问题，因为高二已经上了一年了，我的知识体系基本形成了，我其实真正要做的是进行填充，还有修补工作，以深化学习。

Cxt 同学说道：

其实大家基本上不是什么明文的，只是一种习惯性的学习方式吧，就像我们讨论问题的时候，肯定是先讨论问题，先把存在的问题解决掉，再继续干别的事情，只是一种习惯吧。

总之，结构化翻转课堂教学模式中的活动规范，既是能动者角色及其行为和人际网络的产物，也是维持这两者之间状况的保障，其显示的是课堂教学系统的特征和内在展开过程。无论是师生能动者之间的默契，还是能动者个体的刻意为之，都是为了课堂教学过程的有序展开。因此，对于结构化翻转课堂教学模式中的活动规范，教师和学生在认识规范—认同规范—自觉维护规范的角色学习过程中,要完成自己的角色期待,形成制度规范,互相发挥多维度的非制度化能动性。

二 个案学校结构化翻转课堂教学模式中生生能动共同体的分析

(一) 生生能动共同体的案例

1. 案例 3:地理《荒漠化的治理》

观察科目/主题:地理必修/荒漠化的治理——以我国西北地区为例

观察班级:高一(10)班

观察时长:48 分钟

观察要素:师生互动

观察目的:观察学生之间的个别化、集体化互动对话过程

【课前】准备好 PPT、电子白板以及板书,让学生先看导学案中的内容。

【课中】

教师 Smr:好,上课。

全体学生:老师好。

教师 Smr:同学们好,请坐。在正式讲新内容之前,咱们先看一张图片,图片里的场景,大家都经历过吧?

学生:经历过。

教师 Smr:三月中旬刚经历过,在你们亲身体会过之后,在这节课上我给你们分析它的背景,最后的源头是不是归宿到了蒙古国?因为蒙古国发生了非常严重的沙尘暴,最终影响到了我国。在分析完所有的新闻资料之后,沙尘暴被归结成什么问题呢?归结为今天我们所要学习的概念——荒漠化。(教师以学生亲身经历过的事件为切入口导入课堂教学,并将教学内容用板书书写出来)首先,我们分析这节课的标题:荒漠化的防治——以我国西北地区为例,我们会发现,这节课的标题明显是要说两个内容,重点是第一个。但如果按照我们平时上课的习惯,我们要拆解这个标题,它的第一个关键词,先要关注谁?(教师引导学生分析教学内容的重点与难点)

学生们：荒漠化。

教师Smr：只有知道了它之后，我才能关注防治的问题。既然我们要防治，这个词是不是又可以分成两层。第一层是？

学生们：防。

教师Smr：预防，对吧？若出现了问题就要治理，说明这是一个很严重的问题，我们先来了解荒漠化的概念，以前已经说过了，所有的问题在地理上一定要先把概念弄通，再理解这个概念。我觉得，大家也应该习惯这种思考方式，去拆解这个概念。

学生们：荒漠、化。

教师Smr：一个是荒漠，另一个是化。对第一点你怎么理解？什么是荒漠？

个别学生：没有植物。

教师Smr：没有植物。之前在讲自然地理的环境整体性时，不是看过一个世界自然带的图？所以在大家普遍的理解当中，荒漠带大概都应该是这样的。我把这几张图片命名为"你想象当中的荒漠"，古人的那句诗是怎么说来着？（引导学生发挥想象，拓展知识）

学生们：大漠孤烟直，长河落日圆。

教师Smr：对，很壮阔、很辽阔的一种景象，但实际上的荒漠远远超出你的想象，这些图就是荒漠化的实际样子，大家理解的普遍应该是这种。那好，现在你们根据这四幅图片思考一下，你觉得什么样的状况叫荒漠？都是干旱的地吗？（学生们回应说"不是"）但是，这四幅图中的一个共性的东西是？

学生们：植被覆盖。

教师Smr：对，荒漠真正反映的状况应该是植被的覆盖率很低。那如何理解这个"化"？我们在学习完人口之后也学到了一个词，也带着这个字。（有学生说是人口老龄化）"人口老龄化"是什么意思？

学生们：趋势。

教师Smr：或者叫过程，对吧？刚才说荒漠是植被覆盖率较低的状态，而"化"是一个过程，所以说"荒漠化"是植被覆盖率越来越少的一个过程。（教师引导学生联系已有经验，明确教学主题与内容）

(a) 课前导入 　　　　　　　　　　　(b) 课前导入

(c) 核心概念界定 　　　　　　　　　(d) 核心概念界定

图 5-18　多媒体显示课前导入和核心概念界定

教师 Smr：请看课本第 16 页的第一段。我们要解决第一个问题，即明确到底什么是荒漠化，以及它有哪些表现。好，接下来在看的过程当中，可以跟你的小组成员讨论，思考学案中的第一个探究问题，荒漠化的本质以及它的表现，这个线索图该怎么完成？看完之后你要敢于写出来。写完之后，通过跟你的同学讨论，或者说我们一会儿讲解，你才能发现自己的问题，找到错误的原因。（自主学习时间持续 2 分钟，教师根据学生的情况进行具体指导）写完后可以跟其他小组成员相互讨论交流。（根据学生情况，调整小组成员，在探究学习目标下，引导学生讨论交流相关问题，持续 3 分钟）

【合作探究学习】靠近窗户，即从讲台往后的一列同学为第 3 组，编号 1—③组。

A 同学：你们是怎么写的？

C 同学：由于没有植被的保护导致地面裸露，使得风沙侵蚀和水土流失，水分和养分就流失了，导致了荒漠化。

(a) 自主学习　　　　　　　　　(b) 合作探究学习

图 5-19　自主与合作探究学习

D 同学：学案里头的第一个空，我认为是缺少水分和养分，所以地面裸露，长期受到风沙侵蚀和水土流失后，土壤中的水分和养分流失，土地的生产力长期丧失，就有了荒漠化。

A 同学：我觉得你这里少了一个生产力长期丧失，这样才有的荒漠化。

C 同学：对，我补上，把这个忘了。那这里还有一个问题，我和 D 的第一格不一样，你写的啥？

A 同学：我跟你一样，但是感觉不太对。

D 同学：你看这里，我觉得应该是水分和养分缺少了，地面才会裸露的。

A 同学：但是感觉和后面重复了。

C 同学：我想想。咱们要不再看一下导学案和教材。

B 同学和 A 同学：行呢。

（B 同学未回应，未加入讨论，在自行填写和思考）

教师 Smr：Qxy，来说说你的？

学生 Qxy：好，我第一个写的是缺少水分和养分，然后地面裸露，受到风沙侵蚀而导致水土流失，土壤中的水分和养分流失，土地生产力长期丧失，然后荒漠化。

教师 Smr：好，现在，是否同意她说的这个？

部分学生：同意。

个别学生：我不同意。

教师 Smr：没有别的？Qxy 请坐。你来说说？

学生 Lll：我觉得应该是先没有植被的保护，地面才会裸露，然后导致了风沙侵蚀和水土流失，水分和养分流失，因为生产力长期丧失导致了荒漠化的景观。

教师 Smr：好，你们看，刚才 Qxy 同学说的大家有没有注意到，她的第一个空填了什么？

学生们：缺少水分和养分。

教师 Smr：那缺少了水分和养分，和土壤中水分和养分的流失有区别吗？（有学生说一样）缺少了和它流失了有区别吗？

学生们：没有。

教师 Smr：没有，这是不是又重复了？因为这个箭头代表什么含义？（有学生说是递进）递进，或者说是一些流程，这个是单向的，所以这个环节能重复吗？

学生们：不能。

图 5 – 20　学习资源

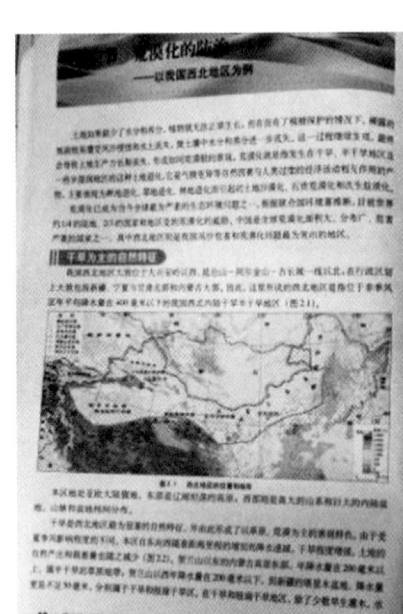

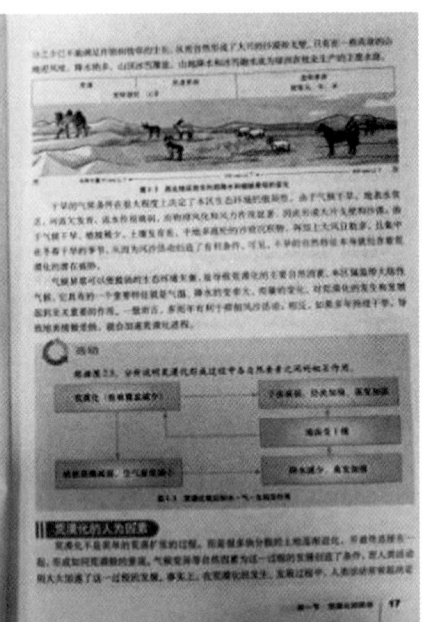

图 5-21　学习资源

教师 Smr：不能，所以第一个空应该填什么？

学生们：没有植被保护。

教师 Smr：嗯，对，我们第一个空应该填的是没有植被的保护。后边儿这个大家基本都没有问题，我刚才在转的时候发现，也就是说整个这个荒漠化的出现是一个过程，所以我给你们的也是流程图，它也在表达荒漠化应该是个变化的过程。一开始，其实原因是因为植被遭到了破坏，而植被是不是可以保持水土，包括防风护沙，因为失去它的保护，所以地表直接？（学生说裸露）裸露。而我们前面在讲到影响地表的外力作用时说过，有风力作用、有流水作用，如果有植被的覆盖，它可以降低风速，减少降水对地表的冲刷，那现在因为地表没有了植被，直接裸露出地表了，所以降水就会冲刷地表，那风力也可以侵蚀地表。但是你想一个问题，不管是风还是流水，当它侵蚀的时候，侵蚀的都是地球的最什么？

学生们：表面。

教师 Smr：而最表面刚好是谁的存在？（有学生说是风沙，有学生说是土壤）土壤！它是整个土壤里最肥沃的那个部分，因为它的作用导致土壤中的水分和养分就开始什么？流失，那它流失了之后，缺少了植物生长所需要的养分和水分，植物还能生长吗？（学生们说"不能"）结果就是土地的生产力下降了，它的产出越来越少了，最终形成类似荒漠的景观。荒漠化它是一个什么？（教师不断引导学生理解沙漠化其实是一个过程。）是由谁开始的过程？

学生们：植被遭到破坏。

教师Smr：植被遭到破坏而引起的一系列过程。按这个过程去想，荒漠化的本质是什么？刚才我们描述了它的形成过程，最终结果是生产力的下降。说白了就是这个土地在逐渐退化，从耕地、从草地、从林地退化成什么了？

学生们：荒漠。

教师Smr：所以它的本质其实是一种土地的退化。（教师板书相关内容）这就是说，在刚才描述荒漠化形成的过程当中，我们既了解了它的过程，也找到了一个基本的原因，根源是谁？植被遭到破坏，导致的结果是形成一种荒漠的景观，而整个过程的本质是土地的退化。好，那现在再想一个问题，既然是土地，它退化了，什么样的土地会退化成荒漠？可能是哪些土地会退化为荒漠？（教师引导学生展开思考）耕地可以吗？

学生们：可以，草原也可以。

教师Smr：林地行不行？

学生们：行。

教师Smr：只要是有植被的，如果植被被破坏，都有可能退化成荒漠。

教师Smr：那你们现在想一个问题。荒漠和荒漠化的区别是什么？

学生们：一个是荒漠，一个是荒漠化。

图 5-22 探究问题

教师 Smr：对，荒漠是一种什么？（学生说是结果）结果，是一种景观类型，代表植被覆盖率比较低，而荒漠化是什么？（学生说是过程）过程，那现在一定就是荒漠了吗？（学生说不是）不一定，可能正在变化当中，这有一个区别。还有一对词也经常出现，这两个词（荒漠化和沙漠化），它俩等价吗？

学生们：不等价。

教师 Smr：可能大家普遍认为荒漠化和沙漠化是等价的，为啥不等价？（有个别学生在表达观点）那沙漠到底是什么？地表的物质组成是沙子，荒漠是？

学生们：土壤。

教师 Smr：土壤吗？荒漠是植被覆盖率很低的一种状态，不一定是沙漠。所以沙漠化不等于荒漠化，但是沙漠化是荒漠化的一种表现。那这两个概念是不是一个大小的关系，谁包含谁？

学生们：荒漠化包含沙漠化。

教师 Smr：对，荒漠化包含沙漠化，但有时候我们可以认为沙漠化是狭义的荒漠化，你们在做题当中可能会遇到一种情况，它认为的那个沙漠化就是什么？荒漠化，是广义跟狭义的问题。也就是对实际的这个荒漠化来说，它们应该有不同的表现形式，大家需要知道的有这么三种。给大家看这么三种情况，第一种，这是大家普遍理解的，土地的沙漠化，其根源是植被被破坏。刚才说了，因为植被遭破坏，地表裸露，出现了风力和流水两个作用，而这种沙漠化导致这个地区本身气候更加干旱。而它的主要分布在哪儿？看资料，西北干旱、半干旱地区，这就是我们这节课的副标题——以我国西北地区为例，那就是说，我们今天要了解的西北地区的荒漠化，应该是以什么为主？（学生说是土地的沙漠化）这是第一种表现，也是我们普遍理解的一种荒漠化，这是一种。第二种，那你觉得这种结果是怎么形成的？刚才我们所说的那个过程，首先起始原因是什么？植被被破坏，那说明这个地儿原来就是这样的吗？（学生说不是）树木被砍伐，底下这个石头是不是就裸露出来了？所以形成这样一个景观。对我国来说，这种实质荒漠化在西南地区分布是最为常见的，我们当时讲过一个流水的溶蚀地貌的名词，石灰岩是不是很容易跟水发生化学反应，变成可溶于水的碳酸氢钙被带走了，这种岩石很难形成什么？土壤。因为土壤是岩石风化的一个结果，然而，这儿的石头很容易跟水发生化学反应，被带走了，形成土壤是不是就很难？（学生说对）那你失去了植被对土壤的保护，土壤是不是就更容易被冲刷走了？底下那个石头就会露出来，就形成我们所说的这个实质荒漠化，（板书荒漠化的第二种形式）可能在有些资料里边，会把这个地方简称为石漠化，指的就是这种荒漠化。第三种叫次生盐碱化，看这个图，有些同学可能见过，叫盐碱化，而它的出现更多的是由于不合理的灌溉。我们经常说地下水都含有矿物质，如果你浇的水太多，地下水位就会怎样？（学生回答说上升）对，上升，是不是贴着地表了？如果气候又很干旱，就会把矿物质吸出来，为什么会吸出来？它不是被溶解在水里了吗？水被蒸发了，那矿物质在地表就该析出来了，这就是我们说的次生的盐碱化。然后，我在我们小区里拍了一张这个照片，如果你仔细观察冬春季节，这种景象很常见。比如咱们升旗广场那个砖缝上，你觉得那是霜吗？可能你当时会认为它是霜，但等到中午阳光一强烈，那个时候升温很快，霜就该化了，但那个白色并未消失，那其实就是砖缝里析出的这种矿物质，它什么时候才会消失？（学生说冲刷）一下雨就冲下去了。

(a) 土地的沙漠化 　　(b) 盐碱化

(c) 次生盐碱化 　　(d) 次生盐碱化实例

图 5-23　多媒体显示地形实例

教师 Smr：我们得先了解西北地区的基本特征，这个任务是昨天留给大家完成的，来看看你们的那个学案，交上来之后出现的问题还是挺多的。错的重点地方在哪呢？在第二部分主要的自然地理特征这儿，第一条，问西北地区的地形以什么为主？来，你们告诉我五种基本地形有哪些？

学生们：高原、盆地、山地、丘陵、平原。

教师 Smr：自己低头看，多少人写了荒漠和草原？你在学习这个问题的时候，忽略了地理学习非常重要的一个东西——这幅图（用PPT展示），你们只看了文字，比如说，我要求你们填的是西北地区的地形，来看这个，这幅图红色线以北是我们所说的西北地区，你们在课本上找出西北地区有哪些地形单元，这里的地形和地形单元的区别是什么？（利用导学案进行知识的深化理解，补充知识的不足和盲点）先说地形类型有几种？

图5-24　导学案内容的深化

学生们：五种。

教师 Smr：地形单元是什么？

学生们：塔里木盆地。

教师 Smr：对，塔里木盆地。

学生们：准噶尔盆地。

教师 Smr：准噶尔盆地。

学生们：内蒙古高原。

教师 Smr：内蒙古高原，有的同学说不还有天山吗？

学生们：有。

教师 Smr：但是这个问题是问你主要以什么为主？占比例较大的是

什么？

学生们：高原和盆地。

教师 Smr：我感觉大家在做这个题，做填空的时候就只注意这个空，就不往后读，后边一空就问了周围有什么？

学生们：山脉。

教师 Smr：所以借助导学案学习，不要只顾着眼前，要连贯起来去阅读，对文科生来说，阅读非常重要，因为不管是地理还是历史抑或是政治题，你们都要面临大段的文字，所以要养成良好的阅读习惯。（带领大家解决了导学案中出现问题最多的第一题。）

教师 Smr：后面错得比较多的，关于河流，第一个空，（PPT 上呈现导学案的具体内容）很多同学都写了欠发育。当我们描述一个区域特征的时候，它问河流怎么样？问的是数量。因为你前面已经填了这个地方降水比较少，在降水少的这个背景下，河流很难形成很多条。

学生们：对。

教师 Smr：所以第一个河流数量是少的，后边说多内流河，啥叫内流河？

学生们：不能流到海里。

教师 Smr：对，也就是说，这个河流无法注入海洋，没注入海洋，那流到哪去了呢？

学生们：干了。

教师 Smr：对，干涸了，或消失在沙漠当中了，换句话说，你就想它为什么流不到海洋里？

学生们：离海比较远。

教师 Smr：对，有的同学说得很好，西北地区深居亚欧大陆的内陆，本来距海就很远，如果距离海洋远，那长江源头距离海洋也很远啊。所以最后的空水量怎样？

学生们：偏小。

教师 Smr：不要用大小去形容，这是一个错误比较多的。还有一个植被覆盖率都说是绿的，填小合适吗？你刚学过人口，高出生率，高死亡率，高自然增长率。

学生们：空水量偏低。

教师 Smr：现在大家用一个词来形容西北地区最突出的自然特征。

学生们：干旱。

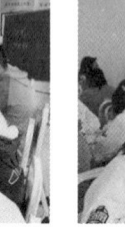

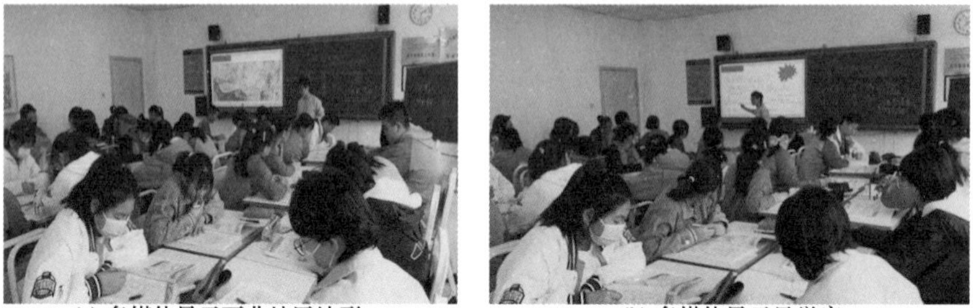

(a) 多媒体显示西北地区地形　　(b) 多媒体显示导学案

图 5-25　探究一

教师 Smr：对，所以你们看河流少、内流河、植被覆盖率低、降水少，这些体现的不都是干旱吗。而我们讲的这个荒漠化就是以它为例，说明西北地区出现这个荒漠化，一定与这个地区的自然环境特征是相关的。接下来，我们来看西北地区这样的自然特征对这个地区出现荒漠化有什么样的影响？回应这个问题，同样需要大家以小组合作去完成。你们注意在填空的时候，这个图反映的仍然是一种思维的过程，你们就从干旱出发，分析它会带来哪些影响？（第二次合作学习开始，用时 29 分 3 秒）

【第二次合作探究学习】观察 1—③组，教师巡视指导各个小组的学生。

学生 A：这里第一个是干旱，对吧，后面的就按照这个往下填。

(a) 自主学习　　(b) 合作学习

图 5-26　探究二

学生C：以干旱为主的自然特征，这里是物理风化和什么强盛？

学生D：在课本第17页，应该是物理风化和风力作用显著，这里应该填风力。后面说了因为物理风化和风力作用显著，所以形成大片戈壁和沙漠。这个格应该填大片戈壁和沙漠。

学生A：对，然后说平地多疏松的沙质沉积物，所以这块儿应该填沙质沉积物，对不？

学生D：是的呢！底下这个空填啥？接着读，是不这前边的植被稀少，土壤发育差？

学生A：嗯，上边是这样的。下一个。

学生B：我也来，那第二行第三格就是大风，然后是冬春。

学生A：对，这儿说了大风日数多，且集中在大风干旱的季节。下面说为风沙活动创造了有利条件。

学生C：这就是说，这块儿应该填风沙活动多？

学生D：先填上，那最后一格就是风沙活动多。

学生A：是的。

教师Smr：我发现大家填这个图的第二行基本上都没有问题，但是最下边那三个空格不知道该怎么填了，你们讨论一下，你们觉得该怎么填？（学生的合作学习持续了5分钟）还没搞清楚，来，这个图的上半部分应该都没有问题的，所以我给换一个方式展示下，刚才说这个地方的主要特征是干旱，而干旱带来了三个结果，第一个是干，所以塑造它的主要的外力一定不是流水，而是风力。何为风化？

学生们：岩石颗粒变大。

教师Smr：需要风的参与。那什么叫物理风化？热胀冷缩，不就是昼夜温差大？第二个是气候干旱，所以其植被覆盖率本来就很低，是不是有很多沙质的沉积物？第三个是干旱，所以这个地方本身大风天数就很多，尤其是比较干旱的什么季节？

学生们：冬春。

教师Smr：好，这个大家都没问题，问题出现在后面这个空该怎么填上。那对应的都填风沙活动，风沙活动是风让沙质动了。那这里该怎么填？

学生们：它是一个戈壁。

教师 Smr：这是一个基本的条件，我们现在讲的是沙漠化。因为这儿是物理风化，这个沙质物质就很多，风力作用就很强，这是个基本的条件，与此同时，这个沙质的沉积物提供了物质的基础，后边这个大风天气就提供了一个动力因素。好，那就换句话说，在这样的干旱背景下，经过中间这些环节，这个地区本身就有着荒漠化的一种潜在危险，我们把它归结为出现荒漠化的一种自然原因。但是不是说它一定会出现荒漠化？

学生们：不一定。

教师 Smr：或者你简单地理解一下西北地区的荒漠化，其实就是沙漠不断向前扩大的一个过程，但干旱不一定出现荒漠化。那为什么最终选择西北地区作为案例，说明这儿应该是很重要的。如果并非必然，那么是因为什么呢？

学生们：人的参与。

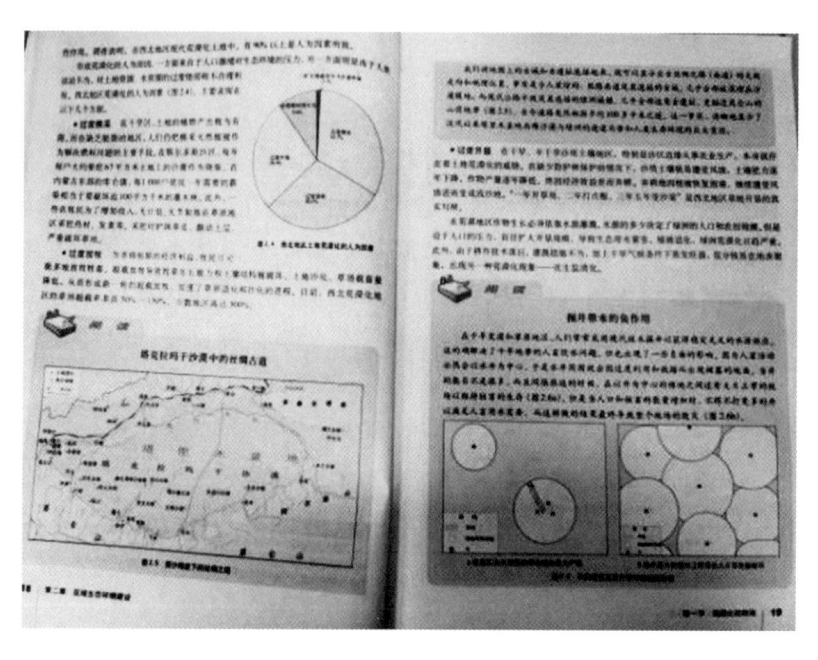

图 5-27　学习资源

教师 Smr：因为西北地区是一种温带大陆性气候，本身它的气温和降水的变率就很大，而这种大的变率就加大了出现荒漠化的概率。比如说，如果降水少，气候就会变得异常的什么？干旱。这个地区本来生态环境就很什么?

学生们:恶劣。

教师Smr:脆弱。如果一旦加上人类的活动,是不是就更容易扩展?具体来说,这个影响的人文因素,在你们课本第18页有一个这样的饼状图,图名叫西北地区土地荒漠化的人为因素,先来读一下人为因素有哪些?

全部学生:过度樵采、过度放牧、过度开垦、水资源利用不当。

教师Smr:那你们现在看看每一个部分是不是都带着一个比例,来,看,在形成荒漠化的人为因素当中,占比例最大的是什么?

全部学生:过度樵采。

教师Smr:啥叫樵采?在湖南花鼓戏中有一个经典剧目叫刘海砍樵,啥意思?(联合生活实际举例子说明)

学生们:砍柴。

教师Smr:所谓的过度樵采,就是把树木砍了之后用做燃料烧了。现在将前三个加到一起,占90%了,那现在要考虑一个问题,即过度是什么意思?(有学生说是过度,有学生说是不合理)应该是两个数值的对比,什么数值?你不是要砍柴么,树木每年是不是会再生长,那如果你每年砍的数量……

学生们:超过了树木每年的生长量。

教师Smr:超过了树木每年的生长量,这就叫什么?

学生们:过度。

教师Smr:同样再看,是不是不能放牧?不是,那这个度是什么?

学生们:草的生长量。

教师Smr:草原上每年草的生长量和牲畜吃的量,那这个度就是你放牧的牲畜的数量。

教师Smr:过度开垦也是一样的道理,那我们就要想为什么会过度?

学生们:人为了发展。

教师Smr:过度这个词的第一个含义,说明是人类活动的行为不当。从根本上而言,所谓过度的原因就是人口的增加,一方面人口越来越多,另一方面人类活动又不合理,那必然就会出现这三个活动,能理解过度的意思了吧?好,关于水资源利用不当,大家看这个图,大家思考两个问题，能看出这个图是哪儿吧？（有同学说是塔里木盆地，有同学说是新疆）对，南疆地区，它的南侧是不是有一个山脉？昆仑山。那北边也应该有一个吧？（有学生说是天山）对，天山。第一个问题，这个流向和地形有什么关系？

一些学生：由高到低。

教师Smr：由高到低，如果让你们描述塔里木盆地周边河流的流向，你该怎么描述？

个别学生：从外边往里流。

教师Smr：从外边，换个词，哪是高的？

学生们：四周。

教师Smr：四周，所以这个话该怎么说？

学生们：从四周流向中心。（引导学生理解问题）

教师Smr：因为水的基本特性是水往低处流。好，第二个问题，看一下这个古代的遗址和现代城镇分布有什么特征？

个别学生：都靠近水，也就是河流。

教师Smr：请看课本的第18页，也有幅图即图2.5，在你刚才看到的河流进入盆地之后，这些河流变成了虚线，是什么意思呢？

个别学生：断了，没有了。

教师Smr：到这儿就已经消失了。也就是说，这些城镇已经被沙漠给怎么了？

学生们：掩盖了。

教师Smr：掩盖了，因为随着上游人口越来越多，你在河流上游，你拦截的水越来越多了，那水本来能流到的，但现在流不到了，就是水资源利用，也是上下游分配的一种不合理。还有一种情况，看这儿，井周围的这个草地最容易消失，其实是羊群活动得太多了，这个时候，你大量抽取地下水，地下水就会越来越少，草地吸不到水，再加上羊的踩踏，如果井的数量不止这一两个，土地有没有在退化？这就叫作由于过度放牧导致的土地荒漠化。好，接下来大家完成学案背面我留的一个原因分类的表格，这是今天的任务。大家回去完成这个表格，练习题除了选择题的第二题和第三题外都做一下。好，下课。

附：Smr 老师本节课学案及新教材内容

《荒漠化的防治——以我国西北地区为例》第（一）课时学案
一　预习案
（一）位置与范围
1. 位置：（1）经纬度位置：73°E—123°E，32°N—50°N
（2）海陆位置：深居内陆，距海遥远
（3）相邻位置：与哈萨克斯坦、蒙古国、俄罗斯相邻
2. 范围：
（1）自然界线：大致位于_____以西，_____以北。
（2）行政界线：大致包括_____、_____、_____北部和_____大部分。
（3）降水界线：位于非季风区，年平均降水量在_____毫米以下的干旱半干旱地区。
（二）主要自然地理特征
1. 地形：以_____为主，周围有_____，_____阻挡了海洋水汽的进入。
2. 气候：_____是西北最显著特征。
（1）本区降水少原因：_____，受海洋影响小；_____阻隔，水汽难以到达。
（2）降水分布规律及原因：自东向西随距海里程增加而降水_____，原因：受夏季风影响程度不同。
3. 河流：河流_____，多为_____，水量_____。
4. 植被：覆盖率_____，主要为_____，对地表的保护作用差，多_____。
二　探究案
探究一：荒漠化本质及类型。

```
[  ] → 地面裸露 → [  ] → 土壤中的水分和养分流失 → [  ] → 荒漠景观
```

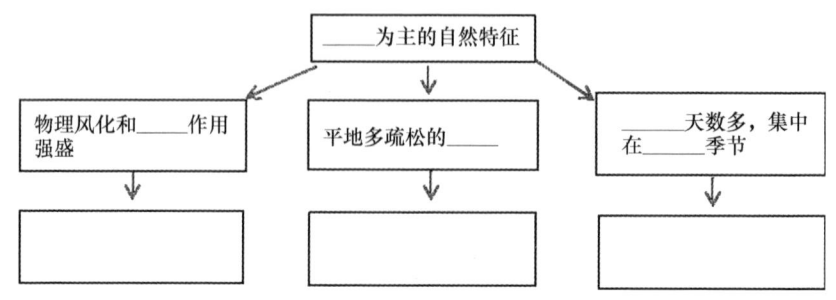

探究二：西北地区自然特征对该地区荒漠化形成的影响。

```
            ┌──────────────────┐
            │ ___为主的自然特征 │
            └────────┬─────────┘
         ┌───────────┼───────────┐
         ↓           ↓           ↓
┌─────────────┐ ┌─────────────┐ ┌─────────────┐
│物理风化和___ │ │平地多疏松的  │ │___天数多，集中│
│作用强盛      │ │___         │ │在___季节     │
└──────┬──────┘ └──────┬──────┘ └──────┬──────┘
       ↓               ↓               ↓
┌─────────────┐ ┌─────────────┐ ┌─────────────┐
│             │ │             │ │             │
└─────────────┘ └─────────────┘ └─────────────┘
```

探究三：形成荒漠化的主要人为原因。

人为因素	主要分布地区	主要危害
水资源利用不当	内陆河流和山麓冲积扇地区	生态用水紧张，植被退化，次生盐碱化

三　练习案

荒漠是自然界中的一种植被景观，荒漠化是由于包括气候变化和人类活动在内的种种因素造成的一种土地退化。以外力为主要依据，可以将荒漠化划分为风蚀荒漠化、水蚀荒漠化、盐碱化等类型。据此回答1—3题。

1. 下列荒漠的分布与其主要原因的对应关系中，不正确的是（　　）。
   A. 拉丁美洲南端东岸地区的荒漠——地形
   B. 阿拉伯半岛上的荒漠——在副热带高气压带和信风带控制下
   C. 南美洲西海岸的热带荒漠逼近赤道地区——地形
   D. 我国塔里木盆地中的荒漠——深居内陆
2. 荒漠化的防治要因地制宜，在我国塔里木盆地地区，防治荒漠化的有效措施是（   ）。
    A. 大面积植树造林   B. 建立以绿洲为中心的防护林体系
    C. 扩大绿洲农业的种植面积   D. 退耕还草
3. 江南红壤与黄淮海平原盐碱地发展种植业需改造的共同自然因素是（   ）
    A. 地形   B. 土壤   C. 干湿状况   D. 热量
4. 我国南方喀斯特地区也存在着严重的荒漠化现象，其产生的原因包括（   ）
①风力侵蚀   ②流水侵蚀   ③气候干旱   ④毁林开荒
    A. ①③   B. ①④   C. ②③   D. ②④
5. 读下述材料及示意图，回答问题。

国家林业局防治沙漠化管理中心透露，我国东北、西北和华北地区风沙带目前已达270万平方千米左右，占我国陆地国土面积的百分之三十。目前沙化土地在我国西北、华北、东北地区13个省区市已经形成一条西起塔里木盆地，东至松嫩平原西部，东西长约4500千米，南北宽约600千米的风沙带。

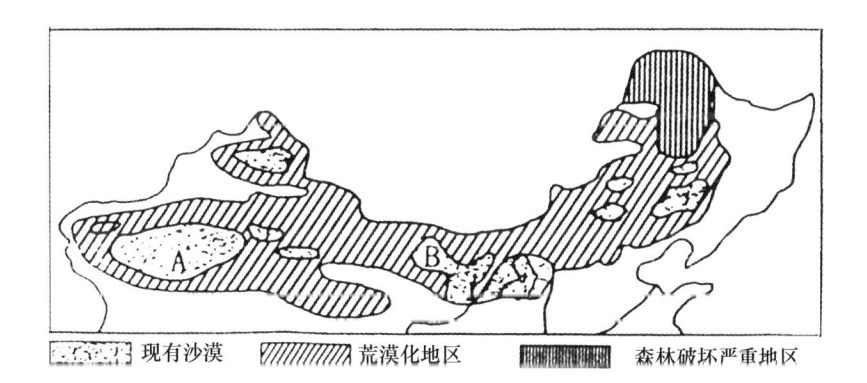

（1）该地区荒漠化严重的人为原因_____。
（2）A地沙漠的名称是_____，B地沙漠所在省区是_____，该省区土地荒漠化向东、向南扩展的原因_____。

新教材封面

第五章
环境与发展

第一节　人类面临的主要环境问题 ———————— 96
第二节　走向人地协调——可持续发展 ———————— 101
第三节　中国国家发展战略举例 ———————— 109
问题研究　低碳食品知多少 ———————— 120

附录一　本书主要地理词汇中英文对照表 ———————— 123
附录二　本套书常用地图图例 ———————— 124

新教材目录

新教材内容

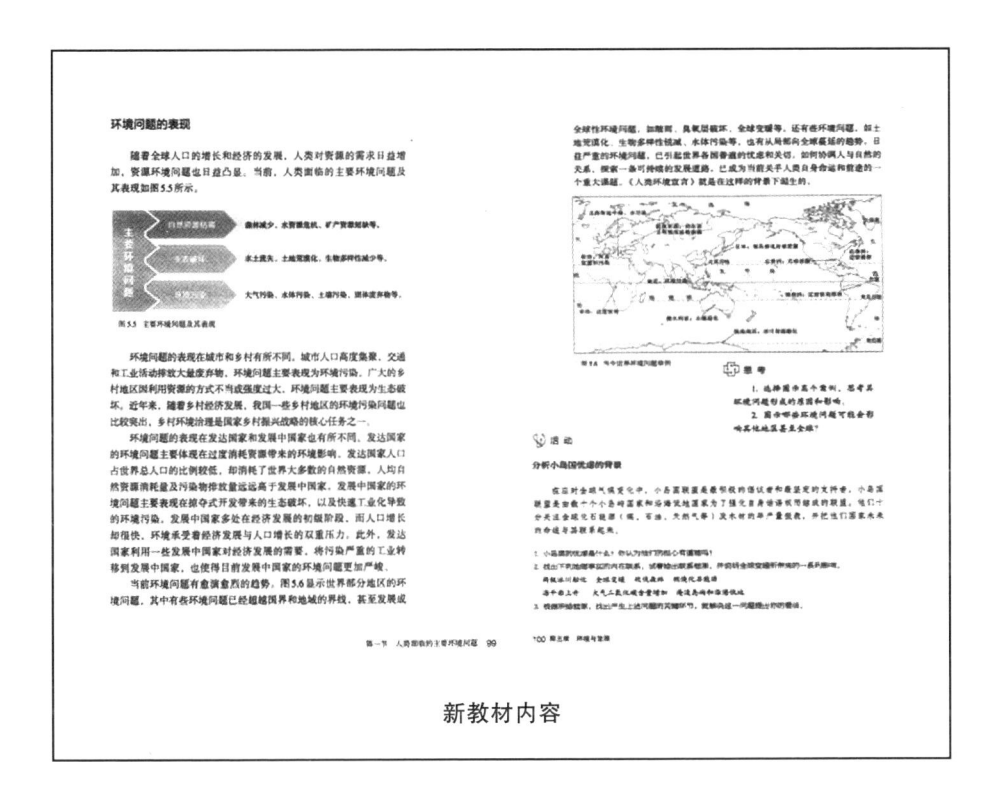

2. 案例4：数学周末学习内容讲解

观察科目/主题：数学复习课/周末学习内容讲解

观察班级：高一（11）班

观察时长：47分钟

观察要素：生生互动

观察目的：观察学生之间个别化、集体化互动对话的过程。

【课前】教师Z1告诉同学们接下来这节课按照学习小组的原则来进行操作，大家自然能够感受到这种学习方式所包含的一些东西，希望大家能全心投入。（已将批阅过的周末作业发给学生，并提示同学们准备好上课所需的材料）

【课中】

教师Z1：我们先来给大家分个组，数学学习能力方面差不多的同学分在同一个组进行讨论，分任务合作学习。希望大家不要有任何的心理压力，因为我们在任何一个组，都是为了把内容学会。（教师鼓励同学们积极参与合作学习，进行对话交流，并为学习目标的完成而投入学习）这两天我看了上次录课的视频，我发现呢，大家的学习劲头不足，我也给我的几个同事看了，希望大家能高度配合，投入学习活动中，争取有所收获。（教师对学生们的学习情况进行了及时跟进，并对接下来的学习提出了要求和期望）好，现在按分组形式就座。（教师根据提前准备好的名单，组织学生开展合作学习）

(a) 教师讲解分组要求　　　　　　　(b) 分组过程

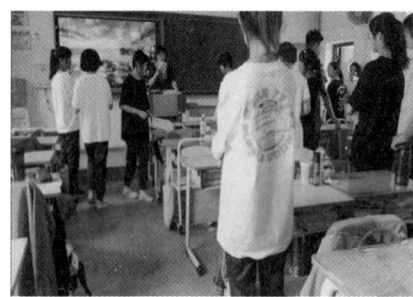

图 5-28　分组

教师 Z1：我们的分组并非一成不变，每一次都会调整，这样的话大家就可以和不同的同学进行交流，希望大家在不同阶段都能有所收获。我想告诉大家的是，如果你们想在这样的课上有所收获，那么第一点就是你们要明确自己的任务，第二点就是你们要在过程中有所收获。（教师对于学生的成长和发展提出了期望和要求，并鼓励学生在结构化翻转课堂教学模式的合作学习中明确自己的任务，争取每一次考试都能有更好提升）现在我来要求一下，这一列的学生（靠近窗户的组）你们先从大题入手，第11、12、13、14 这四道题是你们的主要任务，我会跟你们在一起，给你们做详细讲解。中间这列同学，大题是你们的核心，但是我主要以检查为主，你们向我汇报清楚就可以了，明白吗？如果前面选择填空里的内容有不懂的，不会的，要把它搞明白，有问题可以单独来找我。这一列的同学（靠近门边的学生），所有的题目都要在较短的时间内完成，在讨论结束后，我来跟你们讨论存在问题和盲点的地方，更多的时间要用在深化知识学习上，在后面的练习中我再给你们找其他题。你们先做题，然后我们再讨论，沟通。时间由各小组自己安排，记得把任务分清楚。（教师对于不同小组的学生在学习任务上进行了区分，所有组的学生都要先对大题进行讨论。具体来说，靠近窗户的第一列学生，从讲台开始是第1组，表示为1—①组，会在老师的详细讲解下，达成对第11—14大题内容的基本掌握；中间组为第二列的学生，从讲台开始是第1组，表示为2—①组，需要在讨论题目的同时，将不会做的地方告诉老师，老师进行有针对性的分析和讲解；靠近门口的第三列学生，从讲台开始是第1组，表示为3—①组，这一组的学生要快速完成这一部分大题的讨论，并根据盲点和存疑的地方，在老师的指导下进行此类题型的巩固和深化，尝试一些挑战性的题目。由此来看，教师对第一列到第三列的学生，所布置的学习内容是不同的，难度是逐渐上升的，挑战性逐渐增强，第三列的学生需要完成一定的同类扩展题目。在第5分33秒时各组开始讨论）

【教师来到1—①组，深入该组讨论】

教师Zl：来，先跟你们组交流一下。大家可以回忆一下两角和的正弦公式：

$\sin(\alpha \mp \beta) = \sin\alpha\cos\beta \pm \cos\alpha\sin\beta$，所以我们在理解的时候，可以记成sin、cos、cos、sin，就像一句话，合久必分，分久必合。所以我们先把它拆开，先顺思路。你先说一下你的理解，（指向右手边的同学）你在拿到题时是怎么做的？

学生（1—①组D同学）：大致一样。

教师Zl：大致一样，先展开了再去做？你呢？（看向1—①组C同学）

学生（1—①组C同学）：先把倍角求解出来，再把倍角展开。（教师复述了学生的答案）

教师Zl：这里的$\cos x$已经不能再展开了，$\cos 2x$也不能再展开了。如果是高幂，我们可以降幂，因为我们需要的是幂，所以我们降幂，所有的动作是服务于你的思路的，$\cos x$首先是一次幂，它不需要再动了，而$\cos 2x$也是单独存在的，不是乘积形式，我们也不需要动它，所以说需要动哪个？Dyq？

学生Dyq（1—①组A同学）：乘积（老师提醒，出现什么样的形式需要变次幂？思考后再回答）

教师Zl：非常好！回答要有自信，乘积形式需要变幂，还有啥？Wx可以说一下吗？（看向1—①组B同学）

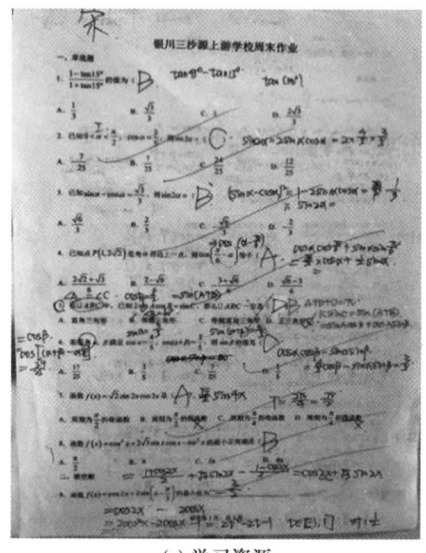

(a) 分组讨论　　　　　　　　　(b) 分组讨论

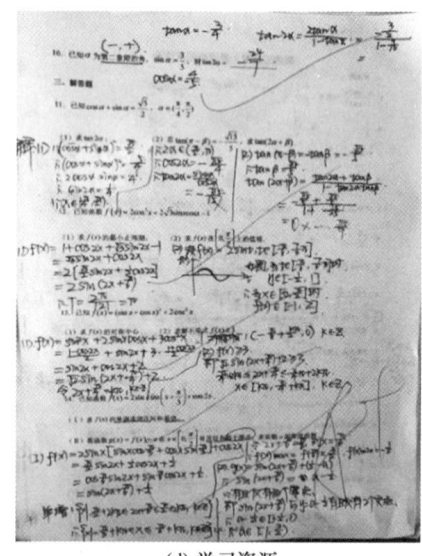

(c) 学习资源　　　　　　　　　(d) 学习资源

图 5-29　分组讨论和学习资源

学生 Wx（1—①组 B 同学）：（学生沉默，教师引导：我们刚说了两个关键词，一个是乘积，还有啥？）降幂。

教师 Zl：非常好！降幂，高次幂要降幂，我们做所有事情都是为了我们的目标。现在我们来看第 12 题，高次幂，要降幂对不对？乘积是不是要换一下？那第 13 题呢？

学生：高次幂，乘积。

教师 Zl：对，理解了吗？所以这是在说两种情况，还有一种情况就是第14题，你们是不是已经看到了，对 $\sin\left(x+\dfrac{\pi}{3}\right)$ 这个题我们就需要展开，$x+\dfrac{\pi}{3}$ 单独出现的话，跟别的东西是没有办法相配的。这里要提醒大家第12题、13题、14题，我们看到类似的，都能把它们的每个解析式转化一下，其实，这是一种任务驱动，任务驱动就是把未分解的函数变成分解的函数，你们四个现在先尝试一下，怎么尝试呢？一会儿转过去自己安静地尝试。看到高次幂就搬公式，看到乘积就要想起倍角公式，明白吗？然后看到能展开的就先展开，有任何疑问都可以来问我，好吧？（鼓励学生在了解了解题思路后，展开自主学习，深化理解）

图 5-30　教师与 1—①组同学讨论

【教师在 1—①组时，3—①组的合作学习】

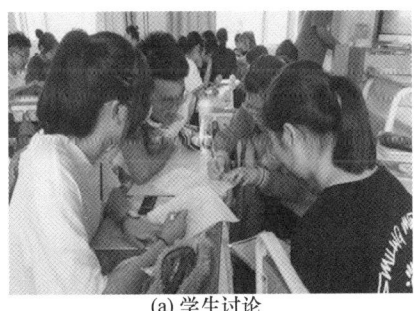

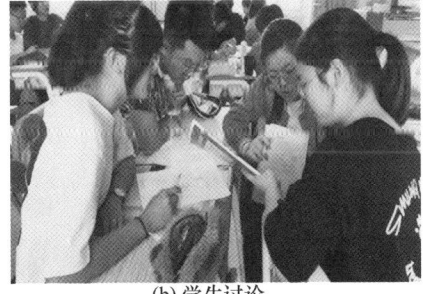

(a) 学生讨论　　　　　　　　(b) 学生讨论

202 / 普通高中结构化翻转课堂教学模式的个案研究

(c) 一起画图

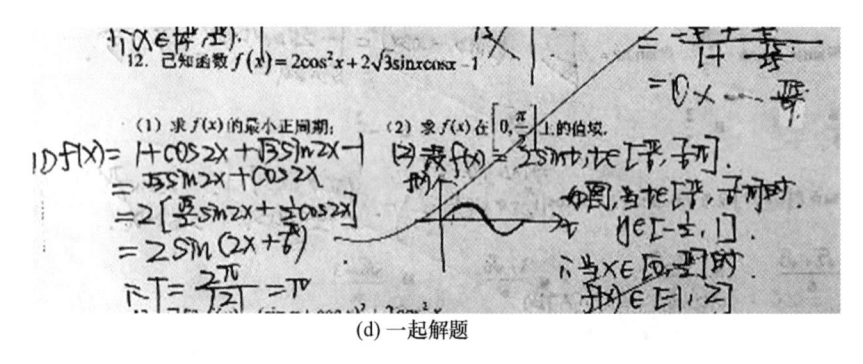

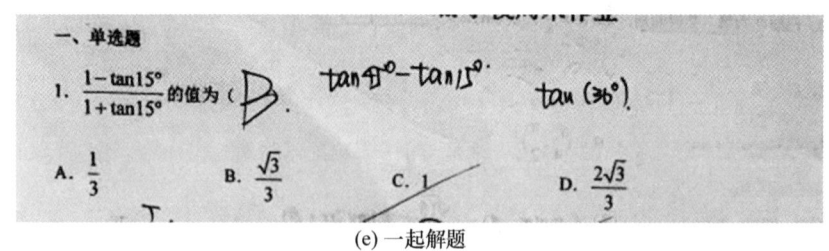

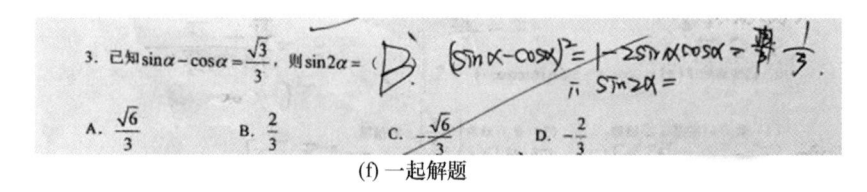

(d) 一起解题

(e) 一起解题

(f) 一起解题

图 5-31 3—①组生生交流

学生（3—①组 A 同学）：这个是我们特别熟悉的，翻一下练习册（C 同学和 D 同学找到后，给 A 同学看）哦，这个是倍角公式。咱们先集体化一下。（这时 1—②组成员问第六题的答案，3—①组 A 同学和 B 同学看了

下材料，回复是 C）

学生（3—①组 C 同学）：sin2α 怎么化？

学生（3—①组 A 同学）：就是那个降幂扩角公式，$sin2α = \dfrac{1-\cos2α}{2}$，（C 同学表示明白了）你看这里是不是 2x，这里也是 2x，是不是这里要提个 2，sin2x 不就等于 2 倍的 cos2x？

学生（3—①组 A 同学）：然后是第二问。

学生（3—①组 B 同学）：第二问不用管了，第一问会了，第二问就好做了。

学生（3—①组 A 同学）：好，说得好。

学生（3—①组 B 同学）：这个是上下同时乘以什么？

学生（3—①组 D 同学）：这里是 tan 公式。

学生（3—①组 B 同学）：哦哦，明白了。

学生（3—①组 C 同学）：那第三题呢？

学生（3—①组 A 同学）：第三题是要给 sinα - cosα 进行整体平方，你没平方吗？

学生（3—①组 C 同学）：平方了，后面计算时细节没注意。

（在基本解决了周末作业题目后，四人开始自主做《小题巧练》里的题目）

教师 Zl：你们组有什么题不会？

3—①组学生：没有。

教师 Zl：那我给你们布置个任务行不行？现在你们一起研究一道题。我建议你们先写那个求 α 角的那个角的替换问题，就是给了 α + β，给了 α，让你求 α + β 那种题，该种题我们还完全没有涉及，我给你们找一道这种题。

学生（3—①组 A 同学）：是不是这个？

教师 Zl：就是这道题。我建议你们解这个类型三，三角函数式的求值，把上面那两道题也写一下，写完之后你们进行讨论。（这道题目经过该组学生的自主研究之后，在课后小组内进行了讨论）

教师 Zl：提示一下哦，大家要受任务驱动，就是你们这一节课要消化

204 / 普通高中结构化翻转课堂教学模式的个案研究

图 5-32　3—①组学生自主练习资料

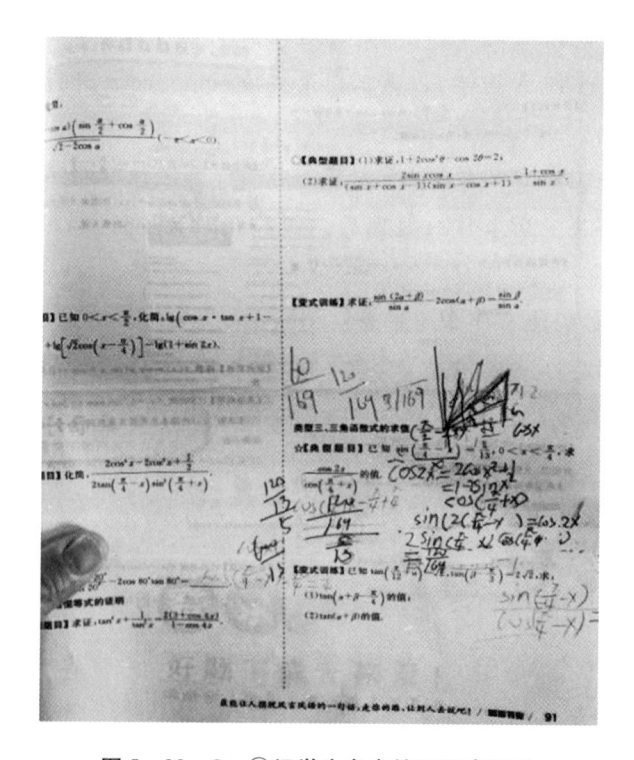

图 5-33　3—①组学生自主练习同类题目

什么，你要把目标先确定好。

（老师继续到其他组进行指导）

【教师来到1—①组】

教师Zl：这个地方，我给你们讲的内容叫作倍角，倍角叫作相对倍角，是什么意思呢？即我是他的两倍是相对的，α与2α是倍角，$\frac{\alpha}{2}$和α是倍角，2α和4α是倍角，所以你看这个题目，$\frac{\pi}{4}-\alpha$和$\frac{\pi}{2}-2x$就是倍角，所以你不觉得用诱导公式不就变成了$\cos2x$了吗？这就是第一题的思路，用相对倍角的思路，能不能理解？好，还有一个思路，再告诉你们一个思路，你们想不想让x单独出来呀？不想让x单独出来，我们自己可以造一个，比如我想求$\cos2x$，我们可以先求$\cos x$，用x可以等于$\frac{\pi}{4}$减括号里的$\frac{\pi}{4}-x$，这样我们就可以求x。但是这种方法非常麻烦，方法一就非常简单，直接就到了x。好，底下是不是$\frac{\pi}{4}+x$，这里的$\frac{\pi}{4}+x$，可以等于$2x$加上$\frac{\pi}{4}-x$，好，非常聪明，自己做。（教师提供思路，并非直接告知答案）

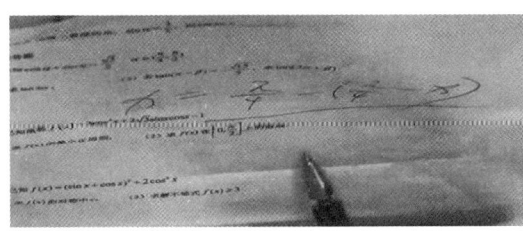

(a) 教师讲解笔迹　　(b) 学生自主学习

图5-34　教师讲解笔迹与3—①组学生自主学习

（老师到1—③组进行指导）

教师Zl：这里的题在做的时候要讲究技巧，关于这些性质，你们得搞清楚，针对掌握得不够的内容，我们就要予以深化。

（1—③组学生开始做题）

教师Zl：可以回到自己的座位上，下课休息了。

图 5-35　教师与 1—③组学生讨论交流

【课后】有的小组在持续讨论问题。

图 5-36　3—①组学生对扩展内容进行讨论交流

（二）生生能动共同体课堂实录的 NVivo 词汇云分析

对于生生能动共同体案例的分析，本书将"搜索范围"设定为"选定项"，"选定项"为生生能动共同体的课堂案例。默认"显示字词"为 1000 个，将"分组"设定为"完全匹配"，为了全面显示案例文本的情况，这里不设定"停用词列表"。点击"运行查询"按钮后，出现如图 5-36 所示的词汇云结果，词汇云中字号越大，说明该词项出现的次数越多。其中，"学生"出现了 182 次，占所有词项总数的 2.8%；"教师"（老师），次数呈现于第三位，出现了 131 次（12 次），占所有词项总数的 2.01%（0.18%）；"说"占据第四位，出现了 87 次，占所有词项总数的 1.34%；"同学"出现了 74 次，占所有词项总数的 1.14%；"组"这一词项出现了 71 次，占所有词项总数的 1.09%；"题"和"问题"分别出现了63次和44次，分别占所有词项总数的0.97%和0.68%；"学习"出现了41次，占所有词项总数的0.63%；"讨论"出现了31次，占所有词项总数的0.48%；"理解"出现了26次，占所有词项总数的0.4%；"过程"出现了26次，占所有词项总数的0.4%；"内容"出现了23次，占所有词项总数的0.35%；"任务"出现了21次，占所有词项总数的0.32%；"原因"出现了18次，占所有词项总数的0.28%；"探究"出现了13次，占所有词项总数的0.2%；"合作"出现了11次，占所有词项总数的0.17%；"思路"出现了7次，占所有词项总数的0.11%。由此可知，"学生"是个案学校结构化翻转课堂教学模式在生生能动共同体中的高频词汇，词频呈现次数最多，凸显了学生的主体地位，彰显了"以学生为主"的理念。在学生的主体性发挥的同时，教师也是其中重要的能动主体。

图5-37 生生能动共同体案例的词汇云

（三）生生能动共同体的轶事性课堂观察与分析

为了能更好地考察学生能动者及其能动共同体在个案学校结构化翻转课堂教学模式中的实际状况，本书借助"高中生感知到的课堂教学方式量表"对个案学校结构化翻转课堂教学模式中生生能动共同体的课堂教学活动进行跟踪研究，并在课堂观察的基础上重点对案例3——Smr老师的地理课《荒漠化的防治——以我国西北地区为例》，以及案例4——Zl老师的数学课（周末习题内容）展开分析。

研究者在对个案学校普通高中结构化翻转课堂教学模式进行课堂观察时，发现个案学校的教学组织形式较为灵活，教学方法较为多样化，教学资源较为丰富。为了更加多角度地从学生能动者的角度考察该教学模式，在课后运用多样化形式按照"高中生感知到的课堂教学方式量表"做了调研，每个案例10位学生，对收集的数据进行整理与分析，并得出简要结论。需要说明的是，第一，由于该个案学校实行小班化教学，班额在36人左右，因此每班10人的数据结果能够代表班内学生，也能够说明该量表所调查问题的结果。第二，这里用该量表主要是为了简要考察在各维度上学生所感受到的课堂教学方式，所以采用了更简化的方式收集数据，即选中相应选项，最终统计两个案例中所有学生的选项分值的总值。

"高中生感知到的课堂教学方式量表"的维度具体为：（1）自主探究学习，包括J49教师会鼓励和引导学生在课堂上主动思考和提问；J48教师检查、批阅学生的作业完成情况；J47教师每堂课都会给学生布置课后作业；J46教师会结合现实生活创设供学生探究的问题情境；J45教师在讲完新课后，会让学生做一些课堂练习；J50教师的教学方式正逐渐由以讲授式教学为主向引导学生以探究学习为主转变；J24教师会鼓励和引导学生探究不同的解题思路或一题多解；J21教师的教学方式正逐渐由以讲授式教学为主向引导学生以自主学习为主转变八个项目。

（2）直接教学，包括J11教师讲课占据了一堂课的大部分时间；J8教师无论是新知识的学习还是典型例题都是以教师讲解为主；包括J17在内的一些优秀教师或骨干教师也经常采用从头讲到尾的教学方式；J28即便有了导学案，学案上的内容也主要由教师讲解。

（3）合作学习，包括J23在内的教师将学生划分为若干个学习小组；J26教师为每个学习小组搭配了好、中、差不同成绩的学生；J38教师对学生的课堂展示以小组为单位进行评分和奖励；J29教师为每个小组的组长和组员做了明确分工。

（4）提问，包括J37在内的教师的课堂提问经常是可以在课本中直接找到答案的问题；如果提出的问题较难，J42教师很快就会给出答案；J30教师在讲课时要求学生认真听和记，不能随便插话或提问；J44教师在提问后并没有给学生留出足够的思考和回答的时间。

经课堂观察与量表分析发现，在自主探究、合作学习维度属于"非常符合"和"比较符合"的居多，分值比较高，与直接教学和提问维度的分值相较而言属于"比较不符合"和"非常不符合"的居多。其中，在自主探究维度，J50 教师的教学方式正逐渐由以讲授式教学为主向引导学生以探究学习为主转变的正向积分值整体较高；在合作学习维度，J23 教师将学生划分为若干个学习小组，以及 J26 教师为每个学习小组搭配了好、中、差不同成绩的学生，在两个题项上的正向积分值较高（具体见附录 D）。这表明，学生对于教师的结构化翻转课堂教学方法是有感知的，所反映的情况也符合该教学模式的结构性原则。

（四）基于结构化翻转课堂教学模式的分析

1. 生生能动者角色及其行为

角色概念的应用范围较广，对于角色本质的把握有助于社会群体中的能动者深刻理解社会结构的生成。在异己的社会结构中，个体对角色的内在兴趣又为人的主体性保留了有意义的空间。社会学理论中的宏观取向突现于复数个体的"实体"，亦即社会组织和社会制度等上；微观取向关注于个体世界，而这正是对于社会互动的微观世界的细腻关怀和深刻体察。结构化翻转课堂教学模式中的学生角色受以下四种结构要素的影响，即父母、教师、同伴群体以及学生已有的自我确认感。[1] 其中，学生角色在父母的角色期待下，形成了学生在结构化翻转课堂教学模式中的"先赋角色"；教师对学生的角色期待和要求，成为学生在该教学模式中的主导因素；同伴群体作为生生能动共同体成员，对学生角色的期待和要求各有不同，形成了学生在结构化翻转课堂教学模式中的参照系统；学生的自我确认感包括自我的角色期待、角色理解、角色转化、角色确证等环节，对以上结构因素进行筛选和过滤，从而整合形成结构化的学生角色。学生在这样的角色结构要素和时空情境中建构自己的角色，逐渐形成一系列的经验和体验。另外，学生在生生能动共同体的课堂社会中，其角色与行为的主要特征体现在其离群倾向与依群倾向上，前者指学生将自己游离于、独立

---

[1] 吴康宁：《课堂教学社会学》，南京师范大学出版社1999年版，第74页。

于群体之外，通过个体的能动性和角色张力去构建自己的思维体系，实现学习目标。后者指学生将自己抛入群体之中，在和其他能动共同体成员的相互合作中实现自我意识的深化和学习目标的达成。但学生并非囿于这两种倾向，而是受学习情境和多维主体的影响，因而这两种倾向交替出现，或是同时并存。

在个案学校结构化翻转课堂教学模式案例3中，学生们在Smr老师的引领下，对于本节课的教学主题进行概念梳理，从荒漠、化、预防、治理等方面进行细致入微的把握，正如Smr老师告诉学生们的：

> 原来说过了，所有问题在地理上第一个一定要把概念弄通，而我们要理解这个概念，我的方式是，我觉得大家也应该习惯这种方式，即拆解这个概念。

在对本节课的核心概念做出发散性思考过后，让学生仔细阅读教材当中对这一教学主题的界定。而课堂的过程其实是通过导学案中三次探究问题展开的，第一次探究活动围绕"荒漠化的本质及其类型"，第二次探究活动围绕"西北地区这样一个自然特征对这个地区出现荒漠化，有什么样的影响？"第三次围绕"形成荒漠化的主要人为原因"。学生在探究环节中通过自主学习和合作学习完成探究问题，在小组讨论环节，小组内部的学生显现的是一种依群取向，共同寻求探究问题的思路，互相补充自主思考中的不足，在小组这一生生能动共同体内寻求支持，寻求共同愿景。在本节课中，Smr老师对学习内容中的问题逻辑有深刻把握，在"先学后教"的原则下，充分信任和了解学生，引导学生在小组合作中学习一些基本的内容。学生无论是在小组合作学习中，还是在班级共同的教学活动中，都能发挥自己的能动性，把握自己的学习节奏，并在自主学习的基础上与同学共同探讨，在生生能动共同体中积极发扬自己的优势，弥补自己的不足，解决同伴的问题。

在案例4中，Zl老师以"先学后教，以学为主"作为理念，整节课以小组合作的形式展开教学活动。在上课刚开始时，Zl老师说道：

> 我们先来给大家分个组，按照数学单科成绩，将大家在数学学习能力

方面差不多的同学分在一起讨论，分任务合作学习。那大家不要有任何的心理压力，因为我们在任何一个组里，都是为了把这个知识学会。

这也就是说，在整节课上教师都采用分组合作学习的方式组织教学活动，具体的分组情况是有明确依据的。在合作学习开始前，教师鼓励学生们积极参与合作学习，进行对话交流，并为学习目标的完成而投入学习。Zl 老师真正希望的是学生们能深度合作，融入学习活动中，争取有所收获，她在学生合作学习刚开始时，就提示各位学生："大家要受任务驱动，就是你们在这一节课要消化什么，你要把目标先确定好。"这体现了 Zl 老师对学生数学能力的期待，当这种期待反映在学生个体之上，学生就会反思自己的学习能力和水平以及本门学科的优势和不足，并在小组合作学习中积极表达自己，成为合作学习的深度参与者、其他同学学习的支持者和促进者，更为重要的是，学生在生生能动共同体中的自我完善是建立在自主学习的监控者、自主学习的反思者、自主学习的评价者之上的。正因为学生能动者对于自身的认识和把握并不完全相同，对于自身的角色理解也处于不同阶段、不同角度，因此，生生能动共同体的学习成效有不同的体现。学习习惯和学习水平较高的学生已经可以通过生生能动共同体解决基本的知识问题，他们对教师的期待可能更多的是在挑战性问题的答疑解惑和共同探究方面，而在这节课中教师对于这类型小组的学生而言更多的是一种扩展性问题的资源提供者。教师更多地将时间花在了数学学习能力相对较弱的学生的学习上，通过基本问题的完整讲述，引导这类学生巩固知识，进行变式思考。对于处于中间水平的学生，更多的是查漏补缺，先分析这类小组的学生主要问题出在哪里，直击问题本身，解决疑难知识点。

研究者对于学生合作学习的情况也访谈了有关的教师，当问到"您认为贵校的结构化翻转课堂教学模式对学生有哪些影响"时，Cgl 老师谈道：

在我们这种教学理念下，学生愿意更多地表达，跟同学交流，提升了自学能力和小组合作能力，同时也提升了学生的学习兴趣、培养了学生结构化思维方式，还显著提升了学困生的学习能力。

Cgl 老师同时也指出了不足所在，即"有时小组合作会流于形式，合作学习比较低效。"

Dj 老师则认为：

结构化翻转课堂教学模式改变了我们的教学实践，学生在相对轻松的环境和节奏中学习和思考，增加了互动，使教师和学生之间，学生和学生之间的互动增多了，我们之间是互相成就的。

Zy 老师认为：

合作式的、探究式的教学方式，其实是帮助了学生，形成了与他人合作的能力，当然，我们的学生在这方面已经形成了合作的能力和习惯，但有时课堂时间有限，每个学生的观点不能一一表达，我们还鼓励采取小纸条、课下单独交流等方法促使学生输出，表达自己的想法。

Wfj 老师认为：

由于摇号招生的原因，学生素质参差不齐，我们学校的结构化翻转课堂教学模式促进了中等及以上学生的学习能力，但可能会拉大优生和差生之间的距离。

对于生生能动者共同体的角色及其行为，学生的看法可能更有说服力。研究者也访谈了几位学生，对于"结构化翻转课堂教学模式给你带来了哪些影响"这一问题，学生 Qjd 回应说：

我觉得影响挺大的，我刚上高中，但是跟我初中相对比的话，我可以非常明显地感觉到，除了我本身由年龄增长而带来的成长之外，还能感觉到自身因为学校的教学理念所带来的一些思维上的成长。我觉得比较明显的是，对学科的认识也要深化很多。我觉得这跟结构化翻转课堂这一教学模式是分不开的，因为班里经常开展合作学习，我也喜欢锻炼自己的表达能力。

学生 Hzt 则对个案学校结构化翻转课堂教学模式中的师生交流划分了具体情况，他提到：

具体情况应具体分析，具体课应具体分析，习题课的话自然就交流多一点，毕竟要积极解决问题。如果说新课的话，一般相对来说交流机会就会少一点。

学生 Hpt 则说：

我其实是初中在这儿上了三年之后，当时要往外考，还有其他选择，但是我觉得可能已经适应本校的那种学习方法，小组合作、课前展示、做思维导图等。

学生 Cxt 提到：

我之前就是不喜欢给别人讲题，但是我发现在给别人讲题的时候，会重新思考自己做题方法有什么不完整的地方，然后再把它补充，再复习一下之前做过的一些题，这样我觉得对学习会有很大的帮助。

这里就生动地体现了小组内的合作和竞争关系，更重要的是体现了这位学生在自身角色上的认知和转变，她已经并非简单地具有离群倾向了，而是有了依群倾向，这里我们并非要表达依群倾向和离群倾向孰优孰劣，而是重在关注学生思维表达能力、学习习惯、合作学习态度和学习品质的提升。另外，学生 Lzx 提到了结构化翻转课堂教学模式对于其表达能力的提升作用。他说道：

其影响体现在变化上，可能就是让我们的自主思考比原先多了，相当于在传统教学中，我感觉老师在上面讲，而学生在课堂上只有输入的过程。这种结构化翻转课堂教学模式就是在输入之后还有一个输出的过程，就是能从输入到输出，让学生有自己的理解。

学生 Mby 也看到了生生能动共同体带给自己的影响和改变。他说：

在课堂上和其他同学讨论交流的过程中，尤其是我在讲题的过程中可以明白自己和对方的一些需求，只有通过自己嘴里面讲出来的，才可以真正明白这些内容，也可以促进与同学的关系。

我国的高中课堂存在着正式角色过度强化、非正式角色相对弱化、学生角色个体化等现象，在生生能动共同体中，无论是学生个体能动性的发挥，还是与同伴在共同的学习情境中共同学习，都需要对于自身角色的正确认知、合理把握，从而形成以"先赋角色"为前提，以自身发展为目标，以同伴群体为参照，以其他因素为辅助的角色整合体。

2. 生生能动者的人际网络

生生能动者的人际网络类型大致分为三类：学生个体与学生个体的互动、学生个体与学生群体的互动以及学生群体与学生群体的互动。具体而言，第一是学生个体之间的互动，一般存在于课堂讲授、课堂练习和课堂讨论中，这种互动形式也是有多种体现方式的，可以是学生能动者自发地与其他个体进行交流，可以是小组合作学习过程中学生个体之间的讨论，还可以是全班范围内的同伴协作，等等。第二是学生个体与学生群体之间的互动，在这种互动类型中，以学生能动者个体为原点，可以有两种具体形式：一是与全班学生的互动；二是与小组内同学的互动对话，这里的小组可以是两人，可以是四人，没有刻意规定，但是要依据合作学习的原则，即"分工"和"同学"。[①] 第三是学生群体与学生群体之间的互动，具体分为正式群体的互动和非正式群体的互动，正式群体的互动具体有两种形式：组际竞争与组际合作；非正式群体在课堂上常体现为由学生个体间的辩论等所引发的群体援助表达等。

在案例 3 中，合作探究串联起了课堂教学活动的主要部分，第一次合作探究的片段如下：

A 同学：你们是怎么写的？

---

① 王鉴：《课堂研究概论》，人民教育出版社 2007 年版，第 235 页。

C 同学：由于没有植被的保护导致地面裸露，使得风沙侵蚀和水土流失，水分和养分就流失了，导致了荒漠化。

D 同学：学案里头的第一个空，我认为是缺少水分和养分，所以地面裸露，长期受到风沙侵蚀和水土流失后，土壤中的水分和养分流失，土地的生产力长期丧失，就有了荒漠化。

A 同学：我觉得你这里少了一个生产力长期丧失，这样才有的荒漠化。

C 同学：对，我补上，把这个忘了。那这里还有一个问题，我和 D 的第一格不一样，你写的啥？

A 同学：我跟你一样，但是感觉不太对。

D 同学：你看这里，我觉得应该是水分和养分缺少了，地面才会裸露的。

A 同学：但是感觉和后面重复了。

C 同学：我想想。咱们要不再看一下导学案和教材。

B 同学和 A 同学：行呢。

（B 同学未回应，未加入讨论，在自行填写和思考）

在这一段生生能动者共同体的互动中，主要是学生与四人小组的交流，属于上文中所说的学生个体与学生群体之间的交流，在这次探究活动中，学生 B 并未加入讨论，其他三人在一问一答中完成了对于学案中第一个空白处的填写，但对于个别部分出现了自主学习结果的不同，他们选择回到教材，再去自主学习和了解，暂且搁置了争议点。后续这一问题在教师讲解中得以明晰。针对 B 同学并未参与这次合作学习的情况，研究者猜想是因为她自主学习尚未完成，或是认为小组合作不能解决她的困惑，带着疑问，课堂教学进行到了第二次合作探究阶段。

在这一次课堂讨论过程中，教师的依据是摆明了问题框架，请大家进行小组讨论解决，这一次 B 同学加入了所在小组的讨论，但是在讨论后期加入进来的。在听课过程中，研究者发现，该小组同学的合作学习的氛围是融洽的，B 同学的语言表达相对而言逻辑严谨，但出于自身性格内敛，或是自主学习的推进程度不同的原因，合作学习的参与度还存在一定的提升空间。

在对教师和学生的访谈中，我们也发现了在生生能动共同体的组建和推进方面的经验和不足，当研究者问到"对于学校推进结构化翻转课堂教学模式您有哪些想法"时，Zxf 老师认为：

结构化翻转课堂作为一种教学模式，能够发展学生的思维品质，让学生从要我学变成我要学，学生的整个学习状态发生了变化，学校这几年生源低进高出，高进优出的现象足以说明结构化翻转课堂这一教学模式的优势，所以，从学生长远发展来看，这种理念值得借鉴。

Wfj 老师认为：

结构化翻转课堂是先学后教的教学模式，通过学生自学反馈深入了解学情，以学定教；它是被结构化意识支配的教学，是将一些零散的、不系统的知识、方法或思维进行规律化、系统化。这种教学模式使教与学更具有针对性，同时培养了学生的自主学习能力和合作意识，更能体现新课程标准，提高师生结构化的意识和能力，更易生成高效课堂。

由此来看，教师们认为，结构化翻转课堂教学模式落实了课堂上"以学定教"的理念，促进了生生能动共同体的交流互动，有助于培养学生的结构化意识和思维能力。

学生作为生生能动共同体的主体，在研究过程中也重点了解了他们对于结构化翻转课堂教学模式的理解和认识，学生 Mby 说出了自己的感受："结构化翻转课堂这种教学模式吧，更可以发挥学生的自主能动性，可以锻炼学生的演讲和表达能力。"学生 Qjd 提到：

我们在课堂上交流对话的机会还是挺多的，我感觉上课我是非常放松的，我就是想到什么了，根据老师的问题，我就能说什么，老师也从来没有打击过我的言论。我更喜欢我们班的班级氛围，而且同学之间的气氛我也感觉比较活跃，好像没有死气沉沉的时候。

学生 Hpt 认为：

因为我们是文科班，才分班不久，刚开始大家都挺陌生的，但因为有这个小组合作等上课方式，同学之间的关系提升了，然后交流机会就变多了。

关于生生能动共同体的内部关系问题，学生 Cxt 说道：

我感觉同学之间的人际交往其实挺不错的，因为大家很亲近，互相讲题什么都不会藏私，学习氛围就是大家一起努力的那种感觉，更有动力吧。

由此可见，个案学校结构化翻转课堂教学模式的生生能动共同体关系网络，无论是由学生个体引发的，还是由学生群体引发的，其本质都是对学生学习的关注和回归，在看到现象的同时，更要提升生生能动共同体对话的有效性，遵循"以学为主"的理念。与此同时，学生在合作学习以及生生对话中的情感交融，核心价值观的渗透也是发展个案学校结构化翻转课堂教学模式的抓手，更是挑战与关注的要点。

3. 生生能动共同体的活动规范

生生能动共同体的活动规范是由两方面构成的：一方面是学生能动者个体向内的求索，即在场与缺席问题；另一方面是学生能动者个体及其能动共同体向外的探寻，即竞争与合作问题。具体而言，从学生能动者的在场与缺席来看，这种展开是以学生能动者为主体，以"能动性"为形式，以对内的初级求索（知识摄入）为内容进行的当下性、现实性实践活动，即"自我"的当下求知欲、学习兴趣的展开过程，但这只是"知能"部分的在场，还有另一部分并不一定同时在场，因为事物总是以直接、间接的方式给予、呈现给人们的，因此，在人们关注了"知识摄入"部分时，"知能"在场，对人们感觉、感知具有直接性；而当人们关注到"思维内容"部分时，"智能"在场，"智能"的部分具有直接性，而事物本身则具有间接性，因为它们被暂时"悬置"起来了。现象学认为："意识，总是关于某物的意识。"而意识得以可能，其依赖于"多样性中的同一性""整体与部分""在场与缺席"三者的共同参与作用，这三种形式结构相互关联，但不能彼此还原。"在场与缺席"这个议题是由胡塞尔和现象学首创的。① 罗伯特·索克拉夫斯基曾指出，在场与缺席是充实意向和空虚意向的对象相关项。空虚意向是指瞄准不在那里的、缺席的事物，对意向者来说是不在场的事物。充实意向则是瞄准在那里的事物的意向，该事物具体呈现在意向者面前。② 罗伯特·索克拉夫斯基认为，在范畴意向性那里存在着一种新的"产物"，即范畴对象，无论这种对象被当作事态还是当作判断（当作被主张的事态）来看待。这种新的产物，即范畴对象，能够脱离开它的直接语境，并借助语言的使用与其他地方联系起来。③ "知能"得以可能，是身体感觉器官的在场帮助"摄入知识"作为某种材料、信息，而"智能"得以可能，是思维意识在场，使用其自身的"意向性结构：意向对象—意向相关项"帮助"大脑"将"摄入知识"当作"意向"中的某"意向对象"而充实（充盈）的。

从学生能动者个体及其能动共同体的竞争与合作来看，（1）学生能动者个体及其能动共同体的竞争是指为达到某种目的而展开的较量，包括学生在自我展示中想要凸显自己不一样的回应，贬抑他人时的公开批判并提出异议，保护自身权益时不理睬别人或自私行为，过度取悦老师和同学时的虚假课堂表现或异常行为等，这些竞争行为可能与学生的个性特征、成长环境及其他师生能动者的行为反馈有关。（2）生生能动者个体及其能动共同体的合作则主要依赖于学生进行合作学习的必要条件，包括特定的时空情境，合作学习的对象、目标、内容、方法以及合作学习的评价等，还包括合作学习的规则与规范。另外，合作行为展开的基础要有一个共同的目标、有较接近的思想认识、有一定的条件、有较好的配合行为。④

在结构化翻转课堂教学模式的案例3中，通过两次探究活动中B同学的参与与否，可以反映出学习者主体的在场与缺席问题，这就是说，在结构化翻转课堂教学模式中，学生能动者在课堂活动中的参与情况并非简单的、单维的，若谈及合作学习的无效性和低效性，就涉及在场与缺席问

---

① ［美］罗伯特·索克拉夫斯基：《现象学导论》，高秉江、张建华译，上海文化出版社2021年版，第22页。
② ［美］罗伯特·索克拉夫斯基：《现象学导论》，高秉江、张建华译，第31页。
③ ［美］罗伯特·索克拉夫斯基：《现象学导论》，高秉江、张建华译，第112页。
④ 吴康宁：《课堂教学社会学》，南京师范大学出版社1999年版，第188页。

题，其实质是对"知能"与"智能"的统一，"知能"的实现要通过身体的在场，输入教学内容和资源信息，而"智能"的实现则是更高层次的学生能动者身体在场前提下的思维意识在场，从而将与其相关的对象要素、环境要素统整起来，引发学生主动的能动性。在案例4中，整个教学过程井然有序，学习活动是需要老师和学生，以及学习伙伴的共同在场，但更为重要和关键的是对于自我、他者和学习客体的感知。学习小组内部并不存在硬性的竞争关系，小组内、小组间的互动并非竞争心理控制下的私人化行为，而是形成了个案学校结构化翻转课堂教学过程的积极心理氛围，生生能动共同体内部是为了共同的学习目标，走向共享和包容的共同学习之路。

结构化翻转课堂教学模式中的生生互动还涉及学习资源与学习过程，研究者对此也访谈了几位老师和同学，Dj 老师提到：

结构化翻转课堂教学模式是把传统的学习过程翻转过来，课前完成知识传授，课堂完成知识内化，学生在课前完成知识点的学习，课堂上师生互动、答疑、讨论从而解决学生存在的问题，完善知识的内化吸收。

Dk 老师认为：

结构化翻转课堂教学模式对学生的提升是很好的平台，有助于学生自学以及分析归纳能力的培养。使得学生在与其他同学的对话交流中提升对知识的探究兴趣。对于大部分学生来说，很容易接受结构化翻转课堂教学模式，也能够完成结构化翻转课堂上的大量脑力活动。

Dk 老师谈到了结构化翻转课堂教学模式与翻转课堂教学模式的关系：

结构化翻转课堂教学模式继承了翻转课堂的形式，与翻转课堂教学模式一样在不同阶段需要学生完成哪些任务，达到什么标准，教师的行为等都有改善。学生课下自学，课上学生汇报成果，教师课上解惑，提炼重难点并归纳总结及最后的练习巩固都可以取得好的效果。

针对结构化翻转课堂教学过程的具体开展情况，研究者访谈了几位学生，学生 Hmn 谈到了导学案的作用。她说：

导学案的作用分为两部分：一是复习之前的知识，二是通过之前的知识预习进到学习新知识。第一就是可以复习之前的知识，第二就是在接受新知识的过程中比较容易接纳。

学生 Qjd 高度肯定了导学案作为学习资源的重要价值：

关于导学案，我觉得是非常有用的一个工具，每当我在面对陌生的知识的时候，导学案就给我提供了像地图一样的指导作用，让我知道我要学什么。除此之外，还有通过从知识到题目这么一个迁移过程，我可以比较明确地看到这些知识到了这个题目里面，真正运用会变成什么样子。对这个典型例题，也会有一些思考。在这其中，新知和旧知应该是交叉和并列进行的。总而言之，就是我把导学案做完了之后，整个人的知识首先是深入了，然后体系框架也有所完善。

学生 Hpt 认为：

导学案上有应该完成的目标，这只是很浅层次的一种目标，最终我们要依靠这些内容去解决一些新的问题，毕竟导学案上不会留特别难的作业，在课堂上老师可能在讲完那些疑难之处后，会设一些新问题，我们再依据导学案进行深入思考，做难度稍微高一点的题目，这样就巩固了基础，让这个知识的架构更扎实。

对于生生能动共同体的影响和过程，学生 Hzt 觉得"在这种课堂氛围当中，大家交流更多，让自己的想法更多地体现出来，上课的时候也就不会局限于一种方法，给人多向思考的思维模式。"学生 Lzx 说：

课堂就 45 分钟嘛,不可能把所有的知识都概括全,导学案可能有点像背英语单词,有的英语单词短,有的英语单词长,那导学案就相当于把那些短的、容易理解、容易背会的单词由我们自己解决掉,然后,如果是长的单词的话,我们就需要在课堂上由老师来教我们,就相当于这样一种感觉。

学生 Lzx 还将结构化的思维比喻为打游戏通关的过程,由易到难,颇具挑战性。

由此看来,生生能动共同体作为结构化翻转课堂教学模式中最为关键的能动共同体形式,是学生能动性的高度展现,这一能动共同体形式是个案学校课堂教学生命力的生长点。因此,生生能动共同体的能动者在与规则和资源的相互作用中,丰盈其生长点,彰显其生命力。

三 个案学校结构化翻转课堂教学模式中师师能动共同体的分析

(一) 师师能动共同体的案例
1. 案例 5:化学《元素周期表与元素周期律》
观察科目/主题:化学必修/《元素周期表与元素周期律》
观察班级:高一(1)班
观察时长:48 分钟
观察要素:教研活动及师生互动
观察目的:观察教师在教学和教研活动中的过程
【课前】发给学生导学案,并在 PPT 上呈现导学案内容;板书内容为:(1)元素周期表的组成和结构,(2)元素周期律
【课中】
教师 Ls:上课。
全班学生:老师好。
教师 Ls:请坐,这是昨天导学案中出现的问题,(PPT 中呈现出导学案的内容)我们今天会在上课过程中加以解决。

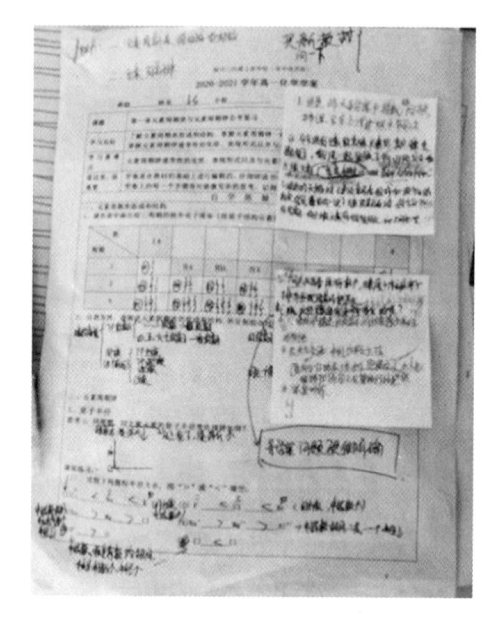

图 5-38 教师的学案

图 5-39 导学案呈现

教师 Ls：今天，我们来复习元素周期表和元素周期律，前面我们已经学习了元素周期表的组成和结构，那现在先一起来回忆一下元素周期表前四周期和主族的元素，氢（H）、氦（He）、锂（Li）、铍（Be）、硼（B），开始！

全体学生：氢（H）、氦（He）、锂（Li）、铍（Be）、硼（B）、碳（C）、氮（N）、氧（O）、氟（F）、氖（Ne）、钠（Na）、镁（Mg）、铝（Al）、硅（Si）、磷（P）、硫（S）、氯（Cl）、氩（Ar）、钾（K）、钙

（Ca）……

教师 Ls：好，经过昨天的学习，我们知道了元素周期表的结构，以及同周期、同主族元素的相同点和不同点，请同学来讲一下元素周期表的结构。Wb？

学生 Wb：元素周期表的结构由 7 个周期和 16 个族组成，族里面分为 7 个主族、8 个副族。

教师 Ls：好，请坐。其他同学有没有不同意见？Zyq？

学生 Zyq：我觉得是 7 个主族，7 个副族。

教师 Ls：嗯，7 个主族，7 个副族。那我们将七个周期中一、二、三周期称为什么？

全体学生：短周期。

教师 Ls：四、五、六周期？

全体学生：长周期。（教师复述）

教师 Ls：总共有十六个族，包括了 7 个主族、7 个副族，还有 1 个第八族，和一个零族。总共 18 个纵行，每个纵行代表一个族，其中第八族是由八、九、十三个纵行合成的。那么，同周期、同主族元素有什么相同点和不同点呢？Myh？

学生 Myh：同周期电子层数是相同的，最外层电子数除了第一周期最外层电子数是 1→2 外，其他周期是 1→8。

教师 Ls：嗯，讲得非常好，是不是？掌声鼓励一下！（对这位学生提出表扬，全班学生掌声鼓励）那我们看一下这里，同周期电子层数相同，第一周期最外层的电子数是 1→2，其他周期由 1→8 逐渐递增。此外，我们说同主族最外层的电子数相同，电子层数是逐渐……

全体学生：递增的。

教师 Ls：对，所以我们说所有元素随着原子序数的递增，元素原子的核外电子排布呈现出周期性变化。那原子的核外电子的排布所呈现的这种周期性变化，又是如何影响原子的核外性质的呢？我们一起来看元素性质的递变性。

教师 Ls：我们说元素性质体现在三个方面。第一个叫作原子半径，在昨天的导学案中大家也总结了，不知道大家对同周期、同主族元素的半径变化规律掌握得怎么样？Xw？

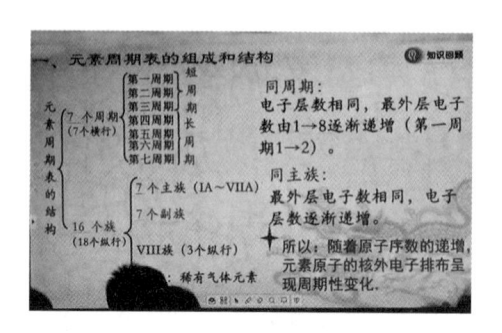

224 / 普通高中结构化翻转课堂教学模式的个案研究

图5-40 PPT内容呈现（知识回顾）

学生Xw：同周期是因为它的电荷数在增大，对核外电子的束缚就越强；束缚越强，它就缩得更紧，所以同周期电核数越大的话，它的原子半径是越小的。

教师Ls：嗯，同主族呢？

学生Xw：同主族因为每个周期递进一个电子层，所以周期越往下，它的原子半径就越大。

教师Ls：嗯，对，非常好！那我们说是这样一个变化规律吧？像他刚刚所说，在我们的元素周期表里哪一个的原子半径是最大的？

部分学生：硒（Se）。

教师Ls：除掉放射性元素。那短周期呢？哪一个的原子半径最大？

全体学生：钠（Na）。

教师Ls：对，非常好。那我们请同学以四人为一小组，思考与交流比较原子半径或者是离子半径的方法？好，请讨论。（讨论过程持续3分钟）

图5-41 小组讨论与交流

教师 Ls：大家基本上讨论得差不多了。那我们请小组代表来说说，如何比较原子半径或者是离子半径。Wty，你们小组？（靠近门的一列由黑板处开始的第一组1—①）

1—①组学生代表：主要从三个方面来看，影响因素最大的是其电子层数，如果在电子层数相同的情况下，我们就比较它的原子的核电荷数；如果原子的核电荷数也相同的话，那就比较其核外电子数。

教师 Ls：嗯，非常好啊！那有没有其他小组进行补充呢？好，Zzl？

学生 Zzl：可以探讨一些具体情况，比如，相邻周期阳离子和阴离子进行比较，阴离子的原子半径肯定会比阳离子大，就比如说同一周期的原子和离子进行半径比较，如果说这个元素形成的是阳离子的话，原子形成的核外电子数要多于离子；如果说是阴离子的话，就是阴离子的离子半径更大，因为核外电子数多。

教师 Ls：嗯，坐。Zzl是不是讨论得更细节一些？还有没有其他小组要补充的？有没有不同意见？没有，是吧。比较原子半径和离子半径，整体要进行"三看"，第一，看电子层数，电子层数越大，半径就越大；第二，当电子层数相同的时候，看啥？（学生说核电荷数）对，核电荷数，核电荷数越大，半径就越小；第三，在电子层数和核电荷数相同的时候，就看核外电子数，核外电子数越多，半径就越大。刚才同学们总结得都对，要再体系化一点，好吧。

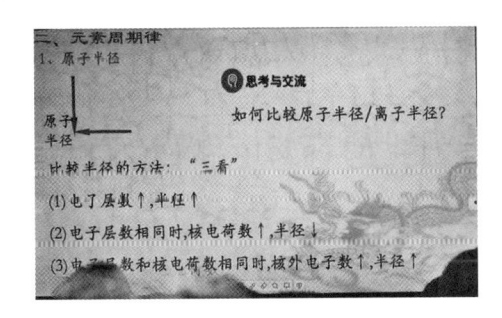

图 5-42　PPT 内容呈现（思考与交流）

教师 Ls：接下来请大家完成对应的习题1和习题2，习题2是昨天导学案中出现的问题，有问题的请进行更正，一会儿请同学来讲一下。好，开始进行习题练习。（导学案内容的深化）

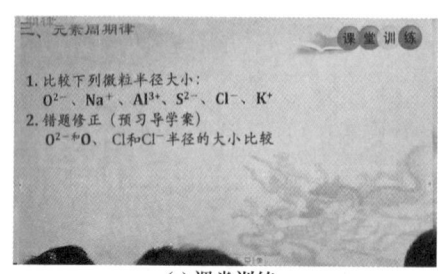

(a) 课堂训练　　　　　(b) 导学案错题更正

图 5-43　课堂训练与错题更正

教师 Ls：写完的小组进行交流讨论。（自主学习持续了 4 分 45 秒）

教师 Ls：基本都讨论完了是不是？（讨论持续了 1 分 27 秒）那我请小组同学来说一下。来，Wb，你们小组。

(a) 自主学习　　　　　(b) 自主学习后小组讨论

图 5-44　自主学习

学生 Wb：我们小组讨论了一下，我们的方法是把它分成两组，因为比较半径大小的第一因素是它的电子层数。因此我们就把它分成了两组。一组有三层核外电子，另一组有两层核外电子，然后有三层核外电子的是硫离子、氯离子和钾离子，有两层核外电子的是氧离子、钠离子和铝离子。在比较第一组的时候，我们知道它们的最外层电子数相同，那么就比较它的核电荷数。核电荷数越多，它的离子半径就越小，这里面核电荷数较大的首先是钾，其次是氯，最后是硫，所以就可以得到硫离子的半径大于氯离子的半径，大于钾离子的半径。然后就可以比较第二组，相同的道理，因为它们的电子层数相同，所以就比较它们的核电荷数，得到的结果是氧离子大于钠离子，大于铝离子，然后我们得到的两组排序分别是硫、氯、钾，以及氧、钠、铝，接着再比较钾离子和氧离子的大小就可以了，因为它们的电子层数不同，所以它们的电子层数越多，它的离子半径就会越大，所以钾离子的半径大于氧离子的半径，最终得到的结果就是硫离子大于氯离子，大于钾离子，大于氧离子，大于钠离子，大于铝离子。（与此同时，教师将学生思考的过程和结果写到了黑板上）

教师 Ls：嗯，讲得非常好，是不是？大家和他的结果一样吗？

大部分学生：一样。（这里教师并未确定全部学生的思考结果）

教师 Ls：一样，是不是。那我们再看一下，昨天导学案中出现的问题，氧离子和氧，以及对应的氯原子和氯离子的半径大小的比较。Lbl，昨天导学案中是不是出现过这个问题？（因为教师提前批阅了导学案，并仔细查看了学生导学案学习中的具体情况，所以对于出现错误的学生是比较清楚的，从中可以看出导学案在个案学校结构化翻转课堂教学模式中，可以反映教学内容的掌握情况，及时深化相关内容，促进学生的理解和掌握）那你再看一下这个问题有没有解决？

学生 Lbl：解决了。

教师 Ls：解决了啊！那具体是什么样的关系呢？

学生 Lbl：氧离子和氧，先看原子结构，都是三层核外电子，哦，不对，是两层核外电子，氧是2 6，氧离子是2 8，然后它们的电子层数相同，核电荷数是氧离子多于氧，因为核电荷数越多，离子半径就越小，所以氧的半径要大于氧离子的半径。氯和氯离子的话，它们是三层核外电子，核电荷数是氯离子多于氯，所以氯的半径要大于氯离子。

图 5 – 45 导学案更正后的汇报

教师 Ls：嗯，好，坐。刚才在 Lbl 讲的过程中，有没有哪块儿是存在问题的？

其他学生：有，核电荷数。

教师 Ls：嗯，大家回忆一下，什么叫作核电荷数？

学生们：质子数。

教师 Ls：质子数，对不对？也就是原子序数，那氧离子和氧呢？（学生们说一样）一样的是不是？氯离子和氯原子的呢？（学生回答也一样）那么，它们有什么不同？

大部分学生：最外层电子数。

教师 Ls：对，最外层电子数或者核外电子数，是不是？那我们刚刚在前面就讲过，对应的最外层电子数越多，其半径就越大，对吧？或者核外电子数越多，半径就越大，因为其前提是电子层数和核电荷数是相等的，所以对应的氧离子和氧原子的半径谁大？

图 5-46　导学案部分教师讲解深化

学生们：氧离子。

教师 Ls：嗯，氧离子，那氯原子和氯离子的半径呢？

学生们：氯离子大。（教师针对导学案中学生出现的问题，持续地进行分析和讲解，深化学生的理解，并确认学生已经完全理解和掌握这部分内容）

教师 Ls：这是对应的答案。（呈现课堂训练部分的答案）大家讲的都是对的，那我们再来看元素的金属性和非金属性，同周期和同主族有什么样的异变性呢？好，Wjc？

学生 Wjc：首先看金属性，同主族元素从上到下依次来看，然后同周期元素从右到左依次来看。非金属性的话，同周期元素是由左到右，同主族元素是从下到上依次看。

教师 Ls：嗯，Wjc 讲得对吗？

其他学生：对。

教师 Ls：那我们再看对应的，对金属性和非金属性，昨天大家也预习了，我们说对应的变化的本质是什么呢？Cwt。

学生 Cwt：变化的本质应该就是元素（停顿思考），元素电子的得失。

教师 Ls：元素电子的得失，是不是？那具体是怎么影响的呢？

学生 Cwt：影响的应该是最外层电子数。

教师 Ls：跟最外层电子数有关，那同组的同学还有没有要补充的？Wwj。（请同组其他同学进行补充，并请 Cwt 坐下）

学生 Wwj：电子能力越容易失去的话，其金属性就越强。电子能力越强的话，其非金属性就越强。

教师 Ls：表述得都是对的，非常好！那接下来请大家思考与交流第一个问题和第二个问题，判断元素金属性和非金属性强弱的方法有哪些？另外，通过哪些实验能够证明金属性和非金属性的强弱？因为这里比较闷，大家可以站起来讨论。（及时调整学生的学习状态，调动学习的积极性，维持其对学习的关注力）

(a) PPT 内容　　　　　　　　(b) 思考与交流

图 5-47　PPT 内容与交流

教师 Ls：（讨论持续了 5 分 53 秒）大家都讨论完了，来坐下。那我们请小组代表说一下，判断金属性和非金属性强弱的方法有哪些？Wss。

学生 Wss：由对应氢化物的稳定性判断。氢化物越稳定，非金属性就越强。

教师 Ls：好，可以是吧？那其他小组来说一说。来，Xwr。

学生 Xwr：对金属性的判断是，可以比较它与水或酸反应的剧烈程度，反应程度越剧烈，其金属性就越强。然后，非金属性就要看其生成性气体，生成性气体稳定性越强，其氧化性就越强，就是气态氢化物。

学生 Zyq：它可以通过置换反应来看。

教师 Ls：他是不是说到了可以通过实验的方法，那第一个判断金属性和非金属性强弱的方法，大家是不是都总结出来了？第二个通过哪些实验能够证明金属性和非金属性强弱的？Zyq 小组，刚才讲到一个对应的是置换反应，那其他小组呢？还有没有补充的，或者自己想说的都可以，错了没关系。（鼓励学生思考并回答问题）来，Yby？

学生 Yby：金属性就是可以存在一个与水反应的条件，比如说，前面说到的钠，它就不需要什么条件，那个镁就必须煮沸了，所以它的金属性已经变弱了，那个非金属性就看它的反应。

教师 Ls：可以通过具体的什么来看？

学生 Yby：反应现象。

学生 Yrd：碱金属可以和氧气反应，生成的氯化物越多，其金属性就越强。

学生：碱金属可以结合与氧气反应的生成物来看，生成得越多，就越强。

教师 Ls：对，可以啊！Djy，你们小组呢？

学生 Djy：就是可以通过强酸制弱酸来检验。

教师 Ls：强酸制弱酸，是吧？好，来，Wwj？

学生 Wwj：比较化合价。

教师 Ls：表达了大概的意思，在具体描述中是不存在问题了。好，坐下。还有没有？没有了。是不是在实验的这块儿存在问题了？那我们先来看老师总结的金属性和非金属性的比较方法，大家看一下刚才没有说到的，可以在导学案中进行补充，看一下哪一个是自己没有想到的。（围绕导学案对着一个知识点进行巩固学习，深化理解）

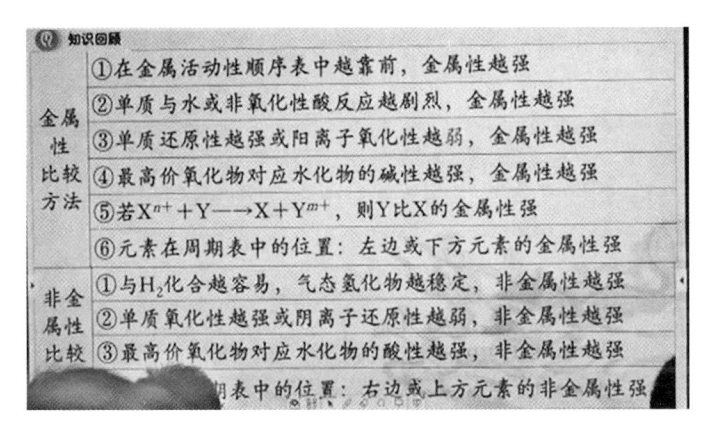

第五章 个案学校结构化翻转课堂教学模式的实践探索 / 231

```
知识回顾
金属性比较方法
①在金属活动性顺序表中越靠前，金属性越强
②单质与水或非氧化性酸反应越剧烈，金属性越强
③单质还原性越强或阳离子氧化性越弱，金属性越强
④最高价氧化物对应水化物的碱性越强，金属性越强
⑤若 X^{n+} + Y ——→ X + Y^{m+}，则 Y 比 X 的金属性强
⑥元素在周期表中的位置：左边或下方元素的金属性强

非金属性比较
①与 H₂ 化合越容易，气态氢化物越稳定，非金属性越强
②单质氧化性越强或阴离子还原性越弱，非金属性越强
③最高价氧化物对应水化物的酸性越强，非金属性越强
④表中的位置：右边或上方元素的非金属性强
```

图 5-48　PPT 内容（知识回顾）

教师 Ls：大部分都讲到了，另外还可以根据在元素周期表中的位置来判断，我们刚才讲了，越靠近左下方的元素，对应的金属性就越强。那非金属性呢？（学生回应）越靠近右上方的元素，其非金属性就越强，这个是大家没有讲到的，还有就是从单质还原性来看这块儿，对吧？金属单质的还原性，或者对应的阳离子的氧化性是不是也没有讲到？还有非金属性对应的阴离子。那我们来看具体哪些实验可以比较金属性和非金属性，这里给大家总结了。

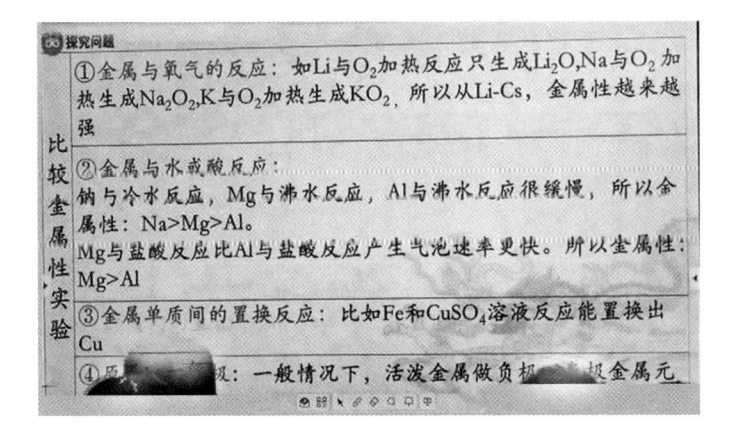

```
探究问题
比较金属性实验
①金属与氧气的反应：如 Li 与 O₂ 加热反应只生成 Li₂O，Na 与 O₂ 加热生成 Na₂O₂，K 与 O₂ 加热生成 KO₂，所以从 Li-Cs，金属性越来越强
②金属与水或酸反应：
钠与冷水反应，Mg 与沸水反应，Al 与沸水反应很缓慢，所以金属性：Na>Mg>Al。
Mg 与盐酸反应比 Al 与盐酸反应产生气泡速率更快。所以金属性：Mg>Al
③金属单质间的置换反应：比如 Fe 和 CuSO₄ 溶液反应能置换出 Cu
④原电池：一般情况下，活泼金属做负极，不活泼金属元……
```

图 5-49　PPT 内容（探究问题）

教师 Ls：好，那我们再接着往后看，这是关于元素周期律对应的金属性和非金属性的一些简单的比较，大家做练习。

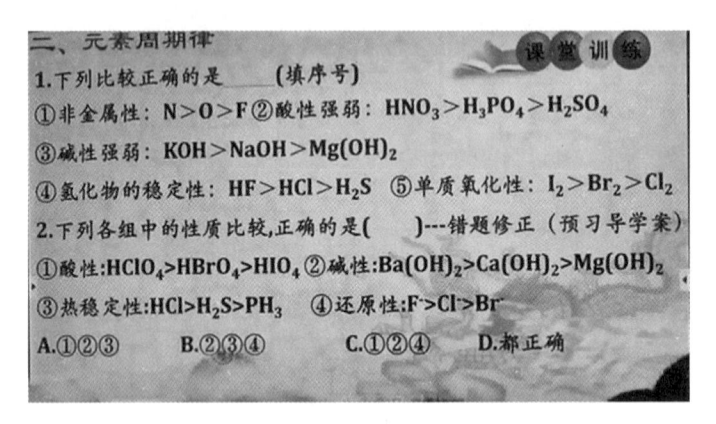

二、元素周期律　课堂训练
1. 下列比较正确的是_____（填序号）
① 非金属性：N>O>F　② 酸性强弱：HNO$_3$>H$_3$PO$_4$>H$_2$SO$_4$
③ 碱性强弱：KOH>NaOH>Mg(OH)$_2$
④ 氢化物的稳定性：HF>HCl>H$_2$S　⑤ 单质氧化性：I$_2$>Br$_2$>Cl$_2$
2. 下列各组中的性质比较，正确的是（　　）---错题修正（预习导学案）
① 酸性：HClO$_4$>HBrO$_4$>HIO$_4$　② 碱性：Ba(OH)$_2$>Ca(OH)$_2$>Mg(OH)$_2$
③ 热稳定性：HCl>H$_2$S>PH$_3$　④ 还原性：F$^-$>Cl$^-$>Br$^-$
A.①②③　　B.②③④　　C.①②④　　D.都正确

图 5-50　PPT 内容（课堂训练）

教师 Ls：看同学们都做得差不多了，那对应的第一题大家选的是什么？

学生：③和④。

教师 Ls：嗯，对。那第二题呢？（学生的意见不统一）

教师 Ls：有人说 C，有人说 A，到底是什么？

大部分学生：A。

教师 Ls：A，那 C 和 A 的区别在哪？（学生说是 3 和 4）3 和 4，这也是预习导学案中出现问题最多的，那 3 和 4 应该怎么样去比较呢？谁可以讲讲？Xr？（对导学案中存在的问题，通过交流和讨论促进学生理解）

学生 Xr：第三题就是氧化性越强，它的稳定性越强，比较的是氯元素、硫元素和磷元素。首先，氯元素在元素周期表中是排在磷后面的，然后氯又排在硫的后面，所以说氯大于硫大于磷，排序也就有了。第 4 题，氧化性越强，对应的阴离子的还原性就越弱，所以说它传过去了。

教师 Ls：（继续围绕导学案中存在的问题，展开学习）昨天大家预习了同周期元素是怎么变的？从正一到正七，那叫什么价？（学生回应是正价）正价，那有没有例外？刚听到 Wyj 讲了，还有谁啊？（学生回应氧和氟）嗯，对。那还有什么？最低负价是 -4 到 -1。那同主族元素最高正价等于什么？

学生们：主族序数加最外层电子数。

教师 Ls：嗯，对。那最低负价等于最外层电子数或主族序数-8，昨天大家在导学案中也学习了，问题都不大。那我们再稍微总结一下，同周期元素从左往右对应的半径逐渐减小，金属性逐渐减弱，非金属性增强。同主族元素由上往下原子半径增大，金属性增强，非金属性减弱，是不是？对应的元素性质呈现出周期性变化的实质是什么？受什么影响？

学生们：核外电子数。

教师 Ls：对，是核外电子的排布。

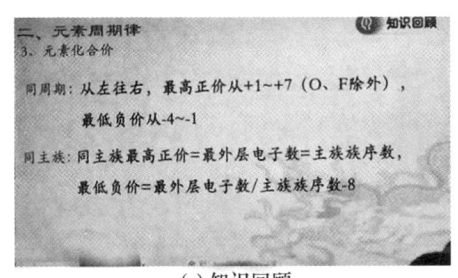

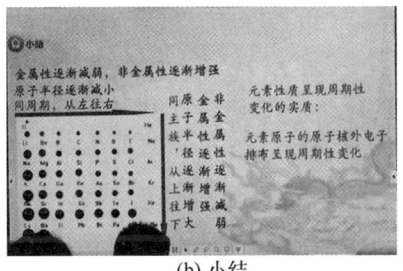

(a) 知识回顾　　　　　　　　(b) 小结

图 5-51　知识回顾与小结

教师 Ls：请大家完成导学案中课堂练习所对应的第 1 题和第 3 题的内容，(利用导学案资源，学生当堂进行学习成果的巩固练习，教师及时查看学生们自主做题的情况，时间大约持续了 4 分钟) 第 3 题是不是做得有难度了？大家可以在组内交流讨论。(在自主学习基础上，发挥小组合作学习的力量，对自主学习中所遇到的问题进行交流) 对应的这是第 1 题的解析，大家可以看一下。(PPT 呈现第 1 题的解析过程，将大多数学生掌握的基本内容直接呈现出来。在快下课时，第 3 题的解析也快速呈现出来) 好，有问题的同学可以课下来找我，我们把对应的问题再解决一下，大家可以先做一下标记。我们来看一下本节课，对应的元素周期律，我看大家是通过原子结构进行判断的，是不是啊？从原子结构可推断出元素对应的位置关系，然后可以判断原子半径，对不对？另外还要推断金属性和非金属性之间的关系。(对于本节课的内容进行了总结概括，提炼了做相关题目时的思维逻辑) 那本节课就先到这儿，好，下课。

234 / 普通高中结构化翻转课堂教学模式的个案研究

图 5-52 课堂小结

【课后】大学理论工作者 + 教研组进行共同教研。

附：Ls 老师导学案

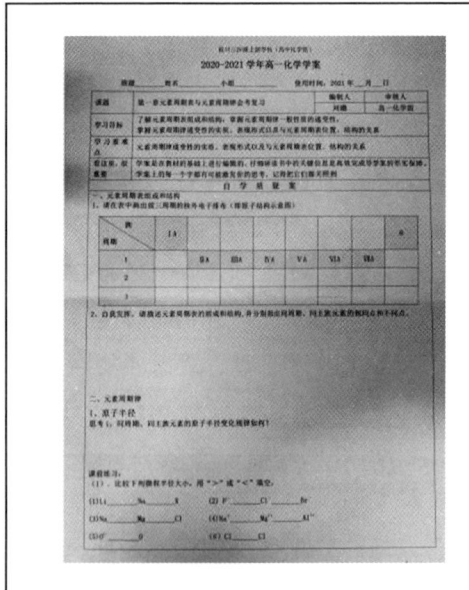

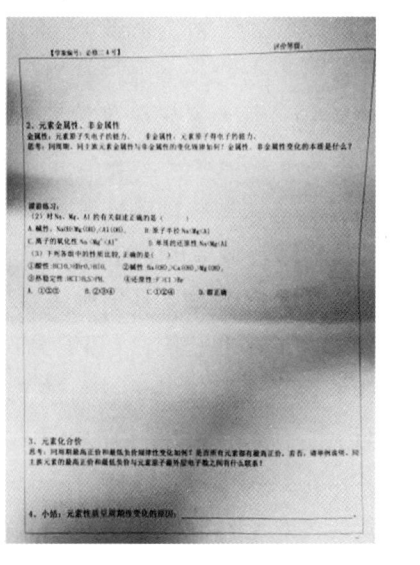

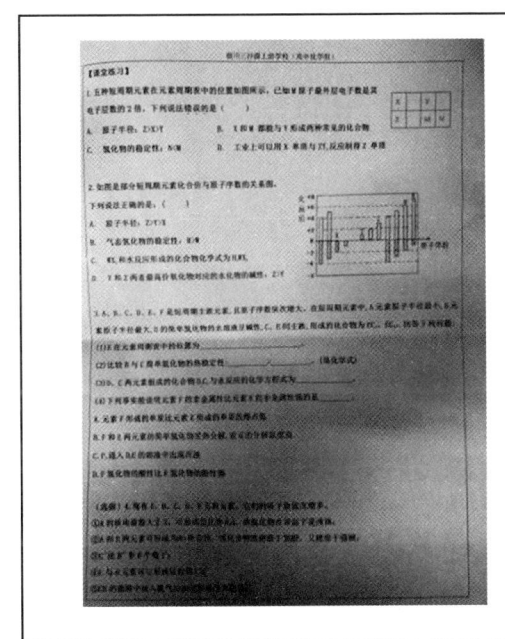

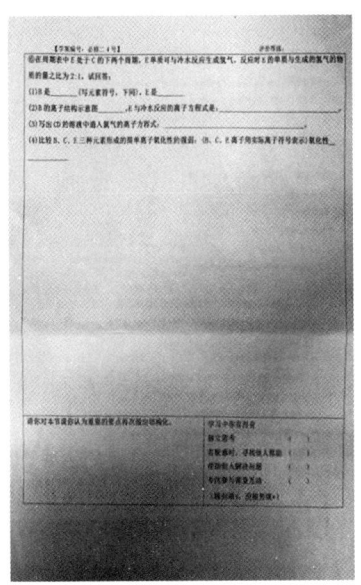

2. 案例6：化学《醛》

观察科目/主题：化学选修/《醛》

观察班级：高二（7）班

观察时长：46分钟

观察要素：教研活动及师生互动

观察目的：观察教师教学和教研活动过程

【课前】教师呈现PPT内容，并写好板书。

【课中】

教师Lzr：我们今天来学习第三章烃的含氧衍生物的第二节醛。上周我们学的是醇，这节课来看一下醛。首先看一下预习导学案的反馈，这是预习案中给大家留的一个问题，尝试梳理预习知识结构，看一下Lxy对导学案的梳理，看看预习案中还有哪些是你们没有考虑到的，看自己的预习案。（教师借助预习案，表扬做得好的学生，请大家补充完善自己的预习案，并鼓励学生在对知识的总结过程中把握重点，对学习资源要有效利用）

图 5-53 讲授新课内容

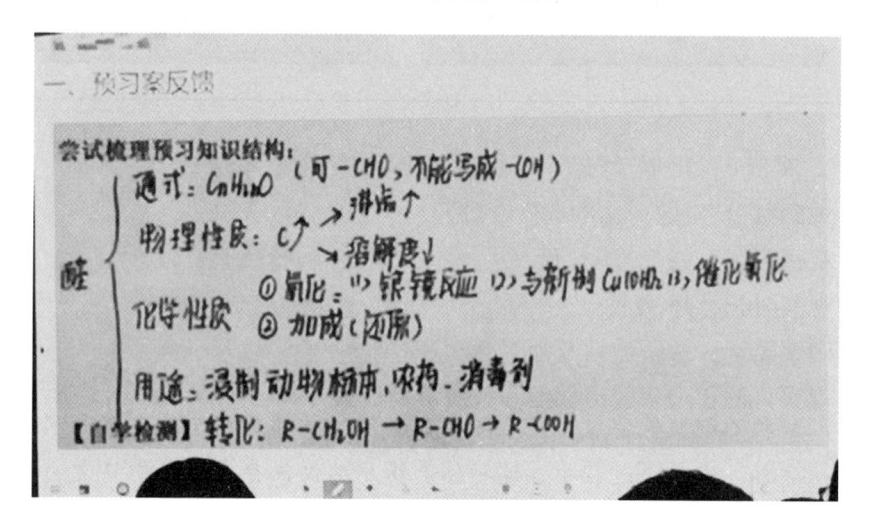

图 5-54 预习案反馈

教师 Lzr：接下来我们一起来看本节课要学习的内容——醛类物质，其实，它在我们日常生活中是随处可见的，第一个是在我们大家十分熟知的装修房子的过程中都会涉及污染的问题，室内空气污染中有一项就是甲醛。甲醛主要含在木制的家装或者家具里面，它常常用来制备一些黏合剂，通俗地讲就是一些胶，但是，现在还没有特别好的能替代它的东西，所以它是不可避免的，因此在我们日常生活环境中，在人体外甲醛是无处不在的，那么怎么样有效处理甲醛呢？这是包括你或你身边的亲戚朋友在装潢完房子之后，都想尝试着做的，怎么样才是最有效的呢？希望在这节课之后你能学到有效的解决方法。第二个是在日常生活中，有些人喝酒千杯不醉，有些人沾酒就面红耳赤。为什么会这样呢？我们来看一下专家是怎么说的。

【对于多媒体资源的有效利用】播放微视频，视频内容为专家对该问题的解释：我们在酒桌上会看到很多人喜欢喝酒，那么有些人在喝了酒以后脸立马就会通红，有些人喝了很多酒，他的脸却不红。我们听到很多传言，就是说喝酒脸红的人不能喝酒，喝酒不脸红的人能够喝酒，这究竟是什么原因？正不正确呢？其实，喝酒脸红的人往往是因为他的肝脏里面缺乏一种乙醛脱氢酶，这种酶是肝脏代谢酒精过程中必需的。如果这种酶缺乏，那么你喝酒的时候就很容易出现脸红、面部的毛细血管扩张现象；如果这种酶充足，即使你喝了很多酒，肝脏也能立马把酒精代谢掉，表明肝脏功能非常好。这样即使你喝很多酒，也不会表现得脸通红通红的，还是像没有喝酒时一样。所以，一般来说，如果喝酒容易脸红的人，不建议他大量喝酒，喝酒会加重肝脏负担，导致肝脏代谢不及时，久而久之就容易出现肝功能的一些损害。

好了，看来这个问题在于每个人肝脏里面的乙醛脱氢酶含量不一样，我们在讲乙醇的时候也提到过。当你喝完酒之后，乙醇首先要过乙醛脱氢酶这一关，乙醛脱氢酶可以将它氧化为乙醛，紧接着，就如视频中所提到的，乙醛被乙醛脱氢酶氧化成乙酸，乙酸便会被氧化成二氧化碳和水，从而排出体外。在这个过程中，这种醛类物质不仅仅存在于我们日常的生活环境中，在我们的体内也会产生。

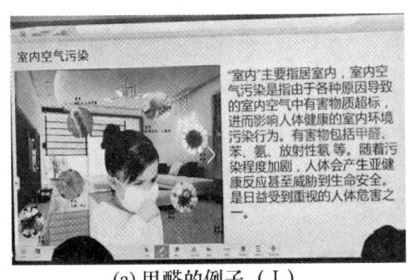

(a) 甲醛的例子（Ⅰ）   (b) 甲醛的例子（Ⅱ）

(c) 喝酒脸红的专家说明　　　　　　(d) 例子的展开分析

图 5-55　关于甲醛教学的课堂实例

教师 Lzr：那么醛类到底有哪些性质呢？这节课我们以乙醛为例来了解一下。我们要达到的目的有三个：第一，通过两个典型的特征反应——醛的银镜反应和乙醛与新制氢氧化铜悬浊液的反应，来验证醛在这个过程中的转化关系，及醛基反应的相关定量关系。首先来看一下乙醛的化学性质，第一个是加成反应。加成反应是指乙醛与氢气的反应，我们之前讲过，有机化学中的氧化反应和还原反应与无机化学中的氧化反应和还原反应是不一样的，对吗？Wh，有机化学中的氧化反应和还原反应是怎样的？你说一下。（明确学习目标）

学生 Wh：氧化反应是有机物加氧、去氢，还原反应是加氢、去氧。

教师 Lzr：好，请坐。我们说结构决定了它的性质，乙醛与氢气加成，也就是它还原变成乙醇的过程，原有的碳的双键是不是就断了，因为乙醇里面是碳氧单键，碳氧双键断了一条，这个氧上面加了一个氢，这个碳上是不是也加了一个氢，这样是不是变成了碳氢2，被氧化了，断键的位置很关键啊！这节课我们有一个点，就是对断键的位置要理解到位。（强调重难点）这个反应在课本上是简单地一带而过的，大家要了解一下。无机化学中的氧化还原反应是化合价的升降，而有机化学中的氧化还原反应是加氧去氢为氧化，加氢去氧为还原，两个是不一样的啊。

教师 Lzr：第二个是氧化反应，含氧衍生物的氧化反应，其实这种反应往往有很多种，第一个是燃烧氧化，燃烧氧化在上节课讲醇的时候，我们说含氧衍生物燃烧氧化需要记一个具体的方程式，对吗？（学生回答说不需要）记哪个？

学生们：通式。

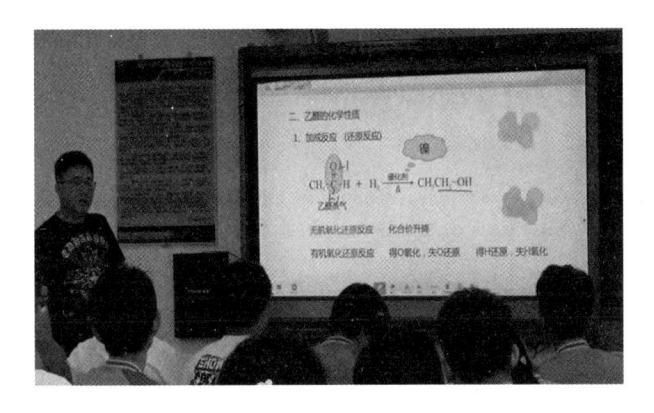

图 5-56 加成反应

教师 Lzr：通式，是吧？嗯，Lzh，通式，你知道吗？

Lzh 同学：我知道。（该学生看着书回答公式）

$C_XH_yO_z + (x+y/4-z/2) O_2 \rightarrow xCO_2 + y/2H_2O$

教师 Lzr：好，希望你下次能记下来，不要翻书。是不是这个公式。不需要记住具体的方程式，只需要记住通式。（强调重点）第二个是催化反应，这个很关键，等会儿要用的就是这个，在乙醛与氧气催化氧化的过程中，根据我刚才关于加成反应的提示，这个断键是怎么断的？观察这两个变化（手指向 PPT 上的公式），前面的碳氢3变了吗？（学生回应说没有）没变。只变了醛基为羧基，醛基是怎么变的？

个别学生：加了氧。

教师 Lzr：肯定是加了氧，怎么加上去的？断的是哪个键？Lhb？

学生 Lhb：断了碳氢键。

教师 Lzr：断了碳氢键，嗯，很好，请坐。断的是不是碳氢键？在醛基转化为羧基这个过程中，断的是哪个键？是碳氢键，而在碳氢键中间加了氧。醛基可以转化为羧基，上节课在讲醇的时候，醇是不是能转化成醛，醇能转化成醛，醛又能转化为羧酸。那我们现在来看它的转化关系（板书），上节课说醇能转化成醛，而在这节课中醛又能转化为羧酸。醇转化为醛这个断键是怎么断的呢？上周学的，还有印象吗？（板书）断哪个键？（学生们有小声回应的）来，Hta？

学生 Hta：碳氢键断一个，氧氢键断一个。

教师 Lzr：很好，请坐。那么，如果是这个样子呢？（板书）那么这个断键会变成什么？想一想，刚才碳氢键断一个，氧氢键断一个，这样是不是才能生成醛氢中碳氧双键，这一步转化成什么？（有一个学生回答）为什么？Cz？

学生 Cz：碳氢键断一个键剩碳，氧氢键断一个键剩氧，然后碳和氧变成双键。

教师 Lzr：好，请坐。在这个过程中，碳氢键断个键是不是氢没了，氧氢键断个键是不是氢又没了，所以最终它还有氢吗？没有了。（板书）这是不是也是一个氢氧键，这个是啥？

学生们：啥也不是。

教师 Lzr：为什么啥也不是？Yn？

学生 Yn：相邻的碳没有氢。

教师 Lzr：很好，请坐。这个碳是不是得有氢啊，在断键之后，不管是醛基还是羧基是不是都要形成碳氧双键，这个是不是没有氢，所以它不氧化，这是它的转化关系。大家继续看第三个，第三个不是催化类，而是普通的氧化剂，高锰酸钾和溴水，两者都是常见的氧化剂，它能将醛基氧化为羧基，它们的转化是一模一样的，只不过它们的催化剂是不一样的。需要注意的一点是，在一般情况下其烯烃或者是芳香烃，或者是烷烃，它与溴的反应一般是取代或者加成。但是在含氧衍生物这一块儿，醛被氧化为羧酸，此时溴做的是氧化剂，一般不是取代或加成。

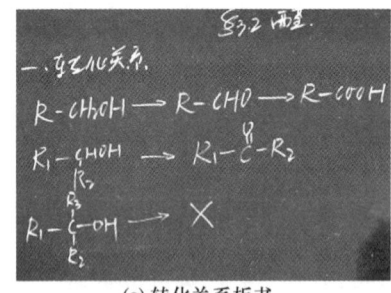

(a) 转化关系板书　　　(b) 氧化反应PPT呈现

图 5-57　关于氧化反应课堂示例

教师 Lzr：接下来是本节课两个重要的实验：第一个是银镜反应，昨天有预习，银镜反应是指乙醛溶液与银氨溶液进行反应，其中对于银氨溶液是如何配置的，在课本的第 58 页资料卡片中提到了，看一下。（学生看教材上的内容）

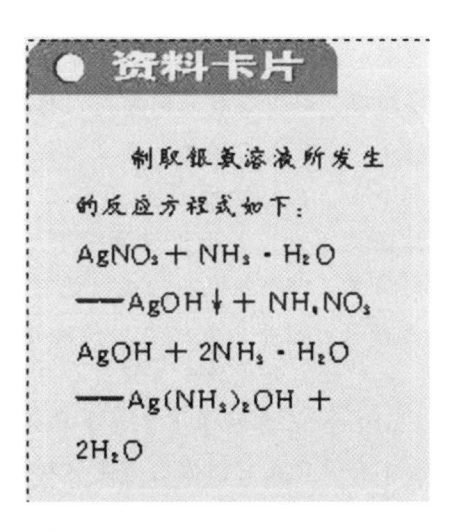

图 5-58　学生自学的资料卡片（课本内容）

教师 Lzr：在昨天学案正面的最后，让你写乙醛与银氨溶液的反应，好多同学写错了，审题不清，这里看咱们 PPT 上展示的这两个，所以审题要严谨。（对导学案中出现的问题，当堂进行澄清与更正）

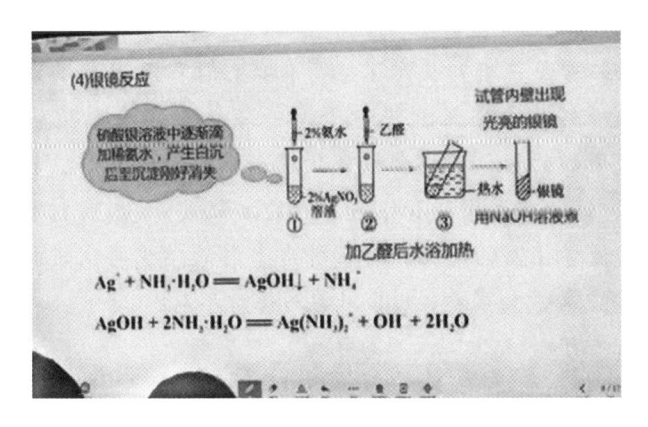

图 5-59　银镜反应

教师 Lzr：来，看这个反应是怎么进行的？对乙醛溶液和这个新制的银氨溶液供热，在供热的时候，就会产生这个物质，为了方便大家记忆，把生成的这个数据稍微做了一下调换，这样看起来就会很简单，记起来就方便多了。乙醛与银氨溶液反应会生成一水、二银、三氨和乙酸铵，需要注意的是，银氨溶液里面的氨，是氨气的氨，它不是铵盐的铵，两个是不一样的。我们先来仔细观察，接下来我的问题是，你能写出甲醛的结构式吗？回想一下刚才乙醛是怎么变成乙酸的？那么甲醛会被氧化成什么？想一下这个问题。回想那个点，在断键的时候，Lhb 说的。（提示学生）自己动手，有了初步的结论之后呢，再小组讨论一下，利用三分钟的时间，希望你们能得到最终的结果，哪个组做出来呢，就可以提前举手。（16 分 32 秒开始小组讨论，教师及时指导）氧化之后产物的结构有写出来的吗？还有写出来不认识的，把甲醛的氧化结果再写成分子式看一下。Lhb，来，你写一下最终的结果。（19 分 36 秒叫学生在电子屏幕上写）来，抬头看，这是 Lhb 写的，甲醛会不会氧化成它，你们都是这样写的吗？刚才他说醛基要氧化成羧基，断了碳氢键，然后加氧，对吧？原有的甲醛是不是这个样子的？（在电子屏上写下原有的甲醛结构式）断碳氢键加氧，右边你加了，左边你能不加吗？左边加吗？

学生们：加。

教师 Lzr：加，对着呢。他（学生 Lhb）在写完结构式之后，不认识这个东西是什么，然后呢，又把它写成了分子式，在写成分子式之后呢，还不认识，有人能认识这是什么吗？都不认识？你把它（方程式）换个位置，它不是氢二碳氧三吗？认识了吧？（学生们表示明白了）所以甲醛会被氧化成碳酸，好，这会儿就模仿着写一下，乙醛被氧化成了乙酸，对吧？如果换成甲醛的话，甲醛会被氧化成碳酸，对吧？好，动手，写分子式，Lhb，来，试一下写甲醛和银氨溶液的方程式。（教师对台上的学生做指导，环顾其他学生写的情况，对在讲台上写的学生再次进行了指导，大约三分钟之后）来，大家看，Lhb 同学写得对不对？

有的学生：可以。

教师 Lzr：有的同学觉得很棒，但我觉得不太棒，就差一点。

个别学生：氧没配平。

教师 Lzr：为什么，哪里配错了？

学生（第一排正中间）：应该是4个，因为他给后面的那个甲醛提供了两个氧，然后还要生成水，所以要配平。

教师Lzr：噢，很好。就从配平的角度来看，还有其他同学有别的想法吗？有吗？发现了吗？

学生（第一排教师右手边的同学）：那个乙醛有一个醛基，但是这个甲醛有两个醛基。

教师Lzr：你怎么看出甲醛有两个醛基？

学生（教师右手边第一排的学生）：甲醛的结构。

教师Lzr：大家看，课本上原来有几个醛基，是不是只有一个醛基啊，说甲醛有几个醛基。（大家说是两个）这个结构很特殊，左边一个醛基，右边一个醛基，所以它有两个醛基，对吧？刚才那两个同学是通过两个角度来理解的，说的是通过配平，甲醛里面有两个醛基，当这个醛基翻倍的时候，是不是消耗的氢氧化氨也翻倍了？所以整体上这个方程式的系数是不是就翻倍了？所以，通过这个我们得到了一个转化 $1m_2$ 的醛基，它对应消耗的这个，生成的银是不是两块？而对甲醛而言，由于它的结构较为特殊，它是个近似的关系。

教师Lzr：这个实验的注意事项在资料里面可能有很多，但是大家需要记得的是这两个——水域加热不可直接进行，还有最后一个反应完之后，由于这个银氨只能附着在试管的内壁上面，所以要用硝酸去清理它，最终可以得到这个结果。这个实验的应用，一是可以减醛基，二是可以测定醛基的数目，三就是它的用途。之前，它常用来制造暖瓶的瓶胆和镜子，但是现在暖瓶和镜子呢，用的是真空镀铝，对吧？

(a) 学生自主写方程式　　(b) 教师讲解

(c) 学生自主写方程式　　　　　　　　　(d) 教师板书

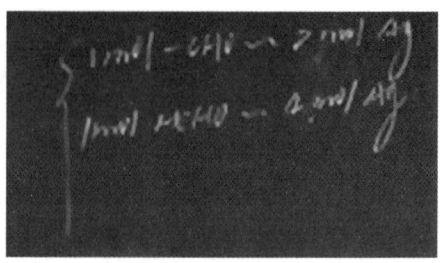

图 5-60　实验方程式

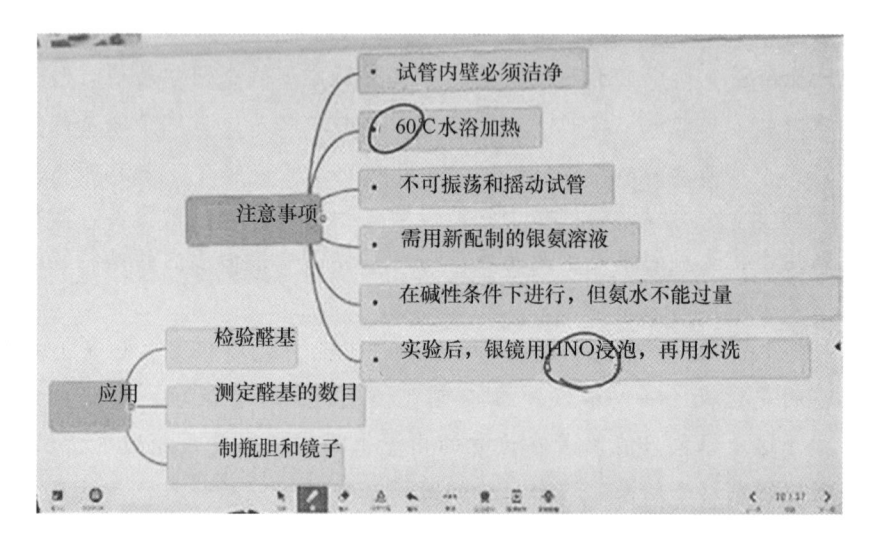

图 5-61　银镜反应的注意事项

教师 Lzr：最后一个氧化反应，与新制氢氧化铜悬浊液的反应，这个反应在课本上也体现了一下，先配置新制氢氧化铜悬浊液，而后添加醛。再看加热方式，与刚才的银镜反应的加热方式一样吗？（有学生说不一样）对，那个是不直接加热？这个要直接加热，直至有砖红色沉淀产生即可。

教师 Lzr：这个反应其实我们也不陌生，在这个反应中，你看，氢氧化钠是作为反应物参与的，所以对这个反应的要求是，溶液要偏碱性，也就是说氢氧化钠的量要给什么？你们所加的那个硫酸铜的量多了一些，为什么呢？因为从颜色分配的角度来讲，硫酸铜属于强酸弱碱，强酸弱碱液

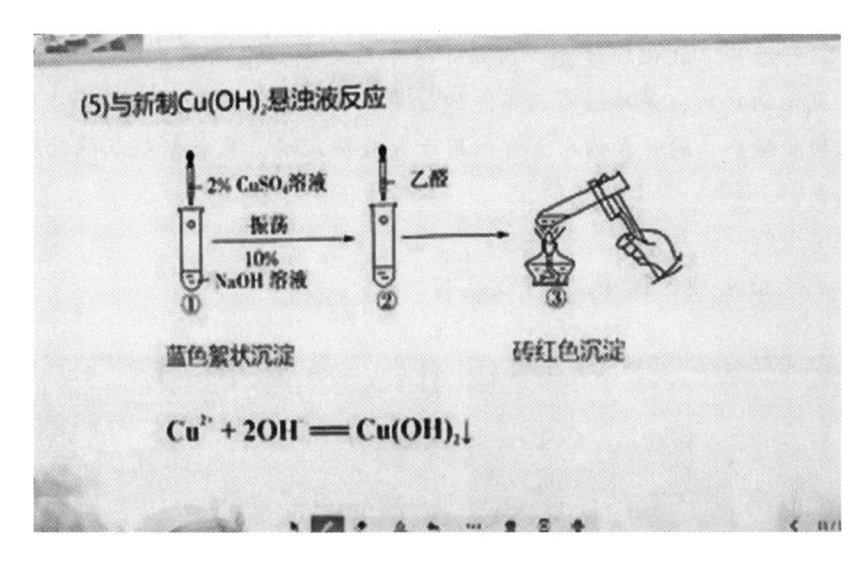

图 5 - 62　与新制氢氧化铜悬浊液的反应

在水解时显酸性，所以硫酸铜给多了，这个实验就失败了，砖红色沉淀就出不来了。好，第四个是概念，如果是甲醛，这个方程式该怎么写？这下就简单了。Lz，来。（找学生上电子屏幕将之写出来）如果换成甲醛，这跟刚才的银镜反应有着异曲同工之妙，要是这个能写出来，说明你对刚才的反应就掌握了。（教师查看其他学生的掌握情况，并给台上的学生做指导。整个过程大约持续了4分钟）有问题吗？（有学生说有问题）哪里有问题？

个别学生：少了一个加热。

教师 Lzr：嗯，少了一个加热，还有吗？（大家说没有了）没有了，这个最好写成什么？（有学生小声回应）哎，对，你这样写的话不就是分子式吗？这个地方应该是结构解式，你看你要找这个关系，甲醛这个结构有一点很特殊，一摩尔的醛基，你要对应生成两摩尔的氧化物，那么对于甲醛而言，由于其结构特殊，它就会有两摩尔的醛基，所以它对应生成的这个氧化量就是多少？（有学生说是四个）对，是四个，那么这两个实验对于甲醛或者是二醛，在有两个醛基的时候，在反应过程中，这个量就要发生变化。有问题吗？（有学生主动提问）看，在这个过程中，要把甲醛氧化成什么？你要想出现碳酸氢盐，怎样才能出来？是不是二氧化碳过量，为什么？因为二氧化碳过量，在刚才这个反应中，谁过量了？（有学生说是氢氧化钠）对，是碱过量而不是酸过量，问题问得很好。这个反应可以用来检验醛基，同时在临床上可以用于检验糖尿病。生物学糖尿病的糖是什么糖？

学生们：葡萄糖。

教师 Lzr：嗯，很好，看来没忘啊。

(a) 学生自主写方程式　　(b) 教师讲解

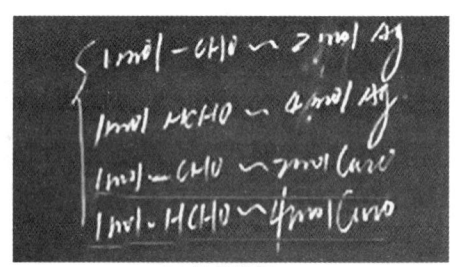

图 5-63　教师讲解方程式

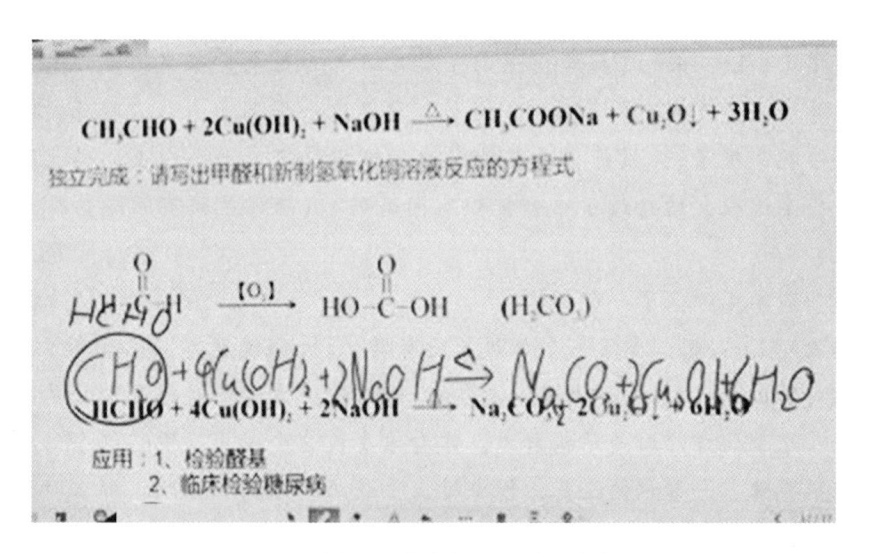

图 5-64　对新制氢氧化铜悬浊液反应的总结

教师 Lzr：找到生物必修一第 18 页，有印象吗？斐林试剂，有印象吗？

学生：有。

教师 Lzr：斐林试剂，看一下，不就是我们这节课所说的新制氢氧化铜悬浊液吗？检验什么？——还原信号，当时检验的就是葡萄糖和果糖，你看它们的区别在哪儿？

个别学生：葡萄糖是醛基糖。

教师 Lzr：对，葡萄糖是个醛基，而这个果糖是个什么？

学生们：是羰基。

教师 Lzr：是羰基，对吧？这就是它在临床被用于检验什么？——糖尿病的原因。因为葡萄糖里面还有什么？醛基，那反过来就是说，醛基不一定在醛基物质里面，对吧？其他物质里面也可能有什么？——醛基，比如说，葡萄糖里面就有醛基，除了葡萄糖，还有哪些物质有醛基，有印象吗？

个别学生：酒精。

教师 Lzr：昨天预习案选择题第 2 题 A 选项，是甲酸，是甲酸对吧？甲酸里面有醛吗？（整个教学过程中的教学内容，课程安排紧紧围绕教学案展开，时刻渗透着解决导学案问题的思路与方法，培养学生的思维，促进学生对于学案内容的深化理解）

学生：有。

教师 Lzr：预习案中选择题第 2 题 A 选项，甲酸里面有醛，是吧？（学生说有）甲醛这个物质也很特殊，右边是个羰基，左边是什么？——醛基。为什么？所以，醛非得含着什么？醛基，是吧？葡萄糖、甲酸以及甲酸参与的酯化反应，甲酸要是参与酯化反应，酯化反应的本质是什么？

学生们：酸脱羟基，醇脱氢。

教师 Lzr：酸脱羟基醛基受影响吗？——不受影响。（此时有学生说不一定，这里其实可以再去详细了解学生的困惑）

教师 Lzr：好，接下来我们看三个对点练习，这两个应该很快完成，看一下。第一个我们看一下，Hyt？

学生 Hyt：A……

教师 Lzr：D 选项错在哪？（学生 Hyt 停顿，有在困惑）Gq，你来说？

学生 Gq：因为那个硫酸铜是强酸，要配备一个偏碱性的溶液……

教师 Lzr：很好，请坐。（确认学生 Hyt 听懂了，第一题就过了）第二

图 5-65 裴林试剂的讲解

题，Zxy，你来。

学生 Zxy：B。

教师 Lzr：它只选一个是错误的。当一个有机物中既有它的双键，也有醛基的时候，它的双键的醛基均具有还原性，对吧？假如说我现在要进行检验，第一，怎么样检验醛基？——是不是就是我们今天学的那两个反应，一个银镜反应，一个新制氢氧化铜反应，你选哪个反应就写哪个方程式，对吧？第二，怎样解它的双键呢？溴水、酸性高锰酸钾都可以，对吧？在实际操作过程中我先要检验什么？来，Dwt，说一下你的理由。

学生 Dwt：因为双键和醛基都会被氧化，但是双键不会发生银镜反应，或者和新制氢氧化铜悬浊液产生反应，所以先测醛基。

教师 Lzr：你要是先测醛基，醛基会变成什么？

学生 Dwt：醛基变成羧基。

教师 Lzr：接下来呢？

学生 Dwt：再去反应双键。

教师 Lzr：很好，请坐。还有别的想法吗？没有？就是这样的，Dwt 刚才说的是对的。先排除醛基的干扰，因为碳氧双键能发生的反应，醛基也可以，但醛基能发生的反应，碳氧双键不能。所以先把醛基氧化成羧基，而后再去检验碳氧双键。这个时候，用高锰酸钾溶液或者溴水去检验碳碳双键，如果它含褪色，说明它含有什么——碳氧双键。（利用对应知识点

的联系，巩固学生对本部分内容的掌握）

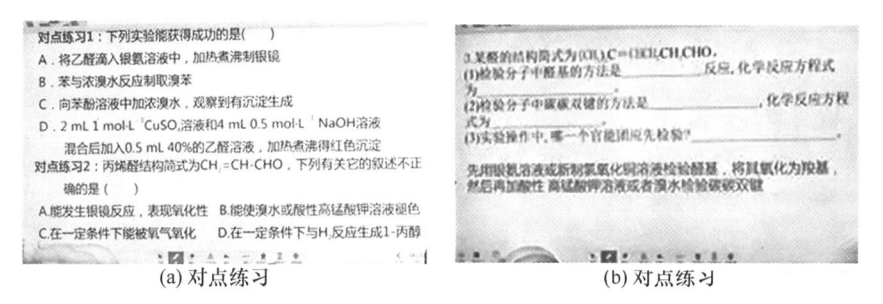

(a) 对点练习　　　　　　　　　(b) 对点练习

图 5-66　对点练习

教师 Lzr：最后我们梳理一下本节课最核心的'知识点'就是我们刚才所说的，一个是银镜反应，另一个是新制氢氧化铜反应，因为这两个反应可以牵扯出它的官能团的转化关系，以及量的转化关系两个核心问题。现在市面上绝大多数的除甲醛的空气净化器，它里面用的就是催化氧化。好了，今天的课就到这里。

图 5-67　醛的知识点总结

【课后】大学理论工作者＋教研组进行共同教研。

附：Lzr 老师的导学案

3. 课后教研活动

教研内容：化学/必修《元素周期表与元素周期律》和选修《醛》

教研时间：2021 年 6 月 21 日（周一）10：00—11：15

教研地点：银川三沙源 S 学校培训室

任课教师：Ls 老师和 Lzr 老师

教研人员：教育部长江学者特聘教授、博士生导师，课程与教学论研究专家 W 老师；N 师范大学教授，化学课程与教学论研究专家 H 老师；银川 S 学校校领导（校长、书记），以及高中部化学组全体教师。其中，Llh 是主管教研和教学的副校长，Mxj 是高中部化学教研组组长，Lxq、Fjh 等是高中部化学组教师。

【教研过程】

教师 Mxj：今天，我们化学组的两位老师上了两节化学课，接下来咱们进入评课环节，先由这两位上课的老师说一说上课的思路。在听的过程中，请大家结合听课记录进行评课，评课的时候可以从以下两方面着手：第一是学生的学，即学生学了什么？怎么学的？学得怎么样？这部分内容可以通过真实的课堂现象去展开探讨。第二是教师的教，即教了什么？怎么教的？教得怎么样？最后，请各位专家提出意见和建议。请 Ls 老师先开始自评。（关注学生的学习，注重"以学为主"）

【说课】

Ls 老师：我这节课的设计思路主要包括课前、课中和课中的习题综合练以及方法提炼三部分。

课前让学生通过原子结构示意图，总结所对应的元素周期表的组成结构，引导学生概括同周期同主族元素的相同点和不同点。另外，引导学生总结元素性质，在原子半径、金属性、非金属性，以及对应的化合价方面的同周期和同主族的递变性，并通过一些简单的习题来巩固基础。

课中重点是让学生交流讨论原子半径和离子半径的比较方法，以及金属性和非金属性强弱的比较方法，具体通过哪些实验设计或简单实验设计可以比较金属性和非金属性。最后是综合题目检测，加强学生对知识的应用，让学生进行教育讨论，但因为时间的限制，这部分习题的综合检测没有完成。在做元素周期习题的过程中，提示学生要注意什么，用什么思路去思考。

Lzr 老师：我这节课的设计关注了核心知识点：一个是官能团的转化关系，这涉及化学选修3里的断键知识；另一个是从醛类反应的角度讲醛类的核心结构。（教学目标的设定）但是从课堂反馈来看，好多学生对于甲醛能够转化为碳酸这个环节，还存在理解上的问题，他们都从常规思维上思考。经过点拨之后，学生才逐渐理解了这块儿的内容。其实，在这个过程中，有个教学现象给我感触很深。有位学生提出一个问题，即甲醛被氧化之后，他写出一个分子式。他说，这个分子式应该是钾状酸。钾状酸是一种无机物，而甲醛是有机物，因此向学生解释这个问题比较困难。但是，我觉得学生提出问题这件事情是很好的。（赞扬学生勇于提问和思考）另外，我课前的两个引入就是想让学生了解所学内容在我们日常生活中是十分有用的，利用所学的知识去解决问题，这样可以让学生获得成就感。但由于时间的原因，最后部分整体处理和操作得不是很好，请各位老师指正。

【同伴互助】

教师Lxq：首先，Ls老师备课特别充分，她的导学案和教学设计修改了好几次，我看到她在导学案上贴了很多小标签，非常有教学热情。其次，我认为，她通过认真详细的备课，尤其是导学案的设计，使得整个教学过程中的针对性特别强，比如，对学生在预习的时候出现的错误，她会专门在习题里进行纠正。通过纠正错误，学生对于内容的掌握就更深入。我想特别分析的是，本节课在教学设计方面的结构化较强，Ls老师对学生的学案做了仔细的批改，然后在课堂上对相关难点加以讨论，针对离子半径和原子半径大小的比较，从课堂教学过程中可以发现，学生基本上把比较大小的三点关键内容都叙述出来了，这做得很好。还有，在课堂上对非金属性强弱的知识组织了讨论，通过对这两个重点的讨论，促进了学生的理解，达到了很好的教学效果。这点也很好。同时也有不足的地方，在课堂导入部分，她呈现元素周期表的环节没有让学生回顾一下先前的内容。如果能够回顾相关内容，可能会对学生思维的启发带来好处。建议Ls老师在语言描述上再精准一些，比如比较非金属性的强弱，她说的是用酸性来比较强弱，这不太严格，应该是用最高氧化物水化物反应的强弱来比较非金属性的强弱。大致就是这些。

Lzr老师的课上得很有特色。首先，这堂课上得比较顺畅，在教学实施过程中，引导学生对导学案的总结进行展示，这种做法很好。通过导学案来促进学生，达成了对内容的提炼，促进了结构化翻转课堂的深入实施，这块儿很有特色。其次，本节课的结构化层次比较丰富，在学案和授课中重点抓醛基的性质，也就是还原性。因为乙醛知识是比较简单的，书上都有，方程也有，从这里延伸到甲醛以后，学生就犯难了，这促使学生产生了求知欲。甲醛与银氨溶液反应、与新氧化铜反应，最后能够展现出内容的逻辑性，并促进学生理解醛基的性质，这做得也很好。最后，我感觉到他的这堂课具有跨学科的特色，能运用生物课中的斐林试剂来检验葡萄糖里面醛基的方法，使学生体会到生物学与化学的紧密联系，从而将各学科知识整合起来，达成了跨学科学习。

教师Fjh：我是高三化学老师，先对Ls老师的这节课做一个分析。我觉得Ls在知识的归纳整理，对元素周期表、周期律，还有重难点的小结，尤其是在关注学生的输出与共享方面，做得很好。能够在导学案处理过程中，针对学生出现的错误进行深化讲解，针对性比较强。我想说的是，复习课还有另外一个更重要的作用，就是迁移应用。它和新课相比，要更有层次性，我觉得这节课的内容，在化学上面要体现出核心素养，即结构决定性质，所以要提升这节课，可能就欠缺一句话——从原子结构的角度来分析物质的性质。在判断金属性与非金属性的时候，Ls老师总结了好多规律，也有好多方法，但是没有对这些方法加以整合。化学是理科，一定要把它的这些方法归纳到理上来。作为一堂复习课，可以从归纳分析的角度提高教学质量，那如何归纳？对于这个问题，应该说是金属性、非金属性和单质的氧化性，引发了氧化还原反应，氧化还原反应里面单质的还原体现了金属性。如果从这个角度来讲的话，就不用记录那么多条。整体上我觉得这节课在学生互动、师生互动、学生的输出方面，学生学的过程还是非常完善的，非常符合我们学校提倡的结构化翻转课堂教学模式的理念，重在学生输出，学生的表达也非常清晰，整堂课非常完整。

Lzr老师的课有其优点，我觉得，这节课的重点抓得非常准，而且他从生活的角度以及学科之间的联系来展开内容，在这些方面做得比较不错。建议在讲课的时候要把最重要的内容，整个思维过程体现出来，这样就会更好。

教师Mxj：我主要说说这两堂课的导学案，因为这两位老师备课的过程我是全程参与的，想就此谈谈我的看法。像Ls老师的这节课是复习课，导学案的编制一般是对知识进行总结和梳理，主要形式是填空，后面对应习题，课上以习题的形式再去巩固深化。我们通过交流，把这节课的教学设计大致分成了三个方面：第一个方面就是规律的梳理，第二个方面是方法的提炼，第三个方面是核心思想的凝练。因为学生会有遗忘，而这个规律是可以整理出来的。在整理的过程中，每一个规律的后面都安排了习题，基本上先是基础，然后会稍微提升一点难度。这个提升主要是为了课上的讨论做铺垫。针对教学设计，整个课堂教学的过程也分为三个部分：原子半径—实验分析—化合价，这三个方面的安排都是规律整理加实际巩固的过程。在课上主要针对学生整理出来的规律进行纠正，让学生能够有一个正确的知识，重点是通过学生的一些学习反馈总结出核心的方法，即规律，对其使用方法有一个核心思想的提炼。

Lzr老师导学案的内容对应的是选修5的有机化学，课上的实验应该通过两方面去分析。第一个是定性分析，比如实验的步骤是什么？实验的注意事项有哪些？每个注意事项的原因或可能对实验结果产生的影响。第二个是对实验方程式的定量分析，定量分析中主要包括三类物质。第一类物质是醛的代表物质——乙醛，第二类物质是醛当中一个特殊的物质——甲醛，第三个是由甲醛引出的醛当中的二元醛，其方程式的书写比较简单，主要是醛的催化氧化，只是学生要把反应的机理搞清楚，这节课在这方面并没有深入下去。最后就是课上的巩固训练，应该有一个提升的过程，提升的过程就是学习的过程，因为选修5当中知识安排比较明显，刚开始是研究有机化合物的一般步骤和方法，主要是从结构到物理性质，再到化学性，化学性里面有普通性质和特性，按照这样的思路去学习，这应该是这节课需要给学生提升的一个方法性指标，也是结构思维的获得。

【专家引领】

H老师：两节课的课型不太一样，一个是高一的复习课，一个是高二的常态课、新课。但这两节课有个共同特点，就是所涉及的化学知识有很大的难度，所以这两位老师作为青年教师，展现出了非常扎实的专业功底，同时也展现出非常良好的教学品质。在课堂上两位老师都能把现代的教育教学理念充分地、得心应手地渗透进去，充分地开展了学生之间的合作学习，师生之间有充分的互动，从开始到结束引入了问题情境，激发了学生的学习主动性。在过程当中老师不断提问和进行思维点拨，让小组成员汇报，因此，课堂上的整体氛围体现了共同建构的过程和我们学校结构化翻转课堂这样一种教学模式。

我先来说一下Ls老师的课，因为它是一堂复习课，第一阶段在必修1、2当中有诸多涉及无机化学的相关知识，这里边就是一个大的概念，即结构性质和位置之间的关系，要体现化学里面最核心的思维模式，或者说认知模式，即结构、性质和位置之间的关系。如果说之前我们在每一节日常课当中，它可能各自有所侧重，侧重于某一个具体的知识或某个方面，但在这节课上它是一个统整。所以说在复习的时候，老师能够引导学生把元素周期表作为一个工具，将表里面所呈现的三者之间的关系，能够从整体上做一个思维上的引领，并做出分析和梳理归纳的话，学生就不会沉浸在具体的知识，或者零散的、点状的、线状的知识上，而是形成网状的知识结构。这个知识结构就是通过化学的学科思想，其实也是最突出的这个学科思想，把它呈现出来，从细节方面去把握，最终上升到思维的结构化，从而建构化学学科核心素养里的认知模式。

关于 Lzr 老师的教学素养就更加全面了，他在课堂上处理学生情境化问题的能力非常强，他有个非常好的特点，就是特别能关注学生的学习困境，可能学生并没有呈现出标准的答案，对吧？往往会呈现出另外一种可能性，从全班学生的表现来看，大家都在思考，可能在某一个时间段，学生们没有在脑子里面呈现出一个非常明晰的答案，或对老师的问题有个比较成熟的理解，这恰恰是这节课好的地方，体现了动态的生成性。建议在难点的处理上，或者说对于重点内容——醛基，可以从有机物的课程内容上着手，从官能团入手，这就回到了原子结构的内容上，从醛基找到碳原子碳元素，这里它和氧直接是碳氧双键，氢基是碳氢单键，这两个位置是核心。中学阶段的醛基化学反应基本都发生在这个位置，氧化反应就是氧化，一个是断碳氧双键，一个是断碳氢单键，由于这两个地方正好有活性，因此我们可以帮助学生找到关键位置，从理论上将原子结构分析清楚，分析清楚了实验现象就可以做个演示，实验过程的展示，教师本人做也行，视频展示也行，原理清晰了，内容就好理解了，对于学生来说也有意思，我觉得这就把教学难点解决了。如果说学生还有余力，就可以根据课堂情境再进一步学习，就能更好地促进学生理解，让学生主动去分享，去讲，以此更好地实施结构化翻转课堂教学模式。

W 老师：我也简单地说一点，可能谈得更宏观一些。Ls 老师这节课，我觉得她准备得非常认真，包括上课前她在前面的讲台上还在认真地准备，她很重视。这就很好，因为公开教学对老师们都是一种挑战，佐藤学在《静悄悄的革命》里面讲，让每个老师都能上公开课，每周一次，这个学校的变革就开始了。上公开课，老师们要花很多时间和精力准备，在课堂教学过程中也比较紧张，还有别人来听课，所以说这也是对自我的一种挑战与超越吧。这节课导学案的思路很清晰，三部分之间的关系及基本原理都很明晰。作为复习课，它有一些特点，其一是针对遗忘，复习课主要是和遗忘做做斗争，因此要不断地巩固、强化、复习，这是教学当中非常重要的一个环节。其二是要抓规律性的东西、原理性的东西，你看这些知识点，我们上了一周或两周了，或者上了一部分的内容，一个单元或者是某一章的内容，那么它背后总是有基本的原理或者规律的，然而，学生不一定能够发现这些基本原理所包含的规律，这可能要从知识网络的结构出发，从物质的结构到其性质，一直到在生产生活当中的应用，所以说复习课可能要把原理、规律的东西，通过复习呈现出来，你过去呈现了还要呈现，为什么？这就是强化，过去呈现了他不理解，现在呈现了他理解了，这就是复习的效果。其三就是结构化，我们学校推进结构化翻转课堂教学模式，对于不同章节的教学内容，其逻辑关系在教材上是很清楚的，其结构就是它的逻辑关系，但是学生没有发现这里面的逻辑关系，通过复习要把这种逻辑关系、这种结构内化到学生的认知层面，这就形成了结构化，每一个学生的大脑当中关于这一部分内容的认识，关于元素性质的认识是怎么来的呢？既是对教材上内容学习的结果，又是老师教学中教的结果，更主要的是学生学的结果，这就是每一个人的结构，在大脑中结构既是主观的东西，又是由教材和教学客观促进的结果，这个结果最后是大同小异的。大多数学生基本上停留在一个水平上，但是有些学生会超前，学得更丰富、更多，有些学生可能还没掌握，就是参差不齐的，但总体上讲我们要照顾到全体学生。从结构化翻转课堂教学模式的角度，要关注以下几个方面：（1）教学理念。以学习者为中心就是要让学生学，一定要坚持贯彻这个理念，不是教师告诉学生，而是要引导学生，在学案里面要设计学生学的环节，虽然有很多的练习就是引导学生学的，但是没有让学生动手在纸上做或者相互讨论交流，要把学生的学习积极性调动起来。所以，以学习者为中心的理念应该是每个老师在大脑当中有的，也是在课堂里面要坚持贯彻执行的，要相信，教师讲得好永远没有学生学得好有益，这是一个真理。你让每一个学生动手去做，小组内部相互监督，你看我的我看你的，能做下来的就做完了，没做下来的就需要互相帮助，甚至需要老师来帮助，甚至另一个组以学生来相互帮助，所以让学生学，从表面上看会浪费很多时间。刚开始时时间确实不够用，但是当我们把以学习者为中心，以学为主的方式用好的时候，到后面效率就大大提高了。永远要相信学生是会学的，先学教材，先不要超越教材，而且教材就能呈现出最基本的原理；在教材的基础上再去拓展练习，练习也要循序渐进，让大多数学生能够在教材基础上拓展思维；最难的可能就是具有挑战性的拓展训练，就是针对那些好学生的思维提升，这样既兼顾了全体学生以教材为依据，同时又具有不同层次的挑战性，这就满足了不同层次学生的需求。（2）信息技术。所有的现代教学一定要能够运用信息技术，不管是复习课还是日常教学，信息技术不是简单地呈现 ppt，这是远远不够的。比如说化学的很多知识，老师动动脑筋搜集一些课程资源，在复习的时候能不能针对直观的东西来复习，能否演示化学实验，为什么化学特别强调实验呢？因为实验就是验证，就是科学，最终验证了，他就相信了，不是让他记住了。课堂教学中信息技术就是让学生学的，你把信息呈现出来，他就能看到，以学习者为中心，拓展了，就能走出课堂，走出教材了。教材是文字性的东西，是静态的、僵化的，信息技术可能是动态的，可以走出教室，走出教材。(3) 关注学生。老师可能会花很多时间和精力关注教学内容、教材和学案以及练习，而关注学生少了。在哪儿关注学生呢？就在课堂上关注，因此一个得心应手的老师既能做教学，还能关注学生的学习，发现学生学习当中存在的问题，解决这些问题。在 Ls 老师课上我就发现，回答问题的学生是相对重复的，就是前面的几个学生，参与的是少数学生和个别人，那么其他学生通过进一步开展小组内部的讨论交流，你也一起讨论，引导每个学生都参与，这需要遵循组织合作学习的一套方法。我们教学的最终目的是让学生学会学习，结构化翻转课堂教学模式可以很好地促进学生的学，这一切都要在实践教学中真正去做。

Llh 副校长：首先，我觉得这次机会很难得，H 老师是教过六轮高中毕业班的老师，然后又去读了硕士/博士，几位专家的分析是专业的，尤其是我们讨论中提到的，从知识的结构上升到思维的结构。这也是我们发展的方向，要突破的重点。那对于在课堂上学生动起来的问题，在我们结构化翻转课堂教学模式里是很清楚的——要体验，即体验优先，那怎么才算体验？他是肤浅的体验，只是看了看，他的思考就没有走向深入。没有走向深入，让他去互动讨论的时候，就很难深入，这个时候，我们要思考每一个教学环节的目标是什么？用什么方法让学生动起来，从而促使学生学习目标的达成？这个时候就要反思教学设计，真正换位到学生那里，思考用什么方法让他能学会、能学好，不是直接迁移给学生知识，而是站在他的角度设计教学，这样学生的思维能力才可以提高。另外，以学习者为中心，虽然我们在结构化翻转课堂教学模式中提到了能动性，但是针对这一点，我觉得没有旗帜鲜明地让老师们从观念上深刻地认识到，使得在理解和设计的时候就不会把握得那么深入，对此我觉得要在后续的教学实践中持续深入,从理论上建构完善该教学模式。老师们可以积极地在行动中做课堂研究,作为课堂教学实践者的同时,也成为课堂研究的能动者,作为一线的老师,老师们经历的过程可以凝结为研究成果,从而助推结构化翻转课堂教学模式的发展。那今天就到这儿,非常感谢!

(a) 教研活动听课　　　　(b) 教研活动评课

图 5-68　教研听评课

(二) 师师能动共同体课堂实录的 NVivo 词汇云分析

对于师师能动共同体案例的分析,本书将"搜索范围"设定为"选定项","选定项"为师师能动共同体的课堂案例。默认"显示字词"为1000 个,将"分组"设定为"完全匹配",为全面显示案例文本的情况,这里不设定"停用词列表"。点击"运行查询"按钮后,出现如图 5-70 所示的词汇云结果,词汇云中字号越大,说明该词项出现的次数越多。其中,"学生"出现了 341 次,占所有词项总数的 2.73%;"教师"(老师)出现了 42 次(126 次),占所有词项总数的 1.14%(1.01%);"说"出现了 138 次,占所有词项总数的 1.11%;"学"出现了 123 次,占所有词项总数的 0.98%;"做"这一词项出现了 84 次,占所有词项总数的 0.67%;"问题"和"题"分别出现了 80 次和 33 次,占所有词项总数的 0.64%和 0.26%;"学习"词项出现了 68 次,占所有词项总数的 0.54%;"教学"出现了 66 次,占所有词项总数的 0.53%;"过程"出现了 63 次,占所有词项总数的 0.5%;"结构"出现了 60 次,占所有词项总数的 0.48%;"内容"出现了 46 次,占所有词项总数的 0.37%;"同学"出现了 53 次,占所有词项总数的 0.42%;"课堂"出现了 46 次,占所有词项总数的 0.37%；"实验"出现了 43 次，占所有词项总数的 0.34%；"方法"出现了 35 次，占所有词项总数的 0.28%；"小组"出现了 33 次，占所有词项总数的 0.26%；"教材"出现了 29 次，占所有词项总数的 0.23%；"思考"出现了 25 次，占所有词项总数的 0.2%。由此可见，"学生"是个案学校结构化翻转课堂教学模式在师师能动共同体中的高频词汇，词频呈现次数最多，在教师的教学设计、说课、上课、听评课教研活动中，彰显了"以学生为主"的理念，凸显了学生的地位，在学生主体性发挥的同时，教师也是教研活动的主要能动主体。

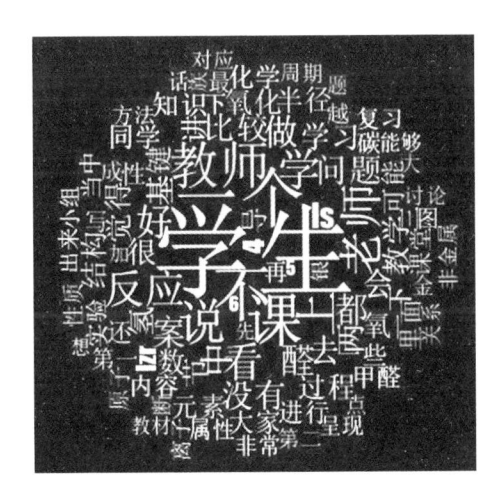

图 5-69 师师能动共同体案例的词汇云

（三）师师能动共同体的反思性课堂观察与分析

为了分析个案学校结构化翻转课堂教学模式中师师能动共同体的实践状况，借助"教师课堂行为观察量表"对个案学校结构化翻转课堂教学模式中师师能动共同体的课堂教学过程进行跟踪研究，并在课堂观察的基础上重点对案例 5——Ls 老师的化学课《化学（元素周期表、元素周期律会考专题复习）》，以及案例 6——Lzr 老师的化学课《醛》进行观察。该观察量表由 3 个一级指标和 11 个二级指标构成，每个指标都具有对应的行为标准，在观察过程中，通过对标准的判断给予相应分值，对应于相应的等级。

在教学目标和教学内容指标中，涉及的二级指标是教学目标和内容，对应于突出核心素养、规划完整恰当、及时调整目标、目标落实良好、突出知识形成过程、重视联系已有经验等标准点，在该指标体系中案例5和案例6分别得到27分和26分，均为优秀；在教学过程与方法指标中，涉及创设情境、提出问题、自主探究、合作交流、总结反思、应用迁移等二级指标，这一指标得分为51分和47分，案例5为优秀，案例6为良好；在教师基本素质指标中，涉及表达能力、思维能力、非言语行为等二级指标，这两个案例中的教师得分分别为9分和7分，等级为优秀和良好（见附录表D-4）。由此可知，在教学目标和内容方面，这两个案例中的教师均表现出清晰的目标设定，但在教学过程与方法以及教师基本素质指标上，案例5中的教师做得相对较好，具体体现在导学案的清晰化设定、教学目标的明确、教学过程中的积极引导、及时反馈与评价、教学的智慧等方面，案例6中的教师对整个教学内容是十分清晰的，在教学过程中能发挥学生的主体能动性，但整体节奏偏快，在学生学习状态和及时反馈方面需要予以加强和提升。

（四）基于结构化翻转课堂教学模式的分析

1. 师师能动者角色及其行为

师师能动共同体中的教师角色在受到价值性文化影响的同时，具体体现为教师在具体时空环境中的情境角色。一方面，师师能动共同体中的教师受到价值性文化的影响，价值性文化指的是能动者作为行为主体，被赋予的价值取向、价值观念的文化构成，不仅涵盖了文化观念的属性层面，还涉及社会统治阶层或单个能动主体的价值选择与行为。价值体系约束着能动者的行为，是规范人类行为的核心因素。教师在师师能动共同体中的角色及其行为受到价值文化的影响与规范，作用于其活动和实践，具体体现在三个层面：其一是意识形态层面，指向教师教研活动的意识形态、课堂教学意识形态等，这就是说，教师在师师能动共同体的教研及培训活动中，对于学校发展的认同、对于教研活动的理念、对于自身价值的确定、对于学生观的确证，均受到意识形态层面的影响。其二是教学内容层面，即对于教学内容所承载的意识形态的控制，教师在师师能动共同体的活动过程中，对于教学内容的价值理念、文化认同、育人目标等要有所把握，才能促进自身的发展及学生的成长与成才。其三是方式层面，即教师的教研活动理念发生改变，塑造师师能动共同体统一的价值取向与实践方式的过程。只有教师及其师师能动共同体统一思想，为着共同愿景，共同探索学校发展变革，并创新课堂教学模式的时候，才能更好地开展教研实践。另一方面，师师能动共同体中的教师角色表现为"情境角色"，即教师在不同的情境与活动中被赋予的角色。在研究者所调研的个案学校里，教师在教研活动中有着不同的角色，不同的角色受价值性文化和个人能动性的影响，其行为并不相同，具体有备课组长、教研组长、班主任、年级组长、主管副校长、校长等，不同教师的角色理解与转化及其角色行为都是为了更好地促进教师专业成长，促进学生的学习，这深刻体现了该校建设"学术型学校"的整体发展方向。正如该校校长 Wlz 在教研活动中所强调的，要倡导正能量，持续发展备课组的影响力；要抓主旋律，持续探索学校的教学模式；要营造开放场域，使每个学校成员主体都有所收益。

在师师能动共同体案例 5 中的上课环节，Ls 老师通过导学案反馈—知识回顾—课堂探究—课堂训练—知识总结—内容巩固等环节，注重"先学后教，以学定教"，用自主学习、合作学习、课堂讲解等环节串联起整个教学过程。在教研活动的说课环节，Ls 老师对本节课的教学设计和教学过程进行了详细说明，她将教学过程分为三部分，分别是导学案反馈、习题综合练以及方法提炼，重点关注学生对于知识的应用和思维能力。在教研活动的评课环节，其他教研组教师和学科专家都对 Ls 老师的这节课进行了评课，认为 Ls 老师的教学设计详细而缜密、在课中很好地发挥了导学案的针对性作用，层层递进地引导学生总结出学习方法，对于学生学习活动的重点关涉与整体关照并存，重视培养学生的合作能力和表达能力，促进了学生化学核心素养的培育。其实，在这节课的教研活动中，Ls 老师充分发挥了自己作为授课教师的关键角色作用，认识到教研活动对于自身发展的价值，注重教研活动的共同目标，明晰教学内容和教学主题的结构逻辑，充分表达了自己的教学理念，也反思了自己的不足。在专家引领环节，H 老师指出：

> 我觉得在复习课上，知识的结构化就要上升到思维的结构化，把这个学科素养里面的认知模式建立起来。同时，还要彰显老师们的教学品质。

通过教研活动，Ls 老师的教学品质和专业技术得到了肯定，对其自身来说，加深了对"以学为主"理念的理解，明确了专业理论知识的基础性作用，认识到了师生共同建构课堂氛围的重要性，感受到了教研活动对一个新手老师的引领和带动作用。在整个教研活动中，Ls 老师不仅是课程的设计者和实施者，还是教研活动中的主体。作为教研活动的学科专家和教研组同侪，他们是教师专业发展的促进者，体现了 U-S 合作的价值。

在案例 6 中，Lzr 老师通过导学案梳理与反馈—生活实例导入教学—学习目标的共识化—典型反应—相关性质—导学案深化讲解—对点练习—知识点总结等环节，在本节课中担当了学生学习的引导者和组织者的角色，用实验反应联系到化学性质，彰显了"结构决定性质"的教学主题和化学学科特色。正如他在教研活动说课环节所言：

这节课的设计思路相对来说，就是知识比较浅显，但核心知识点要体现出来，主要有两个：一个是官能团的转化关系，这牵扯到化学选修 3 的断键知识，是不是也是一个融合？另一个就是从醛类的反应角度来讲醛类的核心结构，这两个核心点只要引出来，让学生能够掌握的话，这节课的主要目标就能够达到。

可见，Lzr 老师本节课的教学目标是非常明确的，而且将其准确地转化为学习目标，发挥了学生学习方向标的作用，体现了 Lzr 老师作为学生学习的先锋者和引导者的角色。另外，Lzr 老师对于本节课的教学活动设计也充分体现了"以学为主，先学后教"的结构化翻转课堂教学模式的理念，重在使学生将知识内容转化为实践应用的价值和目的，体现了育人价值和目标，正如他所说：

这节课学习的内容，在平时感觉接触的不是很广，实则是很广泛的，就是想让学生了解这个东西在我们日常生活中无处不在，利用所学的知识，怎样去解决这个问题，这样的话，也可以让学生在平时应用时有小小的成就感。

在学科专家 H 老师看来，Lzr 老师的授课深刻地体现了"以学为主"，她说道：

　　Lzr 老师的教学素养，我觉得十分全面，他在课堂上处理学生所提问题的这种情境能力是非常灵活的。我觉得这个是非常突出的。我觉得他还有个非常好的特点，就是特别关注学生的学习困境。我觉得，很多老师更多的是按我们的设计，可能对学生的问题啊什么的就比较糊涂，也就没有精力、没有时间再去关照他们，但是我觉得 Lzr 老师这一点就比较好，能够关注到学生的困境。

　　良好的教学品质来源于 Lzr 老师对于自身角色的正确认知和把握，其角色特性体现在其对于教学内容的深度把握上，这使其在教学内容的实践还原和实践扩展中游刃有余。

　　在本次关于 Ls 老师和 Lzr 老师的教研活动中，参与的主体涉及面较广，有主管教研的副校长、教研组长、教研组内其他化学老师，还有来自高校的理论工作者，形成了很好的高校理论工作者和一线教师作为实践工作者的充分联动，提升了两位授课教师的专业素养。在这其中，高校的学科专家作为理论工作者，发挥着理论引领者的作用，对于实践当中存在的问题做出梳理，对于教学理念的认识做出深化，对于教学研究活动的推进做出概括总结、理论反思与提炼。教研组长对这两位授课老师起着带动作用，作为教师专业成长的陪伴者，发挥出同侪互助的积极效用，教研组长的理念与实践对于授课教师具有重要价值。另外，教研组长作为教研活动中的推进者，对于整个教研活动多主体、多层次、多维度地持续推进起到了积极作用。教研组内其他化学老师也是教研活动中同侪互助的关键主体，发挥着促进者的作用。主管教研的副校长则在教研活动中发挥着组织者的角色，正是由于相关负责领导对于教研活动的重视和持续推进，才有了该学校的推门课教研、同课异构教研、教学片段竞赛教研、教师培训等多种教研活动，达到了促进教师专业成长的作用，促进了学术型学校的建设。正如 Llh 副校长所说：

　　以学习者为中心，虽然我们在结构化翻转课堂的教学模式中提到了能动性，但是，我觉得以前我们没有旗帜鲜明地让老师在脑子里非常深刻地认识到这一点，所以他在理解、设计教学案的时候，可能对这个就不会把握得那么深入，我觉得，下一步我们要在理论建构上继续深入，建构完善它。

因此，只有整个师师能动者共同体通力合作、内外联动、上下团结，才能更好地发挥多维主体角色的积极效应，永葆教研活动的生命力。

2. 师师能动者的人际网络

师师能动共同体的人际网络其实就指向其内部的师师关系，这里的关系是指人们回归时的参照系。[①] 师师能动共同体人际网络中的关系，指向教师自我是如何被体验的，教师和其他能动者之间的关系为何等方面。这些都需要教师形成研究课堂的意识，运用适切的课堂研究方法，不断推进对于课堂教学中所存在问题的实践研究，教师研究课堂的目的是改进教学，提高自己的课堂教学质量。[②] 师师能动共同体在研究范式上包括"实践—反思"的能动者个体、"实践—研究"双维互动关系及"实践反思—同伴互助—专业引领"的三维立体式关系。[③] 在人际网络中具化为教研活动中的合作型关系、教师培训中的伙伴型关系、实践教学工作者走入高校进行理论学习与理论工作者走入中小学的亦师亦友的引领式关系等。另外，师生能动共同体的人际网络还要放置在具体的身体性、空间性、时间性与物质性结构中考察。

案例5和案例6中的教研活动属于"名师进上游"系列活动，师师能动共同体更多地体现为教研活动的共同协作，本书的范式属于"实践反思—同伴互助—专业引领"的三维立体式，理论研究者与实践工作者之间是一种引领式关系。该校拥有一个生物学科的"仙人掌名师工作室"，也是助推师师共同体协作的重要形式。此外，该校非常重视学术型学校的建构，对于教师的专业发展采用了多种方式，比如惯例化的周内学科组教研、学期内的专业培训、年度内的外出专业学习，以及青年教师结构化翻转课堂教学片段比赛、结构化翻转课堂课例展示活动，等等，都是上述多

---

① [加] 马克斯·范梅南：《实践现象学——现象学研究与写作中意义给予的方法》，尹垠、蒋开君译，教育科学出版社2018年版，第389—395页。
② 王鉴：《教师与教学研究》，甘肃教育出版社2013年版，第78页。
③ 王鉴：《教师与教学研究》，第90—97页。

种人际网络关系的具体形式。具体来说，（1）惯例化的周内学科组教研，是以共同价值取向为指引所开展的教师研究活动，研究的是日常的教学活动，研究目的是规范日常教学工作，统整思想，促进结构化翻转课堂教学模式的日常化建设。（2）学期内的专业培训，是指在学期结束后，由学校邀请专业的学科专家来学校，进行专业的听评课，从而达到提升教师专业素养，促进多方面工作协同并进的目的。研究者在调研期间曾全程参与了该校2021年度的暑期教师培训活动，具体分为四个阶段。第一阶段为全体教职工培训。该校邀请了教育部课程教材研究所、甘肃省N大学、杭州师范大学等多位学科专家，开展了为期三天的教师培训活动，包括总会场活动和分学科活动，活动形式丰富、课程安排紧凑，对于教师的专业发展起到了积极的促进作用。在这期间，专家与教师之间的交往是一种引领式关系，而教师内部是伙伴型的"同学"关系。第二阶段是为期一天的文化建设+Top训练，是由校长、年级主任与组长、备课组长等组织的学校内部的建设培训交流会。第三阶段为新教师的入职培训，是由校内的教研组长或资深教师为新入职教师组织的培训交流会，这次活动无论是对于新教师的专业成长、技能培训，还是对于资深教师的专业反思和教学素养提升，都具有积极的正向作用。第四阶段为两天的全体教师工作培训，邀请了在研究方法和学习心理学方面的国家级专家来校进行专业引领。这类学期内的培训采取的是双维或多维研究范式，师师共同体之间更多的是伙伴型关系。正如这次暑期培训会的活动安排文件所显示的，教师培训、教研活动助力教师专业成长，提升教师专业素养，真正彰显了该校校训"反躬自省，相观而善；拔节而生，力争上游"的精神气质。（3）在年度外出专业学习方面，包括学校首届初三毕业班教师云南游学、中卫研学，以及2018年2月20位教师的英国教研培训、2019年1月10位教师的芬兰和丹麦教研培训、2019年1月10位教师的英国教研培训、2020年1月10位教师的芬兰教研培训……

在上述教研活动中，Llh副校长对于该校教学模式的现实挑战和未来探索方向总结道：

我想，结构化翻转课堂教学模式在推进的过程中，对我们一线老师来说都面临很多挑战，最大的一个挑战就是习惯了我教，怎样才能做到在学生学的过程中该教的时候教,这个转变我觉得对大家来说是很艰难的,我在咱们学校5年了,应该说,在各个层面它确实产生了,但我们应该看到还是有比较大的差距的,没有达到理想的状态。

对此,学科专家 W 老师谈道:

所以说化学的结构化翻转课堂教学模式在我们学校里面的探索是比较好的,我们要继承下来,化学组要共同做课堂研究,还可以课题的形式去做,这就要靠平时的基础。每位老师不仅要把课上好,还要超越自我教学。超越自我的途径只有一条——对老师来讲就是做教学研究,不是你一个人做研究,而是一个团队做研究。

总之,要将师师能动共同体中的人际网络放在具体的时空情境中,考察其人际网络主体、人际网络活动、人际网络形式、人际网络范式及其系统性关系。

3. 师师能动共同体的活动规范

师师能动共同体中的活动规范指的是教师对此的理解以及接受与否,影响其主体能动性的规则与资源。其主要过程包括对活动规范的关注、对活动规范的遵从、对活动规范的认同、对活动规范的内化、对活动规范的实践。具体而言,(1) 对活动规范的关注指的是教师在师师能动共同体中感受到某些规则与资源之后,愿意接受或注意这些规则与资源,并把这些规则与资源从背景中剥离出来,关心并注意这些规则与资源。(2) 对活动规范的遵从是指教师在师师能动共同体中所表现出的一种合乎教师要求的反应心态和行为。(3) 对活动规范的认同是指教师在理解基础上的接受,是一种通过选择而做出的主动性行为,并非被动的反应。(4) 对活动规范的内化是这一过程的较高级层次,是教师将师师能动共同体的价值、规则和资源纳入自己价值体系的过程。(5) 对活动规范的实践是这一过程的最高层次,是教师将自己所内化的价值体系,内含的规则和资源进行整合并生成课堂教学智慧的过程。其中,资源分为权威性资源和配置性资源,规则和资源作为结构存在,结构的二重性指向促动性和制约性。

正如在教研过程中 W 老师所提到的:

我们为什么要推进课堂教学改革？在咱们学校甚至是在普通高中，大家都要面临高考这样一个背景下，不管是 Wlz 校长，还是 Llh 副校长，都在全力推进结构化翻转课堂教学模式，就是因为我们相信要教会学生学习，把学生教活了，学生在高考时是会出好成绩的，那学生是很聪明的，如果没有调动学生的积极性，高考出不了好成绩，如果教得死气沉沉，学生也不敢说，不敢表达，不敢交流。

在结构化翻转课堂教学模式中，结构不仅具有约束性，还具有能动性，对于师师能动共同体活动规范的考察，就是要研究操纵这两者之间社会系统的组织存在的条件。教师的行动处在一个连续体中，过去的行动是对未来行动的奠基，结构和行动二者缺一不可，结构的转化依靠的就是规则和资源，而这也是活动规范的主要内容。师师能动共同体是处在共同的时空情境中展开的教学研究实践活动；这一师师能动共同体内部的规则，指向教学原则、教学组织过程和教学方法等；而教学资源则指向配置性和权威性资源。在案例 5 和案例 6 中，Ls 老师和 Lzr 老师在教研活动过程中，是和专家等专业人员共时空的。他们在上课时秉持"以学为主，先学后教"的原则，通过自主学习＋小组合作探究的组织形式，运用混合式教学方法，借助学案、练习案以及教材资源等开展教学活动。在教研活动中，这两位老师则作为教研活动的对象，秉持是否符合"以学为主，先学后教"的理念原则，通过"自主反思＋同伴互助＋专家引领"的三维组织形式，运用公开教学＋讨论对话的形式，借助导学案、教材资源等展开教研。从整体上讲，教研活动的目标是指向学生学习水平的提升，教研活动的内容课进程以及教师的技能与素养，教研活动的方法是公开教学＋合作教研，教研活动的评价是多维主体，教研活动的成效显现在根据教学内容和学生情况所形成的对应结构，所形成的教研活动的规则与资源方面，在关注、遵从、认同、内化、实践中整合推进，从而促进教师作为能动者及其师师能动共同体与教学活动之间的结构二重性关系。

四 小结

通过对个案学校结构化翻转课堂教学模式的实践探索研究，考察并分析其在实施中的运行过程、有益经验和存在的问题。个案学校的结构化翻转课堂教学模式在实践中尚处于探索中，无论是对于课堂教学的准备与设计、课堂教学的展开与落实，还是对于学生核心素养培育和教师专业发展，都带来了积极的改变，也取得了一些突破性的成效。具体而言，在学生核心素养培育方面，多样化、丰富的教学活动，对于学生结构化的思维意识、主动探究的思考方式、积极对话的学习体验都产生了显著的正面影响。在教师专业发展方面，多方面、多角度、多层次的教研活动，对于教师的教学设计、教学实施、教学评价等起到了积极作用。在校园文化建设方面，优质的、和谐的校园文化氛围，为全体师生齐头并进的发展提供了保障。这些都是个案学校建构并实施结构化翻转课堂的积极效应，在这些方面的推进和发展，无疑成为结构化翻转课堂建设过程中的有益经验，同时也成为该教学模式持续提升的重要保障和有力抓手。

从实践探索研究中可以发现，在取得有益经验的同时，个案学校的结构化翻转课堂教学模式也存在一些有待改善的问题。(1) 指导思想和理念认识。虽然大多数老师从理论上对结构化翻转课堂教学模式有了不同程度的理解与感受，并在实践中将其运用于自己的课堂教学中，但仍存在对结构化翻转课堂教学模式的认知与实践的不匹配、结构化后的"导学案"对于一般性知识与特殊性知识的解决不匹配、结构化翻转课堂教学模式不能完全解决学生的兴趣和基础知识之间的矛盾，甚至会出现"两极分化"等现象。比如，在调研过程中当问及"结构化翻转课堂教学模式与问答教学模式以及讲授教学是否有区别？区别是什么"时，S学校部分教师的回答如下。

教师 Cgl 认为：有区别。讲授式教学是课堂上听老师讲解，课后完成作业；结构化翻转课堂是在结构化教学模式下学生课下或晚上自学新知识，即课前学习，课上研究拓展提升。"先学后教"更符合教育规律。

教师 Dj 认为：学习包括知识传授和知识内化两个阶段。传统教育模式忽略知识内化吸收的过程。结构化翻转课堂是把传统的学习过程翻转过来，课前完成知识传授，课堂上完成知识内化，学生在课前完成知识点的学习，课堂上师生则互动、答疑、讨论从而解决学生存在的问题，完善知识的内化吸收。

教师 Wfj 认为：讲授课是以老师为主体的教学，学生由老师牵着鼻子走。结构化翻转课堂教学模式下是以学生为主体的教学，老师只是一个组织者、服务者或参与者，这样能够大大锻炼学生的自主学习能力和合作交流意识，对学生的思维发展有很好的促进作用。

教师 Lxj 认为：结构化翻转课堂教学模式是让学生先思考再提问，对自身的问题所在更明确，问答教学符合诘问的特征，但在课堂上对于普适性问题的解决可以省时省力，对于个性化问题，因课时所限则很难深入。

教师 Zjr 认为：有区别，结构化翻转课堂教学模式更加高效，思路更清晰，学生持续学习的能力会逐渐形成，会养成举一反三的能力。传统课堂以传授知识为主，以培养学生思考能力为辅，更多的以老师教学为主，以学生自主学习为辅，学生结构课堂、教材的能力很弱！

针对这类问题，还是要深刻把握结构化翻转课堂教学模式的本质，夯实指导思想，遵循以学生为中心的理念，让学生动起来。

（2）教学主题与教学目标。当研究者问及"什么是结构化翻转课堂教学模式？其主要特征和目的是什么？主题与目标如何设定"时，S 学校部分教师的回答如下：

教师 Dj 认为：通过设计导学案、问题串、知识情境等来构建知识体系的结构化，从而进一步培养学生思维的结构化。

教师 Dk 认为：结构化翻转课堂作为一种教学模式，首先建立在学生爱学想学的基础上，由学生带着目的听教师解惑。与传统课堂教师讲学生被动接受不同，有利于学生的自主学习。

教师 Bxj 认为：结构化翻转课堂教学模式的主要特征是先学后教，让学生更清楚、更有方法地进行学习，学生对已有知识和新知识之间的联系更清楚。目的在于培养学生自主、合作学习的能力，调动学生的思考意识，减轻学生作业负担，更有效地进行学习。

教师 Lxj 认为：结构化翻转课堂教学模式是在教师结构化意识支配下对学生知识掌握情况的摸底，其主要特征和目的是助力学生梳理已有知识体系，助力将新知识和旧知识建立起联系，明确未知问题所在，便于学生思维的生发，带着问题思考。

教师 Zjr 认为：结构化教学理念应用在教学设计中，课前结构化，课中结构化，课后结构化。课前结构化思路应用在导学案的设计中，在教之前引导学生先自学，对有疑问的地方，上课再进一步解决。最终构成结构化翻转课堂教学模式。其特征是能激发学生思维线的生成，目的是形成对知识的系统性认识。

综上可知，尚存在对教学模式内涵界定不够清晰、对结构化意识的理解不够深刻、结构化教学过程不够深入、结构化层次划分标准不够聚焦、结构化特征及内容较为模糊、结构化翻转课堂教学模式的理论与实践不一致等问题。但是，这些都是个案学校教学模式在推进过程中必经的阶段，尚需要依循主题、明确目标，以主题带动实践，以目标推动变革。

（3）教学程序与教学方法。当研究者问及"你们通常怎样开展教学活动？其流程为何"时，S学校部分教师的回答如下：

教师 Cgl 认为：结构化翻转课堂教学模式是在结构化教学模型下学生课下或晚上自学新知识，即课前学习、课上研究拓展提升。

教师 Zy 认为：课前、课中、课后的教学活动始终围绕结构化教学理念进行设计。课前，通过设计导学案，预估学生在本节课上出现的问题，通过学生进行课前预习完成导学案，教师从全批全改学生作业发现问题，整理共性问题和具有代表性的特性问题。课中，通过小组合作，生本对话，生生对话，师生对话探究性地解决问题，学生进行自主归纳总结，通过不同梯度的练习进行问题再发现，再解决问题。在课堂上通过检测掌握学生的学情，课后综合课堂观察和检测报告进行针对性的助学。

教师 Qfj 说：我开展教学活动的方式多变，会受很多因素的影响，比如单元涉及的话题、班级同学的整体特点、教学的课型等；基于此，开展教学活动的流程也会有所差异，但基本流程为：上节课小总结—有趣的导入—新课学习—所学内容的实践及学生展示—师生共同总结—教师评价。

教师 Gb 认为：结构化翻转课堂教学模式是按照"先学后教、以学定教"的原则，基于课前预习、课后作业数据分析确定教学设计，基于课中随堂测评数据分析优化教学策略，促使课堂教学进行结构性变革，实现高效化教学的课堂教学模式。

教师 Yn 认为：课上学生能根据前期的导学案，主动对课上所要讲解的知识有一个大致的结构思维，在课堂上能够对于自己不懂或者模糊的知识进行强化学习，并且能自己进行总结。

教师 Zxf 认为：先学后教，已是我日常教学的常态。一切有效的学习都是从自主学习开始的，没有学生的自主思考，就没有"不悱不启，不愤不发"的教学契机。没有结构化，就没有高效的教学效果。

教师 Zy 认为：首先是"以学定教"，通过课前的自学过程，老师能清楚地知道学生的学习情况，在第二次备课时就会有更加明显的针对性，提高了教学效率。其次是金字塔学习理论。学生则通过阅读教材，理解教材，尝试运用自己掌握的知识，这个过程比单纯的听讲效果要好得多。当他带着明确的目的进入课堂的时候，学习效果会大大提升。我会思考三个方面的结构化：知识结构化、思维结构化、方法结构化。在这三个结构化意识下，设计自己的教学。

教师 Lxj 认为：通常是基于学生已有知识，引入新知，做到堂清、日清；在结构化备课后，确定课时、单元目标，随时反思并调整教学，一切以学生的发展为中心。结构化翻转课堂是每日必修课，翻转课堂会随课程要求而做调整，并不是每天都做，而且多数倾向于项目式教学。

从 S 学校部分教师的访谈中可知，在教学程序方面，将"自学"简单地等同于"课前学习"（第一次结构化），将"他学"简单地等同于"课中学习"（第二次结构化），将"总学"简单地等同于"课后完善"（第三次结构化），或者将"课前—课中—课后"视为"第一次结构化"，将"第一次备课"视为"第二次结构化"，将"自学—备课—再自学—再备课"视为"多次结构化"，该教学程序的特色性不强，因为"任何教学模式都具有一套独特的操作程序和步骤"[1]，所以对教学程序的把握更应该持动态、包容的观点，在具体情境中根据主客体的作用关系进行调整与适宜化的落实。另外，在教学方法方面存在如下问题：对结构化翻转课堂教学模式的方法性认识不清晰，对"教法"与"学法"的理解与实践存在不同程度的误解，对主观、客观之物的联系与区别还停留在入门的层面，不能

---

[1] 李秉德、李定仁：《教学论》，人民教育出版社1991年版，第257页。

真正理解结构化翻转课堂教学模式的本质所在。这就应从教学方法的形式与质料层面进行整体性、系统性重构,才能显示出结构化翻转课堂教学模式理论的先进性与方法论立场。

(4)教学内容与教学评价。当研究者在访谈中问及"当前阻碍结构化翻转课堂教学模式有效实施的因素有哪些?在您看来,结构化翻转课堂要实施好教师应该做到哪些方面"时,S学校部分教师的回答如下:

Cgl老师认为:主要因素有教师和学生两方面。教师层面如教师对结构化翻转课堂教学模式的认识以及教师自身的结构化能力,教师对教材知识、方法的结构化、教学流程的结构化、教学理念和教学目的结构化等的认识和处理能力。学生层面如学生以往的学习能力、学习习惯、学生学习的内驱力等。教师应该做到:一是拥有良好的师生关系。以"成长性思维"看待学生,在人格上尊重学生。教师要用自己的言行赢得学生的尊重。二是教师的能动性、结构化意识要强。因为能动性和结构化翻转课堂教学模式的意识贯穿整个教学的始终。三是教师要重视让学生先尝试、个别助学,一级结构化下针对学情开展二级结构化合作学习。

Dj老师认为:结构化翻转课堂的教学模式改变了我们的教学实践,学生在相对轻松的环境和节奏中学习,记笔记和思考问题,该教学模式增强了学习中的互动,使教师和学生之间,学生和学生之间的互动增多了,教师的角色从内容的呈现者转变为学习的陪伴者。但其实结构化翻转课堂教学模式对学生的自主性和自律性要求较高,我们难以追踪到每一个学生的学习情况,在教学过程中会有滥竽充数的学生。同时对教师在课堂上精准有效的把控能力要求更高,学生纪律性相对较差。教师若想改变现状,就需要加强对学生的关注度,盯、观、跟要践行到位。

Dk老师认为:阻碍因素有如下几点:①课时任务安排太紧张。因为面临着一些考评的任务,所以学科组要布置大量的练习任务,以至于教师在很多时候都在赶教学进度。②学生学习需求不同,学习能力不同。因为大量的学习任务导致很多学习能力不足的学生很难做到有效的先学习,这样就失去了结构化翻转课堂教学模式实施的基础。而教师需要做的是首先了解学生的具体学习情况,不再盲目布置任务。其次根据不同学生不同班级情况制定不同的教学目标以及不同难度的任务。

Mgr 老师认为：在因素方面，教师对新教材知识掌握不够熟练和系统化，缺乏高考应考经验的沉淀，整合教材能力薄弱，使得课堂上教师的教就是零散的知识的堆砌，致使学生的学也只能是东一榔头，西一锤子。另外，在教学中过度依赖幻灯片，缺乏足够的教学智慧和教学技艺。需要做到的是：①学习、揣摩校长关于结构化翻转课堂教学模式理论的内涵；②老教师带年轻教师，传帮带，师徒结对，共同前进；③积极参加校外各项比赛活动、教研活动，主动与兄弟学校建立互相交流学习平台，通过组内打磨课，研讨课，助力发现问题，促使自我反思和进步，切不可闭门造车，盲目塞听；④多看书，组内不定期开展读书分享会，扩大视野，多些知识积累；⑤多研讨高考试卷，提升考试实战化水平，以战促练，以练保战；⑥对组内结构化翻转课堂教学做得好的老师的示范课应多观摩、多研讨、多看看自己的视频课，在找准问题、聚焦讨论后改正方法，进行再实践；⑦组内应形成秉笔直书、实话实说、坦诚相见的良好工作氛围。

Bxj 老师认为：阻碍因素有：①学生的层次差距大，学困生不容易接受这种学习方法，因为这种教学模式对学生的要求更高些；②学案编写的有效性难以确保，若学案编写得不得当，会使先学的效果大打折扣。可以具体努力的方面有：①有效地编写导学案，从思想上要重视它；②助学必须及时跟上，否则两极分化会越发严重。

Lxz 老师认为：阻碍的因素有学生自学效果不佳、教师结构化能力欠佳。教师应做到让学生学会如何自学教材，编制高效的导学案，提高自身的理论素养，提升自己驾驭把控课堂的能力。

Wfj 老师认为：阻碍结构化教学实施的因素既有学情因素也有教师因素。学情因素一方面表现为学生自学能力太低下。由于摇号招生的原因，学生水平参差不齐，结构化翻转课堂教学模式促进了中等及以上学生学习能力的提高，但同时拉大了优生和差生之间的距离。另一方面就是老师的因素，如老师的认可度、老师的执行贯彻能力等。

Qfj 老师认为：教学资源的前置有效整合至关重要。首先，我会认真研读教研组要求统一使用的所有资料，同时做一些筛选和整合；其次，我会在此基础上进行精心备课，把能用到的资源找一个切入点进行梳理，最后形成教学设计，对 PPT 设计、板书设计以及一切教学活动进行调整；在上完课后我会进行二次调整，在下一节课开始时对此进行一个反馈和总结，引导学生高效地掌握。

Lxj 老师认为：阻碍因素涉及导学案的编制质量、信度、效度都因教师能力、学生程度不同而不同。教师所带班级学生的特点，班与班都不同，但高效课堂一定是基于学生的，而不是基于学案或老师的，其个性化因素过多，备课量过大。有效策略主要涉及教师的职业素养，即教师的教学能力要高、教学敏感性要强、知识体系要完整，有强烈的高效教学的欲望和内在自觉的积极实践。

Zjr 老师认为：在学科特点上需关照情感、情绪的课堂生成。分配充足的备课时间，并系统整理所教阶段的知识体系，建立知识的关联性。

由此可以发现，在教师层面，主要存在的问题是自身的结构化翻转课堂教学能力不足，这包括教材内容与教学方法的结构化、教学理念和教学目标的结构化、教学程序与流程的结构化，还涉及教学资源的整合能力、教学过程的反思能力、教学评价的实施能力等。在学生层面，存在的问题与其自身的学习能力、学习习惯、学习内驱力等有关，如学生的注意力涣散，内驱力不强，不利于课堂组织与管理；课时紧张，对于不同基础、不同需求、不同水平的学生，翻转的根基不够牢固；学科与学生特点、情感需求的结合程度不强；学生自我评价与他评的能力不够，等等。另外，还存在结构化翻转课堂教学模式基础不稳的问题，这需要在保证学生生源质量的基础上，从教学内容的优化整合、教学评价的升华上加以解决。

第六章 个案学校结构化翻转课堂教学模式的建构策略

本书建构了结构化翻转课堂的理论分析框架,探明了个案学校结构化翻转课堂教学模式的实施现状、存在的问题和影响因素,并通过观察、访谈、深描、解释深入考察了个案学校结构化翻转课堂教学模式的现实表征、运行过程以及存在的问题。本章是对前五章的回应,建构了个案学校结构化翻转课堂教学模式,并由此提出建构策略,从而使该教学模式的真正价值得以体现。

一 个案学校结构化翻转课堂教学模式的建构

本书借助第二章提出的结构化翻转课堂教学模式的理论分析框架,通过对个案学校结构化翻转课堂教学模式的现实表征、运行过程及存在问题的全面把握,综合运用结构化理论、课堂教学社会学理论,以及结构化教学理论基础,建构出理论+实践研究基础之上的个案学校结构化翻转课堂教学模式(见图6-1)。

从图6-1可以看出,个案学校结构化翻转课堂教学模式包括教学时空情境、结构要素、运行过程、实践效应等内容,内含的结构化理论和翻转课堂理论的纵横交错,彰显了结构化教学模式本身的系统性、结构二重性关系。

其一,个案学校的结构化翻转课堂教学模式是在特定的时空情境中展开的。无论是国际范围内教学改革的现实,还是我国普通高中育人方式变革的背景,都是个案学校进行结构化翻转课堂教学模式建构与发展的宏大背景。尤其是个案学校作为我国普通高中的众多学校主体之一,其所处的

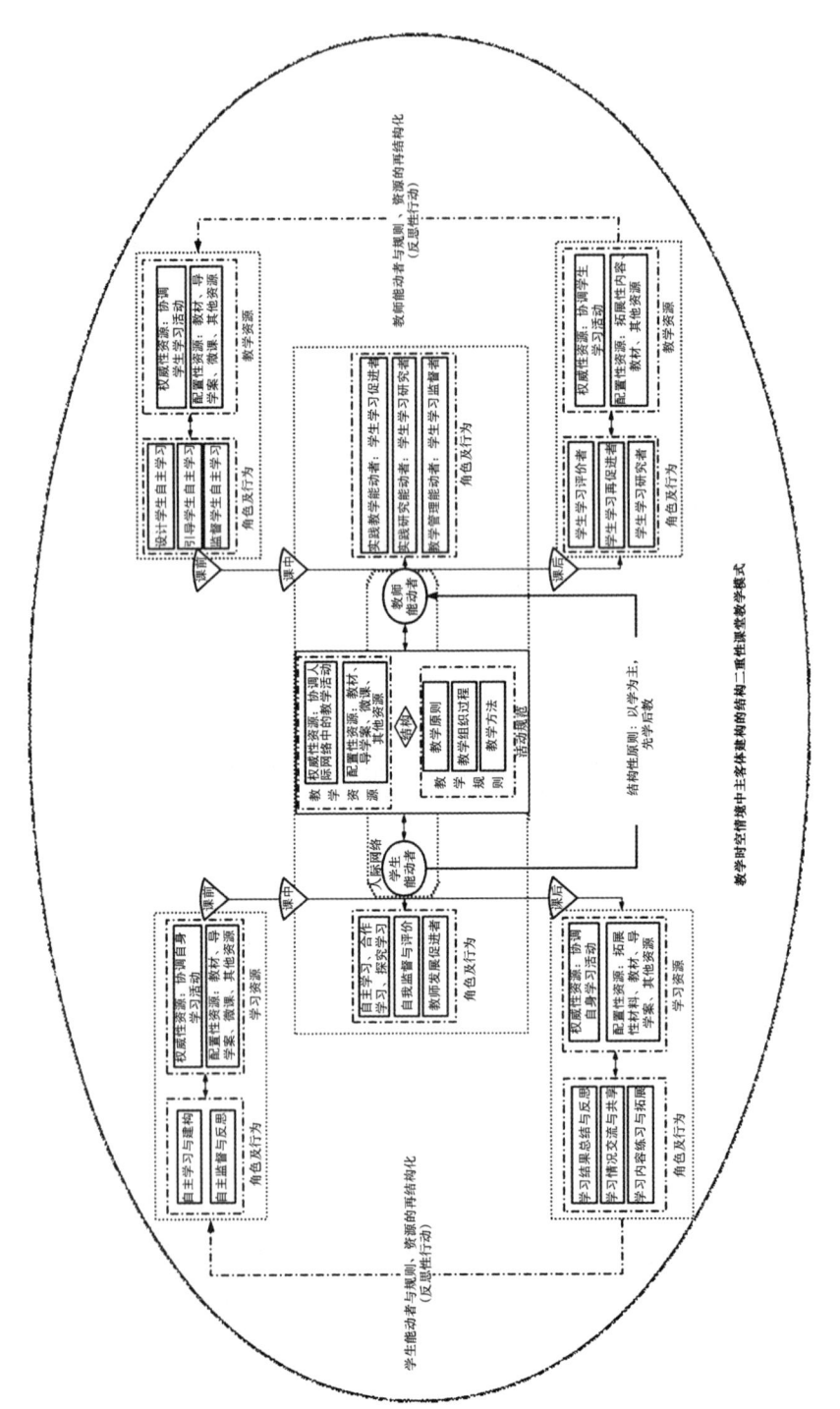

图 6-1 个案学校结构化翻转课堂教学模式

地理位置、人文特色、学校愿景、辐射作用等使其具有自身的微型情境。聚焦到个案学校的具体课堂教学中，每一个年级、每一个学科、每一位老师，特别是每一位学生都是具有本身特色的，能动者主体有自身的发展需求，资源与规则的客体有被能动性改变的特别结构性表征，教学模式本身的价值和意蕴最终是为了改善课堂教学，提升学生学习水平，提升教师专业素养。因此，针对不同时空情境所建构的结构化翻转课堂教学模式都不是一个固定不变的万全模式或既定的操作策略。由于其发生在特定的具体情境中，并受到特定时空环境结构的作用，对于该教学模式的建构应充分考虑特定的时空情境。（图6-1中的椭圆形表示的就是个案学校结构化翻转课堂教学模式的教学时空情境，黑色字体表明了教学时空情境中的结构性、制度，中间部分的双箭头表示师生作为能动者主体与资源、规则之间的结构二重性关系。）

其二，个案学校的结构化翻转课堂教学模式的结构要素可以简要地概括为一个结构性原则、一对结构性关系、三维模式组成、一个结构化系统。其中，一个结构性原则是指个案学校结构化翻转课堂教学模式遵循的是"以学为主、先学后教"的结构性原则，这既指其中以学生为主体的主体观，又指在顺序上先学后教的教学观。一对结构性关系是指在该教学模式中存在着主客体之间的结构二重性关系，这既需要保证主体的课堂教学系统中的"在场可得性"，又需要保证"以学为主"的客体在社会与知识体系中的"历史性"。三维模式组成主要有结构化翻转课堂教学模式中能动者的角色及其行为、能动者建构的人际网络以及在其中需要遵循的活动规范。当然，该个案学校的结构化翻转课堂教学模式并非单向、固化的结构化系统，而是在能动者的行动与反思基础上形成的螺旋式发展、开放式上升的结构化系统。（图6-1中左边圆圈内的"学生能动者"作为"以学为主"的主体，以及由其连接到教师能动者的箭头标明的是结构性原则；学生能动者和教师能动者之间的虚线框表示两者作为能动主体所构成的关系性能动共同体，中间两部分的双向箭头表示能动主体与客体之间的结构性关系；"角色及其行为""人际网络""活动规范"所在的虚框是三维模式要素，教师能动者的角色与行为都是基于学生主体而存在和转化的。）

其三，个案学校的结构化翻转课堂教学模式的运行过程是顺序化的、结构化的、情境化的反思性行动过程。从顺序化的角度来讲，学生能动者和教师能动者在课堂教学活动之前、之中、之后都具有不同的角色及其行为表征，在面对共同的资源与规则时，他们的结构化作用是不同的，其角色和行为也有所不同，均是围绕"以学为主，先学后教"而展开的，由此体现出结构性原则的内核。一般而言，这是既定的过程，但又因结构化而变动不居，因为面对同样的教学内容，面对既定的资源与规则，主体的需求、潜力和能动作用各有不同，这也就形成在课前、课中、课后的特定顺序中，教师能动者和学生能动者因个体能动性作用的不同而产生的结构化翻转课堂教学过程。另外，个案学校的结构化翻转课堂教学模式的运行过程是统一的，又并非完全同一，各学科运行结构化翻转课堂教学模式都需要遵循其结构性原则——"以学为主，先学后教"，促进能动者与客体之间的能动性关系。但不同学科在开展结构化翻转课堂教学模式时，由于学科特色不同、学生素养结构不同，还需要结合自身特色再精炼、再提升。（图6-1中在横向上"学生能动者"左边的三个虚线框表示学生能动者的学习过程，在"教师能动者"右边的三个虚线虚框表示教师能动者教的过程；学生与教师能动者中间重叠的实线框表示的是在课堂教学中师生的交互过程；在纵向上由上到下标明的是整个教学过程开展的顺序。）

其四，个案学校的结构化翻转课堂教学模式的实践效应是指向学校发展愿景的，指向教师专业发展和学生素养提升的，更指向个案对象对于普通高中结构化翻转课堂教学模式的推广，而这就需要在建构个案学校结构化翻转课堂教学模式之后，提出相应的建构策略。这就需要在明晰本质遵循的基础上，组建策略并加以运行，从而达到教学模式建构在理论层面的升华和实践层面的指导作用。（该结构化翻转课堂教学模式图既体现了翻转课堂的理论，即以学生为主的主体性、先学后教的顺序性，又彰显了结构化理论，即主客体相互作用的结构二重性关系。由此，个案学校结构化翻转课堂教学模式图的结构二重性系统得以呈现。）

二 个案学校结构化翻转课堂教学模式的本质遵循

（一）"以学为主"的主体：社会系统中的"在场可得性"

1. "个人"的形构

根据吉登斯结构化理论，结构性特征渗透进主体（行动者）和客体

（社会）之中，同时形构了"个人"（personality）和"社会"（society）。但是，由于没有意料到的行动后果以及没有认识到的行动条件所具有的重要影响，结构没有穷尽个人和社会的全部内容。① 吉登斯指出，贯穿结构化理论的一个主题是：社会系统的一切结构化特征，也同时是定位在特定情境中的行动者权宜性完成活动的中介和后果。在共同在场的情境下，对行动实施反思性监控，这是社会整合起到固着作用的主要特征，但就定位在情境中的互动而言，无论是它的条件还是后果，都远远超出了那些情境本身的范围。② 在吉登斯看来，"商品—货币—商品"是最简单的商品流通形式，是资本的起点。"货币—商品—货币"与其他关系类似，也包含两个相互关联的转化阶段。在第一个阶段中，货币转化为某种商品；在第二个阶段中，该商品又转化为货币。③ 在"商品—货币—商品"的关系中，同一货币要素两次转换了自己的位置，完成了交易行为。而在"货币—商品—货币"的关系中，转手两次的不是货币，而是商品。④

本书认为，在结构化翻转课堂教学模式中，也存在着与之类似的关系，比如，"教师—知识—学生"是最简单的教育知识传授形式，是学生学习与学校教育的起点。在"教师—知识—学生"的关系中，"知识"作为要素也两次转换了自己的位置，第一次流动是知识转换为某种教授的"对象"及"客体"；在第二次流动中该"对象"以一种情感性、理论性、价值性形态划归在学生主体身上。"知识"对于教师而言是传授的客体，而对于学生而言是摄入学习的事物并被程度不一地掌握与吸收，从而客体化在学生主体之上。而"知识—学生—理性"也包含着两个相互关联的转化阶段。在第一个阶段，知识通过言说等具体行动从言说之物转化为某种观念事物；在第二个阶段，该观念对象又转化回并成为该主体的理性内容中有所增加的"知识"。在"知识—学生—理性"的关系中，转手两次的不是"知识"，而是"学生"的"理性内容"。知识要转换为理性，取决

---

① ［英］安东尼·吉登斯：《社会理论的核心问题》，郭忠华、徐法寅译，上海译文出版社2015年版，第77页。
② ［英］安东尼·吉登斯：《社会的构成——结构化理论纲要》，李康、李猛译，中国人民大学出版社2016年版，第180页。
③ ［英］安东尼·吉登斯：《社会的构成——结构化理论纲要》，李康、李猛译，第176页。
④ ［英］安东尼·吉登斯：《社会的构成——结构化理论纲要》，李康、李猛译，第177页。

于其知识吸收程度、理解过程的循环更新,即"流动",只有"知识—学生—理性"的关系能实现这一点。正如雅斯贝尔斯所认为的:"教养不仅是对知识的占有,更是对精神内容的汲取。伴随着这种汲取,某种知识同样会得到增长。"① 大众能够阅读和书写,他们没有充分接受过西方的教养教育,但他们却是知识、思考和行动的参与者。……质朴的思想是本质性的,它使得每个人在自我的原初理性中找到回声,它的每个要点都以明晰性击中接受者,它不仅使人获得知识,而且使作为整体的理性在人们内心觉醒。② 正是"知识—学生—理性"关系所代表的原初理性与整体理性的觉醒,知识从而变成学习主体——学生以及师师、师生、生生之上的"资本",其主要表现为某个"个人"或"集体"的"理性"的完美程度。在这两个关系的相互作用及其进程中,其关键是理性形式的普遍化,它的前提是某种充分发育的知识内容。知识一方面可以代表某种待传递之物,另一方面,它本身又是一种等待被汲取之物。从教师到知识是一种传授活动,与此同时,从知识到学生也是汲取活动。理性在分化为理性与知识之后,理性与知识之间在物质上的差异并未彻底消除,而是以一种"物质—精神"的方式彼此共存。

在吉登斯视域中,这些阶段结合在一起,"构成一个单一的瞬间"。在这一瞬间,某种商品被出于售卖而购买。这似乎只是货币与货币的交换,交易越是成功,情况似乎就越是如此。但是,当货币转化为资本之后,它就经历了某种"独特的原始运动",与一个农民用卖粮食得来的钱去买衣服的行为相比,完全是两种类型。与"商品—货币—商品"的转化相比,"货币—商品—货币"的转化绝不仅仅是交换"方向"的不同。③ 同理,对于"结构化翻转课堂教学模式"而言,这种类似"货币"与"资本"的辩证关系也绝不仅仅是同方向上的"教师—知识—学生"的交换与转化,对应于"知识—学生—理性"的关系,就是"知识"与"理性"的对照关系。一个农民用卖粮得来的钱,相当于在"以物易物","货币"

---

① [德]卡尔·雅斯贝尔斯:《什么是教育》,童可依译,生活·读书·新知三联书店2021年版,第105页。
② [德]卡尔·雅斯贝尔斯:《什么是教育》,童可依译,第127页。
③ [英]安东尼·吉登斯:《社会的构成——结构化理论纲要》,李康、李猛译,中国人民大学出版社2016年版,第176—177页。

担当了使用价值与交换价值载体的角色，农民可以用卖东西的钱（以自己劳动的成果为条件）去交换他物（别人劳动的成果），本质上没有促进新事物的发展与诞生，更毋庸置疑谈及"知识"与"理性"为何物了。雅斯贝尔斯指出："即使一位教师以其原初性的哲学思考表达了一些言之有物的思想，但假如学生只是将教师的学说和方法全盘接受，那么所获得的也不过是一些表面的东西。"① 而在"知识—学生—理性"的关系中，知识以一种货币化、产品化的形式被"物化"在学生的精神世界中，其在完成物理传输的过程中，变成了一个"主体"精神深浅不同的蓄水池，即"理性"的精神家园。这种精神内容增加的实质即思维内容的丰富与饱满，而这又与加强基础创新的新时代主题紧密相连。思维的形式依旧在发挥作用，而变更与变化的是新增加的内容。对于基础创新的主体（学术共同体）而言，思维内容的增幅亦只有通过"劳动力"的作用才得以实现。吉登斯指出："劳动力是一种特殊的商品，其特性之一便是充当创造价值的源泉。"② 学生作为学习的主体，其学习过程时刻要通过"听—说—读—写"进行身体的感性劳动与理性劳动并举的双重实践（学习活动），同时还时刻受到周围环境（社会交往实践等活动）的影响与作用。"以学为主"的学生能动者的实践过程实质上就是以学生—教师为能动者，以知识为中介（生产资料），以理性为实践结果，形成了主体自身（能动者/实践者）知识库建设与学习的过程，即理性的建构，亦即学习实践产品的增加与丰富（知识型、理论型、情感型、价值型资本的转化与堆积）。郝志军认为，现代课堂教学的本质特征包括"活动—实践性""交往—社会性"及"文化—价值性"③，这三种本质特征分别涵盖了三种能动者的实践过程、对象及其实践所得：知识/理论型产品、社会型产品、价值型产品，即与之相互对应的三种"财富"的丰富与堆积。

因此，在本书看来，这种"以学为主"的学习行动过程就是吉登斯结构化理论中的"再生产"过程，既指"结构"，即规则与资源，体现在社

---

① ［德］卡尔·雅斯贝尔斯：《什么是教育》，童可依译，生活·读书·新知三联书店2021年版，第172页。

② ［英］安东尼·吉登斯：《社会的构成——结构化理论纲要》，李康、李猛译，中国人民大学出版社2016年版，第177页。

③ 郝志军：《中小学课堂教学评价的反思与建构》，《教育研究》2015年第2期。

会化再生产所发挥的核心作用方面,也指"社会"的制度化特性(结构性特征),其结构性特征作用在"课堂"这一微观"社会"时所其有的制度化条件——规则与资源与其作用对象师生、生生、师师互为条件与前提,在循环往复的学习过程中便产出了科学的、客观的、高效的成果。这种扩大的、循环往复的"再生产"过程针对结构化翻转课堂教学模式而言,所特有的实践活动亦专指能动者——师生、生生、师师,他们在规则与资源的促动性与制约性作用下所分别从事的教学实践行动、教学行动、教研活动等。而实行结构化翻转课堂教学模式的目的只有一个,即提升能动者共同体"以学为主"的学习能力与理性能力。正如梅洛—庞蒂所指出的,在更深的层次上,对于人类学而言重要的是把它自己安置在一个我们在那里可以相互理解的土壤之上,不进行还原,亦不做鲁莽的换位。因此,其任务就在于扩大我们的理性,从而使它能够理解在我们这里或在他者那里先于和超出理性的东西。[①] 康德于 1765 年对他的读者说道:"学生应该学习的是思考活动,而不是思考的结果。"[②] 正如顾明远所说:"世界科技的进步,无一不是人的创造思维的结果。一个人没有良好的思维品质,没有无定式的创新思维,就很难适应变革时代的生存要求。教育的本质在某种意义上说就是培养学生的思维,培养学生思维的改变。"[③] 除此之外,对于"以学为主"的能动者及其共同体而言,"个人"的形构既指向了学生学习本质的生成变化,也指向了结构化主体所处的能动共同体"师生、生生、师师"学习本质的生成变化。个人与集体共同组成了学习共同体。

2."媒介"的束集

在吉登斯看来,"媒介"的基本意涵是将构成社会再生产本质的时间与空间"束集"在一起,可以从行动者在社会系统中的"在场可得性"角度理解时间和空间的"束集"。所有社会互动都是媒介性的,因为它们总

[①] [法] 莫里斯·梅洛—庞蒂:《哲学赞词》,杨大春、张尧均编:《梅洛—庞蒂文集》(第5卷),商务印书馆 2019 年版,第 106—107 页。

[②] [德] 卡尔·雅斯贝尔斯:《什么是教育》,童可依译,生活·读书·新知三联书店 2021 年版,第 168 页。

[③] 顾明远:《教育的本质是培养思维,培养思维的最好场所是课堂》,(2021 - 11 - 15),https://mp.weixin.qq.com/s/1VsOZyiNHPYSatv4u2gXQg。

是"承载"和"运送"着社会交往跨越时间和空间的间隙。[①] 梅洛—庞蒂认为，文化有时会向自然妥协，恰恰是一些使科学知识和一种累积的、进步的社会生活成为可能的文化形式。这种形式的文化毋宁是对自然的一种改造，是结构从来都不会一开始就作为纯粹的普遍出现在那里的一系列中介。[②]

从自然与文化的特殊性关系中可以看出，文化形式是对自然的一种"再加工"，同时也是一种"再模仿"，但是自然在变化，因为哲人赫拉克利特指出"万物皆流变"，自然的变化是一种客观现象与事实，对自然进行"模仿""加工"的文化形式也是处于不断变化之中的，其变化中的一"物"构成了相对稳定的状态——"结构"，这种"媒介"处于具体的历史事件与时间空间之中，对其所处社会系统中的主体、客体进行一定的促动性和"束集"。这种社会存在与社会意识之间的互动、交往是实在、客观发生的，同时也是以交往、政治、思想活动为载体和媒介，达到社会发展的效果。因此，"媒介"的内容既将客体之物纳入社会存在的范畴之中，又将主观之物纳入社会意识的范畴之中，并且看到其相互作用的"二重性特质"——"实在性—非实在性"。人们往往对实在性经验有直接的感知，但是，对于非实在性经验则不注意，不太能发现、承认、认可非实在性经验的价值与地位，而"媒介""中介"不一定专指实在性之部分，它也将非实在性部分包含进来。所以，"媒介"的束集既是历史性与现实性的相对衡定之物，又是由客观之物与主观之物相对固定而成的有机体，这种"束集"即指"主体"处于其所在时空之中。雅斯贝尔斯指出，研究者自身的在场，可以多种方式产生教学影响。[③] 当然，此时的在场既包含主体自身的客观之物在场，同时，要将"内在性"特征与"历史性"特征纳入"在场"的范畴之中，指社会、课堂之主观之物的在场，只有包含了"主观—客观"的双重在场，才能从社会存在、社会意识、结构与结构化特征

---

① [英] 安东尼·吉登斯：《社会理论的核心问题》，郭忠华、徐法寅译，上海译文出版社 2015 年版，第 114 页。
② [法] 莫里斯·梅洛—庞蒂：《哲学赞词》，杨大春、张尧均编：《梅洛—庞蒂文集》（第 5 卷），商务印书馆 2019 年版，第 108 页。
③ [德] 卡尔·雅斯贝尔斯：《什么是教育》，童可依译，生活·读书·新知三联书店 2021 年版，第 159 页。

等方面对"主体"提供全方位的在场说明与保证。

由此，通过"个人"的形构部分与"媒介"的束集部分的阐释，将社会、主体、结构、知识、理性、思维等"主体"与"条件"有机地结合起来，强调"以学为主"的主体及其能动共同体得以发生的形式条件与具体内容组成。

（二）"以学为主"的客体：社会与知识的"历史性"

1. "社会"的形构

吉登斯指出，将那些跨越时空的延伸与"封闭"作为问题来研究，这是结构化理论的主要特征之一。[①] 吉登斯认为，"社会"是以其所嵌入的一系列其他系统性关系为背景，从中"凸显"而出的社会系统。它们之所以能够凸显出来，是因为确定的结构性原则推动、产生了跨越时空并且可以明确限定的全局性"制度聚合"（clustering of institutions）。[②] 而这种"社会系统"，不能被简单地等同于仅仅是一些社会关系的聚合，或者是一种物质系统、生物形态的"系统论者"或者是有机体意义上的"功能主义者"。所以在吉登斯的结构化理论中，"所有的社会都既是社会系统，又同时由多重复合的社会系统交织构成。这种多重复合的系统既可能完全'内在于'社会，又可能跨越社会的'内部'与'外部'，在社会性总体与跨社会系统之间可能形成多种形态的关联。跨社会系统并不是凭空捏造的，它的特点是包含了不同类型社会之间的各种关联形式"[③]。而针对"结构性特征"之确定性，一种根深蒂固的观点尤其是涂尔干以降的绝大多数结构社会学家都认为，社会的"结构性特征"对行动有约束性的影响。吉登斯结构化理论所赖以成立的假设基点则与此相反，在吉登斯看来，正是由于结构与能动者作用/行动（agency）之间存在内在的关联，因此结构始终同时具备促动性和约束性。[④] 由此，吉登斯强调："可以用某种更一般的技术性方式使用'结构'这个概念，把它理解成规则与资源，循环往复地体现在

[①] [英]安东尼·吉登斯：《社会的构成——结构化理论纲要》，李康、李猛译，中国人民大学出版社2016年版，第157页。
[②] [英]安东尼·吉登斯：《社会的构成——结构化理论纲要》，李康、李猛译，第157页。
[③] [英]安东尼·吉登斯：《社会的构成——结构化理论纲要》，李康、李猛译，第156页。
[④] [英]安东尼·吉登斯：《社会的构成——结构化理论纲要》，李康、李猛译，第160页。

社会系统的再生成之中，成为结构化理论的总体基础。如果采用较为宽泛的说法，可以将结构看作是指社会的制度化特性（结构性特征）。"①

从吉登斯社会相关理论的阐释中可以清晰地发现，吉登斯所强调的"社会"概念，要避免陷入两种"误区"：第一是将"社会"狭隘化，既不能指单纯的"客观之物"的自然世界型社会，也不能指功能性"实用之物"的功能型社会，更不能指"主观之物"的主观世界型社会。如果将"社会"内涵狭隘化，则会将"社会"的多维性、综合性取消、解构。第二是将社会"结构"化理论内涵狭隘化，既不能片面强调"促动性"（能动者的主体作用），也不能只顾及"束集性"（结构的制度的反作用），正如吉登斯所强调的"结构的确定性原则"建构与形构着"社会""结构"等事态并形成其特定的内涵。吉登斯这种综合性的社会结构化理论建构，以"社会"为基础，以"结构的确定性"为原则，以"能动性"与"制度性"相互作用的内在关联为条件，通过"结构化"方法的综合，将现实自然之质料部分与主观自然之形式部分（雅斯贝尔斯语"第二个世界"）统摄进"结构"的二重性特征之中，并以此为基石，指导"社会存在"与"社会意识"等客体（物、事、人、关系、思）等社会有机体的发展，从而真正达到"社会"结构化的理论建构。

2."知识"的历史性

梅洛—庞蒂认为，"结构"就像雅努斯一样有两张面孔：一方面，它根据一种内在的原则来组织那些进入其中的元素，它就是意义。从原则上说，结构不是柏拉图式的理念。那些相同的面容特征，根据它们在其中所获得理解的系统，在不同的社会中有不同的意义。这一结构为解决某种局域的和现时的紧张提供了一条路径，是因为它在现在的动力中获得了重建。结构没有让社会丧失任何厚度和任何分量。社会本身是众结构中的一个结构：在它实践的语言系统、经济系统和亲属系统之间怎么会不具有任何关系呢？但这一关系是微妙而可变的：有时这是一种同源性。② 另一方面，因为社会人类学寻求的基本元素仍然是一些基础结构，也就是说，一

---

① ［英］安东尼·吉登斯：《社会的构成——结构化理论纲要》，李康、李猛译，中国人民大学出版社2016年版，第175页。

② ［法］莫里斯·梅洛—庞蒂：《哲学赞词》，杨大春、张尧均编：《梅洛—庞蒂文集》（第5卷），商务印书馆2019年版，第100页。

种处于网络中思维的各个纽节，这一思维将我们引向结构的另一面、引向它的具体化。① 在人类学中，经验就是我们被融入一个全体之中，我们的理智在那里艰难地寻找的综合已经被构成，因为我们在一个独一无二的生命的单一性中体验到我们的文化借以被构成的全部系统。从这一属于我们的综合中可以得出某种认识。这里存在着通向普遍的第二个通道：不再是突出在一种严格客观的方法之上的普遍，而是作为我们通过人种学的经验，即不断让自己接受别人和别人接受自己的考验而取得的一种侧面的普遍。② 梅洛—庞蒂认为，如果不是历史，怎么称呼在那里的一种充满偶然性的形式突然开启了未来的一个循环，并且以制度化的权威来左右它的这一介质呢？（正当地应被称为结构历史的历史）正是借助这种结构观念而建立起来的整个思想王国，它在全部领域中的当前境遇回应了一种精神需要。结构以象征的功能呈现了各种自然与社会系统的方式，结构揭示了超越主宰从笛卡尔到黑格尔哲学的主—客体关联的道路。它尤其使我们明晰，我们如何与社会历史的世界处于一种循环之中：人从他自己偏离，而社会事务只能在他那里找到中心。③ 雅斯贝尔斯指出，教养并非自个人与生俱来的天性中自然形成，它是历史性地获得的。④ 对人的培养的一个关键要素就是他赖以获得历史知识的陶冶。这种陶冶如同世界与宗教的历史现实的语言一般，是活生生的。同时，陶冶也是交流、唤醒和自我实现的媒介。了解和掌握过去，是为了使人们能够从已获得的可能性中真正地成长为自己。⑤

　　从上述哲学家的阐释中可知，"知识"是服务于人们的精神需要的，而"历史"提供了社会得以建立的促动性与约束性。"知识"作用于柏拉图发现的"理念""共相"的精神世界（主观世界）之中，"历史"作用

---

① ［法］莫里斯·梅洛—庞蒂：《哲学赞词》，杨大春、张尧均编：《梅洛—庞蒂文集》（第5卷），商务印书馆2019年版，第102页。
② ［法］莫里斯·梅洛—庞蒂：《哲学赞词》，杨大春、张尧均编：《梅洛—庞蒂文集》（第5卷），第103页。
③ ［法］莫里斯·梅洛—庞蒂：《哲学赞词》，杨大春、张尧均编：《梅洛—庞蒂文集》（第5卷），第108页。
④ ［德］卡尔·雅斯贝尔斯：《什么是教育》，童可依译，生活·读书·新知三联书店2021年版，第105页。
⑤ ［德］卡尔·雅斯贝尔斯：《什么是教育》，童可依译，第104页。

于亚里士多德发现的"世界是一个大全"的现实世界（客观世界）之中。虽然笛卡尔认为"我思故我在"，从本体论上证明"先验自我"有一种无法被怀疑的明确性，但是并没有将"先验自我"与"经验之我"的关系完全阐释清晰。培根从"自然"这个实在之物出发，对人类经验可触及的界限进行了本质性的提升，但是，正如其理论上的先天特点一样，经验只可经验"可经验之物"，"超验""先验"可根据前提的确定性推理出结果的确定性。这两种理论分别从主观之物与客观之物出发，却没有解决"主观—客观"世界的联通性问题。由此，康德在以往哲学家工作成果基础之上，提出了"先天综合判断"，既从前提上保证了"演绎"之物的科学性与准确性，又从结果上为"后天"经验之物的增加赋予了"合法性""合理性"之特征。借哲学家康德所做之工作，西方人将康德哲学视为所有哲学理论的"蓄水池"，凡解读"主观—客观"世界范式，不能不借助于康德的思想与理论。吉登斯的"结构化理论"，同样是要解决"主观—客观"世界范式，只是他不同于西方观念论将"观念""意识"视为理论的基石，也不同于自然原子论者将"物质"视为理论的基石，吉登斯始终从"社会"概念出发，认为它是在不同关系的多维度之物—事的集合后形成的有机体、综合体。正如吉登斯所指出的，将那些跨越时空的延伸与"封闭"作为问题来研究，这是结构化理论的主要特征之一。[①] 因而，处于历史之中的具体之物——"知识"既具有当下的现实特性，也具有超出当下之外的非现实之特性。而且"结构性原则"所产生的"制度聚合"从理论、制度、实在等层面对"唯我论"进行了重构，因为"一个人"的社会不能被称为"社会"，社会一定处于各要素相互促动、相互制约所建立的稳定的文化形式、社会形态中，这种形态具有相对稳定性。为了实现从"一个人"到达"另一个人"的目的，在现实交往的基础之上，除了要借助"历史"的作用外，还必须借助"知识"的参与。所以在从这个意义上讲，"知识"的历史性保证了主观之物与客观之物的联通过程与意义传递，同时，保证了历史事件与当下事件之间的有机结合。

[①] ［英］安东尼·吉登斯：《社会的构成——结构化理论纲要》，李康、李猛译，中国人民大学出版社2016年版，第157页。

3. 内在化与规范性的整合

梅洛—庞蒂指出："当我觉察到社会事务不仅仅是一个客体，而首先是我的处境时，当我在自己这里唤醒对于属于我的社会事务的意识时，那面对我而在场的正是我的整个共时性（它在它自己的时代曾经是共时性）；在我的活的现在中被实际给予我的正是历史共同体的一致的和不一致的一切活动。"[①] 根据梅洛—庞蒂的表述可知，只有当人们将注意力集中在某一事物、事务之上时，才能对其本身及其所处的时空情境有所察觉与认识。社会的事务似乎外在于人们自身，如果人们以"自我"为中心，那么对社会的事务就不会有所重视。但梅洛—庞蒂为什么在这里要强调"历史共同体"？是因为要按照历史唯物主义的观点，应用唯物史观去解析历史的发展进程。而"历史共同体"在这里所要强调的是从"社会—个人"的历史性发展基础之上，"个人"与"社会"通过"共时性、历时性"范畴，才能将"历史共同体"有机集合为一个整体并促使其形成与完善，由此得以为"个人"提供"社会"的"历史性"解释范式。而在吉登斯看来，正是由于结构与能动者作用/行动（agency）（以及能动作用和权利）之间存在内在的关联，因此结构始终兼具促动性和约束性。[②] 由此吉登斯强调，"结构"这一概念，可以用某种更一般的技术性方式去使用，把它理解成规则与资源，循环往复地体现在社会系统的再生成之中，成为结构化理论的总体基础。宽泛来说，可将其看作社会的制度化特性（结构性特征）。[③]

由此，无论是"以学为主"的客体，还是"知识"的历史性，都有两个特征：一个是内在性（内在关联），还有一个是"规范性"，即"制度性"（结构性特征）。因为吉登斯强调结构与能动者作用/行动（agency）（以及能动作用和权力）之间存在内在的关联，这种内在关联不能被直接经验所感知、把握，只能通过"智能"的方式进行综合与描述。因此，"结构"的二重性要求将"以学为主"的客体统一划归到"主观—客观"之物的有机体之中，并且因为其作用方式的"内在性"特征与"制度性"

[①] [法]莫里斯·梅洛—庞蒂：《哲学赞词》，杨大春、张尧均编：《梅洛—庞蒂文集》（第5卷），商务印书馆2019年版，第94页。
[②] [英]安东尼·吉登斯：《社会的构成——结构化理论纲要》，李康、李猛译，中国人民大学出版社2016年版，第160页。
[③] [英]安东尼·吉登斯：《社会的构成——结构化理论纲要》，李康、李猛译，第175页。

特征，而能将"结构"视为"规则、资源"的文化形式。文化形式虽然不代表文化整体，但文化整体借由文化形式得以表征进人们的内心世界。同理，"结构"虽然不代表社会存在整体，但是社会意识借由"结构"进入人们的精神世界、人的内心世界。这种"内在性"（内在关联）与"规范性"（结构性特征）正是"结构化翻转课堂教学模式"理论得以成立的内在机制与条件。

（三）"以学为主"的主客体：结构化翻转课堂教学模式的"二重性"

因为结构社会学学者往往主张把"约束"看成社会现象在某种意义上的界定性特征，而"社会"概念又往往直接与"约束"概念相联系，所以吉登斯竭力表明社会系统的"结构性特征"兼具促动性和约束性（enabling and constraining）①，其关键在于如何理解"结构性约束"。在笔者看来，吉登斯通过建构"结构"的一系列相关概念，解决了"社会"的形构问题，也解决了"个人"的形构问题，但是，这是针对"个人—社会"层面的形构，而非针对某一具体"社会系统"的形构，因此，在吴康宁课堂教学社会学理论的"课堂"这一微型社会中，将"个人—社会"与"课堂"结合起来，可以得到再一次的形构，即"个人—社会—课堂"的"结构化翻转课堂教学模式"。

雅斯贝尔斯认为，由于人实现此在的整体过程是没有终点的，因此，他超越了此在之上，为自己营造了另一个空间。在这里，他以自身存在的一般形式与第二个世界——精神世界进行交流。无疑，作为一种精神存在，它同样与他的生活现实紧密相连……从这样的本原出发，第二个世界是在第一个世界中形成和被发现的：个人通过对其自身存在的认识而有能力将生活当作给定的此在加以超越。精神的命运维系于此在之依赖性与原初性之间的两极对立。② 梅洛—庞蒂指出，在人类领域的另一端，在某些复杂的系统中，这些结构在涉及配偶的确定时向着"历史的"动机显露和开放。在这里，交换、象征功能、社会不再作为与另一自然一样专横，并

---

① [英] 安东尼·吉登斯：《社会的构成——结构化理论纲要》，李康、李猛译，中国人民大学出版社2016年版，第154页。

② [德] 卡尔·雅斯贝尔斯：《什么是教育》，童可依译，生活·读书·新知三联书店2021年版，第103页。

且使之变得模糊的第二自然运转,每一文化都被要求去界定它自己的交换系统。由此,各个文化的边缘变得模糊不清,或者一种世界性文明第一次被提上了议事日程。①

李秉德、李定仁指出,教学模式的作用与地位值得人们研究。他们认为,教学模式作为教学过程相关理论的新课题,也是当前高中课程改革中值得重视的新问题,学习和研究教学模式具有重要意义。从教学理论来看,教学模式有助于我们从整体上综合认识和探讨教学过程中各种因素之间的相互作用及其多样化的表现形态,有利于我们从动态上把握教学过程的本质和规律。从教学实际来看,教学模式既是教学过程理论体系的具体化,又是教学实际经验的系统总结,因其具体、简明、易于操作,比教学的基本理论的层次要低;因其概括、完整和系统,又比教学经验层次要高,有利于提高教学质量。②

借由结构化翻转课堂教学模式,既能在教学过程中实现教学理论(如吉登斯的结构化理论)的某些具体主张,又能贴近教学实际生活,对一线教学经验进行有效探索与总结。同时,它又具备一定的程序性、方法性、操作性等特征,这种在理论性上贴近理论但是又不同于理论,在实践操作上贴近教学实际但是又不等于实践的双重特征,是实现教学改革与教学质量提升的主要"利器"与重要"媒介"。社会系统的结构性特征既是构成这些系统实践的媒介,又是其相互作用的结果。

三 个案学校结构化翻转课堂教学模式的组建策略

(一) 结构化翻转课堂教学模式中的能动者角色及其行为策略

在结构化翻转课堂教学模式中,能动者的角色由教师、学生及其聚合构成。教师是教学能动者,是指通过教师的教—专业—内容,实现对所在课堂、班级学生进行约制的管理能动者,也是在教的实践行为开展后与学生之间形成关系之和的能动者,同时还是将规则运用于其所在课堂的能动

---

① [法]莫里斯·梅洛—庞蒂:《哲学赞词》,杨大春、张尧均编:《梅洛—庞蒂文集》(第5卷),商务印书馆2019年版,第110页。

② 李秉德、李定仁:《教学论》,人民教育出版社1991年版,第258页。

者，是调度各项资源进行分配的能动者。在新时代翻转课堂的背景下，率先将新型教育设备与技术引入课堂的教师是另一种"能动者"，兼具传统与现代的特征，从而对"课堂上学生的特质""实现知识的广度与深度""听说读写如何落实在每一节课、每一个学生之上""培养出学生的期望与其学习能力的多少"等问题进行深度研究，从讲授型能动者升级为研究型、实践型能动者，对课堂的问题进行反思、分析，从而解决课堂上存在的诸多困境。这些问题中有些是和能动者相关的，有些是和人际网络相关的，有些是和行动规范相关的，对问题进行分类与解决，以从实质上提升课堂教学效果。教师教学能动者在不同的关系模式中具有不同的工作重心。最后结合不同的人际网络关系的特点及活动规范形成的主体与客体，多层次的往复运动与生成、再生成，用一种稳定的教学结构带动后续结构的有序发展及课堂质量的稳步提升。

从学生能动者角度来讲，学生是学习的能动者、自我监督的能动者、教师发展的促进者。具体来说，第一，在学习这个实践环节中，学生是学习的主体，传统课堂强调在课堂上认真听讲、课后认真完成作业，现代结构化翻转课堂教学模式要求课前预习相关资料，课中边学边思，课后进行复习、总结，从而达到对课堂知识的深度理解与掌握，这种程度的要求标准既在学生之上，也在其他同学之上；既在书本之上，也在教师之上。因此，通过其理解的内容与不同的主体、客体进行的比较、辨析，将主体的本质属性完全发挥出来，得到主体学的行为与其所学客体的允实，这就是对象与主体在意义上的相合。第二，学生是自我监督的能动者，这就要求学生具有一定的反思意识或反身意识，通过将周围的事物、同学当作"镜子"从而反观自身，将自我、自身抬出自身的具象，从而确立自我，虽然确立的程度或根基尚不稳固，但是已经具备了反思、自我监督的可能。由于学生处于成长发育期，心性人格尚不稳定，心理与身体发育还不同步，这就要求学生能动者、教师能动者对自我的发展状态进行评估，其着眼点在于充分发挥"学生的兴趣是最好的老师"的效应，学生能动者与教师能动者要将外在的事物化为学生能动者及其能动共同体的兴趣所在，用趣味性和愉悦感吸引学生融入课堂，从而加强学生的学习趣味，使在学习上没有趣味的学生向有趣味的学习方向转变，实现课堂效果在质量上的双维度提升。在伽达默尔看来，人类游戏的存在方式就是自我表现，即人类游戏自身，玩自身。① 这种对自身意识的突出是游戏性、趣味性浑然一体的。第三，学生是教师发展的促进者，在教与学的双向实践行为中，对于作为教的能动者的教师而言，在学生学的行为中，必然或多或少地产生与学相关的诸多学习材料，这些学习材料对于教师能动者而言又变成了可接受的讯息，从而将学生学习的客体化之物通过言语、思辨进入能动者主体的教师，从而实现了主体客体化与客体主体化的双向流动过程，这种客体化的对象进入，并反作用于能动者主体的教师，并以另一种方式重新进入学生能动者观念之中。

（二）结构化翻转课堂教学模式中的人际网络策略

吉登斯认为，一切都始于实践。在结构化翻转课堂教学模式中，不同的行动者角色——教师、学生分别对应于不同的实践行为，教师的实践行为本质上是"教"，学生的实践行为本质上是"学"，而师生、生生、师师不同的共同体，形成了不同的本质集体：师生——教与学、生生——学与学、师师——教与教。由此，在各类实践行为产生之后，形成了不同的人际网络关系类型：师生型、生生型、师师型，这三种人际关系随着不同的实践行为的开展而得以产生，经过主体客体化过程以后，组成了各项实践行为所对应的各种关系的总和。在各项实践行为基础之上的人际网络总和又变成一种客体化的制度，反过来督促、制约后续的实践活动，对现实中的教学活动以客体类分又有了主体化的作用（吉登斯语"主体的不在场"②），重新权衡教学中的每一个要素及参与者。这种人际网络关系的二重性来自于主体担当了其客体的作用，来自于本体又担当了类似主体的作用，对其客体——活动规范进行制约，对活动主体也产生了影响。正如吉登斯所说，只有当生产力得到再次发展，这种关系才能获得扬弃与进步。因此，人际网络的二重性有稳定的一面，也有可以改变的一面，从目的出发，视之为手段，只有根据其特性在不同阶段中的实际运用，才能稳妥地达到人们的目的；如果对手段的认识不充分，那么对关系本身的不了解将

---

① 洪汉鼎：《理解的真理》，山东人民出版社2003年版，第88页。
② ［英］吉登斯：《社会的构成——结构化理论纲要》，李康、李猛译，中国人民大学出版社2016年版，第23页。

导致行为者主体群在各项实践活动中用而不自知，知而不自改，达不到对结构化翻转课堂教学的最大公约数，即达不到理想教学效果。

具体而言，第一，就师生能动共同体及其师生型关系而言，要从其实践行为的本质出发，强调认识的本质及其性质，就学习的分享与传递特性，突出"教—学"本质，形成良好的"师生型"关系。第二，从生生能动共同体及其生生型关系而言，对学生及学生的实践行为进行启发，强调"性，于染当也"[①]的重要性。作为学生能动共同体中的每一个学生都会受到来自于教师、同学、其他外物的影响，但是对于学生能动共同体影响直接的来源除了教师外，就是其身边的同学。因此，在"学习"这个共同前提下，身边的每个学生都要紧紧围绕"学习"展开言谈举止、围绕"学习"开展学生对学生的共同学习实践，从而将新时代结构化翻转课堂教学模式翻转为以学生能动者为中心，以学为主，发挥学生能动者角色的积极影响，化不利因素为有利条件，这样才能让能动者从一到多、从少数到多数，从而实现"生生型"关系。第三，从师师能动共同体及其师师型关系而言，师师能动共同体的本质在于"教"，而如何为"学"而"教"是师生、生生、师师能动者共同体共同关心的。因此，师师之间要以教促学、以学促教，将个人的智慧与集体的智慧达成融合，从而为其人际网络关系的完善与活动规范的丰富提供新一轮的实践起点，这种发展的、渐进式的关系就是"师师型"关系。

（三）结构化翻转课堂教学模式中的活动规范策略

教学活动规范的建构是在一定的时空情境中，对于教学规则、教学资源的重建。第一，教学时空情境的创设关注教学的人文环境方面，从软实力上有效提升，从而对能动者主体产生积极影响。第二，教学规则的重建是指向课堂的，具体包括教学原则、教学方法、教学过程。首先，在教学原则上传统课堂是"以教为主、先教后学"，强调唯分数的客观性标准，现代结构化翻转课堂教学模式注重"以学为主、先学后教"，同时强调理解与分数并重标准，既涵盖了主观的知识掌握，又在分数上得以体现，是一种对教学内容结构化式样的全面把握。其次，在教学方法上传统课堂是

[①] 墨子：《墨子》，武振玉、彭飞注评，凤凰出版社2009年版，第10页。

独立学习、课题化、命题学习，现代结构化翻转课堂教学模式注重采用自主学习与合作学习、探究学习与命题化学习、理论学习与体验学习并举的方法，也是一种结构化的综合方法的体现。最后，在教学过程上，传统课堂学习形式单一，不能有效吸引学生注意力使其回归课堂、回归学习，现代结构化翻转课堂教学模式变革为综合性学习，使学生回归课堂与学习，直面问题本身，激发学生对学习的兴趣、好奇心、尊敬心，培养学生对教育事业的崇高感及其对能动共同体中人格的尊重，并以此促进学生积极健康人格的培育，这也是二重性的体现。第三，教学资源的重建也包括两个方面：一方面，传统人文资源侧重权威性、实物资源侧重分配性。另一方面是新型资源的加入，在人文资源中加入了生生、师师型，使传统的人文资源得以发展与创新，从而起到持续的权威性作用。大数据时代的网络及其实践资源增多，将可分配、侧重的实物资源范围大大扩展，从而将实物资源从量和质的双维度上予以提升，为有效实施结构化翻转课堂教学模式提供更丰富的实体物质资源与人文资源。①

四 个案学校结构化翻转课堂教学模式的运行策略

（一）夯实指导思想：以理念引领行动

雅斯贝尔斯指出，真理高于科学，它涵盖人类存在的要义——我们称之为精神、存在、理性。人们通过科学把握真理。② 因而，普通高中教学模式的理念与指导思想也意味着更多——学校为了课堂，在课堂上的学术研究与教学过程服务于生命的成长，它们是在各种意义上对真理的呈现，因为在恰当地传授知识与技能的过程中，整个人的精神成长已经悄然发生了。顾明远重视学生思维的培养，提倡从课堂教育入手，将课堂教学作为培养人才的主渠道，是落实课程的一个最主要的常数。此外，课程改革作为当前教育改革的中心，深化课堂教学改革，上好每一节课，教好每一名学生，就要把课堂教学搞好。从我国当前的教育来说，根本的问题是关注

---

① 景艳、王鉴：《结构化课堂教学的模式及其建构策略》，《当代教育与文化》2021 年第 4 期。
② ［德］卡尔·雅斯贝尔斯：《什么是教育》，童可依译，生活·读书·新知三联书店 2021 年版，第 155 页。

教学关系的变革，重视学生主体地位，让学生学会学习、乐于探索。孔子早就说过"学而不思则罔"，即学了以后不思考、不思维，学习是茫然的，不能获得真正的知识，教师不应将知识灌输给学生，而应成为他们学习知识的引路人，充分相信学生的能力，让学生自己发现问题、提出问题、解决问题。过去，我们也经常提倡启发式教学，教师提出问题让学生回答，但这些问题是教师提出来的，而不是学生自己提出来的，只有让学生自己去探索问题、提出问题，才能真正让学生的思维得到发展。当前，无论是提倡学生参与式、探究性、项目式（PBL）教学，还是集科技、工程、艺术、数学多领域融合的综合教育（STEAM教学），都是为了发展学生的思考能力，发展其思维。在这其中，在提倡自主学习的同时需要克服一些误区，比如自主学习不是个人学习，而是自主的合作学习，形成师生之间、同伴之间的学习共同体；不是将教师的主张强加给学生，而是引导他们在思考中慢慢探索。[1] 正如吉登斯所指出的，贯穿结构化理论的一个主题是：社会系统的所有结构化特征，都是定位在情境之中的行动者权宜性完成的活动的中介和后果。在共同在场的情境下，对行动实施反思性监控，这是社会整合起到固着作用的主要特征，但就定位在情境中的互动而言，无论是它的条件还是后果，都远远超出那些情境本身的范围。[2]

因此，对普通高中结构化翻转课堂教学模式的指导思想的革新与夯实应包括两方面的内容：一方面是对教学理念的重塑，主要是指在既有教学实践活动的经验基础之上，不断运用反思性监控，对有待提升之处进行扩展与革命。另一方面是对教学实践的重塑，其在重塑时以先前被重塑后的结构化翻转课堂教学模式理念为指导，分别将之应用于课堂教学三要素——教师、学生、课程之中。王鉴指出，传统课堂教学主要以教师为中心传授课程知识，现代课堂教学则以学生为中心，通过教师的有效指导与帮助让学生学会学习；传统的教师中心与学科中心相匹配，强调知识的传授，而在信息化的推动下，现代大学课堂教学已经转向以学习者为中心，强调大学生自主学习和学会学习，各学科知识除了课堂教学中的讲授之

---

[1] 顾明远：《教育的本质是培养思维，培养思维的最好场所是课堂》，（2021-11-15），https://mp.Weixin.qq.com/s/1VsOZyiNHPYSatv4u2gXQg。

[2] ［英］安东尼·吉登斯：《社会的构成——结构化理论纲要》，李康、李猛译，中国人民大学出版社2016年版，第180页。

外，还要考虑大学生的学习特点。[①] 当前，我国普通高中教学改革的推进也应遵循这一理念，以往的课堂教学中"应试"色彩较为突显，而结合"学以成人""以学为主"的特点明显不足，致使学生参与课堂的积极性不高。由此，提升高中课堂教学的质量，应充分考虑高中生的年龄特点、时代特点、学习需求等。具体而言，要让课堂"活"起来，让教师"亮"起来，让学生"动"起来，让教学模式"明"起来。

第一，让课堂"活"起来。让课堂"活"起来主要是针对高中课堂上被输入、被培训的教学现状而言，作为场域的存在——课堂，并未充分展现出其应有的状态与样貌——一副生机盎然、学习井井有条的景象，更未达到课堂教学的基本功能——传授知识与超拔功能、精神层次的双重提升的实现与效果。正如叶澜所说："学校生活的质量是师生生命质量的重要构成，最需用力、最真实的改变，就在日常。"[②] 从"沉寂一片"到"微微有所动静"，再到真正地"活起来"，这种场地的特性、资源的结构性还没有被彻底激活，只有对结构性翻转课堂教学模式的指导思想与理念有了深度把握，才能让其"主场地"要素的资源性作用得到充分呈现。

第二，让教师"亮"起来。让教师"亮"起来主要是针对教学活动中的教师能动者及其能动共同体而言，雅斯贝尔斯认为，只有在科研工作与知识的整体保持经常性联系的前提下，研究工作才有意义且富有创造性。最重要的是，教学需要科研工作提供至关重要的内容，这是教学工作的财富。[③] 在理想中，最好的科研人员也是最优秀的教师，他能够引导学生接触到真实的求知过程、科学的精神，作为想象的科学，在相互沟通中，可以看到科学存在的原初样态，他在学生心中唤起了同样的激情。只有那些亲身从事科研工作的人，才能够真正地传授知识，而其他人不过是在传递一套由教条组织起来的事实而已。[④] 研究者自身的在场，可以多种方式产

---

① 刘振天、李森、张铭凯、王鉴、尹弘飚：《笔谈：高等教育高质量发展的系统思考与分类推进》，《大学教育科学》2021 年第 6 期。

② 叶澜：《回归·突破——"生命·实践"教育学论纲》，华东师范大学出版社 2015 年版，第 320 页。

③ [德] 卡尔·雅斯贝尔斯：《什么是教育》，童可依译，生活·读书·新知三联书店 2021 年版，第 158 页。

④ [德] 卡尔·雅斯贝尔斯：《什么是教育》，童可依译，第 158—159 页。

生教学影响。① 在个案学校的结构化翻转课堂教学模式中，打造一个教室、一张名片、一节课、一位名师的个体模式以及教研室、备课组为单位的群体模式，这两种模式都在不断实践之中。正如该校校长 Wlz 所言：

> 要倡导正能量。学校提出建设强大的班集体，要思考为什么？全校 67 个班级，当每个班级都形成了强大的凝聚力时，学生和学校就一定会发展得更好；全校 48 个备课组，如果都是强大的备课组，就能拉升正能量的氛围，就能有利于工作开展，学生发展，学校发展。②

本书认为，让教师"亮"起来，应从教师能动者及其师师能动共同体自身的特殊性出发，既不能因为"以学生为中心"而弱化教师能动者的作用和影响，也不能因为"以教师为大"而强化教师能动者的权威。在传统的"先教后学、以教为主"的教学过程中，其传授方式是单向的、不可逆的，知识没有经过深度加工，因此具有应试色彩，在这一情境之中的师生相处模式，具体表现为"主动—被动""在场—不在场"等。而经过翻转的"先学后教、以学为主"教学模式，传授方式是多向的，可自下而上，也可以自上而下，知识经过深度加工，教会学生学会思考及判断，在这一情境之中的师生相处模式，具体表现为"主动—不主动""不在场—在场"（这种"不在场"不是真的不在场，而是从能动共同体出发，弱化教师的身份属性，强化教师的学习属性以及亦师亦友属性）。正如雅斯贝尔斯、李秉德、李定仁等的观点，教师的特殊性就是要教师作为研究者，其本质要求是自身在场，前文已经在"在场与缺席"的探讨中强调了自身在场的双重维度——时空中的"身"在与思维中的"意"在，那这种研究者意义上的"在场"与刚才"以学为主、先学后教"的具体表现"不在场—在场"是不是一种冲突？本书认为，不是，更非一种矛盾，教师能动者及其能动共同体能不能彻底、绝对的不在场？这种情况在现实中是不存在的。教师需要做的只是从帮助、引导学生学会学习、学会思维、学会成长的意

---

① ［德］卡尔·雅斯贝尔斯：《什么是教育》，童可依译，生活·读书·新知三联书店 2021 年版，第 159 页。
② 银川三沙源上游学校：《建和谐向上文化 推进结构化教学——上游学校举行备课组长研讨会》，（2021 - 12 - 08），https：//mp.weixin.qq.com/s/7LjbqecvLn4CLq4P43jkZw。

义上弱化"教师"的在场性,让学生融入师生能动共同体的状态,但是在任何时候,无论学习的优劣、知识摄入的深浅,都离不开教师作为权威型、先知型的参与和作用,"不在场—在场"是对教师课堂表现的更高的要求,要求其"大隐隐于市",隐身于师生能动共同体之中,才能达到真正的融合,博得一致信任与认可。由此,让教师"亮"起来是一种从理论深度、课堂掌控力、情绪感染力、行为表现力、课堂规则性上的翻转,这就要求教师能动者在任何方面都能达到吸引学生的效果,才能使"结构"(规则、资源)反作用于结构,并且推动课堂质量与教学效果的稳步提升。

第三,让学生"动"起来。主要是指学生从"填鸭式"的被动教育过程到"动"起来的主动学习过程,转变的关键在于"以学为主"的主动式改造,同时也在于"先学后教"的积极实践与应用。在传统课堂上"教师—知识—学生"是最常见的教学顺序,但是,这种教学顺序只是在表面上将"教师—学生—课程"联结了起来,而没有将"知识—学生—理性"这种主体与客体之间的结构性从内容上真正融入"教师—学生—课程"之中,造成传统课堂与结构化翻转课程的本质区别。

让学生"动"起来的教学过程,要从以下三个方面着手:①教师层面,要加强结构化翻转课堂教学模式的理论性学习,同时对实际教学过程中的应用程度分级分类进行考核与督导,从结构化翻转课堂教学模式的形式与内容方面对S学校的管理人员、教师进行培训与训练。②关于"导学案"与课程知识之间的辩证联系与冲突张力等问题,应在对班级水平、年级水平、学生水平、教师水平、教材水平、问题水平等进行摸底调研的情况下,结合教材设置统一的"导学案",对其设置合格标准,然后依次根据教学难点与教学重点、知识的结构性、思维的连续性分别设置结构化评判标准,如设置"优秀(>90分)、良好(>80分)、普通(>70分)、合格(>60分)"或"A(>90分)、B(>80分)、C(>70分)、D(>60分)",弱化分数的象征,强化知识点掌握效果的分级与分类,尤其是要让学生认识到分级、分类的科学内涵与能动者的主动性发挥程度之间的紧密联系,从而将"导学案—教材—知识点—思维"与"实践"有机结合起来,达到"导学案"符合涵盖一般性知识与特殊性知识的全面性与权威性,并且得到能动主体的一致认可。③关于能动者内部出现的"两极分化"倾向,其危险来自于班级与班级的不一致、学生与学生的不一致、教师与教师的不一致，即"教师—学生—课程"三要素自身内部的不一致及彼此之间的不一致，这种不一致的差距是客观的，但并不能据此否定结构化翻转课堂教学模式的价值与意义。究其本质，结构化翻转课堂教学模式的理论在"结构的二重性"特征上已经解决了这类问题，"以教为主"忽视了学生的主动性，或者没有真正将主动性赋予学生，"以学为主"重视并且强调了学生的主动性，从而将学习的主动性从自身之外的"他者"转移至"自我"之上，但是学生学习的主动性、被动性发挥与学生的学习兴趣有直接的联系。所以，从知识的一般性与特殊性出发，充分发挥能动者在学习知识上的"共同富裕"效应，在尊重教学三要素中各个要素客观情况的基础上，充分发挥学生学习兴趣的"鲶鱼效应"，强化基础知识的"木桶短板"，以代表性知识与问题为切入口，以部分学生的"先学""先富"带动全体同学的"后学""后富"，从而实现学习知识的全面掌握这个"先学后教"与"共同富裕"的效果与目的。正如"共产主义是社会主义发展的高级阶段"一样，我们不能原地"刻舟求剑"，也不能盲目要求当下课堂教学达到"共同富裕"的阶段，应以发展的眼光并采取实际的行动，共同作用于结构化翻转课堂教学模式这个客体之上，以学生的兴趣为"方法上的共性"，以关注的热点与问题的分布为"材料上的个性"，并以结构化翻转课堂教学模式为指导思想，针对不同阶段的不同特点，充分发挥"结构二重性"的作用，才能继往开来，才能共同作用，解决基础知识与学会思维之间的现实矛盾。只要有利于实现能动共同体内部成员的共同成长，无论能动共同体所取得的成效多寡，价值大小，都应纳入能动者学习活动之"共同富裕"的总视域进行观看与评判，能动者主体要做大、做强结构化翻转课堂教学模式在"主体"与"学习内容"上的"蛋糕"。

第四，让教学模式"明"起来。主要针对教学模式的整体性架构与结构性发展，在个案学校的实践考察中，虽然大多数教师从理论上对结构化翻转课堂教学模式有不同程度的了解与认知，但还面临一定的挑战与问题。其根本原因之一，还是在于能动者主体对于"教学模式"相关理论与实践操作的不明晰。因此，应以吉登斯结构化理论重构与改造普通教学模式，并铸造新型的结构化翻转课堂教学模式，才能将教学模式之"明"照耀进"教师—学生—课程"诸要素的部分之间与结构化整体之中，形成诸要素的合力，才能为"以学为主""先学后教"奠定坚实的方法论基础与教学模式理论的基石。

李秉德、李定仁认为，教学模式就是在一定的教学思想指导下，围绕教学活动中的某一主题，形成相对稳定的、系统化和理论化的教学范型。任何教学模式都是在一定的教学思想和理论指导下提出的，例如程序教学模式是根据行为主义心理学提出的，苏联合作教学模式是根据社会主义人道主义、民主化和发展性教学思想提出来的。指导思想是建立在各种教学模式的理论基础之上的。① 本书认为，让教学模式"明"起来，应从结构化翻转课堂教学模式理念出发，确定核心指导思想，对"结构化意识""结构化过程""结构化方法""结构化特征""结构化内容""结构化理论的实践"分别从"以学定教"原则以及"社会存在决定社会意识"原理出发，以结构化翻转课堂教学模式理论的掌握与实操程度为判别方式，以学生的成长为追求，以教师的发展为依托，才能真正在教学模式上实现革新，即结构化翻转课堂教学模式助力于"以学为主"的实现。

（二）依循教学主题：以主题带动实践

李秉德、李定仁认为，在一定的教学思想指导下，每一种教学模式都有一个鲜明的主题，它犹如一根主线贯穿和主导着整个模式体系，支配着教学模式的其他构成因素，并产生出与主题有关的一系列范畴。例如问题教学模式的主题是"问题性"，这一主题不仅制约着这一模式的目标、程序、方法和内容等，而且产生了诸如"问题情境""学习性问题""学生假设"等一系列概念。② 根据吉登斯结构化理论的观点，结构性特征渗透进主体（行动者）和客体（社会）之中，同时形构了"个人"（personality）和"社会"（society）。但是，由于行动没有意料到的后果以及行动没有认识到的条件所具有的重要影响，结构没有穷尽个人和社会的全部内容。③ 根据吉登斯的理论，就定位在情境中的互动而言，无论是它的条件还是后果，都远远超出了情境本身的范围。④ 顾明远认为，教师要考虑学

---

① 李秉德、李定仁：《教学论》，人民教育出版社1991年版，第256—257页。
② 李秉德、李定仁：《教学论》，第257页。
③ [英]安东尼·吉登斯：《社会理论的核心问题》，郭忠华、徐法寅译，上海译文出版社2015年版，第77页。
④ [英]安东尼·吉登斯：《社会的构成——结构化理论纲要》，李康、李猛译，中国人民大学出版社2016年版，第180页。

生的差异。由于学生的天赋是有差异的,他们的生活环境、家庭背景都是有差异的,教学过程要注意到这些差异,课堂教学往往是按照中等水平进行设计的。为了适应学生的差异,实施因材施教,课堂教学应根据学生不同的情况提供不同的方案。

正如胡德海所说:"一个国家的人民掌握信息的程度是现代化社会的重要标志,科学的进步同人类思维的方式是密切相关的。"[1] 当前课堂教学需要关注新型的信息技术手段,互联网的应用为个性化学习提供了可能,师生关系也发生了很大变化,教师的作用在于为学生设计适合的学习方案,花更多精力指导学生在信息海洋中获得有益的知识策略和方法,关注个别差异,帮助每一位学生乐于学习、学会学习。因此,教师在新时代是一个学习设计者、指导者、帮助者。顾明远提倡让"学生成长在活动中",这里说的活动更注重思维活动。除了在课堂上教师要激发学生思考,而非现存结论的简单告知外,还要让学生参与课外活动,走出去,走向大自然,走入社会,拓宽其见识和眼界,这对于学生的思维有着积极影响,学生有了开放性、广阔性、丰富性,就能形成创造性思维。这里要以正确的视角看待"学生成长在活动中",并非只是让学生热热闹闹、蹦蹦跳跳地活动,而是要在思维活动中成长,突显课堂教学作为培养学生思维活动主渠道的价值和意义。

因而,结构化翻转课堂教学模式的主题应是确定的、开放的。正如吉登斯所说:"社会系统的所有结构化特征,都同时是定位在情境之中的行动者权宜性完成的活动的中介和后果。"在课堂这一微型社会之中,结构化翻转课堂教学模式中的主题,应关照教材内容、学生身心特点等。王鉴、王明娣指出,随着信息化时代的发展,随着人文主义在世界范围内的再度复兴,"适教课堂"内部发生了严重的"危机",传统的课堂"范式"正处在转型中,随之出现了"为学而教"这一新理念,与之相应的课堂教学范式为"适学课堂",即将教学活动的终极目的确定为学生的学习和发展,并以学为主,先学后教,"翻转课堂"就是其中的一种。[2] 本书认为,

---

[1] 胡德海:《教育学原理》,人民教育出版社2013年版,第11页。
[2] 王鉴、王明娣:《课堂教学范式变革:从"适教课堂"到"适学课堂"》,《山西大学学报》(哲学社会科学版)2016年第2期。

结构化翻转课堂教学模式主题的重要意义在于通过"教师—知识—学习"的传授阶段，揭示"知识—学生—理性"的隐含意义与教育的本质任务所在，隐藏在教授知识型背后的，不仅仅是行动者主体的范围扩大化，也不是学习内容的单纯增加，而是从理论体系性、方法完整性、作用方式合理性等方面对传统课堂教学模式的翻转与重构，其中心转移是颠覆性的、革命式的。在这其中，可以利用吉登斯结构化理论的系统性、权威性、科学性有效指导教学模式的主题深化，让"权威"的二次化过程得以明确，对教学模式中的各个要素予以革新，并在"以教定学"发挥作用的同时，强化"以学为主"的目标，使得教学主题的实践取得实质性进展。

结构化翻转课堂教学模式的理论基础是社会结构化理论，该理论强调结构的二重性及其对能动者及客体的双重影响。它既是能动者在广泛延续的时空范围内建构的结果，又不可避免地影响着所有的能动者，使能动者不能置身于结构之外。吉登斯宣称，社会结构化理论不仅批判那种主观至上的解释主义，而且批判那种以客观为圭臬的功能主义，其旨在将长期割裂的主观与客观、宏观与微观有效地统一起来，这是一种辩证的思维，即结构化理论既揭示社会客体作为物的存在关系，又揭示社会客体存在与人的关系，将物的关系与人的关系有机地统一起来。因此，结构化理论既不是对人身外的客观存在的简单的实证分析，也不是对人本身的存在方式的能动共同体的主观表达，而是着力于客观与主观的统一，反思思维与存在的关系，从而把握人与世界的关系。[①] 而这可以促动有效教学主题的依循，推动课堂教学活动过程的展开。

（三）明确教学目标：以目标推动变革

结构化翻转课堂教学模式的本质在于重构课堂及其要素的合理性，通过结构性作用，在课堂教学过程中实现"以学为主、先学后教、以学定教"，其分别作用在结构化翻转课堂教学模式的"教师—学生—课程"等要素之上，并发展形成系统化的课程与教学理论，从而实现课堂的翻转，这种课堂翻转是用更全面、更立体、更客观、更科学的理论替代与革新既有的教学模式，从而导致更有效的新目标的确立，通过更本质的观察，体

---

① 王鉴：《结构化教学专题》，《当代教育与文化》2021年第4期。

现出"权威性"的重构。正如李秉德、李定仁所指出的,教学模式的目标,就是要完成主题所规定的人文。例如,合作教学模式的目标,就是使学生具有民主精神、独立人格和创造才能。发现探究式教学模式的目标,是使学生具有创造能力,成为研究者、创造者。任何教学模式都有一定的目标,它是主题更进一步的具体化。[①] 聚焦当下的时代发展与教学改革,更应将学生的发展与培育放在教学目标的重要考量范围内,正如傅敏、邱芳婷所说的:"课程目标设计应关注学生批判意识的培养。当今时代需要有着主体意识和反思批判能力的人才。缺乏批判意识,学生就不能深刻认识所学的知识,特别是知识背后所隐含的社会意义,更无法激发其积极性、主动性、紧迫感和使命感。"[②]

传统教学的目标以传授知识为目的,以通过考试为考评依据,而结构化翻转课堂教学模式的教学目标以掌握知识为目的,以活学活用、学会成长为目标,以增强学生理论思维能力与批判性思维能力,能有力地鉴别出合理与不合理的表述。而二者之间的差别主要体现在对"权威"的认知不同、侧重不同方面,这种"权威"表现在结构化翻转课堂教学模式之中,从能动者层面,既承认教师(教师—师师)的角色及其行为的合理性,又承认学生(学生—生生)的主体性地位与作用的重要性,尤为重要的是更加侧重于教师与学生(师—生)的相互影响与相互成长的双向规律性发挥;在课程层面,以"导学案"为实施抓手,侧重于设立针对教学的具体目标,并且可以动态地调整教学主题。

因此,实施结构化翻转课堂教学模式的目的在于提升能动共同体"以学为主"的学习能力与理性能力,同时,在深刻认识到"以学为主"的重要性之后,才能实现教学目标的两次转向,即"权威的两次转向",第一次是从"以教为主"转向"以学为主",其主要表现是知识的片面性传授与知识的体系化转向之间的矛盾,这既包括知识内容广度的扩展,同时也涵盖了理性深度的建立;第二次是从"先学后教"到"以学定教",其主要表现是"权威性"配置与资源及内部要素之间的矛盾,这种从历时性与

[①] 李秉德、李定仁:《教学论》,人民教育出版社1991年版,第257页。
[②] 傅敏、邱芳婷:《美国批判教育学的课程思想:解读与启示》,《西北师大学报》(社会科学版)2015年第5期。

历史性的辩证关系出发的转向，实际上是将"教"置于"学"之后，实现了教学顺序的翻转，而以学定教则实现了教学中心的翻转，从而在结构化翻转课堂教学模式目标的有序指引下，连续推动合历史、时间、空间、内容、广度、深度的渐进式发展与双螺旋上升，以此加速课程改革进程。

（四）革新教学程序：以程序助推成效

本书从程序的角度对教学模式进行结构化革新，实现实践层面的结构化翻转课堂教学模式的建构。李秉德、李定仁认为，教学模式的程序主要是指完成目标的步骤和过程，任何教学模式都具有一套独特的操作程序和步骤。例如赫尔巴特教学模式，其操作程序是明了、联想、系统、有方法；杜威的做中学教学模式，其程序包括情境、问题、假设、解决、验证五个步骤；加涅的积累教学模式则分为注意、选择性知觉、复演、语义性编码、检索、反应组织、反馈以及执行控制过程八个阶段。[①]

个案学校的教学程序实操过程可以概括为：教学时序上的课前（结构化）—课中（结构化）—课后（结构化），教学内容上的传统知识传授—知识内化，教学过程上的先学—后教，学习过程上的课前预习—课堂总结并发现问题（共性、特性）—针对性助学，教学程序上的复习—有趣的导入—新课学习—所学内容的实践及学生展示—师生能动共同体总结—教师评价，在学习内容上是课前（导学案）—课中（强化意识）—总结，在教学设计上是第一次自学（以学定教）—备课—第二次自学—第二次备课，在能力提升上是知识结构化—思维结构化—方法结构化，在实践指向上是项目式教学（已有知识）—（新增知识）—确定课时，在整体思路上是单元目标—反思—调整教学等，这些都是在结构化翻转课堂的实践中逐渐提炼并有待提升的，主要是从知识的"知能"到"智能"方面进行了描述，从学生"以学为主"的能动性的表现方式之一"自学"的重要性方面进行了诠释，从教师的"助教者""引导者"方面进行了"主体中心"的翻转，还从结构化的次数方面对结构化翻转课堂教学模式进行了定义与实践。

从教学程序上而言，S学校在结构化翻转课堂教学模式的教学实践中

---

① 李秉德、李定仁：《教学论》，人民教育出版社1991年版，第257页。

的问题主要在于没有形成自己独具特色的操作程序和步骤。本书在夯实理论基础，以理念引领行动部分中提出了教室"活"起来—教师"动"起来—学生"学"起来—教学模式"明"起来，这就是一种赋予特色的操作程序理念。在变革教学方法，以方法彰显动力中提出了充分利用"演讲""练习""讨论""对话"等具体教学形式，才能翻转"非本真教学"，从而打造"本真教学"，这就是一种可运用于教学程序中的具体方式。另外，对于结构化翻转课堂教学模式的立场，要避免相对主义，在吃透、理清结构化翻转课堂教学模式理论的定义、内涵、特征的基础上，不能轻易地将简单的"自学—总结"等同于结构化翻转课堂教学模式，要认识到结构化二重性的特征所赋予的重任——联结主观世界与客观世界。同时，结构化条件对于客体的促动性与制约性的辩证作用方式，以及主体能动性的发挥，既需要主体自身的参与，同时还受到资源、规则的多方面影响与制约，在此，要以一种多维的、多向的作用方式理解、依循结构化翻转课堂教学模式理念，并将其共同的作用关系及相互影响的本质涵盖进教学的程序设计之中，以此革新教学程序，以程序助推成效的产生。

（五）变革教学方法：以方法彰显动力

李秉德、李定仁指出，长期以来，传统教学方法重视研究教师教的方法，以及教学效果，忽视学生学的方法以及对学生学习过程的研究，这就把教学方法中的教与学分离开来，不能充分发挥学生学习的主动性。现代教学论明确主张把"教"建立在"学"的前提之上，在改进教法的同时，促进学法的改善，并对学生的学习方法进行及时的引导。"教会学生学习"已成为当今世界教育教学的重要趋向，由此，现代教学方法在强调教学统一的同时，更应从学生是学习主体这一理念出发，注重培养学生的自学能力，重视研究学生的学习方法，并把它作为创立现代教学方法完整体系的前提条件。[①]王鉴在分析高等教育课堂教学之困境时曾指出，大学的课堂教学方法仍然是以传统的讲授法为主，已经明显地不适合当代大学生的学习方式。大学课堂教学改革必须适应当代大学生的学习特点，采用多样化的教学方式，促进"教法"与"学法"相匹配。大学教师不能因循守旧，

---

① 李秉德、李定仁：《教学论》，人民教育出版社1991年版，第226页。

而应紧跟潮流，主动变革自己的教学观念与方法，主动学习新型的教学模式及其操作要领，将有效讲授与启发诱导相结合，将理论学习与实训实践相结合，将学科教学与课程思政相结合，形成灵活多样的课堂教学模式。①那么作为走向大学教育的重要过程，高中的课堂教学也应借鉴这种经验与理念，促进教学方法的变革。

结构化翻转课堂教学模式不仅是一种理论，而且是一种方法。它既包括教授之法，又包括学习之法，传统的教学方法主要是指不与时俱进并且主要以讲授法为主的教学方式，同时包括提问、导学、预习等环节，这种传统教学方法的优点非常明显，具有"应试色彩"，而弱于"立德树人""以学成人"等成才机制。其中的主要矛盾在于知识的应试技巧与知识原理掌握之间的矛盾、学生的某一方面发展与德智体美劳全面发展之间的矛盾。因此，我们要变革传统的教学方法，从外在形式上看，一般有传授、提问、回答等，还有演讲、练习、研讨会、私人参加的讨论、两人对话②及多人对话等。

其中，演讲与布道、讲授具有非常密切的联系，一般很难对教师的演讲或者讲授的内容做出完全统一、客观的评价，因为演讲的历史非常悠久，在没有学校之前，它就以一种街头讨论的方式存在着。但雅斯贝尔斯认为，在演讲中，语调、手势及思维灵活地呈现可以营造一种氛围，这种氛围只能通过口头语言或是演讲，而无法通过简单的对话和讨论显现出来，由此，演讲者可以在不经意间将"可意会不可言传"之物表露出来。同时，演讲中的具体情境也会在学生和教师的心中唤起一些东西。此时，他的思想、他的严肃、他的震动、他的困惑，一切都发乎自然。他让听众真正参与了他内在的精神生活。但一旦刻意为之，演讲的巨大价值就会烟消云散，剩下的只是装饰、辩才、狂热、做作的词语、煽动和无耻。③ 从雅斯贝尔斯的观点中可以发现三处值得借鉴与思考的地方：其一是普通的演讲（刻意为之、价值量低、不反映时代精神）与经典演讲（自然而发、

---

① 刘振天、李森、张铭凯、王鉴、尹弘飚：《笔谈：高等教育高质量发展的系统思考与分类推进》，《大学教育科学》2021年第6期。

② ［德］卡尔·雅斯贝尔斯：《什么是教育》，童可依译，生活·读书·新知三联书店2021年版，第161页。

③ ［德］卡尔·雅斯贝尔斯：《什么是教育》，童可依译，第162页。

价值巨大、可意会不可言传）的区别与矛盾非常突出。其二是传统演讲（独断型、演出型）与结构化翻转课堂教学模式中的演讲（能动者共同体演出型）的主体参与广度不一致，其对知识、精神内容的吸收与汲取也不是自上而下单方向的，而是永远、随时、多方面、多角度的影响，即来自于师师、师生、生生能动者之间的"可说"与"不可说但可被意会"所给予的波峰（理性思维）与波谷（书面知识）之间的航行与游弋。其三是雅斯贝尔斯所强调的"真正的内在生活"，"氛围"即演讲者的具体情境得以进入"精神世界"的作用方式，该方式同构于吉登斯的结构之二重性特征，演讲者既离不开处于时空之中的现实情境，同时又要受到规则以及资源等要素与关系的促动或者制约，并作用于新的"结构"内容。在结构化翻转课堂教学模式之中，最重要的就是对演讲的翻转，利用结构化翻转课堂教学模式的理论与方法，对理论的组成部分及方法各要素进行界定，然后用每一次的新结构去统摄处于课堂之中的结构化之物体，结构化之后的结果亦要受到结构化翻转课堂教学模式的制约。因此，应充分利用演讲的巨大价值，开启心智，凝练知识要素，培养知识体系，形成独立的学生个体与成熟的能动者群体。

另外，在结构化翻转课堂教学模式理论中要彰显练习、讨论、对话等具体教学方法，才能翻转"非本真教学"，从而打造"本真教学"，才能将它们的本质显现并发挥出来。具体说来，（1）深入把握练习的作用，教学方法能将练习的本质——能动性释放出来，有助于促进"本真教学"的实施。"非本真教学"即指一般教学匠式的教学。雅斯贝尔斯认为，两者最大的差别在于真正的教学总是顾及整体，虽然偶尔也会搬出教材，让学生知道何为复习的重点。但对于学生来说，最重要的是通过参与最新的研究工作来提高理解能力，学生需要对书本上现成的事实和问题做一番彻底的研究，激发出好奇心，从而将学问从纯粹知识的范围拓展开来。纯粹阅读教科书会使人昏昏欲睡，而固守某一对象又会使人感到束手束脚，唯有两相结合，才能相得益彰。[①]（2）深入探索讨论的方法，才能将讨论的本质——对原则性问题的争议释放出来，这有助于促进"本真教学"的实

[①] ［德］卡尔·雅斯贝尔斯：《什么是教育》，童可依译，生活·读书·新知三联书店2021年版，第164页。

施。雅斯贝尔斯指出，在所有成员积极参与的小范围讨论中，原则性问题可以在无旁人的情况下得到毫无保留的激烈辩论。教师与学生——按照大学的理念——是站在同一个层面的，他们共同致力于使精神在更清晰、更有意识的形式中把握当下，彼此激发兴趣，然后在各自寂寞的独立劳作中取得客观的成就。①（3）深入考察"对话"的价值，才能将"对话"的本质——能动者的自我出场释放出来，对话教学不仅关照学生之间的互动与交流，促进内容与观点的交汇，而且发展了学生与教师、与其他同学的情感交流，促进价值观与情感的交汇，这有助于促进"本真教学"。由此，从变革教学方法的角度助推结构化翻转课堂教学模式内在动力的形成。

（六）革新教学内容：以过程促结构

李秉德、李定仁认为，教学模式的内容是指每一种模式均有适合其主题的课程设计方法，以形成达到一定目标的课程结构。如范例教学在内容上主张基本性、基础性、范例性；发现教学强调课程的结构性。② 在怀特海看来，教学模式的内容经历了两种过程，即宏观过程和微观过程。前者是已经达到的现实向将要达到的现实的转变；后者把仅仅是实在的那些条件转变为确定的现实。前一个过程造成从"现实的"到"仅仅是实在的"转变；后一个过程则造成从实在到现实的增长。前一过程是能动性过程；后一过程是目的性过程。前一过程提供了真正支配达到现实性的条件；后一过程则提供了现实地达到的种种目的。由各种现实事物构成的共同体是一种有机体，这一概念以双重方式与"过程"相联系。③

在个案学校的结构化翻转课堂教学模式中，应关注教学内容的承载性作用，将具体内容分为"微观结构"与"宏观结构"进行教学内容的改革，正如怀特海所指出的"过程"分为"宏观"（目的性、未来性）与"微观"（条件性、现实性）。因此，对于教学模式的内容也需从教学过程的阶段特性进行解读、诠释与建构，将教师、学生、校领导能动者的共性，以及当下的问题融入"微观"结构，同时将课时、课堂、教材、问题

---

① ［德］卡尔·雅斯贝尔斯：《什么是教育》，童可依译，生活·读书·新知三联书店2021年版，第164页。
② 李秉德、李定仁：《教学论》，人民教育出版社1991年版，第258页。
③ ［英］怀特海：《过程与实在》，李步楼译，商务印书馆2011年版，第215页。

等资源、规则纳入"微观"结构里,以此形成"当下一"(微观一),然后将短期内可提升之处纳入"当下二"(微观二),并运用结构的二重性特征对主、客观事物,即人与事进行设置,使之成为可操作的步骤与过程,形成"未来一"(宏观一),再充分结合主体自身之"反思性监控"特点,对"微观一""微观二""宏观一"进行把握与调节,从而得到新的有机结合之物"当下三"(微观三)。由此才能在结构化翻转课堂教学模式的理念指引下,"以学为主"为目的,"以学定教"为原则,根据各个阶段不同的特殊性与条件的差异性,展开具体教学的过程与操作程序,从而真正实现学以成人、本真教学的效果,生发教学内容促进过程的结构化效应。

(七)升华教学评价:以评价促发展

李秉德、李定仁指出,由于各个教学模式的评价方法和标准并不相同,每种教学模式都有适合其自身特点的评价方法和标准。[①] 教学评价对结构化翻转课堂教学模式实现"以学为主"的发展,有着显著的促进和提升作用。因此,在升华教学评价的过程中,要根据个案学校的实际情况,在结构化翻转课堂教学模式理念指引下,以全新的教学评价机制升华能动共同体的学习力、教学力,其产出指向知识的再生产过程,而这种过程既受到物质性因素的制约,同时也受到精神性、资源性因素的影响。社会存在决定社会意识,但同时社会意识对社会存在产生一定的影响,从而推动或者阻碍社会的发展,带来一定的积极或者消极影响。同理,在课堂这一微型社会之中,能动共同体处于各种关系网络之中,(1)学生能动者及共同体成员极容易受到以下因素的影响与作用,来自书本知识的反作用,即易懂知识点——积极型,以及难度系数高的知识点——打击型;来自考试成绩的反作用,考得好——学生喜欢,考得不好——学生不喜欢;来自教师的反作用,夸赞几句——期许、瞬间脸红、暗自欣喜,批评两句——低下头颅、脸色凝重、不喜不悲;来自其他同学的反作用,他会了我不会——有什么了不起,他会了我也会——大家都一样;来自教室的反作用,坐在前面的——认真听讲,坐在后面的——老师不管,等等。(2)教

---

① 李秉德、李定仁:《教学论》,人民教育出版社1991年版,第258页。

师能动者及同情境成员容易受到来自知识原理的反作用,原理比较简单——掌握型,原理较为复杂——半生不熟;来自课堂秩序的反作用,秩序较好——心情舒展,秩序较差——懒得开口;来自教学成果的反作用,通过率高——胸有成竹,过关率低——不知其所以然;来自教学同行的反作用,获奖频频——或许眼红,不如自己——暗自得意;来自校领导的反作用,"这两天上课还好吧?"——课堂哪里存在问题?"给其他班上个示范课"——我的水平领导还是认可的;来自教学对象的反作用,学生一双双期望的眼睛、一支支刷刷快速飞舞的钢笔——底下在认真听讲,学生没有睡醒吗?怎么没有人记笔记?——底下没有人听课;来自学生家长的反作用,"您辛苦了"——教好学生是我的本分,"为什么他对这道题还不会呢?"——学生学不会是我的问题;来自社会人士的反作用,"你看,那位老师还是有两把刷子的"——我的影响力有这么强吗?关注不多——我的教学水平得不到认可;最重要的是来自教学追求的反作用,"差不多得了"——得过且过,"扶我起来接着讲"——以学生为本、学生为大。(3)能动者(学习共同体)容易受到来自结构化翻转课堂教学模式理论的反作用,即什么是结构化——我理解并运用了吗?来自实践的反作用,结构化实施前——普通效果,结构化实施后——良好效果。这些不同的社会关系存在,以不同的方式共同作用于能动者及其共同体,从而构成了复杂的"社会意识"。

正因为吉登斯强调"结构",所以既要承认社会存在的客观性,同时也要观察到社会意识及规则、资源的"约束性",从"结构"所兼有的能动性与约束性这两个特征出发,才能依照"社会存在决定社会意识"的原理,合理地确立"能动者主体"与"规则、资源"之间的辩证关系与作用方式。这就要求在升华教学评价的过程中,既要将评价内容的广度与深度重新调整,又要将评价内容与形式同时纳入结构化的发展体系之中。按照各个学校、课程、能动者居于不同阶段的实际情况及其不尽相同的特点,调整教学评价的内容、要素,从而充分调动教学评价对于教学模式的反作用,克服消极影响,发挥积极作用,带动教学过程整体前进与发展,实现结构化翻转课堂教学模式中的物质存在、精神因素以及社会影响的有机结合,真正达到"教师—学生—课程—评价"的统一。

结构化翻转课堂教学模式的理论基础是社会结构化理论,社会结构化理论强调结构的二重性及其对能动者及客体的双重影响,它既是能动者在广泛延续的时空范围内建构的结果，又不可避免地影响在其之中的能动者，使能动者不能置身于结构之外。吉登斯宣称，社会结构化理论不仅批判那种主观至上的解释主义，而且批判那种以客观为圭臬的功能主义，其旨在将长期割裂的主观与客观、宏观与微观有效地统一起来，这是一种辩证的思维，即结构化理论不仅揭示社会客体作为物的存在的关系，而且揭示社会客体存在与人的关系，将物的关系与人的关系有机统一起来。因此，结构化理论既不是对人身外的客观存在的简单的实证分析，也不是对人本身的存在方式的"情动共同体"的主观表达，而是着力于客观与主观的统一，着力反思思维与存在的关系，从而把握人与世界的关系。①

教学模式的建构与运行主要解决两方面的矛盾：一方面解决了教学过程中形而上学的做法，解决教学过程中存在的教条主义派与本本主义派，这是教学活动的运动与静止的辩证发展关系之间的矛盾所触碰的地方；另一方面解决了教学理论到教学实践的"物化"问题，解决了教学理论（观念世界）与教学实践（客观世界）之间辩证的矛盾关系，并且提供了一个过渡的桥梁与中介，帮助教学理论与教学经验在教学模式的作用下相得益彰，有效提高教学改革的质量。正如王鉴所言，结构化教学理论正是立足于社会的结构化理论，将教学活动中的人与事、人与物有机地统一起来，既要看到教师和学生作为能动者在教学过程中的价值和作用，又要把这种能动性置于教学活动的系统之中，还要看到教学文化、教学制度、教学规则、教学资源等客观体系的制约作用，二者一经结合便形成了所谓的教学传统，传统与人便体现了社会二重性中的客体与主体。长期以来，教学改革不是从人出发，强调其主观性价值，如教师决定论者的思维便是如此；教学改革从物出发，强调课程或教材的客观功能，如课程决定论者的思维便是如此，教学改革要取得成效，变革育人方式存在的问题，就必须将人与物、主体与客体统一起来。结构化翻转课堂教学模式的建构与研究旨在通过在普通高中各学科教学中引入结构化理论与方法，探索普通高中育人方式的变革，进而有效解决基础教育的应试问题。②

综上所述，结构化翻转课堂教学模式是在传统教学模式的基础之上，

---

① 王鉴：《结构化教学专题》，《当代教育与文化》2021 年第 4 期。
② 王鉴：《结构化教学专题》，《当代教育与文化》2021 年第 4 期。

以吉登斯结构化理论为教学指导理念，在现实的课程与教学中进行的一种教学模式的改良与实践。它是将客观之物（客观世界）与主观之物（主观世界）有机统一起来，根据应然（整体性、目的性）与实然（过程性、当下性）的联系与区别，将社会存在与社会意识统一纳入结构化存在—结构化意识层次之中，并且在"反思性意识"的监控之下，着力在课堂这个微观社会之中将"人—物—事"三者的辩证作用方式呈现出来，通过把握思维与存在的辩证关系，以期达到课程改革的目的。

第七章 结论与反思

本书依据吉登斯的社会结构化理论、吴康宁的课堂教学社会学理论进行结构化翻转课堂教学模式的个案研究。首先，在文献梳理的基础上，形成了结构化翻转课堂教学模式的理论分析框架，并对作为个案研究对象的个案学校进行具身性分析，继而多次深入个案学校——银川市 S 学校，展开结构化翻转课堂教学模式的问卷调查和实践探索研究，由问卷调查得出结构化翻转课堂教学模式的实施现状及其影响因素，并坚持进行深入、深入、再深入的实践研究，追踪结构化翻转课堂教学模式在运行过程中所存在的问题及现实表征，从而建构个案学校结构化翻转课堂的教学模式。同时提出建构策略，以期提高 S 学校的教学质量和教学效果，推动普通高中育人方式的变革。与此同时，结构化翻转课堂教学模式的构成要素和运行机制在经过实践检验后得到了经验与效果的充实，达到了实践反哺理论的目的。

一 研究的主要结论

第一，界定了结构化翻转课堂教学模式的概念，形成了结构化翻转课堂教学模式的理论分析框架。"结构化翻转课堂教学模式"是立足于社会结构化理论、课堂教学社会学理论，将教学活动中的人与事、人与物有机统一起来，既关注教师和学生作为能动者在教学过程中的价值和作用，又把这种能动性置于教学活动的系统之中，看到教学文化、教学制度、教学规则、教学资源等客观体系的制约作用，所形成的以师生为能动者，以能动共同体为依托，以教学规则和资源为社会客体的主客体在时空情境中建构而来的结构二重性课堂教学模式。它是在"翻转课堂"的基础上，结合个案学校学生的学习需求和"以学为主,先学后教"的理念,由教学论专家提炼而形成的原生性概念。该模式的理论分析框架主要由能动者角色和行为、能动者的人际网络及活动规范三方面构成,其中,能动者的角色和行为指向能动者的个体化行动,能动者的人际网络指向能动者在行动中构成的关系网络所聚合的能动共同体,而活动规范则指向能动者所面对的时空、规则和资源。

第二,探明了个案学校结构化翻转课堂教学模式的实施现状和存在的问题。本书采用"普通高中结构化翻转课堂教学模式调查问卷"教师问卷和学生问卷作为调查工具(均有35个题项),该问卷具有良好信、效度,由指导思想、教学主题、教学目标、教学设计、教学过程、教学方法和教学评价七个维度组成,分别对个案学校的教师和学生在结构化翻转课堂教学模式的认识和理解上进行了调研,最终得出个案学校结构化翻转课堂教学模式的实施现状,并初步分析了其中存在的问题。

第三,分析了个案学校结构化翻转课堂教学模式的实然状态和存在的问题,并分析了相关的影响因素。本书结合前期问卷调研的结果,深入个案学校开展结构化翻转课堂教学模式的实践探索研究,分别选取师生能动共同体、生生能动共同体和师师能动共同体的大量课堂案例,对结构化翻转课堂教学模式进行观察、访谈、深描、解释的课堂志研究,对具体的质性研究资料展开 NVivo 词汇云分析,以及基于结构化翻转课堂教学模式分析,最终得出结构化翻转课堂教学模式在实践中所存在的问题。在教学模式方面,对其内涵界定不清晰,对结构化意识的认识不深刻,对结构化过程的理解不到位,结构化层次划分及划分标准较为混乱,结构化的特征及内容较为模糊,结构化理论与运用结构化实践不一致,等等。在教学主题方面,该理论模型尚未在实践层面达到完全的深度。在教学目标方面,"教师—学生—课程"与诸要素之间存在不一致。在教学程序方面,尚未形成独具自身特色的操作程序和步骤,并未贯彻该理论模式的定义,体现其内涵与特征。在教学方法方面,对结构化的方法性认识不清晰,对"教法"与"学法"的理解与实践存在不同程度的误解。在教学内容方面,教师对结构化翻转课堂教学模式的认识以及教师自身的结构化能力、教师教材知识和资源整合的能力较弱;学生基础不同,需求不同,翻转的根基不牢固,情感需求结合程度不强。在教学评价方面,学生共同体极容易受到来自理论与关系网络的反作用,教师共同体容易受到来自知识原理、相互交往的反作用,"能动者"(学习共同体)容易受到来自"结构化翻转课堂教学模式"理论与实践活动的反作用。

第四,建构了个案学校结构化翻转课堂的教学模式,并提出了建构个案学校结构化翻转课堂教学模式的策略。本书在理论分析框架的基础上,通过扎根实践的个案研究,对结构化翻转课堂的教学模式有了更深层次的认识和把握,由此建构了个案学校结构化翻转课堂教学模式。同时,为了该模式能够真正彰显其理论深度和实践的推广价值,提出了相应的建构策略,该建构策略主要从本质遵循、组建策略和运行策略三个维度展开。具体而言,个案学校结构化翻转课堂教学模式中的主体、客体既要遵循社会系统中的"在场可得性"和"社会与知识的历史性",又要关照主客体相互作用的结构二重性,在此基础上从能动者角色及其行为、人际网络和活动规范三个维度组建结构化翻转课堂教学模式,并从指导思想、教学主题、教学目标、教学程序、教学方法、教学内容与评价方面予以有效运行。

第五,发现了结构化翻转课堂教学模式的内在价值。个案学校的结构化翻转课堂教学模式实际上体现了育人的主体价值,将传统的"以教为主,先教后学"革新为"以学为主,先学后教"。在此过程中,学习的实践过程是以学生—教师为能动者,以知识为中介(生产资料),以理性为能动性发挥的结果,形成了主体自身(能动者/实践者)知识库建设与学习的过程,即理性的建构,亦即能动产品的增加与丰富(知识型、理论型、情感型、价值型资本的转化与堆积)。在笔者看来,这种"以学为主"的学习实践过程就是吉登斯结构化理论中的"再生产"过程,既指"结构"——规则与资源,体现在社会化再生产所发挥的核心作用方面,又指"社会"的制度化特性(结构性特征)。其结构性特征作用在"课堂"这一微观"社会"上,既有的制度化条件——规则与资源与其作用对象——师师、师生、生生互为条件与前提,在循环往复的学习过程中,产出了科学的、客观的、高效的成果。这种扩大的、循环往复的"再生产"过程针对结构化翻转课堂教学模式而言,所特有的"生产"活动亦专指能动者——师师、师生、生生,他们在规则与资源的促动性与制约性的作用下,所分别从事的"劳动力"实践行动、教学过程、学习活动等。实行结构化翻转课堂教学模式的目的只有一个，即提升能动者共同体"以学为主"的学习能力、理性能力与社会交往能力。正如吉登斯所说，"结构的确定性原则"建构与形构着"社会""结构"等事态并形成其特定的内涵。吉登斯这种综合性的社会结构化理论建构，以"社会"为基础，以"结构的确定性"为原则，以"能动性"与"制度性"相互作用的内在关联为条件，通过"结构化"方法的综合，将现实自然之质料部分与主观自然之形式部分（雅斯贝尔斯语"第二个世界"）统摄进"结构"的二重性特征之中，并以此为基石，指导"社会存在"与"社会意识"等客体（物、事、人、关系、思）等社会有机体的发展，从而真正达到"社会"结构化的理论建构。吉登斯的"结构化理论"主要解决"主观—客观"的世界范式问题，只是他不同于西方观念论将"观念""意识"视为理论的基石，也不同于自然原子论将"物质"视为理论的基石，吉登斯始终从"社会"概念出发，认为它是不同关系的多维度之物—事集合后所形成的有机体、综合体。因为吉登斯强调结构与能动者作用/行动（agency）（以及能动作用和权利）之间存在的内在关联，这种内在关联不能直接被经验所感知和把握，只能通过"智能"的方式进行综合与描述。

因此，"结构"的二重性要求将与"以学为主"的客体统一划归到"主观—客观"之物的有机体之中，并且因为其作用方式的"内在性"特征与"制度性"特征，而将"结构"视为"规则、资源"这种文化形式。文化形式虽然不代表文化整体，但是文化整体借由文化形式得以表征进入人们的内心世界。同理，"结构"虽然不代表社会存在整体，但是，社会意识借由"结构"进入人们的精神世界、人的内心世界。这种"内在性"（内在关联）与"规范性"（结构性特征）正是"结构化翻转课堂教学模式"理论得以成立的内在机制与条件。借由"结构化翻转课堂"这一教学模式，既能在教学过程中实现教学理论（如吉登斯的结构化理论）的某些具体主张，同时又能贴近教学实际生活，对一线教学经验进行有效探索与总结。同时，它具备一定的程序性、方法性、操作性等特征，从理论性上看贴近理论但是又不同于理论，从实践操作上看贴近日常但是又不等于实践的双重特征，是实现教学改革与教学质量提升的主要"利器"与重要"媒介"。社会系统的结构性特征既是构成这些系统的实践媒介，又是其相互作用的结果。

二 研究的反思

依据结构化理论和课堂教学社会学理论对结构化翻转课堂教学模式进行概念界定和理论分析是本书的一个创新之处。另外,依据结构化翻转课堂教学模式的理论分析框架对个案学校展开持续、深入的调查与实践探索研究是本书的另一个创新之处。本书认为其是以师生为能动者,以能动共同体为依托,以教学规则与资源为社会客体的主客体在时空情境中建构而成的结构二重性课堂教学模式。在结构二重性背景之中,熟悉的社会情境会不断通过人类自身的实践,亦即自身的行动和能动性而得以建构,再建构,从而达到螺旋式的发展。因此,在结构二重性翻转课堂教学模式中,既要从生命的角度关注人的能动性和主体性,还要从课堂的角度凸显课堂本质的结构性和规范性。

当然,本书到此暂时画上了一个句号,在体会到研究乐趣的同时,由于自身研究能力、研究视野和自身经历的原因,也难免存在一些欠妥之处和有待完善的地方。无论是调查问卷的深入化、结构化设计,对于个案研究中实践调研案例的层次性、完整性分析,还是对于该教学模式的系统性建构,都具有继续深化和提升的可能,这需要后续持续进行理论提升和实践探索。

正如吉登斯所说:"理论的建构只是一项有待遥远的未来实现的远大抱负,而不是社会科学目前实际所能追求的事业。"[①] 我们将吉登斯的社会学理论引入对结构化翻转课堂教学模式的建构,把课堂社会学模式作为分析框架,其内核仍旧与结构化理论的本质内涵有着内部一致性,以此实现理论对于人文社会科学,尤其是课堂教学这一微观社会的理论指导作用。只有把理论真正运用于扎根课堂的行动研究之中,才能真正实现行动的作用,以期促使结构化翻转课堂教学模式的建构为我们的课堂教学变革行动乃至育人方式变革注入源源不断的活力。笔者认为,这也是运用结构二重性方法理论的真正价值所在。只有这样,才能把立德树人真正融入各级各类学校的教学和管理工作中,达到培根铸魂、启智润心的目的。

[①] [英]吉登斯:《社会的构成——结构化理论纲要》,李康、李猛译,中国人民大学出版社2016年版,第6页。

参考文献

一 著作

1. 中文著作

陈向明：《质的研究方法与社会科学研究》，教育科学出版社2000年版。

冯忠良：《结构化与定向化教学心理学原理》，北京师范大学出版社1998年版。

洪汉鼎：《理解的真理》，山东人民出版社2003年版。

胡德海：《教育学原理》，人民教育出版社2013年版。

黄发国、张福涛：《翻转课堂理论研究与实践探索》，山东友谊出版社2014年版。

金陵：《翻转课堂与微课程教学法》，北京师范大学出版社2015年版。

李秉德、李定仁：《教学论》，人民教育出版社1991年版。

李定仁、徐继存：《教学论研究二十年》，人民教育出版社2001年版。

李永：《轻松掌握翻转课堂》，清华大学出版社2018年版。

李泽林：《高中课堂的变革与危机》，甘肃教育出版社2014年版。

刘铁芳：《追寻生命的整全：个体成人的教育哲学阐释》，高等教育出版社2017年版。

墨子：《墨子》，武振玉、彭飞注评，凤凰出版社2009年版。

裴娣娜：《教育研究方法导论》，安徽教育出版社1995年版。

裴娣娜：《现代教学论基础》，人民教育出版社2015年版。

塔尔科特·帕森斯：《社会行动的结构》，张明德、夏遇南、彭刚译，南京译林出版社2012年版。

王策三：《教学论稿》，人民教育出版社1985年版。

王鉴：《教师与教学研究》，甘肃教育出版社2013年版。

王鉴:《课堂研究概论》,人民教育出版社 2007 年版。

王鉴、李泽林:《课堂观察与分析技术》,甘肃教育出版社 2014 年版。

吴康宁:《课堂教学社会学》,南京师范大学出版社 1999 年版。

吴也显:《教学论新编》,教育科学出版社 1991 年版。

杨小微:《中小学教学模式》,湖北教育出版社 1990 年版。

叶澜:《回归·突破——"生命·实践"教育学论纲》,华东师范大学出版社 2015 年版。

赵旭东:《结构与再生产——吉登斯的社会理论》,中国人民大学出版社 2017 年版。

钟启泉:《课堂研究》,华东师范大学出版社 2016 年版。

2. 中文译著

[巴西] 保罗·弗莱雷:《被压迫者的教育学》,顾建新、赵友华、何曙荣译,徐辉审校,华东师范大学出版社 2014 年版。

[德] 恩斯特·卡西尔:《人文科学的逻辑》,关子尹译,上海译文出版社 2013 年版。

[德] 赫尔巴特:《普通教育学》,李其龙译,人民教育出版社 2015 年版。

[德] 卡尔·雅斯贝尔斯:《什么是教育》,童可依译,生活·读书·新知三联书店 2021 年版。

[德] 康德:《教育学》,李秋零译,李秋零主编:《康德著作全集》(第 9 卷),中国人民大学出版社 2016 年版。

[法] 克洛德·列维—斯特劳斯:《结构人类学》,张祖建译,中国人民大学出版社 2006 年版。

[法] 克洛德·列维—斯特劳斯:《野性的思维》,李幼蒸译,商务印书馆 1997 年版。

[法] 莫里斯·梅洛—庞蒂:《哲学赞词》,杨人春、张尧均编:《梅洛—庞蒂文集》(第 5 卷),商务印书馆 2019 年版。

[古希腊] 柏拉图:《理想国》,郭斌、张竹明译,商务印书馆 2020 年版。

[加] 马克斯·范梅南:《生活体验研究——人文科学视野中的教育学》,宋广文等译,李树英校,教育科学出版社 2003 年版。

[加] 马克斯·范梅南:《实践现象学——现象学研究与写作中意义给予的方法》,尹垠、蒋开君译,教育科学出版社 2018 年版。

［捷］夸美纽斯：《大教学论》，傅任敢译，教育科学出版社2014年版。

［美］阿瑟·J. S. 里德、韦尔娜·E. 贝格曼：《课堂观察、参与和反思》，伍新春、夏令、管琳译，教育科学出版社2012年版。

［美］艾尔·巴比：《社会研究方法》，邱泽奇译，华夏出版社2009年版。

［美］保罗·D. 埃金等：《课堂教学策略》，王维诚等译，教育科学出版社1990年版。

［美］布鲁纳：《教育过程》，邵瑞珍译，文化教育出版社1982年版。

［美］布鲁斯·乔伊斯、玛莎·威尔等：《教学模式》，兰英等译，中国人民大学出版社2014年版。

［美］罗伯特·索克拉夫斯基：《现象学导论》，高秉江、张建华译，上海文化出版社2021年版。

［美］美瑞迪斯·高尔、乔伊斯·高尔、沃尔特·博格：《教育研究方法》，徐文彬等译，北京大学出版社2016年版。

［美］乔纳森·伯格曼、亚伦·萨姆斯：《翻转课堂与慕课教学：一场正在到来的教育变革》，宋伟等译，中国青年出版社2015年版。

［美］莎兰·B. 麦瑞尔姆：《质化研究方法在教育研究中的应用：个案研究的扩展》，于泽元译，重庆大学出版社2008年版。

［美］威廉·H. 克伯屈：《教学方法原理——教育漫谈》，王建新译，杨爱程、黄学浦校，人民教育出版社1991年版。

［美］约翰·杜威：《民主主义与教育》，王承绪译，人民教育出版社1990年版。

［美］约翰·杜威：《学校与社会·明日之学校》，赵祥麟、任钟印、吴志宏译，人民教育出版社2005年版。

［日］佐藤学：《教育方法学》，于莉莉译，教育科学出版社2016年版。

［日］佐藤学：《学校见闻录——学习共同体的实践》，钟启泉译，华东师范大学出版社2014年版。

［英］安东尼·吉登斯：《社会的构成——结构化理论纲要》，李康、李猛译，中国人民大学出版社2016年版。

［英］安东尼·吉登斯：《社会理论的核心问题》，郭忠华、徐法寅译，上海译文出版社2015年版。

［英］怀特海：《过程与实在》，李步楼译，商务印书馆2011年版。

［英］凯洛夫：《教育学》，沈颖、南致善等译，人民教育出版社 1950 年版。

［英］刘易斯·科恩、劳伦斯·马尼恩、基思·莫丽森：《教育研究方法》，程亮、宋萑、沈丽萍等译，华东师范大学出版社 2015 年版。

2. 英文著作

Colin Power. *The Power of Education：Education for All, Development, Globalisation and UNESCO*. Heidelberg：Springer Verlag, 2015.

Flanders, N. A. *Analyzing Teaching Behavior*. Massachusetts：Addision Wesley Publishing Company, 1970.

F. de Saussure. *Course in General Linguistics*. Foreign Language Teaching and Researching Press, 2001.

Henry, N. B. (ed.). *The Dynamics of Instructional Groups：Sociopsychological Aspects of Teaching and Learning*. Montana：Literary Licensing, LLC, 1960.

Keri Facer. *Learning Futures：Education, Technology and Social Change*. New York：Routledge. 2011.

Lawrence Stenhouse. *An Introduction to Curriculum and Development*. London：Heinemann, 1975.

Pierre Furter. *Educaçãoe Vida*. 1966.

Waller, W. *The Sociology of Teaching*. New York：John Wiley & Sons Inc, 1965.

Young, M. F. D. *Knowledge and Control：New Directions for the Sociology of Education*. London：Collier-Macmillan Publishers, 1971.

二 期刊论文

1. 中文期刊

《国务院办公厅关于新时代推进普通高中育人方式改革的指导意见》，《人民教育》2019 年第 Z2 期。

安富海：《教育技术：应该按照"教育的逻辑"考量"技术"》，《电化教育研究》2020 年第 9 期。

蔡宝来、张诗雅、杨伊：《慕课与翻转课堂：概念、基本特征及设计策略》，《教育研究》2015 年第 11 期。

丁瑞：《初中地理翻转课堂的结构化教学实践研究》，《当代教育与文化》2019年第5期。

傅敏：《论学校课程范式及其转型》，《教育研究》2005年第7期。

傅敏、邱芳婷：《美国批判教育学的课程思想：解读与启示》，《西北师大学报》（社会科学版）2015年第5期。

顾小清、王炜：《支持教师专业发展的课堂分析技术新探索》，《中国电化教育》2004年第7期。

郭元祥：《知识的性质、结构与深度教学》，《课程·教材·教法》2009年第11期。

郝志军：《中小学课堂教学评价的反思与建构》，《教育研究》2015年第2期。

何克抗：《E-learning与高校教学的深化改革》（上），《中国电化教育》2002年第2期。

何克抗：《学习"教育信息化十年发展规划"——对"信息技术与教育深度融合"的解读》，《中国电化教育》2012年第12期。

胡卫平：《教师教学能力评价初探》，《中国考试》2021年第10期。

蒋国珍、张伟远：《问卷法在现代远程教育研究中的应用》，《远程教育杂志》2004年第2期。

景艳、王鉴：《结构化课堂教学的模式及其建构策略》，《当代教育与文化》2021年第4期。

李如密：《关于教学模式若干理论问题的探讨》，《课程·教材·教法》1996年第4期。

李怡明、李森：《论课堂教学结构异质化变革》，《课程·教材·教法》2014年第6期。

刘振天、李森、张铭凯、王鉴、尹弘飚：《笔谈：高等教育高质量发展的系统思考与分类推进》，《大学教育科学》2021年第6期。

宁虹、武金红：《建立数量结构与意义理解的联系——弗兰德互动分析技术的改进运用》，《教育研究》2003年第5期。

任学宝、王小平：《普通高中育人方式转变的立足点和创新点》，《人民教育》2018年第10期。

容梅、彭雪红：《翻转课堂的历史、现状及实践策略探析》，《中国电化教育》2015 年第 7 期。

谭诚伟：《对教学模式的认识和我们的实践》，《课程·教材·教法》1994 年第 2 期。

汪存友：《试论信息技术与高校课堂教学的深度融合》，《山西师大学报》（社会科学版）2016 年第 5 期。

王鉴：《结构化教学专题》，《当代教育与文化》2021 年第 4 期。

王鉴：《论翻转课堂的本质》，《高等教育研究》2016 年第 8 期。

王鉴：《普通高中育人方式变革研究专栏主持人寄语》，《当代教育与文化》2019 年第 4 期。

王鉴、王明娣：《课堂教学范式变革：从"适教课堂"到"适学课堂"》，《山西大学学报》（哲学社会科学版）2016 年第 2 期。

王鉴、王文丽：《结构化理论视角下的课堂教学变革研究》，《山西大学学报》（哲学社会科学版）2019 年第 3 期。

王力争、刘历红：《基于翻转课堂的结构化教学》，《上游教育研究》2019 年第 3 期。

王力争、刘历红：《基于中学课堂变革的结构化教学实践探索》，《当代教育与文化》2018 年第 6 期。

王明娣、景艳：《我国教学方法研究七十年回顾与展望》，《当代教育与文化》2019 年第 1 期。

王坦、吉标：《"翻转课堂"模式的理性审思》，《课程·教材·教法》2016 年第 6 期。

吴康宁：《课堂教学的社会学研究管窥》，《教育研究》1997 年第 2 期。

吴康宁、程晓樵、吴永军、刘云杉：《教师课堂角色类型研究》，《教育研究与实验》1994 年第 4 期。

吴康宁、程晓樵、吴永军、刘云杉：《课堂教学的社会学研究》，《教育研究》1997 年第 2 期。

吴康宁、程晓樵、吴永军等：《教学的社会学模式初探》，《教育研究》1995 年第 7 期。

吴也显：《我国中小学教学模式试探》，《课程·教材·教法》1989 年第 Z1 期。

吴永军：《当代教学论研究的新课题——教学模式简介》，《江苏教育》

1990年第6期。

吴永军、吴康宁、程晓樵：《课堂教学中的社会因素》，《南京师大学报》（社会科学版）1993年第2期。

肖军：《教育研究中的文献法：争论、属性及价值》，《当代教育理论与实践》2018年第4期。

熊川武：《教学模式实质说》，《教育研究》1993年第6期。

徐继存：《现实问题是学校课程建设的着眼点》，《现代教育》2018年第4期。

杨小微：《全国教学论第二届学术年会综合报道》，《教育研究》1987年第12期。

姚云：《八十年代国内教改中教学模式的概括研究》，《四川师范学院学报》1994年第3期。

叶澜：《重建课堂教学过程观》，《教育研究》2002年第10期。

余文森：《试析传统课堂教学的特征及弊端》，《教育研究》2001年第5期。

曾明星、周清平、蔡国民、王晓波、陈生萍、黄云、董坚峰：《基于MOOC的翻转课堂教学模式研究》，《中国电化教育》2015年第4期。

张朝珍、束华娜：《论超越表层结构的翻转课堂》，《华东师范大学学报》（教育科学版）2015年第1期。

张广君：《"互联网＋教学"的融合与超越》，《教育研究》2016年第6期。

张金磊、王颖、张宝辉：《翻转课堂教学模式研究》，《远程教育杂志》2012年第4期。

张丽娜、路海东：《高中生感知到的课堂教学方式量表的编制》，《心理与行为研究》2019年第6期。

赵荷花：《人知融生互动——论课程知识观的应然走向》，《河北师范大学学报》（教育科学版）2012年第6期。

钟晓流、宋述强、焦丽珍：《信息化环境中基于翻转课堂理念的教学设计研究》，《开放教育研究》2013年第1期。

钟志贤：《教学设计中的连续统思维》，《电化教育研究》2005年第4期。

钟志贤：《新型教学模式新在何处》（上），《电化教育研究》2001年第3期。

朱德全、李鹏:《课堂教学有效性论纲》,《教育研究》2015年第10期。

朱文辉:《翻转课堂因何"翻而不转"——基于结构主义理论的释疑》,《教育科学研究》2021年第7期。

2. 英文期刊

Clive Thompson. "How Khan Academy Is Changing the Rules of Education." *Wired Magazine*, 2011.

Jon Bergmann, Jery Ovemyer, Bret Wilie. "The Flipped Class: What It Is and What It Is Not." *The Daily Riff*, 2012.

J. Wesley Baker. "The 'Classroom Flip': Using Web Course Management Tools to Become the Guide by the Side." *Selected Papers from the 11th International Conference on College Teaching and Learning*, 2000.

Lage, M. J., Platt, G. J., Treglia, M. "Inverting the Classroom: A Gateway to Creating an Inclusive Learning Environment." *The Journal of Economic Education*, Vol. 31, No. 1, 2000.

Lai, C., Li, Z. & Gong, Y. "Teacher Agency and Professional Learning in Cross Cultural Teaching Contests: Accounts of Chinese Teachers from International Schools in Hong Kong." *Teaching and Teacher Education*, Vol. 54, 2016.

3. 学位论文

卜彩丽:《深度学习视域下翻转课堂教学理论与实践研究——以小学语文教学为例》,陕西师范大学,2018年。

贺斌:《智慧教育视域中差异化教学模式研究》,华东师范大学,2018年。

姜玉莲:《技术丰富课堂环境下高阶思维发展模型建构研究》,东北师范大学,2017年。

刘胜男:《教师专业学习影响因素及其作用机制研究》,华东师范大学,2016年。

皮永生:《获得和参与:教学价值取向研究》,西南大学,2016年。

王明娣:《普通高中课堂学习共同体的建构及策略研究》,西北师范大学,2016年。

王晓东:《基于Ontology知识库系统建模与应用研究》,华东师范大学,2003年。

许欢：《国内高校在线课程建设理念演化研究》，西南大学，2019年。

许双成：《基于学科核心素养的高中历史翻转课堂研究》，陕西师范大学，2018年。

钟志贤：《面向知识时代的教学设计框架——促进学习者发展》，华东师范大学，2004年。

三　报纸文章

钟启泉：《翻转课堂的新境》，《中国教育报》（2016-05-05），https：//www.sohu.com/a/73750803_372523。

四　电子文献

《国务院办公厅关于新时代推进普通高中育人方式改革的指导意见》，（2019-06-19），http：//www.gov.cn/zhengce/content/2019-06/19/content_5401568.htm。

顾明远：《教育的本质是培养思维，培养思维的最好场所是课堂》，（2021-11-15），https：//mp.weixin.qq.com/s/1VsOZyiNHPYSatv4u2gXQg。

蓝天：《布鲁纳的认知结构教学理论》，http：//blog.sina.com.cn/s/blog5230a42e0100cjes，html.2009-03-05/2019-02-08。

联合国教科文组织：《共同重新构想我们的未来：一种新的教育社会契约》，（2021-11-10），https：//baijiahao.baidu.com/s?id=1716091804551997136&wfr=spider&for=pc。

叶澜：《基础教育应当首先面对具体的个人生命成长》，（2019-09-16），https：//page.om.qq.com/page/OWSfd_ _YCsLlK19d3Qcm5GxA0。

银川三沙源上游学校：《建设和谐向上文化　推进结构化教学——上游学校举行备课组长研讨会》，（2021-12-08），https：//mp.weixin.qq.com/s/7LjbqecvLn4CLq4P43jkZw。

中华人民共和国教育部：《加快科技体制改革攻坚建设全国统一电力市场体系　建立中小学校党组织领导的校长负责制》，（2021-11-24），http：//www.moe.gov.cn/jyb_xwfb/s6052/moe_838/202111/t20211125_582194.html。

中华人民共和国教育部：《深入实施新时代人才强国战略　加快建设世界重

要人才中心和创新高地》,(2021-09-28),http://www.moe.gov.cn/jyb_ xwfb/s6052/moe_ 838/202109/t20210929_ 568037.html。

五 其他

《辞海》,上海辞书出版社1990年版。

《新牛津英汉双解大词典》,上海外语教育出版社2007年版。

顾明远:《教育大词典》(第一卷),上海教育出版社1990年版。

赫尔曼·诺尔:《不朽的赫尔巴特》,[德]赫尔巴特:《普通教育学讲授纲要》,李其龙译,人民教育出版社2015年版。

联合国教科文组织:《反思教育:向"全球共同利益"的理念转变?》,教育科学出版社2017年版。

孙培青:《中国教育史》,华东师范大学出版社2009年版。

许慎:《说文解字》,徐铉等校,上海古籍出版社2007年版。

重庆市聚奎中学:《学习的革命:翻转课堂——聚奎中学的探索与实践》,西南交通大学出版社2015年版。

附　　录

附录 A　普通高中结构化翻转课堂教学模式实施现状调查（教师问卷）

尊敬的老师：

您好！为了解您所在学校的结构化翻转课堂教学模式实施现状，希望您能以自己的真实感受填写下面的问题，协助我们完成本次问卷调查。本问卷采取匿名的方式，所获取的信息不会对您个人及您的学校带来不利影响。请您如实填写，衷心感谢您的支持与合作！

西北师范大学　教育学院

第一部分　基本情况了解（请将符合您的选项填在横线上或在相应序号上画"√"）

1. 您的学校所在地：
①省会城市　　②地级城市　　③县城　　④乡镇
2. 您的性别：①男　　②女
3. 您任教的科目：
①语文　　②数学　　③英语　　④政治
⑤历史　　⑥地理　　⑦物理　　⑧化学
⑨生物　　⑩体育　　⑪音乐　　⑫书法
⑬信息　　⑭美术　　⑮心理健康　　⑯其他，请注明____
4. 您目前所任教的年级：
①初一　　②初二　　③初三　　④高一
⑤高二　　⑥高三

5. 您的年龄：

①20—25 岁　　②26—30 岁　　③31—40 岁

④41—50 岁　　⑤50 岁以上

6. 您的教龄：

①5 年以内　　②6—10 年　　③11—15 年

④16—20 年　　⑤20 年以上

7. 您目前是否担任班主任工作：①是　　②否

8. 您的学历：

①中专（高中）　②大专　　　③本科

④硕士研究生　　⑤博士研究生

9. 您的职称：

①二级　　　　②一级　　　③副高级　　④正高级

10. 您对新时代的课堂教学改革：

①很有信心　　②比较有信心　　③一般　　④信心不足

11. 您认为贵校结构化翻转课堂教学模式实施的难易程度：

①非常困难　　②比较困难　　③一般

④没有困难　　⑤没有感受

12. 您认为一个好老师的重要品质包括：____，____，____

（请选择 3 项您认为重要的，并按程度由高到低依次填入横线中）

①丰富的知识　　②高度的责任心　　③饱满的教学激情

④对学生深厚的感情　　　　⑤信任和尊重学生

⑥奉献精神　　⑦创新精神　　⑧研究能力

⑨其他，请注明____

13. 您认为进行教师评价时涉及的主要内容有：____，____，____

（请选择 3 项您认为重要的，并按程度由高到低依次填入横线中）

①学生成绩　　②教师资历　　③教研绩效　　④学生评价

⑤同侪评价　　⑥家长评价　　⑦社会评价

⑧其他，请注明____

14. 您认为影响教师专业发展的主要因素是：____，____，____

（请选择 3 项您认为重要的，并按程度由高到低依次填入横线中）

①自身发展需求低　　　　　②学校支持力度小

③相关经费投入少　　　　　　④相关培训机会少
⑤教学任务偏重　　　　　　　⑥学科组和教研组合作少
⑦相关资源少　　　　　　　　⑧其他，请注明____

15. 您认为影响结构化翻转课堂教学模式发展的最重要因素是：____。

第二部分：结构化翻转课堂教学模式实施现状调查（请根据您的实际情况作答，从1—5中选择最符合的一项，并在该数字上画"√"）

序号	题项	非常赞同	赞同	一般	不赞同	非常不赞同
16	我对于"以学为主"的教学理念	1	2	3	4	5
17	我认为结构化翻转课堂教学模式适合我校的实际	1	2	3	4	5
18	我在教学中会借鉴结构化翻转课堂的相关理论	1	2	3	4	5
19	我在教学中会遵循学生学习的身心发展特点	1	2	3	4	5
20	我在教学中会注重对于学生核心素养的培育	1	2	3	4	5
21	我在教学设计中会紧扣课程内容的主题	1	2	3	4	5
22	我在教学设计中会把握课程内容的结构	1	2	3	4	5
23	我的教学主题会紧扣课程标准	1	2	3	4	5
24	教学主题贯穿于我的教学过程之中	1	2	3	4	5
25	我认为教学主题不是教学过程的内核	1	2	3	4	5
26	我在教学过程中会关注教学目标	1	2	3	4	5
27	我认为教学目标决定课程内容的选择	1	2	3	4	5
28	我认为教学目标影响教学方法的运用	1	2	3	4	5
29	我认为教学目标影响教学过程的实施	1	2	3	4	5
30	我认为教学目标影响教学评价的开展	1	2	3	4	5
31	我会对导学案进行结构化设计	1	2	3	4	5
32	我在教学设计中会关照学生的学情	1	2	3	4	5
33	我在教学设计中不会关注教材的重难点	1	2	3	4	5
34	我在教学设计中会体现我的教学方法	1	2	3	4	5
35	我在教学设计中会蕴含我的评价理念	1	2	3	4	5

续表

序号	题项	非常赞同	赞同	一般	不赞同	非常不赞同
36	我的教学过程中导学案发挥着重要作用	1	2	3	4	5
37	我在教学过程中会引导学生进行深入理解	1	2	3	4	5
38	我在教学中会注重学生结构化思维能力的培养	1	2	3	4	5
39	我在教学中会积极组织学生合作、探究学习	1	2	3	4	5
40	我在教学中不会使用多样化的教学方法	1	2	3	4	5
41	我在教学中会积极调动学生的能动性	1	2	3	4	5
42	我在教学中不会通过规则来影响学生	1	2	3	4	5
43	我在教学中会灵活利用多种教学资源	1	2	3	4	5
44	我所任教的班级人际关系非常融洽	1	2	3	4	5
45	我认为整个教学过程是师生共同联动的过程	1	2	3	4	5
46	我在教学中会对学生的表现进行针对性的评价	1	2	3	4	5
47	我在教学中会鼓励学生之间互相评价	1	2	3	4	5
48	我校的教学改革能提升学生的学习能力	1	2	3	4	5
49	我校的教学改革能促进教师的专业发展	1	2	3	4	5
50	我校正在积极发展学术型学校的建设	1	2	3	4	5

51. 您认为您的课堂教学中还存在哪些问题？对学校的教学改革有哪些建议？

_____

_____

——再次感谢您的合作，祝您工作愉快！

附录B　普通高中结构化翻转课堂教学模式实施现状调查（学生问卷）

亲爱的同学：

您好！为了解您所在学校的课堂教学的实施现状，希望您能以自己的真实感受填写下面的问题，协助我们完成本次问卷调查。本问卷采用匿名的方式进行，所获取的信息不会对您带来不利影响，请您认真填写，衷心感谢您的支持与合作！

西北师范大学　教育学院

第一部分：基本情况了解（请将符合您的选项填在横线上或在相应序号上画"√"）

1. 您的学校所在地：①省会城市　②地级城市　③县城　④乡镇
2. 您的性别：①男　　②女
3. 您目前就读的年级：
①初一　　②初二　　③初三　　④高一　　⑤高二　　⑥高三
4. 您是否担任班干部：①是　　②否
5. 您已经或准备选择：
①文科　　②理科　　③音乐　　④体育　　⑤美术　　⑥其他____
6. 您认为促使您乐于学习的主要因素是：____，____，____
（请选择3项您认为重要的，并按程度由高到低依次填入横线中）
①教师教学方法好　　②浓厚的学习兴趣　　③学习负担轻
④教师的信任与支持　　⑤家长的期待与鼓励　　⑥同学之间的合作
⑦班级学习氛围好　　⑧其他____
7. 您认为一个好老师的重要品质包括：____，____，____
（请选择3项您认为重要的，并按程度由高到低依次填入横线中）
①丰富的知识　　②高度的责任心　　③饱满的教学激情
④对学生深厚的感情　　⑤信任和尊重学生　　⑥奉献精神
⑦创新精神　　⑧研究能力　　⑨其他（请注明）____
8. 您认为老师在评价学生时看重的是：____，____，____
（请选择3项您认为重要的，并按程度由高到低依次填入横线中）
①学习成绩　　②课堂表现　　③学习方法
③学习习惯　　④学习态度　　⑤学习能力
⑥思想品德　　⑦学生自评　　⑧其他同学的评价
⑨其他（请注明）____
9. 我最喜欢的学科是：____

10. 我最不喜欢的学科是：____

第二部分：结构化翻转课堂教学模式实施现状调查（根据您的实际情况回答，从 1—5 中选择最符合的一项，并在该数字上画"√"）

序号	题项	非常赞同	赞同	一般	不赞同	非常不赞同
11	我认为我们学校的教学理念是以学生为中心的	1	2	3	4	5
12	我认为我们学校的教学理念是有结构化特色的	1	2	3	4	5
13	我认为老师的教学理念富有理论深度	1	2	3	4	5
14	我认为老师的教学符合我们的兴趣和特点	1	2	3	4	5
15	老师在教学中会关注我们素养的提升	1	2	3	4	5
16	我的学习活动有明确的主题和重点	1	2	3	4	5
17	我的学习内容有清晰的结构性和层次性	1	2	3	4	5
18	我的学习主题是在老师指引下得以明确的	1	2	3	4	5
19	教学主题指引着我的整个学习过程	1	2	3	4	5
20	教学主题并不是我关注的重心	1	2	3	4	5
21	老师对我的学习提出了清晰的目标要求	1	2	3	4	5
22	我在学习活动中知道哪些内容是重难点	1	2	3	4	5
23	老师在教学中会运用多种教学方法和手段	1	2	3	4	5
24	老师的教学目标影响着我的学习过程	1	2	3	4	5
25	教学目标影响着老师对我们的评价	1	2	3	4	5
26	我认为导学案具有一定的逻辑结构	1	2	3	4	5
27	老师在教学中会关注我们的学习情况	1	2	3	4	5
28	我在学习中不会针对自己的疑难点进行交流	1	2	3	4	5
29	老师在教学中会体现他的教学方法设计	1	2	3	4	5
30	老师会客观地对我们进行评价	1	2	3	4	5
31	导学案对我的学习起着重要的作用	1	2	3	4	5
32	老师会引导我们对于疑难问题进行深入理解	1	2	3	4	5
33	我在学习过程中形成了结构化思考的能力	1	2	3	4	5

续表

序号	题项	非常赞同	赞同	一般	不赞同	非常不赞同
34	我在课堂上会积极地和大家合作探究	1	2	3	4	5
35	老师在教学中的教学方法较为单一	1	2	3	4	5
36	老师在教学中会调动我们的积极性	1	2	3	4	5
37	我们班没有清晰的规则和秩序	1	2	3	4	5
38	老师会运用多样化的教学资源	1	2	3	4	5
39	我所在的班级人际关系非常融洽	1	2	3	4	5
40	我认为整个教学过程是师生相互作用的过程	1	2	3	4	5
41	老师会对我的学习状况作出针对性的评价	1	2	3	4	5
42	我们在课堂中会有同学之间的相互评价	1	2	3	4	5
43	我们学校的教学理念能提升我的学习能力	1	2	3	4	5
44	我们学校的老师会积极提高自己的教学能力	1	2	3	4	5
45	学校的教学理念会发展得越来越好	1	2	3	4	5

46. 您认为您在课堂学习中还存在哪些问题？对学校的教学改革有哪些建议？

_____

_____

——再次感谢您的合作，祝您学习进步！

附录C　访谈提纲

校领导访谈提纲

一　基本信息

被访人：_____　　　性　别：_____　　　学　历：_____

职称/职务：_____　　教　龄：_____　　任教科目：_____

二 访谈内容

1. 贵校的办学理念和办学方向是什么？
2. 为此您采用了什么样的办学策略？在这其中您扮演着什么样的角色？
3. 在学校的发展过程中遇到过什么困难？您是如何克服的？
4. 您对于结构化翻转课堂教学模式的理解是什么？它背后的理论依据是什么？
5. 您认为结构化翻转课堂教学模式与问答教学模式以及讲授教学是否有区别？区别是什么？
6. 您认为当前阻碍结构化翻转课堂教学模式有效实施的因素有哪些？在您看来，结构化翻转课堂教学模式要实施好您应该做什么？教师应该做些什么？
7. 您认为结构化翻转课堂教学模式对学生有哪些方面的正面影响？哪些方面可能带来负面影响？
8. 您认为结构化翻转课堂教学模式中，师生的行为及其角色为何？人际网络关系如何？活动规范如何？
9. 贵校的教学研究制度是什么样的？教师专业素养提升的举措有哪些？
10. 对于贵校的教师所取得的荣誉，奖励措施有哪些？
11. 贵校对家校共育的基本理念是什么？做了哪些工作？

教师认知层面访谈提纲

一 基本信息

被访人：　　　　性　别：＿＿＿＿　学　历：＿＿＿＿

职称/职务：＿＿＿＿　教　龄：＿＿＿＿　任教科目：＿＿＿＿

二 访谈内容

1. 您认为什么是结构化翻转课堂教学模式？其主要特征和目的是什么？
2. 您对结构化翻转课堂教学模式持什么态度？您认为它背后的理论依

据是什么？

3. 您认为结构化翻转课堂教学模式与问答教学模式以及讲授教学是否有区别？区别是什么？

4. 您认为当前阻碍结构化翻转课堂教学模式有效实施的因素有哪些？在您看来，结构化翻转课堂教学模式要实施好教师应该做到哪些方面？

5. 您认为结构化翻转课堂教学模式对学生有哪些方面的正面影响？哪些方面可能带来负面影响？

6. 您认为结构化翻转课堂教学模式中，师生等行为及其角色为何？人际网络关系如何？活动规范如何？

7. 您认为教师个体和学校整体之间是一种什么样的关系？

8. 您认为家校之间的关系应该是怎样的？

教师行为层面访谈提纲

一　基本信息

被访人：_____　　性　　别：_____　　学　　历：_____

职称/职务：_____　　教　　龄：_____　　任教科目：_____

二　访谈内容

1. 您在教学设计中会体现自己结构化的思考吗？
2. 您通常怎样开展教学活动？其流程为何？
3. 您的班级内是否经常实施结构化翻转课堂教学模式？效果如何？
4. 您在教学中导学案的作用是如何发挥的？
5. 您在教学中是如何利用教学资源的？
6. 您在课堂上会给予学生反馈吗？您的反馈是否会影响学生表达自己的观点？
7. 您认为在自己的课堂上，自身的角色是如何发挥的？师生之间的关系是如何构建的？影响您活动开展的规范有哪些？
8. 贵校促进教师专业素养提升的举措有哪些？您在学校的发展建设中起了什么样的作用？
9. 贵校在促进家校合作中做了哪些工作？您发挥了何种作用？

学生认知访谈提纲

一 基本信息
被访人：_____　　性　别：_____　　班　级：_____

二 访谈内容
1. 您认为自己的学习活动是什么样的？这种活动形式的目的是什么？
2. 您喜欢这种学习的方式吗？您认为它是怎样产生的？
3. 您认为目前的学习方式与问答学习以及讲授教学是否有区别？区别是什么？
4. 您认为当前的学习过程对你有什么样的影响？不好的影响是什么？
5. 您认为老师在今后的教学中有哪些可以改善的地方？
6. 您认为在平常教学中，自身和老师的角色分别为何？您和班集体中的同学与老师的关系是怎样的？有没有什么规则和秩序？
7. 您认为家长和学校之间的关系应该是什么样的？

学生行为层面访谈提纲

一 基本信息
被访人：_____　　性　别：_____　　班　级：_____

二 访谈内容
1. 您平常的学习活动是怎样开展的？
2. 您认为导学案的作用是什么？您是如何利用导学案学习的？
3. 您的班里是否经常开展师生对话活动？效果如何？
4. 您学习活动中都会用到哪些学习资源？如何利用？
5. 您在课堂上会对老师提问吗？老师对你们的平常的评价或反馈是什么样的？
6. 您在教学过程中是如何发挥自身角色作用的？老师是如何发挥自身角色作用的？
7. 您和老师同学之间的关系是怎样的？是否遵守一定的规则制约？
8. 您学校和家长之间的关系是怎样的？这种关系的形成双方都做了哪些工作？

附录 D　课堂观察记录汇总

表 D-1　　　　　　　　　ITIAS 课堂观察记录表

学校：S学校　　　　时间：2021 年04 月06 日

班级：高二年级10 班主题：《子路、曾皙、冉有、公西华侍坐》

分\秒	1	2	3	4	5	6	7	8	9	10	11	12	13	14	15	16	17	18	19	20
1	10	7	13	6	6	6	6	6	7	4	4	4	13	9	9	9	9	9	9	9
2	9	9	9	9	9	9	3	9	9	2	7	9	9	9	9	9	9	9	9	9
3	9	3	6	6	6	9	9	2	9	9	9	9	9	9	9	9	9	9	9	9
4	9	13	9	9	9	9	9	13	4	9	2	9	2	1	2	4	4	4	4	7
5	7	4	4	9	9	13	13	9	9	3	7	9	13	9	9	9	9	9	13	9
6	13	9	3	4	9	9	3	9	9	9	9	9	9	9	9	9	9	13	3	4
7	9	9	9	9	3	9	3	9	3	9	2	6	4	9	7	9	9	9	3	3
8	6	13	9	9	9	9	9	9	3	9	3	9	9	9	9	3	6	7	9	9
9	5	9	9	4	10	6	9	9	3	5	5	9	6	9	9	9	9	3	6	6
10	6	6	6	9	9	9	9	9	9	9	9	9	6	6	6	6	6	6	6	6
11	6	6	6	7	9	9	9	9	9	9	7	6	6	6	6	6	6	6	6	6
12	6	6	6	6	9	4	13	4	14	14	9	4	9	1	6	6	6	4	9	6	6
13	6	6	6	6	9	6	7	7	7	14	14	14	14	14	14	13	13	9	9	9
14	9	9	9	9	9	9	9	9	9	9	9	9	9	9	9	9	9	9	9	9
15	9	9	9	9	9	9	9	9	9	9	9	9	9	9	9	7	5	9	4	6
16	6	6	6	4	4	4	13	7	4	4	12	12	12	12	12	12	12	12	12	12
17	12	12	12	12	12	12	12	12	12	7	4	4	9	3	13	9	9	9
18	2	3	3	4	3	9	9	9	9	9	9	3	3	3	4	9	9	3	3	4
19	9	9	9	4	3	6	6	6	6	5	9	6	6	6	6	6	6	6	6	6
20	6	6	6	6	7	9	9	9	9	9	6	6	6	6	6	6	6	6	6	6
21	7	7	7	7	7	7	4	13	9	9	9	9	9	9	9	9	9	9	2	6
22	6	6	6	7	6	6	7	7	5	9	9	9	9	9	9	9	9	9	9	9
23	9	9	9	9	9	9	9	9	9	9	9	9	9	9	9	9	9	9	9	9

续表

分\秒	1	2	3	4	5	6	7	8	9	10	11	12	13	14	15	16	17	18	19	20
24	9	9	9	9	9	9	13	13	13	13	13	13	9	9	9	9	9	9	9	9
25	9	9	9	9	9	9	9	9	7	1	5	5	9	6	6	6	6	6	6	5
26	9	7	4	4	4	4	4	4	4	4	4	4	7	12	12	12	12	12	12	12
27	12	12	12	12	12	12	12	12	12	12	12	12	12	12	12	12	12	12	12	12
28	12	12	12	12	12	12	12	12	12	12	12	12	12	12	12	12	12	12	12	12
29	12	12	12	12	12	12	12	12	12	12	12	12	12	12	12	12	12	12	12	12
30	12	12	12	12	12	12	12	12	12	12	12	12	12	12	12	12	12	7	7	7
31	12	12	12	12	12	12	12	12	12	12	12	12	12	12	12	12	7	4	4	4
32	4	4	9	9	9	9	9	9	9	9	9	9	9	9	9	9	9	9	9	9
33	9	9	9	9	9	9	9	9	9	9	9	9	9	9	9	2	2	6	6	6
34	6	6	4	9	6	4	9	7	2	6	6	6	6	4	4	9	9	9	9	4
35	9	9	6	9	2	9	4	9	9	6	6	6	6	6	4	6	6	4	7	7
36	9	9	4	4	9	4	4	9	9	3	4	4	9	4	9	9	3	9	3	9
37	9	9	4	9	6	6	6	6	6	6	6	6	6	6	6	6	6	6	6	7
38	4	4	9	9	9	9	9	9	9	5	9	9	9	9	9	9	13	9	5	6
39	6	6	4	9	10	6	9	9	9	9	9	9	9	9	6	6	7	6	5	9
40	4	4	4	14	4	4	10	10	10	10	10	10	10	10	10	10	10	10	10	10
41	3	6	6	7	7	9	9	9	9	9	9	9	2	6	6	5	9	6	6	6
42	6	4	9	4	9	9	9	9	9	9	9	3	6	6	6	6	6	6	6	6
43	6	6	6	6	6	6	6	6	6	6	6	6	7	9	9	9	9	9	9	9
44	9	9	9	9	6	6	6	6	6	6	6	6	6	6	6	6	7	9	9	9
45	9	9	6	6	6	6	6	6	6	6	6	6	7	9	9	6	6	6	6	6
46	6	6	6	6	4	4	4	9	3	9	3	4	9	9	9	4	4	9	9	9
47	3	6	4	9	9	6	6	6	6	6	6	6	6	6	6	6	6	6	7	7
48	9	9	9	9	9	9	9	9	9	9	9	9	9	9	9	9	9	9	9	9
49	9	9	9	9	9	9	9	9	9	9	9	9	9	9	9	9	9	9	9	9
50	9	9	9	9	7	7	10	10												

学校：S学校　　时间：2021年06月28日
班级：高二年级10班　主题：　周测卷

分＼秒	1	2	3	4	5	6	7	8	9	10	11	12	13	14	15	16	17	18	19	20
1	7	7	7	13	13	13	13	13	13	13	13	13	13	13	5	9	7	10	13	7
2	6	6	6	6	6	6	6	6	6	6	6	6	6	6	6	6	6	6	6	6
3	6	6	6	6	6	6	6	6	6	6	6	6	6	6	6	6	6	5	9	6
4	6	6	6	6	6	6	6	6	6	6	6	6	5	6	6	6	6	6	6	6
5	6	6	6	6	6	6	6	6	6	6	6	6	6	6	6	6	6	6	6	6
6	6	6	6	6	6	6	6	6	6	6	6	6	6	6	7	7	7	7	7	12
7	12	12	12	12	12	12	7	7	12	12	12	12	12	12	12	12	12	12	12	12
8	12	12	12	12	12	12	12	12	12	12	12	12	7	12	12	12	12	12	12	12
9	12	12	12	12	12	12	12	12	12	12	12	12	12	12	12	12	12	12	12	12
10	12	12	12	12	12	12	12	12	12	12	12	12	12	12	12	12	12	12	12	12
11	12	12	12	12	12	12	12	12	12	12	12	12	12	12	12	12	12	12	12	12
12	12	12	12	7	7	7	12	12	12	12	7	12	12	12	12	12	12	12	12	12
13	12	12	12	12	12	12	12	12	12	12	12	12	12	12	12	12	12	12	12	12
14	12	12	12	12	12	12	12	12	12	12	12	12	12	12	12	12	12	12	12	12
15	12	12	12	12	12	12	12	12	12	12	12	12	12	12	12	12	12	12	12	12
16	12	12	12	12	12	12	12	12	12	12	12	12	12	12	12	12	12	12	12	12
17	12	12	12	12	7	7	7	5	5	9	9	7	3	7	6	6	6	6	6	6
18	6	6	5	9	4	9	6	4	9	6	6	6	6	6	6	6	6	6	6	6
19	6	6	6	6	9	4	9	6	6	6	6	6	9	4	9	6	6	6	6	6
20	6	6	6	6	6	6	7	6	6	6	6	6	6	4	4	4	9	4	4	4
21	6	6	9	4	4	9	4	9	6	6	5	6	6	6	6	6	6	6	6	6
22	6	4	9	6	6	6	6	6	6	6	6	6	14	5	9	6	6	6	6	6
23	6	4	9	6	6	6	6	4	9	4	9	6	6	4	9	9	6	6	6	6
24	7	7	12	12	12	12	12	12	12	12	12	12	12	12	12	12	12	12	12	12
25	12	12	12	12	7	7	7	7	6	6	6	6	6	6	4	7	6	6	6	6
26	4	4	14	14	14	14	14	14	4	4	9	9	9	4	4	14	14	4	9	9
27	9	3	3	6	6	6	6	6	4	14	14	9	6	6	9	9	9	9	3	9

续表

分＼秒	1	2	3	4	5	6	7	8	9	10	11	12	13	14	15	16	17	18	19	20
28	14	14	14	14	7	7	4	9	9	9	3	3	3	3	6	6	6	7	4	4
29	4	9	6	6	6	6	6	4	9	14	6	6	6	6	6	6	6	6	4	4
30	9	9	3	3	2	4	4	9	9	9	9	2	7	7	7	12	12	12	12	12
31	12	12	12	12	12	12	12	12	12	12	12	12	12	12	12	12	12	12	12	12
32	12	12	12	12	12	12	12	12	12	12	12	12	12	12	12	12	12	12	12	12
33	12	12	12	12	12	12	12	12	12	12	12	12	12	12	12	12	12	12	12	12
34	12	12	12	12	12	12	12	12	12	12	12	12	12	12	12	12	12	12	12	12
35	12	12	12	12	12	12	12	12	12	12	12	12	12	12	12	12	12	12	12	12
36	12	12	12	12	12	12	12	12	12	12	12	12	12	12	12	7	6	4	9	9
37	3	7	6	6	6	6	6	6	6	6	6	14	9	4	9	4	9	6	6	6
38	6	6	6	6	6	6	6	6	6	6	6	6	6	6	5	9	4	9	6	6
39	6	6	6	6	6	6	6	4	9	6	6	6	6	14	4	9	6	6	6	6
40	6	6	6	4	9	6	14	14	12	6	12	14	6	12	12	12	12	12	7	7
41	13	13	7	13	13	4	9	10	3	7	3	6	6	4	9	9	9	4	9	4
42	9	6	6	4	9	2	6	4	9	6	6	6	6	6	6	6	6	6	6	6
43	4	4	9	9	4	9	6	6	6	4	9	6	6	6	6	6	6	6	6	6
44	6	6	6	6	6	5	9	7	13	13	13	7	7	12	7	7	7	12	12	12
45	12	12	12	12	12	12	12	12	12	12	12	7	7	12	12	12	12	12	12	12
46	12	12	12	12	12	12	12	12	12	12	12	12	12	13	13	7	7	7	7	13

表 D-2　　　　　　　　　　ITIAS 分析矩阵

1　　2021.04.06　　高二（10）班　　Zxf 语文

	1	2	3	4	5	6	7	8	9	10	11	12	13	14	15	16	17	18	19	合计
1		1		1	1				1											4
2	1	1	1	1		5	1		3											13
3		1	5	7	1	7	1		12				1							35
4				34		2		4	29	2		1	4	2						78
5					2	1			9											12

续表

1　2021.04.06　高二（10）班　Zxf 语文

	1	2	3	4	5	6	7	8	9	10	11	12	13	14	15	16	17	18	19	合计
6				12	4	176	9		5				1							207
7	1	1		9		3	17		12	1		2	2	1						50
8																				0
9	1	6	30	12	4	13	6		325				9							406
10			1		2	1				14										18
11																				0
12						3						118								121
13			3	2		1	1		11				7							25
14				2									1	5						8
15																				0
16																				0
17																				0
18																				0
19																				0
合计	3	10	40	79	13	211	43	0	407	17	0	121	25	8	0	0	0	0	0	977

2　2021.06.28　高二（10）班　Yzz 数学

	1	2	3	4	5	6	7	8	9	10	11	12	13	14	15	16	17	18	19	合计
1																				0
2				1		1	1													3
3		1	5			3	3		1											13
4				14		1	2		35					3						55
5				1	2				7											10
6				20	5	251	3		3					4						286
7			2	2	1	7	24			1		9	6							52
8																				0
9		2	5	14		20	3		17	1				2						64
10			1											1						2
11																				0

续表

2　　2021.06.28　　高二（10）班　　Yzz 数学

	1	2	3	4	5	6	7	8	9	10	11	12	13	14	15	16	17	18	19	合计
12							10					371		1						382
13				1	1		4							15						21
14			3	1	1	1			2			2		12						22
15																				0
16																				0
17																				0
18																				0
19																				0
合计	0	3	13	55	9	286	51	0	65	2	0	382	22	22	0	0	0	0	0	910

	1	2	3	4	5	6	7	8	9	10	11	12	13	14	15	16	17	18	19	合计
1																				
2	区域 F																			
3																				
4																				
5						区域 J														
6																				
7							区域 G													
8																				
9																				
10	区域 H			区域 I		区域 K														
11																				
12																				
13																				
14																				
15																				
16																				

续表

	1	2	3	4	5	6	7	8	9	10	11	12	13	14	15	16	17	18	19	合计
17																				
18																				
19																				
总计	区域 A				区域 B				区域 C				区域 D			区域 E				

图 D-1　ITIAS 矩阵分析图

表 D-3　"高中生感知到的课堂教学方式量表"结果统计

序号	项目	非常不符合（1分）	比较不符合（2分）	一般（3分）	比较符合（4分）	非常符合（5分）
1	J49 教师会鼓励和引导学生在课堂上主动思考和提问	0	0	0	20	75
2	J48 教师会检查、批阅学生的作业完成情况	0	0	0	24	70
3	J47 教师每堂课都会给学生布置课后作业	0	0	3	32	55
4	J46 教师会结合现实生活创设供学生探究的问题情境	0	0	6	32	50
5	J45 教师讲完新课后，会让学生做一些课堂练习	0	2	9	20	55
6	J50 教师的教学方式正逐渐由讲授式教学为主向引导学生探究学习为主转变	0	0	0	16	80
7	J24 教师会鼓励和引导学生探究不同的解题思路或一题多解	0	0	3	32	55
8	J21 教师的教学方式正逐渐由讲授式教学为主向引导学生自主学习为主转变	0	2	9	20	55

续表

序号	项目	非常不符合（1分）	比较不符合（2分）	一般（3分）	比较符合（4分）	非常符合（5分）
9	J11 教师讲课占据了一堂课的大部分时间	0	20	21	12	0
10	J8 教师无论是新知识的学习还是典型例题都是以教师讲解为主	3	18	15	12	0
11	J17 教师认为一些优秀教师或骨干教师也经常采用从头讲到尾的教学方式	3	14	18	16	0
12	J28 教师即便有了导学案，学案上的内容也主要由教师讲解	5	20	9	8	0
13	J23 教师将学生划分为若干个学习小组	0	0	0	16	80
14	J26 教师为每个学习小组搭配了好、中、差不同成绩的学生	0	0	0	20	75
15	J38 教师对学生的课堂展示以小组为单位进行评分和奖励	0	2	9	20	55
16	J29 教师为每个小组的组长和组员做了明确分工	0	0	6	32	50
17	J37 教师的课堂提问经常是可以在课本中直接找到答案的问题	0	20	21	12	0
18	J42 教师如果提出的问题较难，很快就会自己给出答案	3	18	15	8	5
19	J30 教师在讲课时要求学生认真听和记，不能随便插话或提问	3	14	18	16	0
20	J44 教师提问后并没有给学生留出足够的思考和回答的时间	3	16	18	12	0
	总计	20	104	180	380	760

表 D-4　　　　　　　　"教师课堂行为观察量表"统计

一级指标	二级指标	标准	所得分值	
			案例1	案例2
教学目标和内容	教学目标	突出核心素养，符合学生水平；规划完整恰当；及时调整目标；目标落实良好	27 优秀	26 优秀
	教学内容	内容选择符合目标，内容理解正确无误；突出知识形成过程；重视联系已有经验；体现学习进阶要求		
教学过程与方法	创设情境	服务教学目标，突出重点内容；基于生活实际，接近真实情境；引起积极情绪，激发内在动机；适合学生水平，引起认知冲突；体现个体差异，系统设计情境	51 优秀	47 良好
	提出问题	问题要有目标性和适切性；问题要有思维性和挑战性 问题要有开放性和探索性；问题要有系统性和层次性 问答要有时间性和支持性；评价要有针对性和全面性		
	自主探究	发挥自主性作用；参与探究的过程；积极主动的思维		
	合作交流	建立积极的相互依赖：一是创设良好的情境；二是确定共同的目标；三是保持积极的情绪；四是建立信任的关系 促进深度的思维互动：一是提出高认知问题；二是以思维互动为核心 保证良好的组织指导：一是提出规则要求；二是提供思维支架；三是及时总结评价		
	总结反思	结构合理：便于学生建构合理的学科结构 内容全面：包括知识、方法和态度；既反思探究的过程，也反思探究中的经验教训 引导恰当：基于学生反思能力，立足学生积极参与，展示学生思维过程，引导学生自主完成 针对性强：围绕教学的重点、难点和关键点；教给学生探究、总结和反思的方法；注意对易错点进行总结和反思		
	应用迁移	相关性：与所学内容相关 典型性：选择问题具有典型性和代表性 思维性：能够激发学生积极思维 引导性：引导学生自主解决问题 实践性：联系实际，突出真实问题情境 全面性：包括知识、方法和态度的应用迁移，包括迁移到本学科领域和其他学科领域		

续表

一级指标	二级指标	标准	所得分值	
			案例1	案例2
教师基本素质	表达能力	语言表达：用词准确、叙述清晰，逻辑性强，语言富有感染力 书面表达：字迹工整、条理分明、书写规范，设计合理	9 优秀	7 良好
	思维能力	思维内容恰当；思维方法科学；思维品质较高		
	非言语行为	仪表端庄、举止得当、教态自然，能与学生融为一体，有很强的亲和力		
总计			分数	等级

致　　谢

　　凡是过往，皆为序章。转眼间我的博士学习生活即将结束。一路走来，我收获了满满的温暖与感动，想要感谢的人很多很多。

　　最先要感谢我的导师——王鉴老师，是您将我领进这个被温馨与爱包裹着的师门共同体，感谢您从选题确立、框架设定到研究方法上给予的悉心指导与关照，您告诉我们阅读和写作是走进学术之门的钥匙，是您对学术研究的热爱与坚持，督促我不断地向前走，让我懂得学术可以成为我生活里的一部分，与它始终并肩同行。当然，要特别感谢我的师母——安红梅老师，和您的缘分始于硕士入学，我成长的每一步都离不开您的操心与支持，您和师父的言传身教影响着师门里的每一个人，是我学习的榜样。

　　感谢西北师范大学教育学院的胡德海教授、李定仁教授、万明钢教授、李瑾瑜教授、刘旭东教授、傅敏教授、王兆睍教授、吕世虎教授、赵明仁教授、李金云教授、高承海教授等，你们的引导和讲授让我受益匪浅！感谢在论文开题到答辩过程中，给予我耐心指导的徐继存教授、张广君教授、刘良华教授、杨道宇教授、邓小娟教授、许邦兴教授。

　　感谢杨鑫老师！从我硕士到博士学习期间都有您始终如一的指导与关照，在学习上您对学术认真严谨的治学态度深深影响着我，在生活中您对我充分的信任和理解感动着我，让我有从容坚定的勇气成为更好的自己。

　　感谢王明娣师姐！自我入校至今，无论是您对学术的执着追求，还是对生活的亲善温和，都对我影响至深。感谢您始终带着我同进步！每每翻开您赠与的书，看到题字"同舟共济、相互砥砺"，都会给予我格外的鼓励。

　　感谢三年来支持着我的各位同门，尤其是李泽林老师、安富海老师、胡红杏老师、龙红芝老师、方洁老师、王文丽师姐、李晓梅师姐、曾云师兄、武江坤师兄、赵军强师兄、宋燕姐在学习和生活中对我的照顾！同时要感谢尚雯、杨帆、杨梅、齐晓欢、郭倩、高惠敏、郑思雨、郇晓娜、王紫微等师弟师妹们在我论文写作过程中给予的热情帮助！

感谢银川三沙源上游学校王力争校长、刘历红副校长、薛海林书记、郭海燕与郭娟干事为我提供的调研环境与资源！感谢余振洲、张习芳等老师的积极交流与热情帮助！你们让我感受到贵校力争上游、拔节而生的奋斗力量，更让我真切地感受到你们对于中学教育的探索与热爱。同时，也感谢我访谈交流过的同学们。

最后，要特别感谢我的家人和朋友们，谢谢你们的爱与包容，唯愿生命中所有的爱与美好，能常伴我们身边。